Obras Filosóficas De Spencer...

Herbert Spencer

HERBERT SPENCER

LOS PRIMEROS PRINCIPIOS

Agencia Editorial
Manila.

COLECCIÓN DE FILÓSOFOS MODERNOS.—N.º 4

OBRAS FILOSÓFICAS

DE

SPENCER

TRADUCCIÓN DE

JOSÉ ANDRÉS IRUESTE ,

Doctor en Ciencias exactas
y Catedrático de la Universidad de Granada.

LOS PRIMEROS PRINCIPIOS

MADRID
LIBRERÍA DE FERNANDO FÉ
Carrera de San Jerónimo, 2

1887

R.655508

Establecimiento tipográfico de Ricardo Fé, Cedaceros, 11.

D

DOS PALABRAS DEL TRADUCTOR

Entre los varios pensadores que más ó menos pode-
rosamente llaman hoy la atención del mundo sabio,
figura indudablemente en primera línea Sir Herbert
Spencer, cuya obra capital—que así puede con propiedad ser llamada, puesto que es la cabeza y resumen de su gran tratado de Filosofía,—nos hemos atre-
vido á traducir á nuestra «rica habla castellana»; aunque íntimamente persuadidos de que ha de parecer
pobre la traducción á cuantos la leyeren, tanto por
ser de un mero aficionado y no de un asiduo cultiva-
dor de esta clase de estudios, cuanto por la comparación con los tomos anteriores de esta Biblioteca, tra-
ducidos por personas tan competentes en todos conceptos.

Pero, si es aplicable en algún caso la conocida máxima «el fin justifica los medios», no dudamos nos
será aplicada por los lectores benévolos, al saber el fin
principal de este nuestro trabajo, que no es sino con-
tribuir, en la medida de nuestras débiles fuerzas, á la
cultura intelectual de nuestra muy amada patria; pues
sin aceptar ni rechazar en todas sus partes la Filosofía
de Spencer como ninguna otra determinada, creemos
contiene ideas muy juiciosas y aceptables; siendo como una especie de nuevo eclecticismo entre las exage-
raciones ateas y materialistas de Comte y Buchner y

las panteístas é idealistas puras de algunas escuelas alemanas.

A decir verdad, no creíamos nuestra tarea tan difícil, pues aunque habíamos leído la obra de Spencer hace ya algunos años, no es lo mismo leer para sí que para el público; ni decimos esto para disculpar las faltas de la traducción; pero es indudable que á pesar de la mayor facilidad, en general, de traducir las obras científicas que las literarias, los PRIMEROS PRINCIPIOS son una excepción á esa regla general; pues buscando el autor, con una erudición asombrosa por lo vasta y profunda, la aplicación de sus *Principios*, ó los hechos para inducirlos, en cuantas esferas son ó pueden ser objetos de la actividad ó de la receptividad humanas, en cuantas formas ó determinaciones relativas y cognoscibles se nos manifiesta la Realidad absoluta é incognoscible, necesitaríase una omnisciencia superior á la de Spencer para interpretarle fielmente, pues al fin él ha elegido sus ejemplos ó los hechos que expone y el traductor no tiene esa libertad; ha de exponer forzosamente aquellos hechos, ya escogidos, y en otro idioma, á veces incompatible ó contradictorio con los hechos expuestos, como sucede, por ejemplo, cuando el autor estudia la desinonimización, tan adelantada en inglés y tan atrasada en nuestra lengua, en que hay algunas veces cinco ó seis palabras para expresar la misma idea. En suma, imposibilitados por muchos conceptos de atender con igual intensidad al fondo y á la forma de este nuestro primer ensayo, hemos procurado, y quizá no siempre conseguido, interpretar aquél todo lo fielmente posible, dejando el cuidar de las galas retóricas para otra edición, si acaso se hiciere y estuviéremos encargados de dirigirla.

Si hemos ó no conseguido nuestro objeto, al público toca decidirlo, y desde ahora anticipamos las gracias á cuantos críticos nos indiquen pública ó privadamente los defectos de que adolezca nuestro trabajo, siempre que sigan el precepto latino *parcere personis dicere de vitiis*, ó mejor dicho, siempre que la crítica no tenga otro móvil que el amor á los tres ideales de nuestro sér — lo verdadero, lo bueno y lo bello, — á los cuales, y muy especialmente á su armónica combinación, cuando es posible, rendimos fervorosísimo culto; aunque estamos seguros que no siempre nuestras palabras, ni aun á veces nuestras ideas, serán fieles intérpretes de nuestros sentimientos y deseos.

J. A. I.

Granada, Febrero 1879.

PRIMEROS PRINCIPIOS

PRIMERA PARTE

LO INCOGNOSCIBLE

CAPÍTULO PRIMERO

RELIGIÓN Y CIENCIA

1. Uno de los defectos más frecuentes de nuestra flaca naturaleza es, indudablemente, olvidar: que *siempre hay un fondo de bondad en las cosas malas*, así como *siempre hay un fondo de verdad en las cosas falsas*; y es tan común ese olvido, que aun personas que admiten teóricamente, ó en abstracto, ese principio, rara vez lo aplican al juzgar opiniones ajenas. Por regla general, se rechaza con indignación y desprecio toda creencia que esté en abierta oposición con la nuestra, sin preguntar ó investigar, quizá, lo que abona ó justifica, siquiera sea aparentemente, tal creencia. Y sin embargo, algunas razones ha debido haber para su admisión, alguna conformidad con la experiencia humana, conformidad tal vez vaga é imperfecta, mas con todo, real ó efectiva. El cuento más absurdo puede tener su origen en un acontecimiento real, sin cuya verificación, la idea absurda de él dada no hubiera jamás nacido.

Aunque la imagen amplificada y deformada que nos transmite el prisma de la fama sea completamente distinta de la realidad, deja de ser ilimitada; los súbditos le niegan el derecho de disponer arbitrariamente de sus vidas y haciendas, y su fidelidad toma la forma de obediencia á sus mandatos.

A medida que la opinión pública se desarrolla, el poder sobe-rano se restringe; la creencia en el carácter sobrenatural del rey, mucho tiempo há rechazada, no ha dejado en pos de sí más que la opinión vulgar que atribuye á aquél una bondad, una sabiduría y una belleza extraordinarias. La lealtad, que al principio signifi-caba, implícitamente, la sumisión á la voluntad del jefe, no sig-nifica ó expresa hoy sino un tributo de subordinación ó de respeto. Nuestra teoría y nuestra práctica políticas rechazan completa-mente esas prerrogativas reales, indiscutibles en otros tiempos. Destronando algunos reyes y sustituyéndolos por otros, no sólo hemos negado el derecho divino de ciertas personas al poder sobe-rano, sino todo otro derecho que el de la voluntad nacional. Nues-tras formas de lenguaje y los documentos oficiales afirman aún que los ciudadanos son súbditos del rey; pero nuestras creencias efectivas y nuestros actos cotidianos afirman implícitamente lo contrario. Sólo obedecemos á las leyes que hacen las Cortes; he-mos despojado enteramente al monarca del poder legislativo, y nos rebelaríamos contra su ejercicio intentado por aquél, aun en materias de mínima importancia; la doctrina primitiva está, pues, totalmente destruída en nuestros tiempos y países.

El abandono de las opiniones políticas primitivas no ha tenido por único efecto traspasar el poder de las manos de un autócrata á las de una asamblea representativa, sino que las ideas que se tienen hoy del gobierno, sea cualquiera su forma, son muy dis-tintas de las antiguas. Populares ó despóticos, los gobiernos goza-ban antiguamente de una autoridad ilimitada sobre sus súbditos; los individuos existían para el bien del Estado, no éste para el bien de aquéllos. En nuestro tiempo, y en los países regidos liberal-mente, no sólo la voluntad nacional se ha sustituído á la del rey, sino que se ha restringido mucho la esfera del ejercicio de aquélla. En Inglaterra, por ejemplo, aunque no haya una teoría precisa que limite la autoridad gubernamental, tiene ésta no obstante, lí-mites, en la práctica, reconocidos tácitamente por todos. Así, aunque ninguna ley orgánica proclame que las Cortes no pueden disponer á su arbitrio de la vida de los ciudadanos, como los reyes que sacrificaban hecatombes humanas, si por acaso intentasen hoy las Cortes usar de tal poder, en vez de producir la muerte de algunos ciudadanos, su temeridad produciría su ruina. Análogamente, se vería bien pronto la entera seguridad que hemos dado á las libertades y derechos individuales contra las usurpaciones del poder, si se intentase, por una ley, apoderarse de una clase de ciudadanos, para emplearlos en servicios públicos, como lo hacían los gobiernos primitivos. Si un hombre de estado propusiera una repartición de la propiedad bajo el modelo de alguna antigua sociedad democrática, se encontraría frente á un clamor público poderoso que le negaría el derecho á disponer arbitrariamente de la propiedad privada. Y no solamente los derechos fundamentales de cada ciudadano se alzan hoy frente á frente y al nivel de los del Estado, sino que lo propio sucede á otros derechos menos importantes; por ejemplo, hace ya mucho tiempo que las leyes suntuarias, ó sobre los gastos privados, han caído en desuso, y si se intentara resucitarlas, la opinión pública probaría que esas materias están fuera del alcance de las leyes. Desde hace muchos años veníamos afirmando en la práctica, y hace poco lo hemos consignado en las leyes, el derecho de todo hombre á escoger sus creencias religiosas, en vez de recibirlas ya hechas de extraña autoridad temporal. Tenemos ya completa libertad de pensamiento en la tribuna y en la prensa (1), á despecho de todos los esfuerzos legislativos para suprimirla ó restringirla. Más recientemente hemos reclamado y obtenido, salvo un corto número de excepciones, la libertad de comercio. Así, pues, nuestras doctrinas políticas actuales difieren considerablemente de las antiguas, no sólo en cuanto á la naturaleza del depositario del poder, si que también en cuanto á la extensión y límites de ese poder.

La transformación no ha llegado aún á su fin. A la par que esas opiniones, hoy las más extendidas, hay otras que van más allá. Según ellas, es preciso restringir la acción del gobierno en límites más estrechos que los que tiene actualmente en Inglaterra. A la antigua doctrina, según la cual el individuo no existía sino para el Estado, se ha sustituído, en gran parte, una doctrina moderna, según la cual el Estado no existe sino para los ciudadanos, y de la cual se pretende sacar todas sus lógicas consecuencias. Para los partidarios de esa doctrina, la libertad individual es sagrada y no tiene otros límites que la libertad de los conciudadanos; el poder

_____

(1) Téngase presente que el autor es inglés, y en casi todas sus citas se refiere á su país. *(N. del T.)*.

legislativo no puede, pues, poner restricciones justas al ejercicio
de esa libertad, ya prohibiendo acciones que permite la ley de la
igualdad en la libertad, ya tomando de las haciendas de los ciudadanos más que lo estrictamente preciso para sufragar los gastos
públicos necesarios. Afirman también que el Estado sólo debe desempeñar una función, la de proteger á los ciudadanos, unos contra otros, y contra los enemigos exteriores. Fundándose en la tendencia manifiesta que ha reinado en todo el proceso de la civilización, de ampliar las libertades del individuo y restringir las funciones del Estado, creen que se podrá llegar á establecer un régimen político definitivo, que dará al individuo el *máximum* posible
de libertad, y al gobierno el *mínimum* posible de poder, régimen
bajo el cual la libertad de cada uno no será limitada sino por la
libertad análoga de los demás, y el único deber del gobierno será
hacer respetar ese límite.

Hallamos, pues, en los diversos tiempos y lugares, una gran
variedad de opiniones, cuyos géneros principales acabamos de indicar, acerca del origen, autoridad y funciones del gobierno; y
esos géneros se subdividen en una infinidad de especies. ¿Qué debemos, pues, pensar de la verdad ó de la falsedad de esas opiniones? Si se exceptúa un corto número de tribus bárbaras, la divi-
nidad ó semidivinidad de un monarca es considerada hoy, en todas partes, como un absurdo que supera los límites de la creduli-
dad humana. Solamente en muy corto número de países queda
aún alguna idea vaga de que el jefe tiene atributos sobrenaturales.
Las sociedades más civilizadas, que admiten aún el derecho divino
de los gobiernos, han rechazado, ya há tiempo, el derecho divino
de los reyes. Por otra parte, la creencia de que las disposiciones
legislativas tienen un carácter sagrado ha desaparecido también,
y ya no se las considera sino como convenios. Los partidos más
avanzados hasta sostienen que los gobiernos no tienen autoridad
intrínseca, que ni aun pueden haberla recibido por un convenio,
sino que la poseen únicamente como administradores de los principios morales deducibles de las condiciones esenciales de la vida
social. Ahora bien, entre tantas y tan diversas opiniones políticas,
¿deberemos decir que cada una contiene la verdad más ó menos
velada por errores, ó que una sola es verdadera y todas las demás
falsas? El análisis, guiado por el principio general que expusimos
al comenzar, nos hace admitir la primera de esas dos proposiciones últimamente enunciadas. Con efecto, por ridícula que parezca

cada una de esas opiniones á quienes no las hayan recibido como parte integrante de su educación, hay una condición que la sostiene, y es que ha sido reconocida — en su tiempo y país — como un hecho indiscutible. Explícita ó implícitamente, cada una de ellas proclama cierta subordinación de las acciones del individuo á las exigencias sociales. Hay grandes divergencias en cuanto al origen, extensión y fundamentos de esa doctrina, pero todo el mundo está acorde en cuanto á la existencia necesaria de *alguna* subordinación; en esto hay unanimidad completa, desde la idea más antigua y trivial de la alianza, hasta la actual teoría política más avanzada. Sin duda, entre el salvaje que cree su vida y bienes á merced absoluta de su jefe, y el anarquista que niega el derecho del gobierno, sea autocrático, sea democrático, á inmiscuirse en la libertad individual, parece haber, á primera vista, un antagonismo completo é irreconciliable; pero el análisis encuentra, aun en esas opiniones extremas, una idea común, y es la de que hay límites que las acciones de los individuos no deben franquear; sólo que para el uno esos límites tienen su fundamento en la voluntad Real, mientras que para el otro son corolarios de los derechos de los conciudadanos.

Podría creerse, al pronto, que hemos venido á parar á una conclusión insignificante, á saber: que en el fondo de todos los credos políticos contradictorios hay un principio común, evidente por sí mismo. Pero la cuestión no está en la novedad ni el valor de ese principio á que nos ha conducido el análisis. Al fin, ese principio, como relativo á sólo una esfera de la actividad humana, es particular, pero no es difícil generalizarlo y establecer: que aun cuando pase generalmente desapercibido, es indudable que en todas las creencias humanas del mismo género ó relativas al mismo asunto, aun en las más opuestas, hay generalmente un fundamento común; principio que si no debe ser admitido como una verdad indiscutible, se puede, no obstante, concederle una gran probabilidad.

Cuando un postulado, como el que acabamos de establecer, no es afirmado con plena conciencia, sino implícita é inconscientemente, y eso no sólo por un hombre ó por una sociedad, sino por numerosas sociedades que difieren de mil maneras por sus demás creencias, adquiere una gran probabilidad, que casi llega á la certeza, y que por lo menos supera á la probabilidad de todas esas creencias diferentes. Cuando el postulado es abstracto, como el que nos ocupa, y no se funda sobre una experiencia directa y concreta común á la humanidad entera, sino que ha sido sacado por inducción, de un gran número de experiencias diferentes, podemos decir que tiene casi la certeza de los postulados de las ciencias exactas. El ejemplo precedente nos muestra que en las opiniones que parecen radical y absolutamente malas, hay, sin embargo, algo de bueno, y nos indica, al mismo tiempo, el método para hallar esa parte buena ó verdadera cuando no llegamos directamente á una generalización capaz de servirnos de guía para buscar dicha parte. Tal método consiste: en comparar todas las opiniones del mismo género, es decir, sobre el mismo asunto; separar, como destruyéndose mutuamente en todo ó en parte, los elementos especiales y concretos que constituyen el desacuerdo de esas opiniones; observar lo que queda, después de esa eliminación de elementos discordantes, y hallar para ese residuo una expresión abstracta que permanezca verdadera en todas sus modificaciones divergentes.

8. Aceptando plenamente ese principio general, y siguiendo la marcha que nos indica, comprenderemos fácilmente los antagonismos crónicos que dividen á la humanidad; y aplicándolo, no sólo á las ideas que no nos interesan personalmente, sino también á nuestras ideas propias, en relación con las de los contrarios, nuestros juicios serán más justos, no creeremos siempre que nuestras convicciones son absolutamente verdaderas, y las opuestas absolutamente falsas; no nos dejaremos imponer, como el vulgo que no razona, ideas que sólo han llegado á nosotros por el acaso de haber nacido en tales ó cuales tiempos y países; no cometeremos, por otra parte, la falta de oponer á ideas contrarias negaciones absolutas y desdeñosas, como los que se erigen críticos independientes. De todos los antagonismos, entre las creencias humanas, el más antiguo, el más profundo, el más grave y el más universal, es el de la Religión y la Ciencia. Comenzó cuando el descubrimiento de las leyes más simples de las cosas vulgares puso límite al fetichismo universal que reinaba en los espíritus; hállasele doquier en todas las esferas del pensamiento humano, desde la interpretación de los más sencillos fenómenos mecánicos, hasta la de los más complejos hechos históricos; tiene sus raíces en los más profundos hábitos intelectuales, y las ideas contradictorias acerca de la naturaleza y de la vida, que esos hábitos producen en los diversos hombres, inclinan al bien ó al mal sus sentimientos y actos.

El combate incesante, reñido en todos los tiempos bajo las banderas de la Religión y de la Ciencia, ha producido un rencor que impide á unos combatientes apreciar el valor de los otros. Esa lucha realiza, en mayor palenque y con más violencia que otra alguna, aquella fábula tan profundamente moral de los caballeros que luchaban por el color de un bucle—de un color por cada cara—del que cada uno sólo veía una cara. Cada combatiente, no viendo la cuestión sino bajo su punto de vista, acusaba al otro de estúpido ó malévolo, porque no le veía lo mismo; no ocurriéndosele á ninguno pasar al lado contrario para descubrir la realidad.

Felizmente, con el tiempo las ideas adquieren un carácter cada vez más liberal, que debemos desarrollar todo lo posible, prefiriendo siempre la verdad á la aureola del triunfo, y así conoceremos lo que inclina á nuestros adversarios á pensar como piensan, sospecharemos que su obstinación en sostener una creencia debe provenir de que sienten algo que no sentimos, y querremos completar la parte de verdad que poseemos con la que ellos poseen; apreciando en su justo valor la autoridad humana, evitaremos los extremos de una ciega sumisión ó una estúpida resistencia; no miraremos los juicios humanos como absolutamente buenos ni malos, sino que tomaremos el partido más fácil de defender: que nadie posee la verdad absoluta y completa, nadie está absolutamente en error.

Examinemos, pues, las dos fases de esa gran controversia, conservando, cuanto podamos, la imparcialidad que acabamos de recomendar. Resistamos á los perjuicios de la educación, cerremos los oídos á los murmullos de cada secta, y veamos las probabilidades *à priori* que hay en pro de cada partido.

4. Aplicando el principio general anteriormente enunciado, podemos afirmar, desde luego, que las varias formas de creencias religiosas que han existido y existen, tienen todas algún último hecho que les sirve de fundamento. La analogía nos inclina á juzgar, no que una sola entre todas es la única y absolutamente verdadera, sino que en todas hay algo de bueno y verdadero, más ó menos velado por algo malo y falso. La parte de verdad contenida en las creencias falsas puede ser muy distinta de la mayoría, si no de la totalidad de sus dogmas, é indudablemente si, como hay fuertes razones para creerlo, dicha parte es más abstracta que todos ellos, no debe parecérsele; mas aunque así sea, existe y debemos buscar esa verdad esencial, por grandes que sean sus diferencias con los dogmas que la expresan bajo tan diversas formas. Suponer que to-

das las ideas religiosas están absolutamente desprovistas de fundamento, es rebajar mucho la inteligencia media de la humanidad,
cuya herencia recogemos sus individuos.

Ya veremos que esa razón general es reforzada por otras especiales. Así, á la presunción de que todas las creencias del mismo
género tienen un común fundamento real, añádese, en el caso presente, otra presunción, derivada de la omnipresencia ó universalidad de las creencias religiosas. Preténdese que hay tribus que no
poseen la más ligera idea de una teoría de la creación, que estas
ideas no aparecen sino cuando el hombre adquiere cierto grado de
desarrollo intelectual; mas aunque eso sea una verdad, el resultado es igual: desde el momento en que se admite que en todas las
razas cuyo desarrollo intelectual ha llegado á cierto grado, hay ya
nociones vagas sobre la esencia y origen misterioso del mundo,
puede afirmarse que esas nociones son productos necesarios del
desarrollo intelectual. La inmensa variedad de esas ideas no hace
sino fortificar esa deducción, pues muestra la independencia de
sus orígenes y existencias, y también como, en diversas épocas y
lugares, condiciones semejantes han conducido á ideas, y éstas á
resultados, semejantes.

Háse dicho que los innumerables fenómenos tan distintos, aunque de la misma familia, que presenta la historia de las religiones,
son accidentales y fortuitos; tal suposición es insostenible. La conciencia lealmente consultada da un mentís formal á la opinión que
reduce las creencias religiosas á simples cuentos sacerdotales. Aun
no atendiendo sino á probabilidades, no se puede pensar racionalmente que en todas las sociedades presentes y pasadas, civilizadas
y salvajes, ciertos individuos se han coaligado para engañar á los
demás, y han conseguido su fin por medios tan semejantes. Si se
dice que pudo ser inventada una primera ficción por un cuerpo sacerdotal primitivo, antes de la dispersión del género humano fuera
de su cuna ó patria común, la filología responde que esa dispersión
comenzó antes de que el lenguaje estuviese desarrollado lo bastante
para expresar ideas religiosas. Además, aunque la hipótesis de ese
origen artificial se fundase en otros argumentos, no podría explicar estos hechos: porque en las más diversas formas religiosas hay
constantemente los mismos elementos; porque la crítica, al destruir siglo tras siglo los dogmas religiosos particulares, no ha destruído la idea fundamental velada por todos ellos. He aquí un problema sorprendente: caen ciertas creencias en descrédito, por los

absurdos y supersticiones acumulados sobre ellas, vémoslas morir en medio de la general indiferencia ó luchando contra otras, y las vemos á poco resucitar y afirmarse de nuevo, si no con igual forma, con igual esencia. Tal resurrección es asombrosa, y con todo, la hipótesis citada no la explica. Concurren, pues, á probar las profundas raíces de las ideas religiosas: su universalidad, su evolución independiente en las varias razas primitivas y su gran vitalidad. En otros términos, si no admitimos que tienen un origen sobrenatural, como cree la mayoría, debemos pensar tienen su origen en el lento desarrollo y en la gradual sistematización de la experiencia humana.

Si se dice que las religiones son productos del sentimiento religioso, que para su propia satisfacción forja quimeras, las refiere en seguida al exterior, y las toma paulatinamente por realidades, la dificultad del problema se aleja, mas no se resuelve. Sea el sentimiento religioso padre de la idea religiosa, ó tengan ambos un común origen, la cuestión es la misma: ¿de qué nace, de dónde nace el sentimiento religioso? Es un elemento integrante del hombre, de la naturaleza humana; así lo afirma la hipótesis en cuestión, y no lo niegan los que prefieren otras hipótesis. Si no se puede menos de clasificar entre las emociones humanas el sentimiento religioso que anima á la mayoría de los hombres y que se revela, en ocasiones, aun en aquellos que más desprovistos de él parecen, tampoco debemos rehusar, en razón, estudiarle atentamente, buscar su origen y sus fines. Hallamos entonces un atributo que, sin exagerar, ha ejercido una influencia enorme, ha desempeñado importante papel en los primeros tiempos históricos, es en nuestros días el alma de numerosas instituciones, causa de interminables controversias, instigador de innumerables acciones. Una teoría general de los conocimientos humanos, que no trate de ese atributo, no puede menos de ser defectuosa. Aun no considerándole sino como filósofos, estamos obligados á decir lo que significa, so pena de tener que confesar la incompetencia de nuestro sistema. Para ello tenemos que escoger entre dos hipótesis: según la una, el sentimiento que corresponde á cada idea resulta, como las otras facultades humanas, de una creación especial; según la otra, dicho sentimiento, como todos, nace por evolución. Si aceptamos la primera, que nuestros antepasados adoptaron universalmente, y que todavía admite la mayoría de los hombres, la cuestión está resuelta: el hombre ha sido dotado, por un creador, del sentimiento religioso, cual corresponde á los designios de tal creador. Si adoptamos la segunda, nacerán las cuestiones siguientes: ¿á qué circunstancias debe referirse el origen del sentimiento religioso y cuál es su fin en la humanidad? Es ineludible aceptar esas cuestiones y resolverlas. Si consideramos, según esa hipótesis, el sentimiento religioso como resultado de la acción recíproca del organismo sobre su medio, debemos creer que hay fenómenos de tales condiciones, que han determinado la producción de dicho sentimiento; y por tanto, éste es tan normal como cualquiera otro. Además, si es cierto, como lo supone la hipótesis del desarrollo de una forma inferior en otra superior, que el fin á que tienden directa ó indirectamente los cambios progresivos debe ser la adaptación á todas las necesidades de la existencia, debemos también concluir que el sentimiento religioso contribuye de algún modo al bienestar de la humanidad. Las dos hipótesis conducen, pues, al mismo principio, á saber: que el sentimiento religioso ha sido creado, ó bien directamente por un creador, ó bien por la acción gradual de causas naturales; en uno ú otro caso debemos respetar el sentimiento religioso.

Hay otra consideración que no debe olvidarse y menos por los hombres de ciencia, que, ocupados de verdades ya establecidas y acostumbrados á mirar las cosas desconocidas como objetos de descubrimientos futuros, olvidan fácilmente que la Ciencia, cualquiera que sea su desarrollo, es incapaz de seguir al espíritu de investigación. El conocimiento real no llena, ni jamás llenará, el dominio del pensamiento posible. Al fin del descubrimiento más prodigioso hay, y habrá siempre, esta cuestión: ¿qué hay más allá? Del mismo modo que es imposible concebir límites al espacio y pensar que no hay espacio más allá de esos límites, no hay explicación bastante radical que excluya esta pregunta: ¿cuál es la explicación de esta explicación? Puede considerarse la ciencia como una esfera que crece gradualmente y cuyo incremento no hace sino aumentar sus puntos de contacto con lo desconocido que la rodea. Hay, pues, y habrá siempre, dos modos de pensamiento antitéticos, pues ahora, y en lo sucesivo, el espíritu humano se ocupará, no sólo de los fenómenos y de sus relaciones, si que también de algo no aparente y que implican aquéllos y éstas.

De ahí resulta que si el conocimiento no puede monopolizar nuestra facultad de pensar, si ésta puede siempre dirigir su atención hacia lo que excede los límites del conocimiento, habrá siempre pensamientos religiosos, puesto que la religión, bajo todas sus formas, se distingue de las demás creencias en que sus objetos están fuera de la esfera del conocimiento.

Así, pues, por insostenibles que puedan ser las creencias religiosas existentes, por absurdos que sean algunos de sus elementos, por irracionales que sean los argumentos que las defienden, no podemos desconocer la verdad misteriosa que encierran, muy probablemente. En primer lugar, es verosímil que creencias cualesquiera, extendidas ámpliamente, tengan algún fundamento; y esa verosimilitud es muy grande para creencias universales, como las religiosas. En segundo lugar, el sentimiento religioso existe, y cualquiera que sea su origen, su existencia prueba su gran significación. En tercero y último lugar, como en la extra-esfera que existirá siempre, cual antítesis de la esfera de la Ciencia, cabe y puede moverse el sentimiento religioso; tenemos tres hechos que se apoyan y refuerzan mutuamente, y en cuya virtud podemos asegurar: que las religiones, aun cuando ninguna sea verdadera, son, al menos, imágenes imperfectas de la verdad religiosa.

5.   Un espíritu religioso juzgará absurdo tener que justificar á la religión, y un hombre de Ciencia no concebirá quizá que haya que defender la Ciencia. Esta, sin embargo, tiene necesidad de ser defendida aún más que la Religión; porque si hay quienes sublevados por las locuras y corrupciones de las creencias religiosas, sólo tienen desprecio y aversión para todas las religiones, hay otros que, asustados por la crítica destructora de los sabios, contra los dogmas religiosos, tienen contra las ciencias las preocupaciones más violentas; su hostilidad no se funda en razones serias; pero creyendo que la ciencia ha debilitado sus más caras convicciones, creen también que al fin destruirá todo lo que miran como sagrado, y sienten un terror secreto.

¿Qué es, pues, la Ciencia? Para hacer ver hasta qué punto es absurda toda preocupación contra ella nos bastará notar: que la ciencia no es sino un desarrollo metódico, y de un grado superior, del conocimiento vulgar, y por tanto, quien la rechace debe rechazar también todo conocimiento. El hombre más timorato nada malo verá en observar que el sol sale más temprano y se pone más tarde en verano que en invierno; antes bien, juzgará muy útil esa observación para las tareas cuotidianas. Pues bien, la Astronomía no es sino un sistema de observaciones semejantes, hechas con más delicadeza, sobre mayor número de objetos, y analizadas, hasta

haber deducido de ellas la disposición real del cielo y haber destruído las falsas ideas que de él teníamos. El hierro se oxida en el
agua, el fuego quema, la carne muerta se pudre; he aquí nociones
que el más fanático sectario oirá sin alarmarse y juzgará bueno saber; pues no son sino verdades químicas. La Química es una colección coordinada de hechos semejantes, comprobados con precisión
y clasificados y generalizados de suerte, que pueda predecirse qué
cambios sufrirá tal. ó cual cuerpo, simple ó compuesto, en condiciones dadas. Lo mismo son todas las ciencias; nacen sobre el pa-
vés de la experiencia vulgar; á medida que crecen, recogen insensiblemente hechos más remotos, más numerosos, más complejos;
hallando en ellos leyes de mutua dependencia, semejantes á las que
nos revelan nuestros conocimientos de los objetos familiares. Nunca se puede decir: aquí empieza la Ciencia; ésta, lo mismo que el
conocimiento vulgar, tiene por fin la dirección de nuestras acciones, aun cuando busca soluciones á los problemas más sublimes y
más abstractos. Por los procedimientos industriales y los varios
modos de locomoción que nos ha dotado, la Física gobierna más
completamente nuestra vida social, que el conocimiento de las propiedades de los objetos que le rodean regulan la vida del salvaje.
La Anatomía y la Fisiología, dirigiendo la práctica de la Medicina
y de la Higiene, ejercen sobre nuestras acciones una influencia casi
igual á la del conocimiento de los buenos y malos efectos sobre
nuestro cuerpo, de los agentes que nos rodean. Saber es preveer,
y todo conocimiento nos ayuda más ó menos, en suma, á evitar
el mal y á conseguir el bien. Tan cierto como la vista de un objeto
en nuestro camino nos libra de tropezar con él, las nociones más
complejas y delicadas que constituyen la ciencia nos libran de tropezar con los mil obstáculos sembrados en nuestra ruta cuando su
fin está lejano. Y puesto que las formas más simples y las más
complejas de nuestros conocimientos tienen el mismo origen y el
mismo fin, deben tener la misma suerte. En buena lógica, ó debemos admitir los conocimientos más extensos que todas nuestras
facultades pueden adquirir, ó rechazar los más sencillos que todo
el mundo posee; ó aceptar plenamente toda nuestra inteligencia, ó
repudiar aun esa inteligencia rudimentaria que nos es común con
los brutos.

Preguntar si es verdadera la ciencia es como preguntar si el sol
alumbra; por eso, en tanto se mira la ciencia con alarma en el
partido teológico, en cuanto se ve que sus afirmaciones son irrefu-

tables. Ese partido sabe que durante los dos mil años que la ciencia ha tardado en desarrollarse, muchas de sus principales divisiones —las Matemáticas, la Física, la Astronomía—han sufrido la crítica rigurosa de las generaciones sucesivas, y con todo, se han ido estableciendo cada vez más sólidamente; no ignora que sus propias doctrinas, antes universalmente reconocidas, son, de un siglo á otro, cuestionadas y reformadas; mientras que, al contrario, las doctrinas científicas, cultivadas primero por muy pocos y aislados filósofos, han conquistado gradualmente la adhesión general, y son hoy, para la mayoría, verdades indudables; ve que, en todas partes, los sabios someten sus descubrimientos al más escrupuloso examen, y rechazan sin piedad el error, una vez descubierto; sabe, en fin, que la ciencia puede invocar un testimonio aún más decisivo, á saber: la verificación diaria de sus predicciones científicas y el triunfo de las artes dirigidas por ella.

Abrigar sentimientos hostiles contra una Ciencia que tan buenos derechos tiene á nuestra confianza, es una locura. Si los defensores de la Religión tienen alguna excusa en el lenguaje de ciertos sabios, eso no basta para justificar su hostilidad. No tanto por la Ciencia, como por la Religión, no debe atribuirse á la maldad de la causa la insuficiencia de sus abogados. La Ciencia debe ser juzgada por sí misma, y sólo la inteligencia más degradada dejará de ver que la Ciencia es digna de todo respeto. Haya ó no otra revelación, desde luego tenemos una en la Ciencia, la de las leyes del universo, hecha por la inteligencia humana; cada hombre debe discutirla y comprobarla por sí mismo cuanto pueda, y una vez comprobada, someterse humildemente á sus decretos.

6. Debe haber, pues, verdad por ambas partes del debate; pues examinadas sin preocupación es forzoso admitir que la Religión forma como la trama en el tejido de la historia de la humanidad y es la expresión de un hecho eterno, y la Ciencia es un gran sistema de hechos que va incesantemente creciendo y purgándose de errores. Y si la Religión y la Ciencia tienen ambas fundamento real, preciso es que haya entre ellas también perfecta y fundamental armonía; porque no se puede suponer que hay dos órdenes de verdades en oposición absoluta y perpetua; sólo podría concebirse tal suposición por una especie de maniqueísmo que nadie osa confesar, pero que no deja de entrar en la mayoría de las creencias. Aunque en el fondo de las declamaciones clericales hay la idea de que la Religión es de Dios, y la Ciencia, del Diablo, el

más fanático no osará decirlo positivamente; y si no se sostiene tal doctrina, es preciso que bajo ese aparente antagonismo haya una perfecta concordancia.

Debe, pues, cada partido, reconocer en el otro verdades no despreciables; todo hombre que mire al Universo bajo el punto de vista religioso, sepa: que la ciencia es un elemento del gran todo, y por tanto, debe ser considerada con los mismos sentimientos que el resto; y por otra parte, considere el que mire al Universo bajo el punto de vista científico, que la religión es también un elemento del gran todo, y por tanto, debe ser tratada como un objeto de estudio, sin más perjuicio que cualquier otro. Esfuércese cada partido en comprender al otro, persuádase de que tiene con él un elemento común que merece ser comprendido, y que en siéndolo, será la base de una reconciliación completa.

Ahora bien; ¿cómo hallar ese elemento común? ¿Cómo reconciliar á la Religión y la Ciencia? Tal es el problema á cuya solución vamos á dedicarnos con perseverancia. No es un armisticio lo que queremos, no es un pacto, como lo vemos proponer de tiempo en tiempo, cuya poca duración no se escapa ni á sus autores; queremos hallar las condiciones de una paz real y permanente. Para eso, debemos buscar la verdad primaria, que tanto la Religión como la Ciencia puedan admitir con absoluta sinceridad, sin sombra ni restricción mental, sin concesión alguna, sin que uno ú otro partido ceda en algún punto que después quiera recobrar; el fundamento común debe ser un principio, que uno y otro afirmen separadamente; un principio, que la Religión afirme enérgicamente sin auxilio de la Ciencia, que la Ciencia afirme enérgicamente sin auxilio de la Religión, y para cuya defensa estén pues, aliadas.

O bien, bajo otro punto de vista, nos proponemos coordinar las convicciones, en apariencia opuestas, que representan la Religión y la Ciencia, pues de la fusión de ideas antagónicas que tienen una parte de verdad, cada una, nace siempre un desarrollo superior. Así, en Geología se obtuvo un rápido progreso al juntar las dos hipótesis neptúnica y plutónica; en Biología, al reunir la doctrina de los tipos y la de la adaptación; en Psicología, el progreso, que se había detenido, continúa desde que los discípulos de Locke y los de Kant han reconocido comunidad de ideas en la teoría de que las sensaciones organizadas producen las formas del pensamiento; y, por último, en Sociología, se ve un carácter positivo, desde que los partidarios del progreso y del orden defienden ambos verdades recíproca y mútuamente complementarias. Lo mismo debe, pues, suceder en mayor escala entre la Ciencia y la Religión. En ellas debemos también buscar un principio que ligue en un mismo sistema las conclusiones de ambas, y esperar grandes resultados de esa unión. Comprender cómo una y otra expresan los lados opuestos del mismo hecho, la Ciencia el lado próximo ó visible, la Religión el lado lejano ó invisible, es el fin que nos proponemos conseguir y el éxito de nuestra empresa debe modificar profundamente nuestra teoría general de las cosas. Ya hemos indicado el método que ha de servirnos para hallar ese principio común; pero antes de seguir debemos tratar á fondo esa cuestión del método, pues para hallar esa verdad común á la Religión y á la Ciencia, debemos saber qué especie de verdad es y en qué dirección debemos buscarla.

7. Hemos visto que hay una razón *a priori* para creer que en todas las religiones hay un fondo de verdad, elemento común á todas, y que subsiste, cuando sus elementos particulares discordantes ó contradictorios se anulan ó destruyen mútuamente; y hemos visto también que ese elemento es ciertamente más abstracto que todas las doctrinas religiosas admitidas. Ahora bien; es evidente que la Ciencia y la Religión no pueden tener por principio común sino una proposición muy abstracta; no pueden serlo, pues, los dogmas de los trinitarios, ni de los unitarios, ni la idea de la propiciación aunque común á todas las religiones. La ciencia no puede admitir tales creencias, están fuera de su alcance. Si juzgamos, pues, por analogía, no sólo la verdad esencial de la Religión es el elemento más abstracto que se encuentra en sus diversas formas, si que también ese elemento, el más abstracto de todos, es, por tanto, el único que puede servir de lazo de unión entre la Religión y la Ciencia.

Se llega al mismo resultado, comenzando por el otro extremo, á buscar la verdad científica que puede reconciliar esas dos esferas del pensamiento. Es evidente que la Religión no puede hacer conocer las doctrinas particulares científicas, como la Ciencia no puede revelarnos las doctrinas especiales de la Religión. El principio común á ambas no puede ser matemático, ni físico, ni químico ni de otra alguna ciencia particular. Una generalización de los fenómenos de espacio, tiempo, materia, fuerza, no puede ser una idea religiosa. Si hay una idea científica que pueda llegar á ser una idea religiosa, debe ser más general que todas las otras; debe ser el principio de todas las demás. Finalmente, si hay un hecho qne admitan á la vez la Religión y la Ciencia, debe ser tal que de él nazcan todas las ciencias particulares.

Puesto que estas dos grandes realidades, la Religión y la Ciencia, son elementos constitutivos del mismo espíritu y corresponden á diferentes aspectos del mismo Universo, debe haber entre ambas una armonía fundamental, ha de creerse que las verdades más abstractas de la Religión y de la Ciencia deben ser fundamento común de una y otra, y por tanto, el hecho más comprensivo que albergue nuestro espíritu, puesto que ha de unir los polos positivo y negativo del pensamiento humano.

8.   Antes de seguir en la investigación de ese dato común, apelemos á la paciencia de los lectores; pues los tres capítulos siguientes que, partiendo de distintos puntos de vista, convergen hacia la misma conclusión, tendrán poco atractivo. Los filósofos hallarán en dichos capítulos muchas ideas que les son familiares, y la mayoría de los que no están al corriente de la metafísica moderna tendrán dificultad en comprenderlos.

Sin embargo, no podemos prescindir de esos capítulos. La magnitud del problema que nos ocupa autorizaría aun á someter la atención del lector á más dura prueba. La cuestión nos importa á todos más que ninguna otra; pues aunque la idea á que hemos de venir á parar tenga sobre nosotros poca influencia directa, debe ejercer una acción indirecta sobre todas nuestras relaciones, determinar nuestros conceptos del Universo, de la vida, de la naturaleza humana, modificar nuestras ideas del bien y del mal, y por ellas todas nuestras acciones. Ciertamente, bien vale la pena elevarse á un punto de vista en que la contradicción entre la Religión y la Ciencia desaparezca, en que ambas hallen su común fundamento, si de esa elevación ha de producirse en las ideas una revolución fecunda en felices resultados.

Terminados estos preliminares, vamos á abordar el más importante de todos los resultados.

CAPÍTULO II

9.   Cuando, desde la orilla del mar, vemos el casco de los navíos lejanos desaparecer bajo el horizonte, y sólo percibimos ya sus velas superiores, adquirimos con bastante claridad idea de la curvatura, aunque débil, de la parte de superficie del mar ante nosotros extendida. Mas cuando intentamos seguir con la imaginación esa curvatura hasta completar la superficie terráquea, es decir, hasta 3.000 leguas bajo nuestros pies, la imaginación se pierde enteramente. Ni siquiera podemos imaginar en su verdadera forma y magnitud un pequeño segmento de nuestro globo de 100 millas de radio—curvo—á nuestro alrededor, con mayor razón nos será imposible imaginar el globo entero. Imaginamos perfectamente la roca que está bajo nuestros pies, con su cúspide, su base y sus lados, todo á la vez, de modo que todas esas diversas imágenes aparecen simultáneamente á nuestro espíritu é integran la idea de esa roca. Pero es imposible hacer lo mismo en cuanto á la Tierra, porque no podemos representarnos ni los antípodas ni los demás puntos terrestres, lejanos de nosotros, en los verdaderos sitios que ocupan. Sin embargo, hablamos de la Tierra como si tuviésemos de ella idea exacta, como si pudiésemos imaginarla cual los objetos pequeños.

Pero entonces, preguntará el lector: ¿qué concepto tenemos de la Tierra? Porque es indudable que á ese nombre corresponde en nosotros cierto estado de conciencia, y si no es un concepto propiamente dicho ese estado, ¿qué es? He aquí la respuesta: sabemos, por métodos indirectos, que la Tierra es una esfera; hemos construído modelos que representan, aproximadamente, la forma y distribución de las partes de la Tierra, y en general, cuando hablamos de nuestro planeta, pensamos, ó én una masa extendida indefinidamente bajo nuestros pies, ó quizá, olvidando la verdadera Tierra, pensamos en un cuerpo, tal como un globo terrestre (modelo). Pero cuando queremos imaginar la Tierra tal como es realmente, combinamos esas ideas, lo mejor que podemos; es decir, unimos á la idea de una esfera las percepciones de la superficie terrestre tales como nos las da la vista, formándonos, así, de la Tierra, no un concepto propiamente dicho, sino un concepto simbólico, como lo son la mayoría de nuestros conceptos, inclusos los más generales; por ejemplo, de las grandes extensiones y duraciones, de los grandes números y de todas las clases de objetos á que referimos los directamente percibidos. Así, al hablar de una persona determinada, se tiene idea de ella bastante completa; si se trata de su familia, es probable que no se piense más que en una parte de ella, en aquellos individuos más importantes ó á quienes conocemos mejor, prescindiendo de los demás á quienes sólo conocemos vagamente, aunque podríamos, si fuera necesario, precisar y completar su conocimiento; tratándose del gremio entero, por ejemplo, el de los pintores, al cual pertenece aquella familia, no pensamos, seguramente, en todos los individuos de ese oficio, y aun creeríamos eso imposible si se nos exigiera; nos contentamos con recordar algunos de aquéllos y figurarnos que podríamos ir recordando ó conociendo sucesivamente todos los demás. Si nos fijamos en la nacionalidad del sujeto en cuestión, que es, por ejemplo, *inglés*, el estado de nuestro pensamiento, que corresponde á ese nombre, es aún más incompleta imagen de la realidad; todavía más si se trata de europeos, de hombres, de mamíferos, de vertebrados, de animales, de seres orgánicos, etcétera; siendo indudablemente cada vez más desemejante la idea de su objeto, á medida que es mayor el número de individuos incluídos en aquélla, la cual, formada por la combinación de un corto número de ejemplares tipos, con la noción de multiplicidad ó repetición de cada ejemplar, tiende también, cada vez más, á ser un puro símbolo, y esto, no sólo porque deja de representar fielmente la extensión del grupo, sino porque á medida que el grupo se hace más heterogéneo al extenderse, los ejemplares tipos, en los que pensamos, se parecen menos al término medio de todos los objetos del grupo.

Esa formación de conceptos simbólicos, que se verifica inevitablemente á medida que pasamos de los objetos pequeños y concretos á los grandes y abstractos, es casi siempre una operación muy útil y hasta necesaria. Cuando en vez de unas cosas cuyos atributos pueden unirse bien en un solo estado de conciencia, se trata de otras cuyos atributos son demasiado extensos ó numerosos para ser reunidos, no es preciso dejar de concebir parte de ellos ó todos, es decir, que entonces nos formamos un concepto simbólico ó ninguno. Para imaginar, pues, objetos demasiado grandes ó numerosos, es preciso, ó que prescindamos de algunos de sus atributos, ó que combinemos éstos simbólicamente, es decir, en imágenes sumamente imperfectas de dichos objetos.

Pero si ese procedimiento nos permite llegar á proposiciones y conclusiones generales, nos conduce también, á veces, á errores, pues tomamos frecuentemente los conceptos simbólicos por conceptos reales, lo cual nos lleva á muchas conclusiones falsas. Y no sólo estamos expuestos á formar juicios falsos de una cosa ó de una clase de cosas por tener de ellas un concepto simbólico y no real, sino más bien porque llegamos á suponer que nos hemos formado un concepto fiel de una multitud de cosas, cuando sólo le tenemos imperfecto por el medio artificial de un símbolo; y en fin, porque incluímos en tal concepto cosas que no pueden ser concebidas de modo alguno. Examinemos por qué no siempre podemos evitar caer en ese error.

De los objetos que es fácil imaginar enteros á los que no, la transición es insensible. Así, entre una roca y la Tierra se puede suponer una serie de masas, cada una de las cuales difiera tan poco de las inmediatas, que sea difícil decir en qué punto de la serie de nuestras ideas ó imágenes de esas masas empiezan á ser imperfectas. Y generalmente, entre los grupos compuestos de un corto número de individuos de los que, por tanto, aún nos podemos formar perfecta idea, y los grupos, cada vez más extensos, de los que no podemos tener idea exacta, hay una progresión gradual.

Es, pues, indudable que se pasa de los conceptos reales á los simbólicos, insensiblemente. Además, nos vemos obligados á tratar nuestros conceptos simbólicos como reales, no sólo porque no hay entre unos y otros línea alguna de separación, sino también, porque en la gran mayoría de los casos nos servimos de los símbolos tan bien ó mejor que de los reales, y porque son signos abreviados que sustituímos á los signos completos, equivalentes para nosotros á los objetos reales. Sabemos que las imperfectas imáge-

nes de las cosas vulgares, que comunmente nos formamos de primera intención, pueden perfeccionarse y completarse si es preciso:
y aunque no podemos hacer otro tanto con los conceptos de las
grandes magnitudes y de las grandes clases de objetos, vemos, sin
embargo, que podemos adquirirlos por procedimientos indirectos
de medida ó enumeración. Aun tratándose de un objeto imposible
de ser imaginado, como, por ejemplo, el sistema solar, el cumplimiento de las predicciones fundadas sobre el concepto simbólico
que de él tenemos, nos inspira el convencimiento de que ese concepto representa algo real, y en cierto sentido representa fielmente
las relaciones esenciales del sistema. Si hemos tomado, pues, el
hábito de considerar las ideas simbólicas como efectivas, como representaciones reales de las cosas, ha sido porque, en la mayoría
de los casos, dichas ideas son susceptibles de ser completadas, y
en casi todos los demás, conducen á conclusiones que la observación comprueba plenamente; y las aceptamos, muchas veces sin
comprobarlas, porque la experiencia nos dice que pueden ser comprobadas si se cree necesario. Así nacen ideas que tomamos como
representaciones de cosas conocidas, pero que realmente representan cosas que no pueden ser conocidas de modo alguno en sí
mismas.

Resumiendo: nuestras ideas no son completas sino cuando el
número y la especie de atributos de sus objetos permiten que
aquéllos sean representados mentalmente en momentos bastante
próximos para que puedan parecer simultáneos. A medida que los
objetos ideados son más extensos y complejos, ciertos atributos,
cuya idea habíamos tenido primero, se borran de la conciencia antes de que el resto se haya en ella representado, y el concepto
queda incompleto. Cuando la magnitud, la complejidad ó la dise-
minación de los objetos concebidos son muy grandes, no se puede
pensar á la vez sino en una pequeña parte de sus atributos, y el
concepto es ya tan imperfecto que no es más que un puro símbolo.

Con todo, esos conceptos simbólicos, indispensables á la filosofía son legítimos siempre que por operaciones intelectuales sucesivas ó indirectas, ó por la verificación de las predicciones deducidas, podamos adquirir certeza de que dichos conceptos representan
seres reales; mas cuando nada de eso suceda, tampoco son aquellos
legítimos, sino radicalmente viciosos é ilusorios y confundibles con
puras ficciones.

10.   Consideremos ahora el alcance de esa verdad general, res-

pecto al objeto de este capítulo: «Ultimas ideas de la Religión.»
Para ello empezaremos por notar que el gran problema del Universo se propone por sí mismo, tanto al hombre primitivo, como al
niño nacido en país civilizado. ¿Que es el Universo? ¿Cuál es su
origen? Cuestiones son estas que piden imperiosamente solución
á todo pensamiento humano que se eleve de vez en cuando sobre
las vulgaridades de la vida. Ahora bien; para llenar un vacío en el
pensamiento, cualquier teoría parece valer más que la nada, y si
es única, echa fácilmente raíces, y en consecuencia se sostiene,
gracias á la tendencia humana á recibir las primeras explicaciones
de una cosa, y gracias á la autoridad que rodea comunmente, muy
pronto, á toda explicación dada. Mas un examen crítico de las diversas hipótesis —soluciones del problema del Universo— proba-
rá no sólo que son insostenibles todas las aceptadas, sino que lo
son todas las posibles.

11.   Tres hipótesis inteligibles verbalmente podemos hacer sobre
el origen del Universo: ó que existe por sí mismo, ó que se ha
creado á sí mismo, ó que ha sido creado por un poder exterior. No
es preciso investigar cuál de las tres es más verosímil, pues esta
cuestión se reduce, en último término, á esta otra superior: ¿es
alguna de las tres concebible, en el verdadero sentido de esta palabra? Examinémoslas, pues, una tras otra.

Cuando decimos de un hombre que se sostiene por sí mismo,
de un aparato que actúa por sí mismo, de un árbol que se desarrolla por sí mismo, esas frases, aunque inexactas, representan cosas
que podemos concebir con bastante exactitud. Nuestro concepto
de un árbol que se desarrolla por sí mismo, es, sin duda alguna,
simbólico; mas aun cuando no podamos representarnos realmente
la serie entera de cambios complejos en que consiste dicho desarrollo, podemos sí figurarnos los términos principales de esa serie,
y la experiencia nos revela que por una observación largo tiempo
prolongada podemos adquirir la facultad de figurarnos mentalmente la serie de cambios que represente mejor las series reales; es
decir, sabemos que ese concepto simbólico del desarrollo espontá-
neo puede extenderse de modo que se aproxime á un concepto real,
y que expresa, aunque inexactamente, una operación efectiva de
la naturaleza.

Pero, al hablar de la existencia por sí, y al formarnos de ella
un vago concepto simbólico por medio de las analogías ya indicadas, abusamos si suponemos que esa idea simbólica es del mismo

orden que las otras indicadas. Unimos las palabras *por sí* á la palabra *existencia*, y esa asociación y la analogía nos hacen creer que tenemos una idea semejante á la que nos sugiere la frase actividad espontánea.

Procuraremos desarrollar esa idea simbólica y cesará nuestra ilusión. Desde luego es evidente que las palabras *existencia por sí,* significan una existencia independiente de otra, no producida por otra, es decir, que esa frase excluye la idea de una creación y por tanto la de una causa ó fuerza creadora anterior, la de un principio; porque la idea de principio supone una época en que la existencia en cuestión no había aún principiado; es decir, que ese principio fué determinado por alguna causa, lo que es contradictorio, con la idea de *existencia por sí.* Esta frase significa, pues, existencia sin principio, lo cual es absolutamente inconcebible, pues lo es el tiempo infinito pasado que la existencia sin principio supone. Además, aunque la *existencia por sí* fuera concebible, no podría de modo alguno explicar el universo, pues no se concibe mejor la existencia de un objeto en un momento dado, por saber que existía una hora, un día, un año, un tiempo, finito ó infinito, antes. Así, no sólo la teoría ateísta es inconcebible, sino que, aun cuando no lo fuera, no por eso sería una solución del problema del Universo, pues la afirmación de su existencia por sí nada sirve para el conocimiento de su existencia actual, y no es, por tanto, sino una nueva afirmación del mismo misterio.

La hipótesis de la creación por sí, que no es sino el panteismo, también es inconcebible. Hay fenómenos, como la precipitación de un vapor invisible, en forma de nube, que ayudan á formar el concepto simbólico de un mundo en evolución espontánea, y otros muchos fenómenos del cielo y de la tierra pueden servir también para completar y precisar dicho concepto. Podemos, pues, comprender bien la serie de fases que ha atravesado el Universo para llegar á su forma actual; pero eso nada nos sirve para transformar en concepto real el simbólico de la creación por sí, cuya transformación es y será siempre, en el caso que nos ocupa, completamente imposible. En efecto, concebir la creación por sí es concebir la existencia potencial, pasando á existencia real por efecto de una necesidad inmanente, lo cual es inconcebible, pues lo es distinguir la existencia potencial del Universo de su existencia actual; porque si la existencia potencial del Universo fuese imaginable, lo sería como *algo*, es decir, como una existencia actual; pues la hipótesis de que sería imaginable como *nada*, encierra dos absurdos, á saber: que *nada* es más que una negación, y que un cierto *nada* se distingue de los otros nadas en poder desarrollarse y convertirse en algo. Aun más; no hay en nosotros un estado psíquico que corresponda á esta frase: una necesidad inmanente, en virtud de la que una existencia potencial ha llegado á ser existencia actual. Esto supone una existencia que ha permanecido un tiempo indefinido bajo una forma, y que pasa á otra sin impulsión alguna externa; es decir, un efecto sin causa, lo que es absolutamente inconcebible. Los términos de esa hipótesis no representan, pues, cosas reales sino nuevos símbolos más ó menos susceptibles de interpretación. Pero aun cuando la existencia potencial del universo pudiera ser concebida como distinta de su existencia actual, y concebida también el paso de una á otra como un efecto causa de sí mismo, nada habríamos adelantado; el problema no habría hecho sino retroceder un paso, reduciéndose á este otro: ¿cuál es el origen de la existencia potencial? el cual necesitaría la misma explicación que el de la existencia actual, y la dificultad quedaba en pie, pues no podrían hacerse otras hipótesis sobre el origen de esa potencia latente que las tres ya indicadas: la existencia por sí, la creación por sí y la creación por una potencia exterior. La existencia por sí de un universo en potencia no es concebible que la de un universo actual. La creación por sí de un universo en potencia implica con mayor razón las dificultades ya expuestas, necesitaría suponer detrás de ese universo en potencia una virtualidad anterior, y así sucesiva é indefinidamente, sin adelantar un paso. Por último, asignar como causa de ese universo potencial una fuerza, un poder exterior, es introducir gratuita é innecesariamente la idea de ese universo, pues dicha fuerza podría haber producido directamente el universo actual. Examinemos, pues, esta última hipótesis del teísmo, ó creación por un poder exterior, que es, como se sabe, la más generalmente admitida.

Lo mismo en las más vulgares creencias, que en la cosmogonía de Moisés, tan corriente durante tantos siglos, se supone que el cielo y la tierra han sido hechos á la manera como un obrero hace un mueble. Esta hipótesis no ha sido sólo forjada por los teólogos, si que también por la inmensa mayoría de filósofos presentes y pasados. Tanto los escritos de Platón como los de muchos sabios contemporáneos, nos prueban que sus autores miran como efectiva cierta analogía entre la obra de la creación y la de un artesano.

Ahora bien; en primer lugar, ese concepto no sólo no es de los que operaciones intelectuales acumuladas ó el cumplimiento de predicciones de él deducibles puedan mostrar su correspondencia con algo real; no sólo, tampoco, en ausencia de todo testimonio sobre la creación, nada prueba correspondencia entre ese concepto, algo restringido, y el hecho restringido también que quiere significar, sino que es inconsecuente consigo mismo dicho concepto. No puede ser comprendido, aunque se acepte, todo lo que supone. Sin duda, los procedimientos de un artesano pueden servirnos de símbolo, aunque vagamente, para hacernos comprender el modo de fabricación del Universo; mas nos deja completamente ignorantes del verdadero misterio, el origen de los materiales que componen el Universo. El artesano no hace el hierro, ni la madera, ni la piedra que emplea; se limita á trabajarlos y ensamblarlos. Suponiendo que el Sol, los planetas, y todo lo que esos cuerpos contienen han sido formados de un modo análogo por el «Gran Artista», suponemos sólo que ha dispuesto en el orden que vemos actualmente ciertos elementos preexistentes. Mas ¿de dónde procedían esos elementos? La analogía no puede hacerlo comprender, y mientras no lo haga no tiene valor alguno. El producir la materia de la nada; hé aquí el misterio. Inútil es busquemos para concebir esa producción tal ó cual analogía; no haremos más que forjar un símbolo imposible de ser concebido. La insuficiencia de la teoría teísta de la creación se hace más manifiesta cuando se pasa de los objetos materiales al espacio que los contiene. Aunque no existiera más que un vacío inmensurable, tendríamos esta cuestión: ¿de dónde procede ese vacío? Y si la teoría de la creación había de ser completa, debería responder que el espacio fué hecho del mismo modo que la materia. Pero la imposibilidad de concebir la creación del espacio es tan manifiesta, que nadie osa afirmarla; pues esa creación supone la no existencia anterior del espacio, y no hay esfuerzo mental capaz de hacer imaginar la no existencia del espacio, siendo, como es, una de las ideas más vulgares y más indesalojables del pensamiento la de un espacio que nos rodea por doquier, y cuya ausencia pasada, presente ni futura es imposible de ser concebida, y por tanto, también lo es la creación del espacio. Por último; aun suponiendo que pueda ser concebido el origen del Universo como producto de un poder exterior, el misterio sería tan grande como siempre, porque surgiría enseguida esta cuestión: ¿y cuál es el origen de ese poder? Cuestión que, como las anteriores, no admite como posibles sino una de las tres soluciones: la existencia por sí, la creación por sí y la creación por una potencia exterior. Esta última es inadmisible, pues nos haría recorrer una serie infinita de potencias exteriores sin salir del punto de partida. La segunda nos crea la misma dificultad, pues ya hemos visto necesita suponer una serie infinita de existencias en potencia. Queda, pues, la primera, que es la comunmente aceptada y mirada como satisfactoria. Los que no pueden concebir la existencia por sí del Universo, y, por consecuencia, admiten su creación, no dudan de la posibilidad de concebir un creador existente por sí mismo. Reconocen un misterio en el gran hecho que les rodea por doquier, y creen disiparlo transportándolo á la causa supuesta de ese hecho. ¡Ceguedad lamentable! La existencia por sí es rigorosamente inconcebible, como lo hemos probado al principio de esta discusión, cualquiera que sea la naturaleza del objeto en cuestión.

Todo el que reconozca la imposibilidad de comprender la teoría ateísta, porque contiene la idea imposible de la existencia por sí, debe también reconocer la imposibilidad de concebir el teísmo, puesto que contiene la misma imposibilidad.

Vemos, pues, que las tres suposiciones diferentes sobre el origen de las cosas, aunque inteligibles verbalmente, y aunque cada una parece muy racional á sus partidarios, acaban por ser literalmente inconcebibles cuando se las somete al escalpelo de la crítica. No se trata de si son probables ó plausibles, sino de saber si son siquiera inconcebibles, y la experiencia prueba que los elementos de esas hipótesis no pueden ser reunidos en el pensamiento, y sólo podemos figurárnoslas al modo de esas pseudo-ideas de un cuadrado fluido ó de una sustancia moral, es decir, no intentando transformarlas en ideas reales, ó, expresándonos como al principio de esta discusión, diremos que las tres contienen conceptos simbólicos ilegítimos é ilusorios. Tan distintas como parecen las hipótesis ateísta, panteísta y teísta, encierran el mismo elemento fundamental. No se puede evitar, en una ú otra parte de las tres, la necesidad de hacer la hipótesis de la existencia por sí, ya directamente, ya disimulada bajo mil rodeos, y esa hipótesis es siempre total y absolutamente inconcebible. Aun tratándose de un pedazo de materia, ó de una forma material imaginada, ó de una causa más lejana y menos imaginable, no podemos idear su existencia por sí sino suponiéndola infinita en el tiempo pasado; y como esa

duración infinita es inconcebible, también lo son todas las ideas
formales en que entra; y tanto más inconcebibles, permítase la
frase, cuanto más vagos, menos definidos, son los elementos de
esas ideas. Resulta, pues, que si es imposible pensar el Universo
como existente por sí, todos nuestros esfuerzos para explicarlo no
pueden hacer sino multiplicar el número de conceptos imposibles.

12.   Si prescindiendo del origen del Universo, queremos conocer su naturaleza, las mismas insuperables dificultades se nos presentan bajo nuevas formas. Por una parte nos vemos obligados á
hacer ciertas suposiciones, y por otra vemos que esas suposiciones
no pueden ser imaginadas.

Cuando buscamos la significación de diversos efectos producidos
entre nuestros sentidos; cuando inquirimos cómo se producen en
nosotros las sensaciones que llamamos colores, sonidos, sabores y
demás atributos que asignamos á los cuerpos, nos vemos obligados á considerarlos como efectos de alguna causa. Ahora bien; esa
causa, ó podemos pensarla como existente en realidad, llamarla
materia y darnos por satisfechos; ó podemos pensar que la materia
no es sino un modo particular de manifestarse el espíritu, y que el
espíritu es, por tanto, la causa verdadera y única de aquellos efectos; ó finalmente, considerando la materia y el espíritu como
fuerzas inmediatas, podemos referir todas las modificaciones de
nuestra conciencia á la acción directa sobre ella, de una potencia
divina. Mas cualquiera que sea la causa, estamos obligados á suponer alguna; y no sólo alguna causa, sino una causa primaria. Si
el agente, materia, espíritu ó lo que sea, al que atribuímos nuestras impresiones, es esa causa primaria, todo está terminado; si
no lo es, debe haber tras él otra causa; y así sucesivamente, sea
cualquiera el número de causas interpuestas, no podemos pensar
en las sensaciones que experimentamos mediante los sentidos, sin
pensar en su causa primaria—*causa causarum.*

Pero si queremos avanzar más, si queremos saber cuál es la naturaleza de esa causa primera, la lógica nos lleva inexorablemente
á dos nuevas cuestiones. Esa causa primera ¿es finita ó infinita?
Si es finita, hay algo exterior á ella, y ese algo exterior á la causa
primera es, por tanto, independiente de ésta; esa región exterior
no tiene causa, pero si algo puede existir sin causa, no hay razón
para suponer que todo lo que sucede tiene su causa; si fuera de la
región finita, en que reina la causa primera, hay otra región—infinita necesariamente—en que aquélla no reina; si hay un infinito

sin causa, envolviendo al finito con ella, no se necesita realmente la hipótesis de la causalidad. Es, pues, imposible, considerar la causa primaria como finita, ha de ser infinita.

Pero aún más; hay otra conclusión inevitable cuando se piensa y discurre sobre la causa primera. Debe ser independiente, pues si no lo fuera no sería ella la causa primaria sino la otra de que depende. Y no basta decir que es en parte independiente y en parte dependiente, puesto que eso sería suponer una necesidad que determinara su dependencia parcial, y esa necesidad, cualquiera que fuese, sería una causa superior, es decir, la verdadera causa primera, lo que es contradictorio. Mas pensar que la causa primera es del todo independiente, es pensar que existe fuera de toda existencia; pues si necesitase la presencia de alguna otra, dependería parcialmente de ella y tampoco sería ya causa primera. Y no es eso todo; no sólo la causa primera debe tener un modo de existir sin relación necesaria con otra alguna forma de existencia, sino que tampoco puede haber relación necesaria alguna exterior á ella. Nada puede haber en ella que determine cambios, ni nada que los impida, porque si algo impusiera esas necesidades y restricciones, ese algo debería ser una causa superior á la causa primera, lo que es absurdo. Así, pues, la causa primera debe ser absoluta é infinitamente perfecta, completa, total, omnipotente, superior á toda ley.

La cuestión de la naturaleza del Universo conduce, pues, á estas conclusiones. Los objetos y fenómenos del *cosmos* y de nuestra propia conciencia nos obligan á buscarles sus causas; y una vez comenzada la investigación, no hay posibilidad de pararse hasta llegar á la hipótesis de una causa primera, y es inevitable también considerar esa causa primera como infinita y absoluta. Sin embargo, casi me parece inútil decir á los pacientes lectores que hasta aquí hayan llegado, cuánto tienen de ilusorios los razonamientos y resultados antedichos. Si no temiéramos cansar inútilmente su paciencia, fácil nos sería probar que los elementos de esos raciocinios, lo mismo que sus conclusiones, no son sino conceptos simbólicos del orden ilegítimo. Pero en vez de repetir la refutación empleada anteriormente, vamos á seguir otro método y probar los errores de esos resultados, haciendo notar sus mutuas contradicciones. Para ello no creemos poder hacer nada mejor que aprovechar la demostración que M. Mansel, siguiendo literalmente la doctrina de Sir W. Hamilton, ha dado en su obra *Limits of ligions Thougt.* Y no sólo nos serviremos de esa obra porque es difícil tratar mejor la cuestión que M. Mansel, sino también porque los razonamientos de un autor consagrado á la defensa de la teología ortodoxa, serán quizá mejor recibidos de la mayoría de los lectores.

13. Después de las indispensables definiciones preliminares de la causa primera, de lo infinito, de lo absoluto, M. Mansel añade:

«Pero esos tres conceptos, la causa, lo infinito, lo absoluto, todos indispensables — para integrar la idea de Dios, — ¿no implican contradicciones mutuas desde el momento en que se les considera reunidos como atributos de un solo y mismo Sér? Una causa no puede, en tanto que es causa, ser absoluta; lo absoluto, en cuanto es absoluto, no puede ser causa. La causa no existe en cuanto tal, sino respecto á efecto, puesto que éste lo es de aquélla y aquélla lo es de éste. Por otra parte, el concepto de lo absoluto supone una existencia posible fuera de toda relación. Si se trata de salvar esa contradicción aparente introduciendo la idea de tiempo, diciendo: lo absoluto existe primero por sí mismo y después llega á ser una causa; la idea del infinito nos sale al encuentro y nos detiene; ¿cómo lo infinito puede llegar á ser lo que no era? Eso sería traspasar ciertos límites, es decir, tener límites, no ser infinito.

»Si suponemos que lo absoluto llega á ser causa, que no era, debe, para ello, obrar libre y conscientemente. Porque una causa necesaria no puede ser absoluta é infinita, pues si lo es—causa *necesaria*—por algo exterior á ella, está de hecho limitada por ese poder exterior; es decir, no es infinita, y si lo es por sí misma, tiene en su propia naturaleza una relación necesaria con su efecto, es decir, no es absoluta. Es, pues, preciso que el acto de llegar á ser causa sea voluntario, y la voluntad sólo es posible en un sér consciente. Pero la conciencia no es concebible, sino como relación entre un sujeto consciente y un objeto, sin que pueda concebirse el uno sin el otro, ni, por tanto, ser uno ni otro lo absoluto. Se puede alejar un poco la dificultad, por un instante, distinguiendo entre lo absoluto en relación con otro y en relación consigo mismo, pudiendo decirse que lo absoluto puede ser consciente de sí mismo; pero esta alternativa es, en último análisis, tan insostenible como la otra. En efecto, el objeto de la conciencia, sea ó no un modo de ser del sujeto, es creado en y por el acto de conciencia, ó bien tiene una existencia independiente de ésta. En el primer caso, el objeto depende del sujeto, y éste es únicamente el verdadero absoluto; en el otro caso, el sujeto depende del objeto, y éste es el absoluto. O bien, por último, si haciendo una tercera hipótesis, admitimos que el sujeto y el objeto de un hecho de conciencia existen ambos simultánea é independientemente, ninguno de los dos sería lo absoluto, los dos serían relativos, porque la coexistencia, esté ó no en la conciencia, es también una relación.

»El corolario de ese razonamiento es evidente. No sólo lo absoluto, tal como lo pensamos, no puede tener relación alguna necesaria con algo exterior, sea lo que quiera, sino que tampoco, por su misma naturaleza, pueden contener en sí relación alguna, como la contienen, por ejemplo, un todo y sus partes, una sustancia y sus atributos, un sujeto consciente y sus objetos de conciencia. Porque si hay en lo absoluto un principio de unidad, distinto del puro agregado de partes ó de atributos, ese principio sólo es el verdadero absoluto. Por otra parte, si ese principio no existe en lo absoluto, no hay tal absoluto, sino sólo un grupo de relativos. Es preciso reconocer que la voz de los filósofos que proclaman casi unánimemente que lo absoluto es á la vez uno y simple, es la voz de la razón misma, en cuanto la razón pueda tener voz en esta cuestión. Pero la unidad absoluta, indiferente y sin atributos, no puede distinguirse de la multiplicidad de los séres finitos por rasgos característicos, ni identificarse con ellos en su conjunto. Hay, pues, respecto á lo absoluto, una serie de disyuntivas, todas negaciones. No podemos concebirlo: consciente, ni inconsciente; simple, ni compuesto; con caracteres, ni sin ellos; idéntico á, ni distinto de el Universo; uno, ni múltiplo.

»Puesto que los conceptos fundamentales de la teología racional se destruyen mutuamente, el mismo antagonismo existirá en sus aplicaciones especiales. ¿Cómo, por ejemplo, la Omnipotencia lo puede todo, y no puede obrar mal, en virtud de su bondad infinita? ¿Cómo, la justicia infinita castiga inexorablemente á todo pecador, y la misericordia infinita perdona al culpable? ¿Cómo, la sabiduría infinita conoce todo lo futuro, y la libertad infinita puede hacerlo y evitarlo todo? ¿Cómo, en fin, la existencia del mal es compatible con la de un Sér infinitamente perfecto? Porque si Dios quiere el mal, no es infinitamente bueno; y si no lo quiere, su voluntad es cohibida y su esfera de acción limitada, puesto que el mal se realiza.

»Supongamos, no obstante, por un momento, que esas dificultades sean vencidas , y que la existencia del Sér absoluto esté firme y racionalmente establecida. No por esto puede conciliarse esa idea con la de causa; nada hemos adelantado en la explicación de cómo lo absoluto puede originar lo relativo, lo infinito dar origen á lo finito . Si la condición de actividad accidental es superior á la de reposo, lo absoluto, al llegar á ser causa, ya voluntaria , ya involuntariamente, ha pasado de una condición relativamente imperfecta á otra más perfecta, y por consiguiente no era perfecto en su origen. Si el estado de actividad es inferior al de reposo, lo absoluto, al llegar á ser causa, ha perdido la perfección primitiva. Queda, ciertamente, otra hipótesis: la de que esos dos estados son equivalentes, y que la creación es un estado de indiferencia. Pero esta hipótesis, ó destruye la unidad de lo absoluto, ó se destruye por sí misma. Si el acto de la creación es real, y sin embargo, indiferente, hay que admitir la posibilidad de concebir dos absolutos: uno productor y otro no productor. Si el acto de la creación no es real , la hipótesis que discutimos desaparece.

»Por otra parte, ¿cómo se puede concebir el origen de lo relativo? Si es una realidad distinta de lo absoluto, es preciso concebir su origen, como paso de la no existencia á la existencia. Pero concebir un objeto, como no existente, implica contradicción. Podemos no pensar en un objeto; mas si en él pensamos, hemos de pensarle, por fuerza, como existente. Se puede, en un momento dado no pensar en un objeto, y en otro momento pensar en ese objeto ya existente; mas pensar en el acto del nacer, ó paso del no sér al sér, es pensar una cosa que en el mismo pensamiento se desvanece.

»Resumamos brevemente esta parte de nuestros argumentos. El concepio del Sér absoluto é infinito está lleno de contradicciones, bajo todos aspectos. Hay contradicción en suponer que tal Sér existe solo ó con otros, y en suponer que no existe. Hay contradicción en considerarlo como uno y en considerarlo como múltiplo; en creerle personal y en creerle impersonal; en imaginarle activo é inactivo; en concebirle como la suma de toda existencia, y en concebirle como una parte de esa suma, ó como una existencia parcial.»

14.   Ahora bien: ¿cuál es el alcance de esos resultados en la cuestión que nos ocupa? Hemos examinado las últimas ideas de la Religión , con el fin de sacar de ellas una verdad fundamental. Hasta ahora, no hemos obtenido más que proposiciones negativas. Sometiendo á una severa crítica los conceptos esenciales de todos

los órdenes y creencias, hemos visto que todos son lógicamente insostenibles. Dejando la cuestión de fe, y limitándonos á la de *razón*, hemos visto que, analizados rigorosamente, el ateísmo, el panteísmo y el teísmo, son los tres igualmente inconcebibles. En vez de hallar una verdad fundamental en el fondo de esos sistemas, parece resultar de nuestro estudio que no hay verdad fundamental alguna en ninguno de los tres. Sin embargo, esta deducción sería errónea, como vamos á demostrarlo en pocas palabras.

Dejando á un lado el código moral que acompaña á toda religión, y que en todas no es sino un producto suplementario, una creencia religiosa puede definirse una teoría *à priori* del Universo. Dados los hechos que nos rodean, se supone un poder, que, para los que en él creen, explica todos esos hechos. Pero tanto el fetichismo, que supone tras de cada fenómeno una personalidad, distintas unas de otras; el politeísmo, en que esas personalidades sufren un principio de generalización; el monoteísmo, en que esa generalización es completa; y el panteísmo, en que esa personalidad generalizada se identifica con los fenómenos, todas esas creencias ó formas religiosas nos dan hipótesis que, á primera vista, explican y hacen comprender el Universo. Más aún: el ateísmo, el sistema que niega toda religión, entra en la definición general antes dada; porque el ateísmo, al afirmar la existencia por sí, del espacio, de la materia y del movimiento, y considerarlos como causas de todos los fenómenos, propone una teoría *à priori*, por la cual cree poder explicar todos los hechos. Todas esas teorías afirman implícitamente dos cosas: primera, que hay algo que explicar; y segunda, que la explicación es ésta ó aquélla. Vemos, pues, que, aun cuando dan soluciones diferentes del mismo problema, los distintos pensadores concuerdan tácitamente en creer que el problema debe ser resuelto. Hay, pues, un elemento común á todas, por opuestas que sean sus dogmas oficiales, reconocen que el mundo, con todo lo que contiene y todo lo que le rodea, es un misterio que pide ser explicado. En esto hay unanimidad completa.

Llegamos, por fin, al objeto que nos proponíamos hallar. En el capítulo anterior vimos las razones que había para pensar que las creencias humanas, en general, y las creencias fuertes en particular, contienen siempre algo de verdad, aunque tengan también muchos errores; y hemos llegado, paso á paso, á la verdad que yace aun en el fondo de las más vulgares supersticiones. Vimos, además, que el algo de la verdad debía ser, muy probablemente, un elemento común á las opiniones contradictorias del mismo orden; y acabamos de hallar un elemento que todas las religiones admiten ó suponen, más ó menos claramente. Allí también se dijo que ese algo de verdad debería ser más abstracto que las creencias mismas que le contenían, y la verdad que hemos descubierto supera en abstracción á las más abstractas creencias religiosas. La conclusión á que hemos llegado, satisface, pues, bajo todos aspectos, las supradichas exigencias, tiene todos los caracteres que, según nuestros razonamientos, debe tener la verdad fundamental, cuya expresión, bajo distintas formas, son las diversas religiones.

Además, lo que prueba que es el elemento vital de todas las religiones, es que no sólo sobrevive á todos los cambios, sino que se hace más clara y distinta á medida que aquéllas se van desarrollando. Así, las creencias primitivas, aunque dominadas por la idea de que existían potencias personales, que nadie veía, figurábanse, con todo, esas potencias, bajo formas concretas y vulgares, semejantes á las potencias visibles, hombres y animales; disimulando, bajo esas formas tan poco misteriosas, la vaga idea del misterio. Las religiones politeístas, en sus fases avanzadas, representan las personalidades directrices del Universo bajo formas muy idealizadas, morando en una región lejana, obrando por medios misteriosos, y comunicándose con los hombres por medio de augures y personas inspiradas; es decir, que para el politeísmo, las causas primarias de las cosas son ya menos familiares y menos inteligibles que para el fetichismo. El desarrollo de la fe monoteísta, acompañado de la negación de las creencias que asemejaban la naturaleza divina á lo humana, aun en sus más ínfimas acciones, fué un nuevo progreso en religión, y aunque esa elevada fe no haya sido practicada sino imperfectamente, en un principio, vemos, sin embargo, en los altares consagrados al «Dios incógnito ó incognoscible», y en la adoración de un Dios que nada puede hacer hallar, un reconocimiento explícito del misterio insondable de la creación. Los ulteriores progresos de la Teología llegan á más avanzadas afirmaciones. «Un Dios cognoscible no sería Dios». «Creer que Dios es como le imaginamos, es blasfemar».

Así, mientras que todos los demás elementos de las creencias religiosas desaparecen unos tras otros, éste permanece y se destaca cada vez más, probando que es el elemento esencial de todas ellas.

No es eso todo. No sólo la idea de la omnipresencia de algo in-

accesible á nuestra mente es la más abstracta de las ideas comunes
á todas las religiones; no sólo se va haciendo cada vez más clara,
á medida que se van desarrollando las religiones, y permanece
cuando los elementos contradictorios de aquellas se han destruído
mutuamente; sino que también esa idea es la que deja en pie la
más implacable crítica de todas las religiones, ó mejor, la aclara
más vivamente. Nada tiene que temer esa idea de la lógica más
inexorable; al contrario, la lógica demuestra que esa creencia es
más verdadera que lo que las mismas religiones suponen.

En efecto, todas las religiones, partiendo de la afirmación implícita de un misterio, se empeñan en la explicación de ese misterio, é *ipso facto* afirman que no es misterio, que no supera los límites del entendimiento humano. Pero si se analizan las soluciones propuestas, se las halla á todas insostenibles. El examen de
todas las hipótesis posibles demuestra, no sólo que no hay hipótesis satisfactoria, sino que no se puede ni aun concebirla. Así, pues,
el misterio que todas las religiones reconocen, es más trascen-
dental que ellas suponen; no es un misterio relativo, es un misterio absoluto.

He aquí, pues, una verdad religiosa de la mayor evidencia posible; una verdad en que concuerdan todas las religiones entre sí,
y con la filosofía que combate sus dogmas particulares. Esta verdad,
sobre la que todos los hombres están de acuerdo tácitamente, desde
el fetichista hasta el más severo crítico de las religiones, debe ser
la que buscamos. Si la Religión y la Ciencia pueden reconciliarse,
será, en este hecho, el más profundo, amplio y cierto de todos.
«La potencia, causa del Universo, es, para nosotros, completamente incognoscible».

CAPÍTULO III

15. ¿Qué es el espacio? ¿Qué es el tiempo? Dos hipótesis se hacen sobre su naturaleza. Según la una, son objetivos; según la otra, subjetivos; la primera supone que son exteriores á nosotros é independientes de nosotros; la segunda, que nos son internos, que pertenecen á nuestra propia conciencia. Veamos lo que son esas hipótesis á la luz del análisis.

Si el espacio y el tiempo tienen existencia objetiva, son algo, son entidades; pues las no entidades son no existencias, y decir que no existencias existen objetivamente, es unir términos contradictorios. Además, negar que el espacio y el tiempo sean algo, es, en el fondo, afirmar que son *nadas;* es caer en el absurdo de decir que hay dos especies de nada. No podemos considerar al espacio y al tiempo como atributos de una entidad, en virtud de las dos razones siguientes: es imposible concebir una entidad cuyos atributos sean; y, por el contrario, no podemos concebir su no existencia, aun cuando todas las demás cosas dejasen de existir; siendo así, que los atributos desaparecen necesariamente con los séres á que pertenecen. El espacio y el tiempo no pueden ser ni no-entidades, ni atributos de entidades; no podemos, pues, elegir; es preciso considerarlos como entidades. Pero, si en la hipótesis de la objetividad del espacio y del tiempo, es forzoso considerarlos como cosas, la experiencia nos prueba que es imposible representárselos mentalmente como cosas. Para ser concebida ó imaginada una cosa, debe ser concebida ó imaginada con atributos. No podemos distinguir *algo* de *nada*, sino por el poder inherente á ese algo, de actuar sobre nuestra conciencia, atribuyéndole las diversas afecciones que en ella produce, ó más bien, las causas hipotéticas de esas afecciones, á cuyas causas llamamos sus atributos; y por tanto, la ausencia de atributos, es la ausencia de los términos necesarios para concebir una cosa, é implica la ausencia de tal concepto. ¿Y cuáles son los atributos del espacio? El único que podemos asignarle, por ahora, es la extensión, y aun eso, con cierta confusión de ideas. En efecto, extensión y espacio son términos sinónimos; cuando decimos que la extensión es una propiedad de los cuerpos, queremos decir que ocupan espacio; por tanto, decir que el espacio es extenso, es decir que el espacio ocupa espacio. Inútil es querer probar que no podemos asignar al tiempo atributos. Pero el espacio y el tiempo, no sólo no son concebibles como entidades, porque no tienen atributos, sino por otra razón además, bien conocida de los metafísicos. Todas las entidades qne conocemos real y efectivamente, son finitas, limitadas; y aunque pudiéramos concebir y conocer una entidad ilimitada, la concebiríamos, de hecho, como tal; mas del espacio y del tiempo, no podemos afirmar ni la limitación ni la infinitud; nos es tan imposible imaginar el espacio sin límites, como imaginar límites más allá de los cuales no haya espacio. Igualmente, y pasando de lo infinitamente grande á lo infinitamente pequeño, es imposible pensar un límite á la divisibilidad del espacio, y lo es también concebirle divisible hasta lo infinito. Es fácil ver también, sin necesidad de enumerarlas, que análogas imposibilidades mentales encierra la idea de tiempo. Así, pues, no podemos concebir el espacio y el tiempo como entidades ni como no entidades, ni como atributos de entidades. Por un lado, hemos de pensarlos como cosas existentes, y por otro, no podemos reducirlos á las condiciones de cognoscibilidad de las verdaderas existencias.

¿Adoptaremos en vista de eso, la doctrina de Kant? ¿Diremos que el espacio y el tiempo son formas del entendimiento, leyes *a priori*, ó condiciones del espíritu consciente? Entonces, huyendo grandes dificultades, daríamos en otras mayores. La proposición que sirve de base á la filosofía de Kant, aunque verbalmente inteligible, no puede ser realmente concebida, por más esfuerzos mentales que se hagan: no puede ser una idea propiamente dicha y sí sólo una pseudo-idea.

Desde luego, afirmar que el espacio y el tiempo, tales como los pensamos, son condiciones subjetivas, es afirmar implícitamente que no son realidades objetivas, que pertenecen al Yo y no pueden

evidentemente pertenecer al No-yo, lo que no podemos absolutamente concebir. El hecho mismo sobre el que Kant funda su hipótesis, á saber: que nuestra conciencia del tiempo y del espacio no
puede ser suprimida, lo prueba, porque esa conciencia del tiempo
y del espacio de la que no podemos prescindir, es una conciencia de la existencia objetiva de tales entidades. Y no vale decir
que esa imposibilidad de prescindir del tiempo y del espacio es
consecuencia inevitable de ser formas subjetivas, porque la cuestión puede plantearse clara y explícitamente de este modo: ¿qué
es lo que la conciencia afirma directamente? La conciencia afirma
directamente que el tiempo y el espacio no están en nosotros, en
el espíritu, sino fuera del espíritu, que no se puede concebir de-
jen de existir aun cuando el espíritu dejara.

No sólo la teoría de Kant es inconcebible en lo que niega implícitamente, sino también en lo que afirma explícitamente. No sólo
son inconcebibles el tiempo y el espacio como formas subjetivas,
porque no podemos combinar sus ideas con la de nuestra personalidad y mirarlas como propiedades de ésta, sino porque esa hipótesis lleva en sí misma la prueba de que es inconcebible. En efecto,
si el espacio y el tiempo son formas del pensamiento, no podremos
jamás imaginarlos, puesto que es imposible que una cosa sea á la
vez *forma* y *materia* de un pensamiento. El espacio y el tiempo
son objetos de conocimiento. Kant lo afirma expresamente diciendo que es imposible suprimir la idea de uno y otro. ¿Cómo, pues,
si son objetos de conocimiento, pueden ser al mismo tiempo condiciones del conocer? Si el espacio y el tiempo están en el número
de las condiciones de todo pensamiento, preciso es que, cuando
pensamos en ellos, nuestros pensamientos sean incondicionados;
y si puede haber pensamientos incondicionados, ¿qué es de la
teoría que discutimos?

Resulta, pues, que el espacio y el tiempo son completamente
incomprensibles. El conocimiento inmediato que creemos tener de
ellos se convierte, analizado, en una total ignorancia. Si por una
parte creemos invenciblemente en su realidad objetiva, por otra
somos incapaces de dar cuenta racional de ella. Por último, la otra
hipótesis, la no realidad objetiva del espacio y del tiempo, fácil de
formular pero imposible de imaginar, no hace más que multiplicar
inútilmente los absurdos.

16. A no ser una exigencia ineludible, no fatigaríamos la atención del lector ocupándonos de la cuestión tan debatida, aunque

no agotada, de la divisibilidad de la materia. ¿La materia es divisible hasta lo infinito ó no lo es? Si suponemos que la materia es divisible hasta lo infinito, haremos una hipótesis que no podemos imaginar. Un cuerpo puede ser dividido en dos, y cada una de esas partes en otras dos, y así hasta que el espesor de cada parte no sea divisible físicamente, y aun entonces, podemos suponer continuada sin fin la división. Pero eso no es concebir la divisibilidad infinita de la materia, es formarse un concepto simbólico que no puede hacerse real, y que no tiene medio alguno de comprobación. Realmente, concebir la divisibilidad hasta lo infinito es seguir mentalmente las divisiones hasta lo infinito, para lo cual se necesitaría un tiempo infinito. Por otra parte, afirmar que la materia no es infinitamente divisible, es afirmar que se compone de partes indivisibles que ningún poder es ya capaz de dividir: mas esta hipótesis verbal no es más imaginable que la otra, porque cada una de esas partes elementales, si existe, debe tener caras superior, inferior, laterales, y es imposible suponer esas caras opuestas tan próximas que no pueda pasar entre ellas un plano secante, y cualquiera que sea la fuerza de cohesión que se suponga á ese elemento, es imposible no concebir otra superior que pueda dividirle. De modo que para la inteligencia humana ninguna de las dos hipótesis es accesible, y sin embargo, tampoco, puede dejar de pensar que una ú otra ha de estar conforme con la realidad.

Dejemos esa cuestión insoluble, y veamos si la materia tiene efectivamente algo que justifique esa extensión maciza con que nos la imaginamos. La parte de espacio ocupada por un pedazo de metal parece, á la vista y al tacto, perfectamente llena, una masa homogénea, resistente, sin solución de continuidad. ¿Diremos, por eso, que la materia del metal es realmente tan maciza como parece? Tal afirmación nos llenaría de dificultades inexplicables. Si la materia fuese absolutamente maciza, sería absolutamente incomprensible, lo que no sucede; porque es claro que no se puede concebir la comprensibilidad, ó implícitamente la aproximación de las partes constitutivas, si no hay entre ellas espacios vacíos. Aún más; según una ley mecánica, si un cuerpo en movimiento choca con otro de igual masa en reposo, de modo que los dos sigan moviéndose juntos, su velocidad común será la mitad de la que traía el cuerpo chocante. Pero, en virtud de un principio cuya negación es inconcebible, el paso de un valor á otro en toda cantidad variable no puede verificarse sino por todos los grados intermedios. Por

ejemplo, en el caso actual, un cuerpo en movimiento con una velocidad como cuatro, no puede por el choque reducir su velocidad
á dos, sin pasar por todas las velocidades intermedias. Mas si la
materia fuese verdaderamente maciza é incompresible, si sus elementos estuvieran en íntimo contacto, esa ley de continuidad sería
violada en todos los choques. Porque, dadas dos unidades elementales, si la una, móvil con la velocidad cuatro, choca á la otra que
está en reposo, la masa chocante debe sufrir instantáneamente la
diminución de cuatro á dos en su velocidad sin que transcurra
tiempo alguno y sin pasar por las velocidades intermedias; es preciso, pues, que en el mismo instante se mueva con las velocidades
cuatro y dos, lo que es imposible.

Inadmisible ya la hipótesis de que la materia es absolutamente
maciza, examinemos la de Newton. Según este hombre ilustre, la
materia se compone de átomos sólidos que no están en contacto;
pero actúan unos sobre otros mutuamente, por medio de fuerzas
atractivas y repulsivas, que varían con la distancia. Sin embargo,
esta hipótesis no hace más que alejar la dificultad, quitándola de
las masas ó agregados de materia y llevándola á esos átomos hipotéticos. En efecto, si se admite que la materia está compuesta de
átomos ó unidades sólidas, extensas, y rodeadas de una atmósfera
de fuerza, se ocurre en seguida esta cuestión: ¿cómo están constituídas esas unidades? No hay duda en que son pequeños trozos de
materia; vistas, pues, con el microscopio de la imaginación, permítase la frase, cada cual de esas unidades viene á ser una masa
como la considerada primitivamente. Se puede, por tanto, proponer, respecto á las partes de que cada átomo se compone, las mismas cuestiones, y en cada solución se hallarán las mismas dificultades; y es evidente que aun suponiendo los átomos más tenues,
la dificultad no desaparece sino para reaparecer más allá, no pudiendo deshacernos de ella, aun haciendo una serie infinita de
tales hipótesis.

Queda, por último, la suposición de Boscovich. Viendo que la
materia no puede componerse de mónadas inextensas, como Leib-
nitz suponía (puesto que la yuxtaposición de puntos sin extensión
no podría producir la extensión que posee la materia), y compren-
diendo el valor de las objeciones á las ideas de Newton, Boscovich
propuso una teoría mixta que, según él, evita las dificultades y
reune las ventajas de esas dos. Según esa teoría, las partes constitutivas de la materia son centros de fuerza, puntos sin dimensio-

nes, que se atraen y rechazan mutuamente para conservar siempre
entre sí cierta distancia. Boscovich dice: que las fuerzas que poseen esos centros pueden variar con las distancias, de modo que en
condiciones dadas, dichos centros estarán en equilibrio estable, á
distancias determinadas; y en otras condiciones, los intervalos au-
mentarían ó disminuirían. Este punto de vista es bastante inge-
nioso, y evita muchas dificultades, pero sienta una proposición que
todos los esfuerzos mentales no pueden hacer concebir; «centros
de acción inextensos»; así que, si evita las condiciones de inconcebibles de las otras hipótesis, su punto de partida es más inconcebible que todas ellas. Lo más que podemos hacer es formarnos de
esa teoría un concepto simbólico del orden ilegítimo. La idea de
resistencia no puede separarse en nuestra mente de la idea de un
cuerpo extenso que resiste. Admitir que fuerzas centrales pueden
residir en puntos no ya infinitamente pequeños, sino absolutamente inextensos, puntos que no tienen otras relaciones que las
de posición y que no pueden marcarla, puntos que nada distingue
de los otros puntos próximos que no son centros de fuerza, es hacer una hipótesis completamente fuera del alcance del pensamiento
humano.

Se dirá, tal vez, que aun cuando todas las hipótesis sobre la
constitución de la materia nos llevan á conclusiones inconcebibles,
al desarrollarlas lógicamente, no tenemos por eso razón bastante
para pensar que no concuerdan con los hechos. Aunque el concepto de la materia bajo la forma de un compuesto de unidades indivisibles sólidas sea simbólico, y no pueda ser representado mentalmente por completo, podemos, con todo, suponer que hallará
su comprobación en la Química. Los principios de la Química des-
cansan en la creencia de que la materia se compone de partículas
que tienen pesos específicos y, por consiguiente, espesores específicos. La ley general de las proporciones definidas parece imposible si no hay átomos; y aunque los pesos proporcionales de
cada uno de los elementos son llamados por los químicos *equivalentes*, para evitar una hipótesis dudosa, nos es imposible pensar en la combinación de pesos definidos, como los equivalentes,
sin suponer que aquélla tiene lugar entre un número definido de
átomos ó de moléculas. Esto haría pensar que la hipótesis de
Newton es, en cierto modo, preferible á la de Boscovich. Sin embargo, un discípulo de Boscovich responderá que la teoría de su
maestro está implícitamente contenida en la de Newton, sin posi-

bilidad de prescindir de ella. Para probarlo dirá: ¿qué fuerza mantiene unidas las partes de los átomos? Una fuerza de cohesión, responderá el newtoniano. Pero añadirá el primero, cuando un poder suficiente haya roto los últimos átomos ¿qué es lo que retendrá todavía unidas las partes de esos pedazos? El newtoniano responderá aún: la fuerza de cohesión. Se puede imaginar, proseguirá el otro, que el átomo se ha reducido á partes tan pequeñas respecto á él, como lo es él respecto á una masa apreciable, ¿qué es lo que da á esas partes tan sumamente pequeñas la propiedad de resistir y ocupar espacio? Y no hay otra respuesta posible á esa eterna cuestión que la misma: la fuerza de cohesión. Y aunque se suponga prolongada la división hasta que la extensión de las partes sea menor que todo lo imaginable, no se podrá evitar admitir fuerzas que sostengan esa extensión, á menos que lleguemos á la idea de los centros de fuerzas sin extensión.

La materia es, pues, tan incomprensible en su íntima esencia como el espacio y el tiempo. Cualquier hipótesis que se haga respecto á ellas conduce, analizada, á absurdos y contradicciones.

17. Si empujamos un cuerpo pequeño, vemos que se mueve en la dirección del empuje. A primera vista parece que no puede haber duda de la realidad de su movimiento ni de la dirección que sigue. Con todo, es fácil probar que no sólo podemos equivocarnos, sino que muy comunmente nos equivocamos en uno ú otro de esos juicios. Sea, por ejemplo, un navío, que, para más sencillez, supondremos anclado en el Ecuador, con la proa hacia el Oeste. Cuando un navegante anda en dicho navío de proa á popa, ¿en qué dirección se mueve? Hacia el Este se responderá, y mientras el buque esté anclado la respuesta puede pasar. Pero el navío leva anclas, y boga hacia el O. con la misma velocidad que la del navegante al andar hacia E.: ¿en qué dirección se mueve ese individuo? No podemos deeir, como antes, hacia el Este, pues mientras él va en esa dirección el buque le lleva hacia el O. Con respecto al espacio ambiente, no se mueve, aunque parezca moverse respecto á lo que está á bordo. Pero ¿estamos plenamente seguros de esa conclusión? ¿El navegante está efectivamente siempre en el mismo sitio? Si atendemos al movimiento de rotación de la Tierra, resulta que, lejos de estar quieto, dicho individuo se mueve hacia el E. con una velocidad de mil millas por hora; de suerte que ni la sensación del que le mira, ni la del que sólo tiene en cuenta el movimiento del navío, se aproximan á la verdad. Ade-

más, un examen más minucioso nos hará ver, que aun la última conclusión no vale más que las otras. Tengamos en cuenta el movimiento de traslación de la tierra: como éste tiene una velocidad de 68.000 millas por hora, se sigue que en realidad el navegante se mueve, no á razón de 1.000 millas por hora hacia el E., sino á razón de 67.000 millas por hora hacia el O. Y aun no hemos hallado el verdadero sentido y la verdadera velocidad de su movimiento, pues al movimiento de la Tierra en su órbita es preciso unir el de todo el sistema solar hacia la constelación Hércules, y uniéndolo veremos, que el capitán no va hacia el E. ni hacia el O., sino que sigue una trayectoria inclinada sobre el plano de la eclíptica, y que va con una velocidad mayor ó menor, según la época del año, que la dicha últimamente. Y á todo esto podemos añadir que si los cambios dinámicos de nuestro sistema sideral nos fuesen del todo conocidos, que no nos son, descubriríamos probablemente que la dirección y la velocidad del movimiento real de que se trata, difieren considerablemente de los ya enunciados. Véase, pues, cuán vagas son nuestras ideas de movimiento; lo que parece moverse está quieto, lo que parece quieto se mueve; lo que, según nuestra vista, se mueve en una dirección, muévese, al contrario, en dirección opuesta con mayor ó menor velocidad. Resulta de todo eso que lo que realmente conocemos no es el movimiento efectivo de cada cuerpo con su dirección y velocidad, sino su movimiento respecto á puntos de referencia, sea los que nosotros ocupamos, sea otros. Por otra parte, deduciendo que los movimientos observados no son los movimientos reales, suponemos que hay movimientos reales; corrigiendo los juicios sucesivos que formamos de la dirección y velocidad de un movimiento, tenemos por cierto que hay una dirección y una velocidad reales, es decir, que hay puntos en el espacio absolutamente fijos, y con respecto á los cuales, por tanto, todos los movimientos son absolutos; y no hay medio de prescindir de esa idea.

Sin embargo, el movimiento absoluto no puede ser imaginado y menos aún percibido. El movimiento, considerado fuera de las condiciones normales que le suponemos, según nuestras sensaciones, es completamente inconcebible. En efecto, el movimiento es un cambio de lugar; pero en un espacio sin límites, el cambio de lugar es inconcebible, porque lo es el lugar. Este no puede ser concebido sino respecto á otros; y en ausencia de objetos de referencia, dispersos por el espacio, no podemos concebir un lugar sino respecto á los límites del espacio; luego en un espacio ilimitado, un lugar determinado es inconcebible; todos los lugares deben estar á igual distancia de los límites que no existen. Así, pues, por una parte nos vemos obligados á pensar que hay movimiento absoluto, y por otra vemos que el movimiento absoluto es incomprensible.

Otra dificultad se nos presenta, cuando consideramos la transmisión del movimiento. El hábito nos impide ver todo lo verdaderamente maravilloso de tal fenómeno. Familiarizados con él desde la infancia, no vemos nada de notable en que una cosa en movimiento, engendre movimiento en otra que estaba en reposo. Sin embargo, es imposible comprender bien ese cambio. ¿En qué difiere un cuerpo que ha sufrido un choque, de lo que era antes de sufrirlo? ¿Qué cosa se le ha unido que, sin cambiar sensiblemente sus propiedades, le ha hecho capaz de atravesar el espacio? El mismo es en reposo que en movimiento, y con todo en el primer estado no tiene tendencia á cambiar de sitio, y en el segundo cambia á cada momento. ¿Qué es, pues, lo que continúa produciendo ese efecto sin agotarse? ¿Cómo permanece en el objeto? Dícese que el movimiento ha sido comunicado. Pero ¿qué cosa ha sido comunicada? El cuerpo chocante no ha transferido al chocado ni una sustancia, ni un atributo. ¿Qué es, pues, lo que le ha transferido? Hénos aquí aún, en presencia del antiguo enigma del movimiento y del reposo. Todos los días vemos que los objetos lanzados con la mano, ó de otro modo cualquiera, sufren un retardo gradual y acaban por pararse; y viceversa, vemos frecuentemente el paso del reposo al movimiento por la acción de una fuerza. Pero también vemos que es imposible imaginar claramente esas transiciones, pues para ello necesitaríamos concebir una violación de la ley de continuidad, lo que es imposible. Un cuerpo móvil, con una velocidad dada, no puede quedar en reposo, ni cambiar de velocidad, sin pasar por todas las velocidades intermedias. A primera vista parece fácil imaginar ese paso de uno á otro estado dinámico, suponiendo que el movimiento disminuye insensiblemente hasta hacerse infinitesimal, y muchos creerán posible pasar mentalmente de un movimiento infinitesimal á un movimiento cero; pero es un error. Siguiendo con el pensamiento una velocidad decreciente, siempre queda algo de velocidad. Tomando la mitad de una velocidad, y así sucesivamente hasta el infinito, siempre hay movimiento: aun el más lento imaginable está separado del cero de movimiento por un abismo. Del mismo modo que una cosa, por pequeña que sea, es infinitamente grande con respecto al cero, el movimiento más pequeño concebible es infinito con respecto al reposo. No es preciso especificar las dificultades análogas de la cuestión inversa—tránsito del reposo al movimiento.—Veríamos, como en el otro caso, que, aun cuando obligados á pensar esos cambios como que pasan realmente, no podemos concebir su realización.

Resulta, pues, que, ya lo consideremos con relación al reposo, ó con relación al espacio, ó con relación á la materia, el movimiento no es un objeto claro y distinto de conocimiento. Todos los esfuerzos que hacemos para comprender su naturaleza íntima, nos llevan insensiblemente á escoger entre dos pensamientos igualmente imposibles.

18. Levantando un peso cualquiera, hacemos un esfuerzo ó desarrollamos una fuerza, que consideramos naturalmente como antagonista de la que llamamos *peso*, y no podemos pensar en la igualdad de esas dos fuerzas sin pensar en que son de la misma especie, pues no se puede concebir la igualdad sino entre cosas de igual naturaleza. El axioma «la reacción es igual y contraria á la acción», del cual es un ejemplo el hecho que acabamos de mencionar de la fuerza muscular opuesta á la gravedad, no puede ser concebido de otro modo ó en otras condiciones. Y, sin embargo, por otra parte no podemos imaginar que la fuerza que llamamos *peso* sea parecida á la que hacemos para sostenerlo. No hay para qué advertir que un mismo peso nos produce distintas sensaciones, según que lo sostengamos con un dedo, ó con una mano, ó con una pierna, etc., y por tanto no habiendo razón para suponer que el peso se parece más á una que á otra de esas sensaciones, no la hay tampoco para suponer se parece á ninguna de ellas. Basta además notar, que siendo nuestra fuerza, para nosotros, una impresión de nuestra conciencia, no podemos concebir de igual forma la fuerza llamada peso, á menos de atribuir á todo cuerpo conciencia. De modo que es absurdo pensar que una fuerza en sí misma se parece á la sensación que tenemos de la nuestra, y es preciso pensarlo, si queremos representarnos mentalmente las fuerzas.

Por otra parte, ¿cómo concebir la conexión entre la fuerza y la materia? Esta no nos es conocida en realidad, sino por las manifestaciones de aquélla; la última prueba de la existencia de la materia es su capacidad de resistencia; suprimida ésta, no queda sino una extensión vacía, y al mismo tiempo, la resistencia aislada ó separada de la materia es inconcebible. No solamente centros inextensos de fuerzas son inimaginables, sino que tampoco podemos concebir que centros de fuerzas, extensos ó no, se atraigan y rechacen mutuamente sin interposición de algo material. Ahora es ocasión de notar, lo que no podíamos hacer sin anticipar ideas, cuando tratábamos de la materia, á saber: que la hipótesis de Newton, lo mismo que la de Boscovich, suponen que una cosa puede obrar sobre otra á través del espacio completamente vacío, lo que es inconcebible. Se responde á esta objeción, suponiendo un flúido especial entre los átomos ó centros, pero eso no resuelve el problema; no hace sino alejarlo, para que reaparezca, en cuanto se quiere examinar la constitución de ese flúido. Sobre todo, cuando se trata de fuerzas astronómicas, es cuando se ve mejor cuán imposible es eludir la dificultad de la transmisión de la fuerza en el espacio. El Sol actúa sobre nosotros, produciéndonos las sensaciones de luz y de calor, y sabemos que entre la producción causal en dicho astro y el efecto producido en la Tierra, pasan próximamente ocho minutos; de ahí resultan inevitablemente los conceptos de una fuerza y de un movimiento. Pues bien: no sólo la acción de una fuerza á través de 95.000.000 de millas de vacío absoluto es inconcebible, sino que, además, es imposible concebir un movimiento sin algo que se mueva. Newton mismo declara imposible pensar que la atracción entre dos cuerpos, á distancia, pueda ejercerse sin algo intermedio. Pero, ¿adelantamos algo con la hipótesis del éter? Este flúido, cuyas ondulaciones, según se supone, constituyen el calor y la luz, y que es también el vehículo de la gravitación, ¿cómo está constituído? Según los físicos, debemos considerarle como compuesto de átomos que se atraen y se repelen mutuamente, átomos infinitamente pequeños, si se comparan con los de la materia ponderable; mas al fin, átomos, y siempre átomos. Recordemos que ese éter es imponderable, y forzosamente habremos de admitir, que la razón entre las distancias que separan sus átomos, y el tamaño de éstos es incomensurablemente mayor que la razón análoga en la materia ponderable, sin lo cual las densidades de una y otra clase de materia no serían incomensurables ó incomparables. En vez, pues, de tener que concebir la acción directa del Sol sobre la Tierra, sin intermedio de materia alguna, hemos de concebir esa acción á través de un medio, cuyas moléculas son, muy probablemente, tan

pequeñas, respecto á sus distancias mutuas, como el Sol y la Tierra respecto á su distancia. Y ¿es más fácil adquirir éste que el
otro concepto? Tenemos siempre que imaginar la acción de un
cuerpo en donde no está, y sin medio material alguno que pueda
transmitir su acción; ¿qué importa que la escala en que se verifique esa transmisión de fuerzas, sea grande ó pequeña? Vemos que
el modo de actuar una fuerza es completamente ininteligible. No
podemos imaginarlo sino á través de un medio extenso y material;
y al hacer hipótesis sobre ese medio, vemos que las dificultades no
desaparecen, solamente se alejan. Así, no hay más remedio que
suponer que la materia ponderable ó imponderable, en masas, ó
en sus hipotéticas unidades, actúa sobre la materia á través del
espacio absolutamente vacío, y con todo, esa conclusión es también inconcebible.

Además, la luz, el calor, la gravitación y todas las fuerzas que
radian de un centro, varían en razón inversa del cuadrado de la
distancia; y los físicos, en sus investigaciones, suponen que las
unidades de materia actúan unas sobre otras, según la misma ley:
y deben hacerlo así, puesto que esa ley no es simplemente empí-
rica, sino que se deduce también matemáticamente, y su negación
es inconcebible. Pero en una masa de materia en equilibrio interno, ¿qué debe suceder? Las atracciones y repulsiones de los átomos constituyentes se neutralizan. En virtud de esa neutralización, los átomos permanecen á las mismas distancias, y la masa
ni se contrae ni se dilata. Pero si las fuerzas, tanto atractiva como
repulsiva de dos átomos adyacentes varían, ambas á la vez, en
razón inversa del cuadrado de la distancia, como debe suceder, y
si los átomos están en equilibrio á sus distancias actuales, también lo estarán necesariamente á todas las distancias. Supongamos, por ejemplo, los átomos separados por un intervalo doble;
sus atracciones y repulsiones se reducirán á la cuarta parte de su
valor primitivo, así como se cuadruplicarían si la distancia se re-
dujese á la mitad de la primera. Resulta, pues, que tal materia
toma todas las densidades con suma facilidad, y no debe, por tanto, resistir á las fuerzas exteriores. Hemos, pues, de pensar, ó que
las fuerzas moleculares antagonistas no varían las dos en razón
inversa del cuadrado de la distancia, lo que es inconcebible, ó que
la materia no posee ese atributo de la impenetrabilidad ó resistencia, en virtud del cual la distinguimos del espacio vacío, lo que es
absurdo.

Así, pues, es imposible, por una parte, formarse idea de la fuerza en sí misma, y lo es también, comprender su modo de acción y las leyes de sus variaciones.

19. Pasemos ahora del mundo exterior al mundo interno, y consideremos, no las fuerzas á que atribuímos nuestras modificaciones subjetivas, sino estas mismas modificaciones. Desde luego forman una serie; aun cuando tengamos á veces dificultad en separarlas unas de otras, en individualizarlas, es indudable que nuestros fenómenos psíquicos suceden unos tras otros, sucesivamente. Y esa cadena de estados de conciencia ¿es finita ó infinita? No podemos decir infinita, no sólo porque hemos llegado indirectamente á la conclusión de que ha tenido un principio, sino porque toda infinidad es inconcebible, inclusa la de una serie. No podemos decir finita, porque no es posible fijar principio ni fin. Por lejos que vayamos en nuestra memoria, recorriendo nuestra vida pasada, siempre nos será imposible fijar nuestros primeros estados de conciencia; la perspectiva de nuestros primeros pensamientos se pierde en una densa obscuridad, en que nada recordamos. Lo mismo sucede en el extremo opuesto. No tenemos conocimiento inmediato de la terminación futura de nuestras series de afecciones, y aun no podemos asignar límite en el tiempo; á las que actualmente nos modifican. En efecto, cualquier estado psíquico que miramos como el último, no lo es realmente, pues en el momento que le consideramos ya formando parte de la serie, no es presente, sino pasado; no es producido, sino reproducido en nuestro pensamiento. El estado verdaderamente último es el que se verifica al considerar el que acaba de pasar, es decir, el acto de pensar que un estado anterior era el último. De suerte, que el fin de la cadena se escapa al pensamiento, como su principio.

Mas se dirá, si no podemos *saber* directamente, si la conciencia es finita en cuanto á su duración, porque no podemos fijar realmente sus límites pasado ni futuro, podemos, al menos, *concebir* que lo es. No, eso no es verdad. Primeramente, no podemos, en realidad, ni *concebir* ni *percibir* los límites de nuestra propia conciencia, única que conocemos, porque esos dos *actos* no son verdaderamente más que uno.

En uno y otro, esos límites deben ser, como lo hemos dicho anteriormente, *re-presentados*, y no *presentados* como produciéndose. Ahora bien, representarse el límite actual del acto de conciencia que está produciéndose en nosotros, es, como hemos visto, concebirnos pensando en la cesación del acto anterior; lo que implica la continuación de actos después del último, lo que es absurdo. En segundo lugar, si queremos considerar el sujeto bajo el punto de vista objetivo, si estudiamos esos fenómenos en otras conciencias ó en abstracto, nada conseguimos. La conciencia implica un cambio continuo y una correlatividad perpetua entre sus fases sucesivas. Para que una impresión psíquica sea conocida, es preciso que lo sea de éste ó del otro modo, como semejante ó desemejante á otra anterior. Si no se la piensa en conexión con otras; si no se la distingue ó identifica por comparación con otras impresiones, no es recognoscible, no es tal impresión. Un último estado de conciencia, como otro cualquiera, no puede ser conocido, si no se perciben sus relaciones con otros estados anteriores. Pero la percepción de esas relaciones constituye ya un estado posterior al último, lo que es una contradicción. Presentemos aún la dificultad bajo otra forma: si un cambio incesante de estados es la condición de existencia de la conciencia, cuando el supuesto último ha sido alcanzado por la terminación de los precedentes, el cambio ha cesado; luego la conciencia ha cesado también; luego ese supuesto estado, no es tal estado de conciencia; luego no hay último estado de conciencia.

Del mismo modo que vimos la imposibilidad real de concebir que el reposo se cambie en movimiento y viceversa, vemos ahora la de concebir, tanto el principio como el fin de los cambios que constituyen la conciencia. De todo lo cual resulta, que si, por una parte, somos incapaces de creer ó concebir la duración infinita de la conciencia, por otra, no es tan imposible conocerla y concebirla como finita.

20.   No conseguimos mucho más cuando, en vez de la duración, consideramos la sustancia, de lo que en nosotros siente, piensa y quiere. La humanidad, en general, ha considerado siempre como la verdad más incontestable para cada individuo, su propia existencia. Así se dice vulgarmente: «estoy tan cierto de eso como de mi propia existencia,» como la más enérgica expresión de certeza. El hecho de la existencia personal, atestiguado por la conciencia universal de la humanidad, ha sido la base de muchos sistemas filosóficos; de modo que esa creencia está, para los pensadores, lo mismo que para el vulgo, fuera de toda duda y objeción. En efecto, ninguna hipótesis es posible para evitar la creencia en nuestra propia realidad. Ahora bien; eso supuesto, ¿qué diremos de las

sensaciones ó ideas sucesivas que constituyen la conciencia? ¿Diremos que son modificaciones de algo llamado *alma ó espíritu*, y que es, por tanto, el Yo real de cuya existencia estamos ciertos? Entonces admitimos que el Yo es una entidad. ¿Afirmaremos que las sensaciones y las ideas no son tan sólo modificaciones ó cambios de la sustancia pensante, sino que constituyen la esencia misma de esa sustancia, no siendo otra cosa que las formas diversas que esa sustancia toma de un instante á otro? Esta hipótesis, lo mismo que la anterior, implican que cada individuo existe como un sér permanente y distinto, puesto que formas y modificaciones suponen algo modificable é informable. ¿Diremos, con los excépticos, que sólo conocemos realmente nuestras ideas y sensaciones, y que la personalidad á que pretendemos referirlas es una pura ficción? No salimos de dificultades, porque la proposición anterior, verbalmente inteligible y realmente inconcebible, supone la misma creencia que pretende rechazar. En efecto, ¿cómo la creencia puede resolverse completamente en sensaciones y en ideas, si toda sensación supone necesariamente algo que siente? O en otros términos, ¿cómo el excéptico que ha descompuesto completamente su conciencia en sensaciones y en ideas, puede aún considerarlas como *sus* sensaciones y *sus* ideas? O, aún más, si, como no puede menos, admite que tiene una intuición de su existencia personal, ¿qué razón hay para que rechace esa intuición como falsa, y admita las otras como verdaderas? A menos de dar respuestas satisfactorias á estas cuestiones, lo que no es posible, es preciso que abandone sus conclusiones y admita la realidad del espíritu individual.

Ahora bien, por inevitable que sea esta creencia, por sólidamente que se halle establecida, no sólo por acuerdo general de la humanidad, adoptado por tantos filósofos, si que también por el mismo argumento de los excépticos, no es, con todo, justificable ante la razón; más bien, cuando la razón se ve obligada á juzgarla, la condena. Uno de los escritores más modernos que tratan esa cuestión, el ya citado M. Mansel, sostiene que en la conciencia de sí mismo tiene cada hombre un conocimiento real, y sostiene que la validez de la intuición inmediata en ese caso está fuera de duda. «Digan lo que quieran los fundadores de sistemas»—dice,—«el sentimiento no corrompido de la humanidad rehusa reconocer que el espíritu sea únicamente un haz de estados de conciencia, del mismo modo que la materia es, quizá, un haz de cualidades sensibles». Bajo ese punto de vista, una objeción se ocurre desde luego, y es que esa afirmación no es consecuente en un kantista que no concede sino un débil tributo de respeto al «sentimiento no corrompido de la humanidad», cuando ese sentimiento afirma la objetividad del espacio. Mas prescindamos de eso, y probemos que la percepción de sí mismo, propiamente dicha, es absolutamente incompatible con las leyes del pensamiento. La condición fundamental de todo conocimiento, dicen Mansel y Hamilton, y otros muchos, es la antítesis entre el sujeto y el objeto. Sobre ese dualismo primitivo de la conciencia, que debe servir de punto de partida á las explicaciones de la filosofía, funda M. Mansel su refutación de los absolutistas alemanes. Ahora bien, ¿cuál es el colorario de esta doctrina en lo tocante á la conciencia de sí mismo? El acto mental en el que el Yo es percibido implica, como todo acto mental, un sujeto que percibe y un objeto percibido. Si el objeto percibido es el Yo, ¿cuál es el sujeto percipiente? O si éste es el verdadero Yo que piensa, ¿cuál es el otro Yo pensado? Evidentemente un verdadero conocimiento del Yo, implica un estado, en el cual, el que conoce y lo conocido son uno mismo; el sujeto y el objeto se identifican, y eso, como sostiene con razón M. Mansel, es el aniquilamiento del sujeto y del objeto.

De modo que la personalidad, de que cada uno tiene conciencia y cuya existencia es, para todos, el hecho más cierto que conocen, es completamente incognoscible en su esencia; el conocimiento de esa personalidad está vedado, por la misma naturaleza del pensamiento.

21. Luego las ideas últimas de la Ciencia representan todas, realidades incomprensibles. Por grandes que sean los progresos realizados, sintetizando hechos y generalizando cada vez más, por lejos que se lleve la reducción de verdades particulares y concretas á otras generales y abstractas, las verdades fundamentales siguen y seguirán fuera de nuestro alcance. La explicación de lo explicable, no hace sino probar más claramente que lo que hay más allá es inexplicable. En el mundo interno ó de la conciencia, como en el mundo exterior, el hombre de ciencia se ve rodeado de cambios perpetuos, de los que no puede descubrir ni el principio ni el fin. Si retrocediendo en el pasado, y siguiendo el curso de evolución de las cosas, adopta la hipótesis según la cual el Universo tuvo en otros tiempos una forma difusa, se encuentra al fin en la imposibilidad de concebir cómo el Universo llegó á dicho estado. Si dis-

curre sobre lo futuro, no puede asignar límites á la inmensa sucesión de fenómenos que se desarrollan ante él. Si mira en su interior, ve fuera de su alcance los dos extremos de la cadena de su conciencia, ó más bien, ve que no le es posible concebir que su conciencia haya comenzado y haya de terminar. Si dejando la *sucesión* de los fenómenos internos y externos, quiere conocer su *esencia* ó naturaleza íntima, se encuentra tanto ó más impotente. Aunque todas las propiedades y todos los fenómenos del mundo exterior se pudieran reducir á manifestaciones de fuerzas en el tiempo y en el espacio, las ideas de fuerza, espacio y tiempo son completamente incomprensibles. Análogamente, aun reduciendo, en último análisis, todos los fenómenos de conciencia á sensaciones, como materiales primitivos del mundo interno, nada se adelanta, porque no es posible explicar verdaderamente, ni las sensaciones en sí mismas, ni lo que siente y tiene conciencia de que siente; resultando así, que son igualmente impenetrables las sustancias y orígenes del mundo objetivo y del mundo subjetivo. En cualquier sentido que dirija sus investigaciones, le llevan siempre á enigmas insolubles, y cuya insolubilidad reconoce, cada vez más claramente. Así aprende á conocer la grandeza y la pequeñez de la inteligencia humana, su poder en el dominio de la experiencia y su impotencia fuera de él; se forma idea exacta de la incomprensibilidad del hecho más sencillo considerado en sí mismo, en su esencia íntima, en la cual se convence ineludiblemente de que nada puede ser explicado.

CAPÍTULO IV

RELATIVIDAD DE TODO CONOCIMIENTO

22. De cualquier punto que partamos, llegamos siempre á la misma conclusión. Si hacemos una hipótesis sobre la naturaleza y origen de las cosas, vemos que, á poco, nos lleva con lógica inexorable á la necesidad de escoger entre dos ideas inconcebibles. Si no hacemos hipótesis, y partiendo de las propiedades sensibles de los objetos que nos rodean, y averiguando sus leyes especiales de dependencia, nos contentamos con generalizarlas hasta llegar á las más generales de todas, no por eso estamos más próximos á conocer las causas de esas propiedades. A veces nos parece que las conocemos claramente, pero un atento examen hace ver que nuestro conocimiento aparente es por completo inconciliable consigo mismo. Las últimas ideas religiosas, lo mismo que las últimas ideas científicas, se reducen á puros símbolos, sin nada de realidad cognoscible.

A medida que la civilización ha progresado, ha ido ganando terreno la convicción de que la inteligencia humana es incapaz de un conocimiento absoluto. Se ha visto: que todas las nuevas teorías ontológicas, que se ha querido, en las diversas épocas, sustituir á las teorías anteriores, han sido seguidas de nuevas críticas, que han dado por resultado nuevos excepticismos. Todos los conceptos posibles han sido discutidos á una, y hallados defectuosos; y de ese modo, el campo entero de la especulación se ha, poco á poco, agotado, sin resultados positivos; todo lo que se ha conseguido, es llegar á la negación que acabamos de formular, á saber: que la realidad, oculta bajo todas las apariencias, nos es y nos será siempre desconocida. Casi todos los grandes pensadores se han adherido á esa conclusión. «Exceptuando, dice sir W. Hamilton, algunos teóricos de lo absoluto, en Alemania, esa verdad es quizá entre todas, la que los filósofos de las diversas escuelas han repetido á porfía más unánimemente». Entre esos filósofos cita á Protágoras, Aristóteles, San Agustín, Boecio, Averroes, Alberto el Grande, Gerson, León el Hebreo, Melanchthon, Scalígero, F. Piccolomini, Giordano Bruno, Campanella, Bacon, Spinoza, Newton y Kant.—Queda por demostrar cómo esa creencia puede ser establecida, racional á la vez que empíricamente. No sólo, como ya advirtieron los más antiguos de los pensadores acabados de citar, prodúcese en el hombre una vaga idea de la naturaleza impenetrable de las cosas en sí mismas, desde el momento en que se descubre la naturaleza ilusoria de las impresiones sensoriales: no sólo, como hemos visto en los capítulos precedentes, una lógica vigorosa prueba la incomprensibilidad de los conceptos fundamentales que pretendemos formarnos, sino que, además, se puede demostrar directa y analíticamente la relatividad de todo conocimiento humano. La inducción formada en virtud de experiencias generales y especiales, puede ser confirmada por una deducción fundada en las leyes de nuestra inteligencia. Hay, realmente, dos métodos ó dos caminos para llegar á esa deducción: ó bien analizando los productos del pensamiento, ó bien analizando la misma operación de pensar. Haremos sucesivamente esos dos análisis.

23.   En un día de Septiembre, paseándonos por el campo, oímos un ruido á pocos pasos de distancia, y, mirando, vemos moverse la hierba, nos dirigimos allá para averiguar la causa de tal movimiento, y, al acercarnos, sale volando una perdiz. Hemos satisfecho nuestra curiosidad, y tenemos lo que llamamos la explicación de lo que primero notamos. Pero, ¿qué es una explicación? ¿Qué es un signo? Durante nuestra vida, hemos observado innumerables veces que, pequeños cuerpos en reposo, pónense en movimiento á consecuencia del movimiento de otros cuerpos entre aquéllos; hemos generalizado la relación entre uno y otro movimiento, y consideramos uno de éstos explicado, si podemos referirlo á esos casos generalizados. Supongamos que, en el caso citado, la perdiz no vuela, y la cogemos; es natural, investigar, por qué no ha volado. La examinamos, y la vemos un poco de sangre en las plumas. Ya comprendo, decimos, por qué no ha volado; ha sido herida anteriormente por un cazador: y decimos comprenderlo, porque conocemos muchos casos de aves heridas ó muertas por un ca-

zador, y ese es un caso más que incluímos con sus análogos. Pero se ofrece una dificultad. La perdiz sólo tiene una herida, y no en un sitio esencial á la vida; es más: las alas están intactas, así como los músculos que las mueven, y el pobre animal prueba por sus grandes esfuerzos, que aún tiene mucha fuerza. ¿Por qué, pues, no vuela? nos preguntamos nuevamente. Hacemos la pregunta á un anatómico, y nos da la solución, después de examinar la perdiz, por supuesto. Nos hace ver que esa única herida ha interesado precisamente los nervios que animan á una de las alas; y como una lesión, aunque ligera, de esos nervios, puede, impidiendo la perfecta coordinación de sus acciones sobre las dos alas, destruir la facultad de volar, de ahí, etc. Cesa nuestra dificultad; ¿y por qué? ¿Qué ha pasado en nosotros para hacernos pasar de la ignorancia á la inteligencia de un hecho? Nada más sino que hemos descubierto que ese hecho podemos incluirlo en una clase de hechos ya conocidos. La conexión entre las lesiones de los nervios y la parálisis de los miembros nos es ya conocida, y hallamos, pues, en el caso presente, una relación de causa á efecto, de ese género. Supongamos que seguimos haciendo estudios sobre las acciones orgánicas, y nos proponemos esta cuestión: «¿Cómo se verifica la respiración? ¿Por qué el aire entra y sale en los pulmones periódicamente?» La respuesta inmediata es, que en los vertebrados superiores, incluso el hombre, la entrada del aire es determinada por una distensión de la cavidad torácica, debida en parte, á la depresión del diafragma, y en parte á la elevación de las costillas. Pero, ¿cómo la elevación de las costillas puede ensanchar la cavidad? Para explicarlo, se nota que el plano de cada costilla forma con la columna vertebral un ángulo agudo; que ese ángulo se abre, cuando aquélla se eleva, y ya es fácil figurarse la dilatación de la cavidad, pues se sabe que el área de un paralelógramo crece, cuando, sin variar de perímetro, sus ángulos se aproximan á ser rectos. Comprendemos, pues, ese hecho particular, porque vemos que está incluído entre otros expresados por una ley geométrica.

Queda todavía otra cuestión. ¿Por qué el aire se precipita en la cavidad torácica ensanchada? He aquí la respuesta. Cuando la cavidad torácica se distiende, el aire que contiene, sufriendo entonces menor presión, se dilata, y perdiendo también parte de su tensión anterior, opone menos resistencia á la presión del aire exterior; y como èl aire, cual todo fluido, por ejercer con igualdad sus presiones en todos sentidos, debe moverse en el sentido en que encuentre menor resistencia, de ahí la entrada de dicho fluido en el pecho. Y nos satisface aún más esa interpretación cuando se citan hechos del mismo género producidos más claramente por un líquido visible, tal como el agua. Otro ejemplo. Cuando se nos ha hecho ver que nuestros miembros son palancas compuestas, que obran de un modo muy análogo á las de hierro ó madera, nos creemos ya poseer una explicación, siquiera sea parcial, de los movimientos de los animales. La contracción de un músculo parece, á primera vista, completamente inexplicable; mas lo parecerá menos cuando veamos acortarse una serie de pedazos de hierro dulce, al pasar junto á ellos una corriente eléctrica que los convierte en imanes y los hace atraerse mutuamente. Esa analogía responde de un modo especial al fin de nuestra investigación, puesto que, verdadera ó imaginaria, nos da un ejemplo de esa iluminación mental que resulta del descubrimiento de una clase de casos, en la que pueda incluirse un caso particular dado. Se notará también, cuánto mejor se comprenderá el fenómeno en cuestión, desde el momento en que se sepa que la acción ejercida por los nervios sobre los músculos, si no es única y verdaderamente eléctrica, es, con todo, una forma de fuerza muy parecida á la electricidad. Igualmente, cuando sabemos que el calor animal es originado, en su mayor parte, por las combinaciones químicas del organismo, comprendemos su desarrollo como en las otras operaciones químicas. Cuando decimos que la absorción del quilo, á través de las paredes intestinales, es un caso de acción osmótica; que los cambios sufridos por los alimentos durante la digestión son semejantes á los cambios artificiales que se pueden obtener en los laboratorios, consideramos indudablemente *conocida*, en parte al menos, la naturaleza de esos fenómenos.

Veamos ahora lo que todo eso vale realmente. Volvamos á la cuestión general, y marquemos los puntos á que nos han conducido esas interpretaciones sucesivas. Hemos comenzado por hechos particulares y concretos; explicándolos, y explicando después los hechos más generales en que están incluídos, hemos llegado á ciertos hechos muy generales : á un principio geométrico ó propiedad del espacio, á una ley mecánica, á una ley de equilibrio de los fluidos, á verdades de Física, de Química, de Termología, de Electrología. Hemos tomado por puntos de partida fenómenos particulares, los hemos referido á grupos de fenómenos, cada vez más extensos, y refiriéndolos, hemos obtenido soluciones que nos parecen tanto más profundas, cuanto más lejos hemos llevado la operación. Dar explicaciones aun más profundas sería sólo dar nuevos pasos en la misma dirección. Si, por ejemplo, se pregunta por qué la ley de equilibrio de la palanca es la que es, y por qué el equilibrio y el movimiento de los fluidos obedecen á las leyes que sabemos, responderán los matemáticos con un principio que abraza todos esos casos: el de las velocidades virtuales. Análogamente, el conocimiento profundo de los fenómenos de las combinaciones químicas, de calor, de luz, de electricidad, etc., supone que esos fenómenos tienen una razón de ser, que una vez descubierta, se nos revelará indudablemente como un hecho muy general relativo á la constitución de la materia; y del cual los hechos químicos, eléctricos y termológicos no son sino manifestaciones distintas.

Ahora bien; ¿esa operación es limitada ó ilimitada? ¿Podemos ir siempre ascendiendo, para explicar las diferentes clases de hechos, á otras clases más generales, ó llegaremos á una última clase más general que todas? La suposición de que esa ruta será ilimitada, si alguien pudiera suponerlo, implica que para obtener una explicación primaria se necesitaría un tiempo infinito, y por tanto, no sería posible tal explicación. La conclusión inevitable de que la operación es limitada (conclusión que prueban, no sólo el ser limitado el campo de nuestras observaciones, sino también el decremento del número de generalizaciones que acompaña necesariamente al incremento de su extensión) implica que el hecho último no puede ser explicado, no puede ser comprendido. En efecto, si las generalizaciones, cada vez más amplias, que constituyen el progreso de las ciencias, no son más que reducciones sucesivas de verdades especiales á verdades generales, y de éstas á otras más generales, y así sucesivamente; resulta, que no pudiendo referirse á otra más general, la que lo sea más que todas, es, por tanto, inexplicable é incognoscible. Luego, necesariamente, toda explicación nos conduce á lo inexplicable, como debe serlo la verdad más extensa que podamos alcanzar. La palabra comprender debe cambiar, pues, de sentido, antes que el hecho último pueda llegar á ser comprendido.

24. Esa conclusión que se nos impone fatalmente, como hemos visto, cuando analizamos los productos del pensamiento, tales como se presentan objetivamente en las generalizaciones cien-

tíficas, se nos impone también, analizando la operación de pensar, tal como se presenta subjetivamente á la conciencia. Sir W. Hamilton ha dado la forma más rigorosa, que nunca ha tenido, á la demostración del carácter necesariamente relativo de todo conocimiento humano, como consecuencia de la naturaleza del entendimiento. Nada podremos hacer mejor que extractar de su *Ensayo sobre la Filosofía de lo incondicionado* el pasaje que contiene la sustancia de su doctrina.

«El espíritu, dice, no puede concebir y, por consecuencia, conocer sino lo limitado, y lo limitado condicionalmente. Lo incondicionalmente ilimitado ó lo *infinito*, y lo incondicionalmente limitado ó lo *absoluto*, no pueden verdaderamente ser concebidos. No se les puede concebir sino haciendo abstracción de las condiciones mismas bajo las que se realiza todo conocimiento. Por consiguiente, la noción de lo incondicionado es puramente negativa, y negativa de ser siquiera concebible. Por ejemplo, por una parte no podemos concebir un todo absoluto, es decir, un todo tan grande, que no podamos concebir otro mayor, del cual aquél sea una parte; ni una parte absoluta, es decir, una parte tan pequeña, que no podamos considerarla como un todo relativo divisible en partes más pequeñas.

Por otra parte, no podemos comprender verdaderamente ó imaginar (puesto que en este caso la imaginación y el entendimiento coinciden) un todo infinito, porque tan sólo podríamos hacerlo, realizando en nuestro pensamiento la síntesis infinita de todos los finitos, para lo cual necesitaríamos un tiempo infinito. La misma razón nos impide seguir con el pensamiento una divisibilidad infinita. El mismo resultado obtenemos tocante á la finitud ó limitación, ya sea en el espacio, ya en el tiempo, ya en el grado, de los varios atributos físicos ó espirituales.

La negación incondicional y la afirmación incondicional de la limitación ó, en otros términos, lo *absoluto* y lo *infinito propiamente dichos*, son, pues, inconcebibles para nosotros.

Puesto que lo condicionalmente limitado (que llamaremos, para abreviar, lo condicionado) es el único objeto posible de conocimiento y de pensamiento positivo, el pensar supone necesariamente condiciones. Sí, *pensar es condicionar*, y la limitación condicional es la ley primaria de la posibilidad del pensamiento. Porque del mismo modo que una liebre no puede saltar su sombra, ó valiéndonos de un ejemplo más noble, lo mismo que un águila no puede volar fuera de la atmósfera que la sostiene, el espíritu humano no puede salirse de la esfera limitada, en la cual y por la cual, exclusivamente, es posible el pensamiento. Este no es sino lo condicionado, porque, como ya hemos dicho, pensar es condicionar. Lo absoluto no es concebido sino como una negación de lo concebible, y todo lo que conocemos nos es conocido como

> «Conquistado penosa y lentamente
> A lo *infinito* inmaterial é informe.»

Nada debe extrañarnos al ver puesto en duda que nuestro pensamiento no tenga relaciones posibles sino con lo condicionado. En efecto, el pensamiento no puede traspasar la esfera de la conciencia. Esta no es posible, sino por la antítesis entre el sujeto y el objeto del pensamiento, conocidos sólo por su correlación y limitación mutua. Además, todo lo que conocemos de sujeto y objeto, espíritu y materia, no es más que lo que cada uno de esos términos contiene de particular, de múltiplo, de diferente, de fenomenal. En nuestro juicio, la consecuencia de esa doctrina es: que la Filosofía, si se quiere ver en ella algo más que la ciencia de lo condicionado, es imposible. Creemos que, partiendo de lo particular, jamás podremos, aun en nuestras más altas generalizaciones, elevarnos sobre lo finito; que nuestro conocimiento del espíritu y de la materia no puede ser más que el conocimiento de manifestaciones relativas á una existencia inaccesible en sí misma á la Filosofía, como se reconoce tanto mejor cuanto más conocimientos se poseen. Esto es lo que San Agustín expresaba diciendo: *cognoscendo ignorari et ignorando cognosci.*

Lo condicionado es un medio entre dos extremos, dos incondicionados que se excluyen mutuamente, de los que ninguno *puede ser concebido como posible*, pero *uno debe ser admitido como necesario*, en virtud de los principios de contradicción y alternativa. En este sistema, si la razón es débil, no engaña, al menos. No se dice que el entendimiento conciba como igualmente posibles dos proposiciones contradictorias; se dice que es incapaz de comprender la posibilidad de uno ni otro de esos extremos. Con todo, la razón se ve obligada á reconocer la verdad de uno de ellos en virtud de su misma contradicción mutua. En esto recibimos una lección saludable, aprendiendo que la capacidad de nuestro pensamiento no es la medida de lo existente, y pudiendo preservarnos del error de creer que el dominio de nuestro conocimiento se extiende hasta el horizonte de nuestra fe. Así, desde el momento en que tenemos conciencia de nuestra incapacidad para concebir lo absoluto y lo infinito, una revelación maravillosa nos inspira la creencia de que existe algo incondicionado fuera de los límites de la realidad cognoscible.»

Aun cuando la demostración anterior parezca clara y decisiva, si se estudia con cuidado, está expuesta en términos tan abstractos, que los lectores tendrán seguramente dificultad en comprenderla. M. Mansel ha dado en su ya citada obra *Lemits of Religions Thougt*, una demostración más sencilla, acompañada de ejemplos y de aplicaciones que facilitan su inteligencia. Nos limitaremos á extractar de ella los siguientes párrafos, que bastarán á nuestro fin:

«La idea misma de conciencia, de cualquier modo que se manifieste, implica necesariamente *distinción entre un objeto y otro*. Ser conscientes, es serlo de algo, y ese algo no puede ser conocido en lo que es, sino distinguiéndolo de lo que no es. Pero distinguir es lo mismo que limitar, pues para que un objeto se distinga de otro es preciso que tenga algún atributo que no posea ese otro, ó viceversa. Ahora bien, es evidente que lo infinito no puede ser distinguido, como tal, de lo finito, por la falta en aquél, de una cantidad que lo finito posea, porque semejante ausencia sería una limitación. No puede tampoco distinguírselos por un atributo que no posea lo finito, y sí lo infinito, porque no pudiendo ser ningún finito parte constituyente de un todo infinito, los caracteres diferenciales deben ser infinitos y no tener nada común con lo finito. Hénos ya frente á una primera imposibilidad; pues esa segunda infinidad (de caractéres) se distinguiría de lo finito por la ausencia de propiedades que este último posee. El concepto de lo infinito implica, necesariamente, contradicción, porque supone que lo que no puede ser dado sino como ilimitado y sin diferencias, debe ser reconocido por su limitación y por sus diferencias.

»Tal contradicción, completamente inexplicable en la hipótesis de que lo infinito es un objeto real de conocimiento, para el hombre, se explica perfectamente, en cuanto se considera lo infinito como la negación de todo pensamiento, porque si éste es siempre limitación, si todo lo que conocemos es, por el mismo hecho de ser conocido, finito, lo infinito es, para el hombre, sólo una palabra, que indica la ausencia de condiciones para pensar; decir que se tiene un concepto de lo infinito, es afirmar y negar á la vez esas condiciones. La contradicción que hallamos en ese concepto no es otra que la que nosotros mismos hemos impuesto, suponiendo la cognoscibilidad de lo incognoscible. La condición de todo acto de conciencia es la distinción, y la condición de distinción es la finitud. No podemos tener conciencia de un sér en general, que no sea algún sér en particular; una *cosa* pensada, es una cosa distinta de otras. Al suponer la posibilidad de un objeto de conciencia infinito, suponemos que tal objeto es á la vez finito é infinito, limitado é ilimitado; que es *algo*, pues sin serlo no podría ser objeto de pensamiento, y que es *nada*, pues ya hemos dicho que lo *infinito* es una palabra vacía de sentido.

»Un segundo carácter de los actos de pensamiento es que no son posibles sino bajo la forma de *relación*. Necesítase un sujeto ó persona consciente y un objeto ó cosa de que el sujeto tenga conciencia. Esta no puede existir sin la unión de esos dos factores; y en esa unión, cada uno existe solamente con relación al otro. El sujeto no es tal, sino en tanto que conoce al objeto, y éste no es tal objeto, sino en cuanto es conocido por el sujeto; la anulación del uno ó del otro es la desaparición de la misma conciencia. Del mismo modo, es evidente que la percepción (supuesta) de lo *absoluto* implica contradicción cual la de lo *infinito*. Para tener conciencia de lo absoluto en cuanto tal, es preciso llegar á conocer que un objeto dado en relación con nuestra conciencia, es idéntico á otro objeto que, por su propia naturaleza, existe sin relación con la conciencia. Mas para conocer esa identidad, es preciso poder comparar los dos objetos, y semejante comparación es ya contradictoria consigo misma. En efecto, esa comparación debería hacerse entre dos objetos, de los cuales uno nos es conocido y el otro no, siendo así que toda comparación supone el conocimiento de todos los términos comparados. Es, pues, evidente que, aun cuando pudiéramos tener conciencia de lo absoluto, no nos sería posible conocerlo en su esencia, y como no podemos tener conciencia de un objeto, sino conociendo lo que es, esto equivale á decir que no podemos tener conciencia de lo absoluto. Como objeto de conciencia, toda cosa es necesariamente relativa, y fuera de la conciencia no hay posibilidad de saber lo que una cosa puede ser. Esta contradicción admite aun la misma explicación que la anterior. Nuestra noción completa de la existencia es necesariamente relativa, porque es de la existencia tal cual la concebimos. Pero la *existencia*, tal como la concebimos, no es más que el nombre de los diversos modos ó formas bajo las que se nos dan á conocer los objetos; un término general que abraza una variedad de relaciones. Por otra parte, lo *absoluto* es una palabra que no expresa un objeto de pensamiento, sino más bien la negación de las relaciones que constituyen el pensamiento. Suponer que la existencia absoluta puede ser objeto de pensamiento, es suponer que continúa existiendo una relación cuyos términos no existen ya. Un objeto de pensamiento existe como tal, *en* y *por* sus relaciones con alguien que piensa, mientras que lo absoluto es, por su propia esencia, independiente de toda relación. El concepto de lo absoluto implica la presencia y la ausencia simultáneamente de la relación que constituye el pensamiento, y todos los esfuerzos que hacemos para comprenderlo no son sino formas modificadas de la contradicción, tantas veces ya puesta de manifiesto. Eso no implica que lo absoluto no pueda existir, pero sí que en las condiciones actuales de nuestro pensamiento no podemos concebirle como existente.»

Se puede sacar la misma conclusión general de otra condición fundamental del pensamiento, que Sir W. Hamilton ha omitido, y que tampoco M. Mansel ha tenido en cuenta. Ya hemos examinado esa condición, aunque bajo otro punto de vista, en el capítulo anterior. Todo acto de conciencia completo con la relación y la distinción, implica también la semejanza con otros actos anteriores. Antes de que un estado mental llegue á ser una idea, un elemento de conocimiento, es preciso que se le reconozca á la vez como de distinta especie que ciertos estados anteriores, con los que está en relación de sucesión, y como de la misma especie que otros. Esa organización de cambios que constituyen el pensamiento, implica una continua integración y una diferenciación también continua. Si cada nueva impresión mental fuese tan sólo percibida, como diferente de las anteriores, si no hubiese otra cosa que una cadena de impresiones, de las que cada una fuera completamente distinta de las demás, nuestra conciencia sería un cáos. Para formar esa conciencia bien ordenada que llamamos inteligencia, es preciso asimilar cada impresión á otras anteriores; es preciso clasificar, al mismo tiempo, los estados sucesivos del espíritu y las relaciones que los unen. Ahora bien; toda clasificación supone, no sólo que se separa lo distinto, sino también que se reune lo semejante. En otros términos, un conocimiento completo no es posible sino cuando va acompañado de un reconocimiento. En vano se objetará que, si eso fuese cierto, no sería posible un primer conocimiento, ni, por consiguiente, otro alguno; pues se puede decir que el conocimiento propiamente dicho, no se forma sino poco á poco; que durante el primer período de la inteligencia, antes de que las sensaciones producidas por el mundo exterior sobre nosotros, hayan sido puestas en orden, no hay conocimientos propiamente dichos, pues, como se puede observar en los niños, los conocimientos se forman lentamente, desprendiéndose en vía de desarrollo, de la primitiva confusión de la conciencia, á medida que las experiencias se van agrupando, á medida que las sensaciones más frecuentes y sus relaciones mutuas se hacen bastante familiares para que se pueda reconocerlas cada vez que reaparecen. En vano se objetará: que si la cognición supone recognición, no se puede tener conocimiento, ni por un adulto, de un objeto la primera vez que le impresiona; porque se puede responder: que si ese objeto no es asimilable á otros ya vistos, *no es conocido*, y si lo es, sí puede establecerse tal asimilación. Expliquemos esa paradoja. Un objeto puede ser clasificado de diferentes modos, con diferentes grados de exactitud. Vemos, por ejemplo, un animal *desconocido* para nosotros, y si no podremos referirlo á una especie ó á un género conocido, podremos tal vez incluirle en un orden, ó en una clase de las establecidas, y si ni aun eso nos es posible, por ser verdaderamente de muy anormal organización, sabremos, al menos, si es vertebrado ó invertebrado; si es uno de esos organismos que no es fácil decidir si son animales ó vegetales, se sabrá por lo menos, que es un sér vivo; y si ni aun tiene bien marcados los caracteres de la organización, no se dejará de conocerle y reconocerle como un sér material. De todo lo cual resulta: que una cosa no es perfectamente conocida sino cuando lo es en todas sus relaciones de semejanza con cosas ya conocidas, y que permanece desconocida en proporción al número de relaciones en que difiera de cosas conocidas. Y por tanto, cuando no tenga absolutamente ningún atributo común con todas las demás cosas, debe estar completamente fuera de los límites del conocimiento humano.

Veamos las consecuencias de esta doctrina. Todo conocimiento de lo real, en su distinción de lo aparente, debe conformarse á las leyes del conocimiento en general. La causa primaria, lo infinito, lo absoluto, deben ser clasificados, para que puedan ser conocidos; deben ser pensados como de tal ó cual especie, si han de ser pensados positivamente. ¿Pueden ser de especie semejante á la de los objetos que los sentidos nos revelan? No, evidentemente. Entre el Creador y lo creado, es preciso que haya una distinción superior á las distinciones ó diferencias que separan las diversas divisiones de lo creado. Lo *incausado* no puede ser parecido á lo *causado*; hay entre ambos, como lo indican sus mismos nombres, una oposición radical. Lo infinito no puede ser incluído en un mismo grupo con algo finito, puesto que entonces sería considerado como no infinito. Es imposible también colocar lo absoluto y algo relativo en la misma categoría, en tanto que se defina lo absoluto: «Lo que no tiene relación necesaria alguna.» ¿Diremos que lo real, aunque inconcebible cuando se le clasifica con lo aparente, puede ser pensado cuando si se le clasifica consigo mismo? Tal suposición es tan absurda como la otra; supone la pluralidad de la causa primera, de lo infinito, de lo absoluto, de lo que es una contradicción. En efecto, no puede haber más de una causa primera, puesto que la existencia de más de una, implicaría la de *algo* que las dos ó más necesitaban, y ese *algo* sería la verdadera causa primera. La hipótesis de que haya más de un infinito se destruye por sí misma, como se ve con evidencia, notando que esos infinitos se limitarían mutuamente, y, por tanto, serían finitos. Y, por último, un absoluto que no existiera solo, sino con otros absolutos, no sería absoluto sino relativo. Por consiguiente, lo incondicionado, puesto que no se le puede clasificar con otro incondicionado, ni con formas de lo condicionado, es inclasificable, y por lo tanto incognoscible.

Hay, pues, tres medios de deducir la relatividad de nuestro conocimiento, de la misma naturaleza del pensamiento. El análisis demuestra, y toda proposición muestra objetivamente, que todo pensamiento implica *relación, diferencia, semejanza*. Todo lo que no nos presenta esos tres caracteres, no es susceptible de ser conocido; por eso no lo es lo incondicionado, al que le faltan los tres.

25. Todavía podemos llegar á esa gran verdad, colocándonos bajo otro punto de vista. Si en vez de examinar directamente nuestras facultades intelectuales, como se muestran en el acto del pensamiento, ó indirectamente, como se muestran en el pensamiento expresado por palabras, dirigimos nuestra atención á las relaciones entre el espíritu y el mundo, la misma ó muy semejante conclusión se nos impone. En la definición misma de la vida, reducida á su más abstracta forma, está patente la misma verdad.

Todas las acciones vitales, consideradas en conjunto, tienen por objeto final el equilibrar ciertas operaciones exteriores con otras interiores. Hay fuerzas exteriores siempre en actividad, que tienden á poner la materia de que se componen los cuerpos organizados en el estado de equilibrio estable que nos muestran los cuerpos inorgánicos; hay fuerzas interiores que combaten esa tendencia de las exteriores, y no son otra cosa los cambios incesantes que constituyen la vida, que los efectos necesarios de la existencia de ese antagonismo. Por ejemplo: para estar de pie, es preciso que ciertos pesos estén neutralizados por ciertos esfuerzos; los miembros y demás órganos, en virtud de su gravedad, tienden á hacer caer el cuerpo; hay necesidad, para sostenerlo, de que se contraigan ciertos músculos; ó en otros términos: el grupo de fuerzas, que, si estuviese solo, nos haría caer, debe ser equilibrado por otro grupo de fuerzas. Otro ejemplo: para que nuestra temperatura se sostenga á una graduación constante, el calor que perdemos por radiación y absorción, del medio ambiente, debe ser reemplazado por otro tanto, producido por operaciones internas; y á medida que las variaciones atmosféricas ocasionen mayor ó menor pérdida de calor, la producción interna debe ser respectivamente mayor ó menor. Lo mismo sucede á todas las acciones orgánicas en general.

En los grados inferiores de la escala animal vemos que esos actos de equilibrio entre las fuerzas internas y externas son directos y simples; en una planta, la vitalidad sólo consiste en operaciones químicas y osmóticas, en relación con la coexistencia del calor, de la luz, del agua y del ácido carbónico ambiente. Pero en los animales, las operaciones vitales son más complejas; los materiales necesarios para el crecimiento y la reparación, no están como los de las plantas, presentes por doquier; están por el contrario, dispersos y bajo formas muy diversas; es preciso encontrarlos, cogerlos y prepararlos para la asimilación. De ahí la necesidad de la locomoción, de los sentidos, de los medios de aprehensión y de destrucción, y de un aparato digestivo á propósito. Adviértase: que esas complicaciones sucesivas no hacen más que ayudar á mantener la balanza orgánica en su integridad, y oponerse á las fuerzas físicas y químicas que tienden á destruirla. Y adviértase también que mientras que esas complicaciones sucesivas facilitan la adaptación fundamental de las acciones de adentro á las de fuera no son ellas mismas otra cosa que nuevas adaptaciones de las fuerzas interiores á las exteriores. En efecto, los movimientos con que un animal carnívoro persigue á su presa, y los que ésta verifica para evitar la muerte, ¿qué son sino los cambios del organismo que lucha con otros cambios del medio ambiente? ¿Qué es la operación compleja de paladear un alimento, sino una correlación particular de las modificaciones nerviosas con las propiedades físicas de aquél? ¿Qué es la operación, por la cual el alimento, una vez comido, es preparado para su asimilación, sino una serie de acciones mecánicas y químicas, en correlación con las propiedades análogas de aquél? Resulta evidentemente que si la vida, en su más simple expresión, es la correspondencia de ciertas acciones físico-químicas internas, con otras análogas externas; cada grado que se asciende hacia las regiones superiores de la vida, consiste en una garantía más segura de esta correspondencia primitiva por el establecimiento de otras. Si despojamos ese concepto de todo lo superfluo, si le reducimos á su expresión más abstracta, vemos que puede definirse la vida: «una adaptación continua de las relaciones internas á las relaciones externas.» Definiéndola así resultan incluídas en la definición, tanto la vida física como la psíquica. Entonces comprendemos: que lo que llamamos inteligencia aparece cuando las relaciones externas á que se acomodan las internas, son ya muy numerosas, complejas y separadas en el tiempo y en el espacio. Comprendemos también que todo progreso de la inteligencia consiste esencialmente en el establecimiento de adaptaciones más variadas, más completas y más complejas; y todo progreso científico puede reducirse á relaciones mentales de coexistencia y de consecuencia, coordenados de modo que correspondan exactamente á ciertas relaciones análogas del exterior. Una larva que se arrastra al azar, y halla al fin el camino que la conduce á una planta de cierto olor, y se pone á comerla, tiene dentro de sí una relación orgánica entre una impresión particular y una serie particular de acciones, correspondiente á la relación externa entre el olor y la especie de la planta. El abejarruco, guiado por una correlación más compleja de impresiones, que el color, la forma y los movimientos de la larva hacen sobre él, guiado también por otras correlaciones que miden la posición y la distancia de la larva, combina ciertos movimientos musculares correlativos para cogerla. El halcón, que vuela allá arriba, es afectado á una distancia grandísima por las relaciones de forma y movimientos del abejarruco; y según sean éstos, así aquél combina series mucho más complicadas de cambios nerviosos y musculares correlativos, á fin de apoderarse del pequeño pájaro, y consigue su fin, si dichas series están bien combinadas. Al cazador, la experiencia le ha revelado una relación entre la aparición y el vuelo del halcón, y la destrucción de otros pájaros; el cazador sabe, además, otra relación entre las impresiones visuales que corresponden á ciertas distancias y el alcance de su escopeta, y que es preciso apuntar un poco delante del pájaro que vuela, para tirar con éxito. Si consideramos ahora, aun sin salir del mismo asunto, la fabricación de la escopeta, hallamos otra multitud de relaciones. Las de coexistencia entre el color y densidad de un mineral y su yacimiento terrestre, nos han enseñado que contiene hierro; para extraerle es preciso que pongamos en correlación ciertos actos con las afinidades del hierro, el carbón y la cal á temperaturas elevadas, etc. Si queremos que un químico nos explique la explosión de la pólvora, ó que un matemático nos de la teoría de los proyectiles, encontraremos también que las relaciones, tanto especiales como generales, de coexistencia y de sucesión entre las propiedades, movimientos, etc., de la pólvora y del proyectil, es lo único que aquellos sabios podrán enseñarnos. Notemos, por último, que lo que llamamos *la verdad* (los principios á que debemos obedecer para conseguir nuestros fines y conservar la vida), no es sino la correspondencia exacta entre las relaciones subjetivas y las objetivas: mientras que el *error*, que conduce á la falta, y por consiguiente á la muerte (física ó moral), no es sino la ausencia de esa correspondencia exacta.

Si, pues, la vida en todas sus manifestaciones, inclusa la inteligencia, bajo sus más sublimes formas, consiste en adaptaciones continuas de las relaciones internas á las relaciones externas, resulta evidente el carácter esencial y necesariamente relativo de todo conocimiento. Siendo la noción más sencilla, una correlación entre ciertos estados subjetivos conexos y ciertos agentes objetivos, también en conexión mutua; y las nociones más complicadas, correlaciones entre conexiones más complicadas de nuestros estados y conexiones más complicadas de los agentes externos; es claro que la operación de pensar, por lejos que sea llevada, no puede someter al dominio de la inteligencia sino los estados de ésta ó los agentes que los producen. Nunca conocemos más que cosas simultáneas y cosas consecutivas; y por tanto, aunque prolonguemos nuestros conocimientos hasta sus límites, nunca conoceremos más que coexistencias y sucesiones. Si todo acto de conocimiento es la formación en la conciencia de una relación paralela á otra relación externa, la relatividad del conocimiento es evidente. Si pensar es establecer relaciones, ningún pensamiento puede expresar más que relaciones.

No olvidemos advertir que el objeto al que está limitada nuestra inteligencia es el único también á que debe dedicarse; que el único conocimiento que podremos aplicar será el que podamos alcanzar plenamente. Para conservar la correspondencia entre las acciones internas y las externas, correspondencia que constituye la vida en cada momento, y el medio de su continuación en los momentos siguientes, no hay necesidad más que de conocer los agentes que nos impresionan, en su coexistencia y sucesión, y de ningún modo de conocerlos en sí mismos. Sean x é y dos propiedades constantemente unidas en un objeto externo, a y b los efectos que producen en nuestra conciencia. Supongamos que mientras la propiedad x nos produce el estado mental indiferente a, la propiedad y nos produce el estado doloroso b (correspondiente á una lesión orgánica); todo lo que necesitamos saber es: que yendo constantemente x unido á y en el exterior, a irá también siempre unido á b en nuestro interior, de suerte que al producirse a por la presencia de x, la idea de b ocurrirá en seguida, y determinará movimientos para evitar, si es posible, el efecto b de y. Lo único que necesitamos saber es: que a y b y la relación que los une corresponden siempre á x é y y su relación mutua; nada nos importa saber si a y b son semejantes á x ó y ó no lo son; ni su identidad nos favorece, ni su desemejanza nos perjudica. En el fondo mismo de la vida encontramos la relatividad de todo conocimiento. No sólo el análisis de las acciones vitales en general, nos conduce á deducir que las cosas en sí no pueden ser conocidas, sino que también nos muestra la inutilidad de ese conocimiento, si fuera posible.

26.   Falta la cuestión final. ¿Qué debemos decir de lo que traspasa los límites del conocimiento? ¿Debemos atenernos sólo á los fenómenos? ¿Nuestros estudios darán por resultado final desechar de nuestra inteligencia todo lo que no sea relativo? ¿O debemos creer en algo más allá? A estas cuestiones la lógica responde: los límites de nuestra inteligencia nos confinan rigorosamente en lo relativo; lo de más allá no puede ser pensado sino como una pura negación ó una pura no existencia. «Lo *absoluto* no es concebido

sino como una negación de lo concebible», ha escrito Sir W. Hamilton. «Ló *absoluto* y lo *infinito*, dice M. Mansel, son, como lo *inconcebible* y lo *imperceptible*, nombres que no indican un objeto de pensamiento ó de conciencia, sino la ausencia de condiciones, bajo las que la conciencia es posible». De cada una de estas citas se puede concluir que, puesto que la razón no nos autoriza á afirmar la existencia positiva de lo que sólo es cognoscible á título de negación, no podemos razonablemente afirmar la existencia positiva de lo que haya más allá de los fenómenos.

Esta conclusión parece indudable y, sin embargo, creemos contiene un grave error. Una vez admitidas las premisas la conclusión es indudable. Pero las premisas, en la forma en que las presentan Hamilton y Mansel, no son rigorosamente verdaderas. Hemos citado en las páginas precedentes, y aceptándolos, los argumentos con que dichos autores demuestran que lo absoluto es incognoscible, y los hemos reforzado con otros más decisivos. Con todo, hemos de hacer una restricción que nos salve del excepticismo, inexcusable sin ella. Mientras que no dejamos el aspecto puramente lógico de la cuestión, es preciso aceptar en toda su integridad las proposiciones citadas anteriormente; son indiscutibles. Pero si las consideramos de otro modo más amplio, bajo el aspecto psicológico, vemos que esas proposiciones sólo expresan la verdad parcial imperfectamente, que omiten ó, más bien, excluyen un hecho de la mayor importancia. Precisemos las ideas. Al lado de la conciencia definida, cuyas leyes formula la lógica, hay otra conciencia indefinida, cuyas leyes no pueden ser formuladas. Al lado de pensamientos completos, y de incompletos que son susceptibles de ser completados, hay pensamientos que no es posible completar y que no son menos reales por eso, puesto que son afecciones normales de la inteligencia. Notemos ahora: que todos los argumentos que nos han servido para demostrar la relatividad de todo conocimiento, suponen clara y distintamente la existencia positiva de algo más allá de lo relativo. Decir que no podemos conocer lo absoluto es afirmar implícitamente que lo absoluto existe. Cuando negamos que se pueda conocer su esencia, admitimos tácitamente su *existencia*, y eso prueba que lo absoluto está presente al espíritu, no como *nada*, sino como *algo*.

Una cosa análoga sucede en toda la serie de razonamientos que establecen la doctrina de lo relativo. Lo *real*, nombrado por todas partes como antítesis de lo *fenomenal*, es pensado siempre y necesariamente como real. Es rigorosamente imposible concebir que nuestro conocimiento no tenga por objeto sino apariencias, y no concebir al mismo tiempo una realidad, de la cual esas apariencias sean las representaciones. En efecto, toda apariencia es ininteligible sin la realidad. Quitemos de nuestros raciocinios las palabras incondicionado, infinito, absoluto, y sus equivalentes, y escribamos en su lugar *negación de lo concebible*, ó *ausencia de las condiciones necesarias para conocer*, y el raciocinio será ininteligible. Para que cada una de las proposiciones de que se compone el raciocinio sea concebible, es preciso que lo incondicionado esté en él representado como positivo y no como negativo. Pero entonces ¿cómo se puede deducir legítimamente que nuestro concepto de lo incondicionado es negativo? Un raciocinio que asigna cierto sentido á una palabra y luego demuestra que esa palabra no tiene sentido, es un raciocinio vicioso. Es, pues, evidente que la demostración de la imposibilidad de una representación *definida* de lo absoluto supone ineludiblemente su representación indefinida.

Analizando nuestro concepto de la antítesis entre lo relativo y lo absoluto, hallaremos, quizá, el medio de mostrar que las leyes mismas del pensamiento nos obligan á formar una idea, aunque vaga, pero positiva, de eso que está fuera de los límites de la conciencia. Nadie pone en duda que las antinomias del pensamiento: todo y parte, lo igual y lo desigual, el singular y el plural, son necesariamente concebidas como correlativas; sin que sea posible concebir uno de los dos términos de cada una, sin tener el concepto simultáneo del otro. Pues también es fácil reconocer, que lo relativo no es concebido á su vez, sino en oposición á lo no relativo ó absoluto. Fiel á la posición que había tomado, y que ya hemos indicado, Sir W. Hamilton sostiene, sin embargo, en su crítica acerada, é irrefutable en su mayor parte, del sistema de Cousín, que uno de esos términos correlativos no es más que la negación del otro. «Los términos correlativos, dice, se suponen ciertamente el uno al otro, pero no son igualmente reales y positivos. En el pensamiento los términos contradictorios se implican necesaria y mutuamente, porque su conocimiento es uno. Pero lejos de garantizar la realidad de uno de ellos, la del otro no es más que su negación. Así, toda noción positiva (el concepto de una cosa que es) supone una noción negativa (el concepto de una cosa que no es), y la más elevada noción positiva, la de lo concebible, tiene su correlativa en la de lo inconcebible. Mas, aunque se supongan recíprocamente, la positiva sola es la real; la negativa no es sino la supresión de la otra, y en su mayor generalidad, la supresión del pensamiento.» Ahora bien, esa afirmación: que de dos términos contradictorios «el negativo no es sino la supresión del otro, no *es más que* su negación»; esa afirmación, decimos, no es verdadera. Para los correlativos igual y desigual, es evidente que el concepto negativo contiene algo más que la negación del positivo, pues las cosas de que se niega la igualdad no por eso desaparecen de la conciencia. Sir W. Hamilton no ha notado que lo mismo sucede para los correlativos cuya negación es inconcebible, en el recto sentido de esta palabra. Tomemos, por ejemplo, lo limitado y lo ilimitado. Nuestra noción de lo limitado se compone: primero del concepto de algún sér, y además del concepto de los límites del mismo, tal cual nos es conocido. En su antítesis, la noción de lo ilimitado, el concepto de los límites ha desaparecido, pero no el de algún sér. Verdad es, que faltando el concepto de límites, tal noción no es un concepto propiamente dicho, pero al menos es un modo de pensamiento. Si, en este caso, lo contradictorio negativo no fuese, como se dice, más que una negación del otro, es decir, una no-entidad, resultaría que se podrían emplear todos los contradictorios negativos, indistintamente unos por otros. Se debería, por ejemplo, poder pensar lo ilimitado como antítesis de lo divisible, y lo indivisible como antítesis de lo limitado. Al contrario, la imposibilidad de hacer de esos términos semejante uso, prueba que en la conciencia lo ilimitado y lo indivisible son distintos de cualidad, y por tanto son positivos y reales, pues no puede haber distinción entre dos *nadas.*

El error en que caen naturalmente los filósofos que se ocupan en demostrar los límites y condiciones de la conciencia, consiste en suponer que ésta sólo contiene límites y condiciones, sin tener en cuenta las cosas limitadas y condicionadas. Se olvida también que hay algo que forma como la sustancia bruta del pensamiento definido, y que queda después que desaparecen las cualidades definidas que aquél ha recibido de la inteligencia. Pues bien, cambiando nombres, todo eso se aplica á la última y más elevada de las antinomias, la de lo relativo y lo absoluto. Tenemos conciencia de lo relativo como de una existencia sometida á condiciones y á límites; es imposible conocer esos límites y esas condiciones, separados de algo á que pertenezcan; la supresión de esos límites y condiciones no lo es, de modo alguno, del algo á que pertenecían.

6

Debe haber, pues, un residuo, un concepto de algo indefinido é incondicionado, que constituye nuestro concepto de lo no relativo, de lo absoluto. Aunque sea imposible dar á ese concepto una expresión cualitativa y cuantitativa cualquiera, no por eso es menos cierto que se nos impone como un elemento positivo é indestructible de nuestro pensamiento. Esta verdad se hace más patente cuando se observa que nuestro concepto de lo relativo desaparece, si se supone el de lo absoluto una pura negación. Los autores ya citados admiten, ó más bien sostienen, que los contradictorios no pueden ser conocidos sino en su relación mutua; que la igualdad, por ejemplo, es inconcebible, separada de su correlativo la desigualdad, y por tanto que lo relativo mismo no puede ser concebido sino en oposición á lo no relativo; que el concepto de toda relación implica el concepto de sus dos términos. Pedirnos el concepto de la relación entre lo relativo y lo absoluto, sin tener conciencia de ambos, «es (citando las palabras mismas de M. Mansel, aunque dándoles distinta aplicación) pedir la comparación de algo conocido con algo desconocido, y siendo la comparación un acto de conciencia, no es posible, sin tenerla de ambos términos comparados». ¿Qué se ha hecho, pues, de la afirmación de que «lo absoluto no es concebido sino como una pura negación de lo concebible», ó como la ausencia de todas las condiciones del pensamiento? Si lo absoluto no se presenta á la conciencia sino como pura negación, la relación entre él y lo relativo es ininteligible, porque uno de los términos de la relación está ausente de la conciencia; y si la relación es ininteligible, lo relativo mismo lo es por falta de su antítesis; y entonces resulta la anulación de todo pensamiento.

Fácil nos será mostrar: que los mismos Sir W. Hamilton y M. Mansel admiten claramente, en otros pasajes, que nuestro concepto de lo absoluto, aunque indefinido, es positivo y no negativo. El párrafo ya citado de Sir W. Hamilton, en que afirma que «lo absoluto no es concebido sino como negación de lo inconcebible», acaba con la advertencia siguiente: «Desde que tenemos conciencia de nuestra incapacidad para concebir nada, fuera de lo relativo, de lo finito, una revelación maravillosa nos inspira una creencia invencible en la existencia de algo incondicionado que traspasa la esfera de toda realidad comprensible.» La última de esas dos aserciones admite de hecho lo que la otra niega. Por la interpretación que ha dado á las leyes del pensamiento, Sir W. Hamilton se ha visto reducido á concluir que nuestro concepto de lo absoluto es una pura negación. Sin embargo, halla que existe en la conciencia una convicción irresistible de la *existencia real* de *algo incondicionado*. Se desembaraza de la inconsecuencia en que le coloca esa declaración, diciendo que «recibimos la inspiración de una revelación maravillosa», queriendo quizá dar á entender que esa inspiración la recibimos de un modo sobrenatural, ó de otro modo que por las leyes del pensamiento. M. Mansel se ve arrastrado á la misma inconsecuencia. En efecto, cuando dice «que nos vemos obligados por la constitución de nuestro espíritu á creer en la existencia de un sér absoluto é infinito, que esta creencia parece imponérsenos como el complemento de nuestros conceptos de lo relativo y lo finito», declara implícitamente que el concepto de ese sér es positivo, no negativo; admite tácitamente que estamos obligados á considerar lo absoluto como algo más que una negación, y que el concepto que de él tenemos no es «tan sólo la ausencia de condiciones necesarias para que el pensamiento sea posible».

Sírvanos de excusa la importancia suprema de esta cuestión, si reclamamos aún la atención del lector, con el fin de aclarar dificultades que surgen todavía. Estudiando la operación de pensar, se comprenderá mejor el carácter esencialmente positivo de nuestro concepto de lo incondicionado, que, como hemos visto, resulta de una ley fundamental del pensamiento.

Para probar la relatividad de nuestro conocimiento, se dice: «que no podemos concebir el espacio y el tiempo, como limitados, ni como ilimitados.» Se hace ver que desde el momento en que imaginamos un límite al tiempo ó al espacio, se produce en seguida el concepto de un tiempo ó un espacio, más allá de ese límite. Este espacio ó este tiempo, más lejanos, si no lo consideramos como definido, lo consideramos, sin embargo, como real; si no nos formamos de él un concepto propiamente dicho, puesto que no podemos limitarlo, tenemos, no obstante, en nuestro espíritu la sustancia informe de ese concepto. Lo mismo sucede de nuestro concepto de causa; no tenemos más capacidad para adquirir la idea completa, definida, de causa, que de tiempo y espacio; por consiguiente, debemos pensar la causa que excede los límites de nuestro pensamiento, como positiva, aunque indefinida. De igual modo que cuando pensamos un espacio limitado, se forma á la vez el concepto rudimentario de un espacio más allá de esos límites, cuando pensamos una causa definida, se forma un concepto rudi-

mentario de la causa indefinida. En uno y otro caso ese concepto
rudimentario es semejante, en el fondo, á su correlativo, pero es
informe. El impulso del pensamiento nos lanza ineludiblemente
por encima de lo condicionado en lo incondicionado, y esto queda
en nosotros, para siempre, como el fondo ó cuerpo de un pensamiento al cual no podemos dar forma.

De ahí nuestra firme creencia en la realidad objetiva; creencia
que la crítica metafísica no puede hacer vacilar ni un momento.
Podrá decírsenos que ese pedazo de materia que miramos como
existente fuera de nosotros, no nos puede ser realmente conocido,
que sólo podemos conocer las impresiones que produce en nosotros;
pero nos vemos obligados, por la relatividad del pensamiento, á
pensar que esas impresiones están en relación con una causa positiva, y entonces aparece la noción rudimentaria de una existencia real que las produce. Si se prueba que toda idea de una existencia real implica una contradicción radical; que la materia, de
cualquier modo que la concibamos, no puede ser la materia, tal
cual es realmente, nuestro concepto se transforma, mas no se destruye; queda la idea de la realidad, aislada todo lo posible de las
formas especiales, bajo las que aparecía primitivamente en el pensamiento. Aunque la Filosofía (positivista) condena, unos tras
otros, todos los ensayos para concebir lo absoluto aunque nos
prueba que lo absoluto no es esto, ni aquello, ni lo otro; aunque
por obedecerla neguemos una tras otra todas las ideas, á medida que
van produciéndose; como no podemos despreciar todo el contenido
de la conciencia, queda siempre, en el fondo, un elemento que
pasa por nuevas formas. Mas la negación continua de toda forma
y de todo límite particular, no tiene otro resultado que suprimir,
más ó menos completamente, todas las formas y todos los límites
y llegar á un concepto indefinido de lo informe y de lo limitado.

Y aquí encontramos la principal dificultad. ¿Cómo puede constituirse un concepto de lo informe y de lo ilimitado, cuando por
su misma naturaleza, el pensamiento no es posible sino bajo formas y límites? Si todo concepto de existencia lo es de existencia
condicionada, ¿cómo puede quedar algo, después de la negación de condiciones? Si la supresión de esas condiciones no suprime directamente la sustancia misma del concepto, ¿no la suprime,
al menos, implícitamente? ¿No debe desaparecer el concepto,
cuando desaparecen las condiciones de su existencia? Es evidente
que debe haber una solución de esa dificultad, puesto que, los que

la ponen, admiten, como ya lo hemos hecho ver, que tenemos ese concepto; la solución parece ser la ya indicada. Un concepto como ese, no es ni puede ser formado por un acto mental único, sino que es el producto de muchos actos mentales. En todo concepto hay un elemento que persiste; es imposible que ese elemento desaparezca de la conciencia, y es imposible también que esté allí presente él solo, pues lo primero sería falta de sustancia, lo segundo falta de forma, y en uno y otro caso no habría concepto. Mas la persistencia de ese elemento, aunque cambien sucesivamente las condiciones, necesita que se le perciba como distinto de sus condiciones, ó independientemente de ellas. El sentimiento de *algo* condicionado en todo pensamiento, no puede desecharse, porque no puede desecharse ese algo. Ahora bien; ¿cómo se percibe ese algo? Evidentemente combinando conceptos sucesivos, privados de sus límites y de sus condiciones. Nos formamos esa idea indefinida, como nos formamos muchas de nuestras ideas definidas, fusionando una serie de ideas. Demos un ejemplo. Un objeto extenso, complicado, dotado de muchos atributos para que se puedan representar á la vez en la mente, puede ser, sin embargo, concebido con bastante exactitud por la unión de varias representaciones, cada una de las cuales contenga una parte de dichos atributos: cuando se piensa en un piano, lo que aparece primero en la imaginación es la imagen visual del piano, á la que se añaden en seguida, aunque por otros actos mentales, las ideas del lado que no se ve, y de la sustancia sólida que lo constituye. Con todo el concepto completo comprende además las cuerdas, los martillos, los pedales, las sordinas; si se van añadiendo unas tras otras las ideas de esos objetos, en nuestra mente se van borrando, al mismo tiempo, los atributos primeramente imaginados; sin embargo, el conjunto de todos constituye la representación del piano. Pues bien; lo mismo que, en este caso, nos formamos un concepto definido, de una existencia especial, poniendo límites y condiciones en actos sucesivos; del mismo modo, en el caso opuesto, nos formamos una noción indefinida de una existencia general, quitando límites y condiciones en actos sucesivos. Sintetizando una serie de estados de conciencia, en cada uno de los cuales, á medida que se forma, abolimos las restricciones y las condiciones, formamos el concepto de algo incondicionado. Hablemos más rigorosamente. Ese concepto no es la abstracción de un grupo de pensamientos, ideas ó conceptos; es la abstracción de todos los pensamientos, ideas ó conceptos. Lo que les es común á todos, lo que no podemos ya abstraer, es lo que designamos con el nombre común de *existencia*. Aislada de sus atributos por el perpetuo cambio de éstos, persiste como un concepto indefinido, de algo que permanece invariable bajo todos los cambios; como un concepto indefinido de la existencia, aislada de sus atributos. La distinción que hacemos entre la existencia especial y la existencia general, es la distinción entre lo que puede cambiar en nosotros y lo que no puede. El contraste entre lo absoluto y lo relativo, en nuestro espíritu, no es, en el fondo, más que el contraste entre el elemento mental que existe absolutamente, y los elementos que existen relativamente.

Por su propia esencia, ese último elemento mental es, á la vez, necesariamente indefinido y necesariamente indestructible. Nuestro concepto de lo incondicionado es, pues, literalmente, la conciencia incondicionada ó la sustancia pura del pensamiento, á la que damos, pensando, distintas formas, y he ahí por qué forma la base de nuestra inteligencia un sentimiento siempre presente de la existencia real. Puesto que podemos, en actos intelectuales sucesivos, desprendernos de todas las condiciones particulares, y reemplazarlas por otras, pero no podemos desprendernos de esa sustancia indiferente de la conciencia, que recibe condiciones nuevas en cada pensamiento; de ahí que tengamos un íntimo convencimiento de la existencia persistente de esa sustancia y de su independencia de condiciones. Así, al mismo tiempo que las leyes del pensamiento nos impiden formar el concepto de una existencia absoluta, nos impiden también desprendernos de ese concepto, puesto que no es, como acabamos de ver, sino el reverso de la conciencia misma. En fin, puesto que la única medida de la validez relativa de nuestras creencias en su resistencia á los esfuerzos que hacemos para cambiarlas, resulta que la que persiste en todos los tiempos, en todas las circunstancias, y no puede cesar sin que cese el pensamiento, ésa posee el máximun de validez.

Resumamos esta larga discusión. Hemos visto: cómo en la misma afirmación de que todo conocimiento propiamente dicho es relativo, va implícita la afirmación de la existencia de lo absoluto. Hemos visto: cómo á cada paso del razonamiento que establece aquella doctrina se hace la misma suposición. Hemos visto: cómo de la necesidad misma de pensar en relaciones, resulta que lo relativo mismo es inconcebible, si no está en relación con lo no relativo real, que de no ser admitido, hace se convierta en absoluto lo relativo mismo, y el raciocinio sea una pura contradicción. Examinando la operación de pensar, hemos visto, por último, cómo nos es imposible desprendernos de la idea de una realidad, oculta bajo las apariencias ó fenómenos, y cómo de esa imposibilidad resulta nuestra indestructible creencia en esa realidad.

CAPÍTULO V

RECONCILIACIÓN

27. Así, pues, todas las formas de argumentos nos conducen á la misma conclusión. La consecuencia deducida *à priori* en el último capítulo, confirma las deducidas *à posteriori* en los dos capítulos precedentes á ése. Cuando intentamos responder á las más elevadas cuestiones de la ciencia objetiva, el entendimiento nos revela su propia impotencia, y la ciencia subjetiva nos hace ver que esa impotencia es resultado necesario de las leyes del entendimiento. No solamente aprendemos, por la ineficacia de nuestros esfuerzos, que la realidad oculta tras de los fenómenos es y será siempre inconcebible para nosotros, si que también aprendemos por qué eso es consecuencia forzosa de la naturaleza de nuestra inteligencia. Descubrimos, por último, que esa conclusión, que en su forma absoluta parece contraria á las convicciones instintivas de la humanidad, se armoniza con ellas cuando se hacen las restricciones necesarias. Aunque no podamos conocer lo absoluto, de ningún modo y en ningún grado, si se toma la palabra conocer en su sentido estricto, vemos, sin embargo, que la existencia positiva de lo absoluto es un dato necesario de la conciencia, indeleble además, mientras ésta dura; y que, por tanto, la creencia que tiene su fundamento en ese dato nos debe ser más evidente que todas las demás.

Ese dato será, pues, la base de la concordia que queríamos hallar. Esa conclusión que la ciencia objetiva demuestra y cuya necesidad prueba á la vez la ciencia subjetiva; esa conclusión, que por una parte expresa la doctrina de la escuela inglesa, y por otra reconoce un fondo de verdad en la doctrina de sus adversarios los

filósofos alemanes; esa conclusión, que pone los resultados de la
más elevada especulación en armonía con los del sentido común,
es también la que reconcilia á la Religión y la Ciencia. El sentido
común afirma la existencia de una realidad; la ciencia objetiva
prueba que esa realidad no puede ser lo que pensamos que es; la
ciencia subjetiva prueba por qué no podemos pensarla como es: y
en esa afirmación de una realidad cuya naturaleza ó esencia íntima
nos es absolutamente insondable, la Religión reconoce un principio esencialmente idéntico con el suyo. Queramos ó no, vémonos
obligados á mirar todos los fenómenos como manifestaciones de un
poder que actúa sobre nosotros; aunque la omnipotencia sea ininteligible, como la experiencia no descubre límites á la difusión de
los fenómenos, tampoco podemos concebirlo á la presencia de ese
poder, y por otra parte, la crítica científica nos enseña que ese
poder es incomprensible. Pues bien, esa idea de un poder incomprensible, que llamamos omnipresente porque somos incapaces de
fijar sus límites, es precisamente lo que sirve de base á toda Religión.

Para comprender plenamente hasta qué punto es real la reconciliación fundada en ese principio, es preciso examinar la actitud
que la Religión y la Ciencia han guardado, cada una constantemente, respecto á esa conclusión. Bueno será notar que en todos
tiempos las imperfecciones de la una han debido sufrir los correc-
tivos de la otra, y que el objeto final de su mutua crítica no puede
ser más que un acuerdo perfecto en ese principio, el más amplio y
el más profundo de todos.

28. Reconozcamos á la Religión el gran mérito de haber vislumbrado siempre el último principio, y no haber cesado jamás de
proclamarle. En sus primitivas formas ya manifestaba vagamente
una intención, que forma el gérmen de la creencia suprema en la
cual todas las filosofías se unen finalmente. En el más grosero fetichismo se puede ya reconocer la conciencia de un misterio. Cada
una de las creencias sucesivas, al desechar las sencillas y precisas
interpretaciones, que se daban antes de ella, de la naturaleza, se
ha hecho, *ipso facto*, más religiosa que las anteriores. A medida
que las potencias concretas y concebibles, que se suponía eran las
causas de las cosas, han sido sustituídas por potencias menos concretas y concebibles, el elemento misterioso ha ído haciéndose necesariamente preponderante. La historia religiosa no es, en el
fondo, más que la serie de fases de la desaparición de los dogmas

positivos que quitaban el misterio del misterio. Así, la Religión se
ha acercado cada vez más al reconocimiento completo de la existencia del misterio, su objeto final ó definitivo.

Por esa creencia, esencialmente cierta, es por la que la Religión
ha combatido siempre; se unió á ella cuando la cubrían burdas
vestiduras; sigue unida á pesar de los disfraces que aun la desfi-
guran, y no cesa de defenderla. Ha proclamado y propagado por
doquier, bajo diversas formas, la doctrina de que todas las cosas
son manifestaciones de un poder que supera á nuestro conocimiento. Siglo tras siglo, la Ciencia ha vencido á la Religión en
cuanto ésta ha pretendido sostener contra aquélla y la ha forzado
á dejar algunas de sus posiciones; mas á pesar de esos reveses, la
Religión defiende las posiciones que aun la quedan, con una obstinación inquebrantable. Se puede mostrar la inconsecuencia lógi-
cá de sus conclusiones, se puede probar el absurdo de cada uno
de sus dogmas particulares; mas no se puede quebrantar su fidelidad á la verdad última que proclama. La crítica ha pulverizado
todos sus argumentos y la ha reducido al silencio; pero la Religión guarda siempre el sentimiento indestructible de una verdad
que, á pesar de los vicios de los dogmas que la expresan, no por
eso está menos fuera de toda discusión. Su adhesión á esa creencia ha sido esencialmente sincera, y la humanidad la debe y la ha
debido siempre reconocimiento por haberla conservado y propagado.

Pero si la Religión ha tenido desde el principio la misión de
impedir á los hombres absorberse completamente en lo relativo
y en lo inmediato, y de revelarlos la existencia de *algo superior*,
no la ha cumplido casi siempre sino muy imperfectamente. La
Religión ha sido siempre más ó menos irreligiosa, lo es aún hoy.
En primer lugar, ha pretendido poseer algún conocimiento de lo
superior á todo conocimiento, contradiciendo así sus propias doctrinas. Tan pronto afirma que la causa de todo es incomprensible,
tan pronto que posee tales ó cuales atributos, y que es comprensible. En segundo lugar, si por una parte ha sido sincera en su fidelidad á la gran verdad que tenía la misión de defender, no lo ha
sido á veces, y por tanto ha sido irreligiosa, afirmando doctrinas
que ofuscaban y comprometían esa verdad. Discutiendo cada una
de las afirmaciones de la Religión, sobre la esencia, los actos y los
motivos de ese poder que el Universo nos revela, se ha visto que
están en contradicción unas con otras, ó consigo mismas. Con to-

do, siglo tras siglo, se ha servido de esas afirmaciones, aunque debía saber que no podían soportar una severa crítica. Pareciendo ignorar que su posición central es inexpugnable, la Religión ha defendido con obstinación todas las obras exteriores, mucho tiempo después que eran evidentemente insostenibles. Esto nos lleva naturalmente á la tercera y más grave forma de irreligión que la Religión ha tenido, á saber: una creencia imperfecta en el objeto que ha hecho particularmente profesión de creer. La Religión no ha comprendido nunca bien que su posición central es inexpugnable. Todos los días lo estamos viendo: en la más fervorosa fe hay un núcleo de escepticismo, y ese núcleo es la causa del miedo que tiene á la Ciencia la Religión. Obligada ésta por aquélla á ir abandonando una á una las supersticiones que defendía antes valientemente, y viendo cada día sus más caras creencias más y más quebrantadas, la Religión tiene miedo de que llegue un día en que todo se explique, y de ese modo demuestra que, en el fondo, duda de la incomprensibilidad de lo que proclama incomprensible.

No olvidemos nunca que la Religión, á pesar de sus numerosos errores y corrupciones, ha proclamado y propagado constantemente una verdad suprema. Desde el principio, el reconocimiento de esa verdad suprema, aunque imperfectamente concebida, ha sido su elemento vital; y sus vicios, primero excesivos y luego menores, han provenido de que no reconocía plenamente lo que reconocía en parte. El elemento verdaderamente religioso de la Religión ha sido siempre bueno; sus elementos irreligiosos son los únicos reconocidos insostenibles en teoría y malos en la práctica, pero se ha ido purificando de ellos cada vez más.

29. Notemos ahora que el agente de esa purificación ha sido siempre la Ciencia. Generalmente se tiene poco en cuenta ese aspecto de las funciones científicas. La Religión ignora ó desprecia la deuda inmensa que ha contraído con la Ciencia, y ésta sabe apenas lo que la Religión la debe. Y sin embargo, sería fácil probar: que todos los grados de desarrollo recorridos por la Religión, desde sus primitivas creencias hasta las ideas, relativamente elevadas, que hoy profesa, los ha recorrido, gracias á la Ciencia ú obligada por la Ciencia. En nuestros tiempos mismos, ¿no la impulsa la Ciencia á que avance en el mismo sentido? Si damos á la palabra Ciencia su verdadero sentido, es decir, si representa la suma de conocimientos positivos y definidos acerca del orden que reina entre los fenómenos que nos rodean, vemos manifiestamen-

te que, desde el principio, el descubrimiento de un orden establecido ha modificado la idea del desorden ó del orden indeterminado
que hay en el fondo de toda superstición. Cuando la experiencia
enseñó que ciertos cambios—los más familiares—suceden siempre en el mismo orden, el concepto de una personalidad especial,
cuya voluntal regía esos cambios, tendió á borrarse del espíritu
humano. Y cuando, sucesivamente, la acumulación de hechos hizo
sufrir la misma suerte á los cambios menos familiares, las creencias correspondientes sufrieron también análoga modificación.

Tal presión de la Ciencia sobre la Religión parece antireligiosa
á quien la ejerce y á quien la sufre, y, sin embargo, es todo lo
contrario. A la potencia específica inteligible, que se suponía en
primer lugar, le sustituye una potencia menos específica y menos
comprensible; en el primer momento, la última, en virtud de su
oposición con la primera, no puede quizá despertar el mismo sentimiento; pero á poco, por lo mismo que es menos comprensible,
debe producirle más perfecto. Tomemos un ejemplo. En otro tiempo se miraba el Sol como el carro de un dios, arrastrado por caballos. No tenemos para qué examinar hasta qué punto se idealizaba
la idea que tan groseramente se expresaba. Basta observar que explicando así el movimiento aparente del Sol, por una potencia semejante á las fuerzas terrestres y visibles, se rebaja una maravilla
de todos los dias al nivel de las más pobres inteligencias. Cuando,
muchos siglos después, Kepler descubrió que los planetas giran alrededor del Sol en trayectorias elípticas, y que los radios vectores
describen áreas proporcionales á los tiempos, dedujo que en cada
planeta debía haber un espíritu para dirigir su movimiento. Vemos,
por este ejemplo, cómo los progresos de la Ciencia hicieron desaparecer la idea de una tracción material, como la que se suponía
primero daba movimiento al Sol; vemos también que cuando á esa
mezquina idea se sustituyó la de una fuerza indefinida y menos
fácil de concebir, se creyó aún necesario suponer que un agente
personal era la causa de la irregularidad regular del movimiento.
Cuando, por último, probó Newton que las revoluciones planetarias, con sus variaciones y perturbaciones, obedecen á una ley
universal; cuando los espíritus directores, concebidos por Kepler,
fueron desechados, y en su lugar se puso la fuerza de la gravitación,
el cambio fué, realmente, la abolición de una potencia que se podía imaginar y la introducción de otra imaginable. Porque, si la
ley de la gravitación cae bajo el dominio de nuestro entendimiento,

es imposible formarse una idea de la fuerza de la gravitación. Newton mismo confesaba que esa fuerza es incomprensible sin el intermedio de un éter; mas ya hemos visto que la hipótesis del éter (18) no nos hace avanzar un paso. Lo mismo sucede en general; la Ciencia progresa agrupando relaciones particulares de fenómenos bajo ciertas leyes; después, agrupando esas leyes especiales bajo otras cada vez más generales, y descubriendo causas cada vez más abstractas. Pero causas más abstractas son causas menos concebibles, puesto que la formación de un concepto abstracto supone la supresión de ciertos elementos concretos del pensamiento. Resulta de ahí, que el concepto más abstracto, hacia el que la Ciencia avanza gradualmente, es el que se confunde con lo inconcebible y lo inteligible, á consecuencia de la supresión de todos los elementos concretos del pensamiento. Eso es lo que nos da derecho para afirmar que las creencias impuestas por la Ciencia á la Religión, son en el fondo más religiosas que las sustituídas.

Muchas veces, la Ciencia, como la Religión, no ha cumplido su misión sino muy imperfectamente. Del mismo modo que la Religión ha estado inferior á sus funciones, porque ha sido irreligiosa, la Ciencia ha estado inferior á las suyas, porque ha sido anticientífica. Notemos los puntos de semejanza. Cuando la Ciencia comenzó, en su origen, á enseñar las relaciones constantes de los fenómenos, y en consecuencia desacreditó la creencia en las personalidades distintas que se miraban como sus causas, les sustituyó la creencia en potencias causales, que si no eran personales, eran á lo menos concretas. Cuando se hablaba del *horror de la naturaleza al vacío*, de la *aureidad*, del *principio vital*, se establecía un modo de interpretar los hechos, que si era antireligioso, porque atribuía esos hechos á potencias no divinas, era también anticientífico, porque suponía conocer lo que no conocía en lo más mínimo. Por fin, la Ciencia ha abandonado esas potencias metafísicas, ha reconocido que no tenían existencia independiente, que no eran sino combinaciones particulares de causas generales; en consecuencia, ha atribuído después grandes grupos de fenómenos, á la electricidad, á la afinidad química y á otras fuerzas generales análogas. Mas, haciendo de esas fuerzas entidades independientes y últimas, la Ciencia ha guardado, en suma, la misma actitud que antes. Explicando así todos los fenómenos, inclusos los de la vida y el pensamiento, no sólo ha perseverado en su antagonismo aparente con la Religión, porque ha recurrido á potencias radical-

mente distintas de las de aquélla, sino que también ha seguido
siendo anticientífica, porque ha supuesto saber algo de la naturaleza de esas potencias. Verdad es que actualmente los sabios más
ilustrados abandonan esas últimas supuestas entidades, como sus
predecesores abandonaron las primitivas. El magnetismo, el calor,
la luz, que eran mirados, no hace mucho, como otros tantos flúidos imponderables, no son ya, para los físicos, más que modos
diversos de manifestación de la fuerza universal, la cual, al mismo tiempo, cesa de ser mirada como comprensible. En cada fase
de su progreso, la Ciencia ha dado muchas veces á cuestiones profundas, soluciones superficiales. Infiel á su método, ha descuidado
inquirir la naturaleza de los agentes que invocaba con tanta facilidad. Sin duda, en cada una de las fases, que ha recorrido sucesivamente, y al avanzar cada vez más, ha absorbido las pretendi-
das potencias que había invocado, en otras más generales y más
abstractas, pero ha cometido la falta de contentarse con estas últimas, como se contentaba antes con las primeras, y darlas por
realidades confirmadas. He ahí lo que ha formado siempre el carácter anticientífico de la Ciencia, y ha sido siempre, en parte, la
causa de su lucha constante con la Religión.

39. Vemos, pues, que desde su origen, tanto las faltas de la
Religión como las de la Ciencia, han sido hijas de un desarrollo
incompleto. Simples bocetos en un principio, cada una de las dos
ha crecido y ha ido tomando formas más perfectas; pero siempre
les ha faltado algo para la perfección, y consecuencias, no más, de
de esa imperfección, han sido todos sus desacuerdos; así se va estableciendo ya más armonía, á medida que ambas se aproximan á
su estado definitivo.

El progreso de la inteligencia ha sido siempre doble. Cada paso
de avance ha aproximado, á la vez, lo natural y lo sobrenatural,
aun cuando los que han dado ese paso no lo hayan creido así. La
explicación de un fenómeno se ha hecho mejor cuando, por una
parte, se ha desechado una causa relativamente concebible en su
naturaleza, pero desconocida en cuanto al orden ó á la ley de sus
acciones, y por otra se ha admitido una conocida, en cuanto al orden de sus acciones, pero relativamente inconcebible en su naturaleza. El primer paso que ha hecho salir á los hombres del fetichismo universal, implicaba evidentemente el concepto de agentes
menos asemejables á los agentes comunes, hombres y animales, y
por consecuencia, menos comprensibles. Pero al mismo tiempo,

esas potencias nuevamente ideadas se distinguían por efectos uniformes, eran mejor comprendidas que las reemplazadas por ellas. Todos los progresos subsiguientes han dado el mismo resultado. Las fuerzas más lejanas y más generales, que se llegaba á considerar como causas de los fenómenos, eran menos comprensibles que las fuerzas especiales sustituídas; es decir, qne eran menos susceptibles de ser claramente representadas en el entendimiento; pero al mismo tiempo eran más comprensibles, en cuanto se podía atribuirlas sus acciones, más completamente. El progreso ha dado, pues, por resultado, tanto la demostración de lo desconocido positivo, cuanto la de lo conocido. A medida que la Ciencia se eleva á su apogeo, todos los hechos inexplicables, y en apariencia sobrenaturales, se hacen explicables y naturales. Y al mismo tiempo se adquiere la certeza de que todos los hechos explicables y naturales son, en su origen primero, inexplicables y sobrenaturales. De ese modo nacen dos estados antitéticos del espíritu, correspondientes á los dos lados opuestos de esa existencia — objeto final de nuestro pensamiento;— uno de esos estados constituye la Ciencia, el otro constituye la Religión.

Considerando los hechos de otra manera, podemos decir: que la Religión y la Ciencia han progresado, sufriendo un deslinde gradual, y que sus interminables conflictos no han tenido otra causa que la separación incompleta de sus dominios y funciones. Desde el principio, la Religión ha hecho grandes esfuerzos para unir más ó menos á su ignorancia la Ciencia; y también la Ciencia ha querido retener más ó menos ignorancia, que tomaba por Ciencia. Cada una se ha visto, poco á poco, obligada á abandonar el terreno que retenía ilegítimamente, y que la otra recobraba en virtud de un derecho real ó legítimo. El antagonismo de la Religión y la Ciencia fué la secuela natural de ese progreso. Expongamos estas ideas de un modo especial, á fin de hacerlas más claras. Desde el principio, la Religión, cuando afirmaba un misterio, hacía muchas afirmaciones definidas sobre tal misterio; suponía conocer su naturaleza en los detalles más íntimos; mas como esto era pretender estar en posesión de un conocimiento positivo, era, por tanto, usurpar dominios á la Ciencia.

Desde los tiempos de las primeras mitologías, en que se creía conocer la explicación del misterio, hasta nuestros días, en que ya no se conservan más que un corto número de proposiciones vagas y abstractas, la Religión se ha visto obligada, por la Ciencia, á ir abandonando unos tras otros sus dogmas, es decir, sus pretendidos conocimientos, que no podía establecer sólidamente. Durante ese tiempo, la Ciencia sustituía á las personalidades, que la Religión suponía para explicar los fenómenos, ciertas entidades metafísicas, usurpando así terreno de la Religión, puesto que clasificaba entre lo comprensible, formas de lo incomprensible.

Bajo las presiones, por un lado, de la crítica religiosa, que ponía en duda muchas veces su hipótesis, y por otro lado, de su propio desarrollo, tuvo que renunciar la Ciencia á los esfuerzos que había hecho, para encerrar lo incognoscible en los límites del conocimiento positivo, volviendo así á la Religión, lo que de derecho le pertenece. Mientras no termine ese deslinde, habrá más ó menos antagonismo entre esas dos esferas de nuestra actividad; pero á medida que los límites del conocimiento posible vayan siendo bien marcados, las causas del conflicto irán disminuyendo gradualmente. Cuando la Ciencia esté plenamente convencida de que sus explicaciones son próximas y relativas, y la Religión lo esté de que el misterio que contempla es absoluto, reinará entre ambas una paz perpetua.

La Religión y la Ciencia son, pues, necesariamente correlativas. Como lo hemos ya indicado, representan dos modos antitéticos de la conciencia, que no pueden existir aislados. No se puede pensar en lo conocido, sin pensar en lo desconocido, ni en ésto, sin pensar en aquéllo. Por consiguiente, ninguno de los dos puede hacerse más distinto, sin que el otro se haga á la par. Usando una metáfora, ya empleada, diremos: que son los polos positivo y negativo del pensamiento; no puede crecer en el uno la intensidad de la corriente, sin que, á la vez, crezca en el otro.

81. Así como durante el pasado se ha ído haciendo más claro el concepto del poder insondable, causa de todo, en el porvenir se hará completamente perfecto tal concepto. La certeza de que ese poder existe, y de que su naturaleza se eleva más allá de nuestra razón y de nuestra imaginación, ha sido siempre el fin que se ha propuesto alcanzar la inteligencia. La Ciencia llega ineludiblemente á esa conclusión cuando toca á sus límites, y la Religión la adopta como suya, obligada por la crítica. Esa conclusión satisface á la más rigurosa lógica, y da, al mismo tiempo, al sentimiento religioso su más vasta esfera de actividad; debemos, pues, admitirla plenamente, sin restricciones ni reservas.

Dícese: que aun cuando la causa última de todo no pueda sernos realmente conocida, como poseyendo tales ó cuales atributos, no dejamos por eso de estar obligados á la afirmación de esos atributos; y aunque las formas de nuestra conciencia sean tales, que no se pueda de modo alguno introducir en ella lo absoluto, debemos concebir lo absoluto bajo esas formas. «Es nuestro deber considerar á Dios como personal; es nuestro deber creer que es infinito», dice M. Mansel en la obra ya citada tantas veces.

Inútil es decir que no reconocemos ese deber. Si los argumentos acumulados en todo lo anterior tienen algún valor, resulta que no debemos, ni afirmar, ni negar la personalidad divina. Nuestro deber quiere, que ni nos sometamos humildemente á los límites de nuestra inteligencia, ni nos rebelemos abiertamente contra ellos. Crea, quien pueda, que entre nuestras facultades intelectuales y nuestras obligaciones morales hay una guerra eterna; nosotros no admitimos ese vicio radical en la constitución de las cosas.

Este punto de vista parecerá irreligioso á la mayor parte de los hombres, siendo, por el contrario, esencialmente religioso; más diremos, el único plenamente religioso: los otros no lo son sino aproximadamente. En la idea de la última causa no hay que pararse en alternativas embarazosas; no hay más que saltarlas. Los que se paran, suponen torcidamente que hay que elegir entre una personalidad, y algo menos, y es, por el contrario, entre una personalidad, y algo más ó superior á toda personalidad, entre lo que hay que elegir. ¿No puede haber un modo de existencia tan superior á la Inteligencia y á la Voluntad, cuanto estos modos son superiores al movimiento mecánico? Somos, es cierto, incapaces de concebir ese modo de existencia; pero esto no es razón para ponerlo en duda, antes al contrario. ¿No hemos visto cuán impotentes son nuestras facultades para concebir lo que hay más allá de los fenómenos? ¿No hemos probado que esa impotencia no es otra que la de lo condicionado para concebir lo Incondicionado? ¿No resulta que en *nada* es para nosotros cognoscible la causa suprema, porque es, en *todo*, superior á lo que puede ser conocido? Y por tanto, ¿no hay razón para no asignarla atributos, puesto que, fueren los que quisieren, habían de rebajarla, como derivados necesariamente de nuestra propia naturaleza? Verdaderamente es bien extraño crea el hombre: que el culto supremo consiste en hacer á su imagen el objeto de su culto, y mire como elemento esencial de su fe, no afirmar una diferencia transcendente entre Dios y él, sino afirmar una semejanza. Sin duda, desde los tiem-

pos de los más primitivos salvajes, que imaginaban á sus dioses
séres de carne y hueso, como ellos, hasta ahora, la pretendida semejanza ha disminuído; pero si en las razas civilizadas se ha dejado, ya hace mucho tiempo, de atribuir á la causa última, forma
y sustancia análogas á las humanas; si han parecido atributos poco
dignos de Ella los más groseros deseos humanos; si hasta se duda
en atribuirla los afectos superiores del hombre, como no sean muy
idealizados, se piensa todavía como indispensable atribuirla las
cualidades inherentes á nuestra naturaleza. Personas que consideran impío pensar que el poder creador es antropomorfo, bajo todos
sus aspectos, se creen, sin embargo, obligados á figurársele antropomorfo bajo ciertas relaciones, no advirtiendo que la idea que
admiten no es más que una forma debilitada de la que rechazan.
Y lo que es más chocante, esa opinión tiene por defensores á los
mismos que sostienen que somos completamente incapaces de formarnos concepto alguno del poder creador. Se nos muestra que
toda suposición sobre la génesis del Universo nos fuerza á elegir
entre pensamientos imposibles; que toda tentativa para concebir
la Existencia real, nos lleva á un suicidio intelectual; se nos hace
ver, cómo la constitución misma de nuestro espíritu nos prohibe
concebir lo absoluto, y después se nos dice que debemos pensar lo
Absoluto con tales ó cuales atributos. Todas las vías nos conducen
á creer, con certeza, que no nos es dable, no ya conocer, ni aun
concebir, la realidad oculta bajo el velo de las apariencias, y se
nos dice que debemos creer, y aun concebir, que esa realidad
existe de una manera determinada. Tal pretensión, ¿es un home-
naje ó una impertinencia?

Se podría escribir volúmenes sobre la impiedad de las gentes
piadosas. En casi todos los escritos y discursos de los sacerdotes,
se descubre que pretenden conocer íntimamente el misterio fundamental de todas las cosas; pretensión que, por no decir más,
concuerda bastante mal con las palabras de humildad que la acompañan; y, cosa sorprendente, los dogmas donde ese conocimiento
íntimo es menos posible, son objeto de marcada preferencia; en
ellos se ven los elementos esenciales de la creencia religiosa. No
se puede representar mejor el papel de los teólogos que por un
ejemplo tomado de las mismas controversias religiosas, el del reloj. Si, partiendo de la suposición burlesca de que el tic tac y los
movimientos de un reloj constituyen una especie de conciencia,
admitimos que el reloj quiere que las acciones del relojero estén

determinadas como las suyas por resortes y escapes, no haremos
sino completar un símil, muy acariciado por los ministros de la
Religión. Supongamos aún que un reloj explica la causa de su origen con términos de mecánica, que sostiene que los otros relojes
están obligados, por el respeto debido á las cosas santas, á imaginar también esa causa, y que increpa y llama ateos á los relojes
que no osan imaginarla; no haremos más que poner de manifiesto
la presunción de los teólogos, exagerando uno de sus argumentos.
Algunas citas bastarán para demostrar al lector la exactitud de esa
comparación. Dícenos, por ejemplo, uno de los pensadores religiosos más afamados, que «el Universo es la manifestación y la
morada de un espíritu libre como el nuestro, que personifica sus
ideas personales en el orden del Universo, que realiza su propio
ideal en los fenómenos del Universo, exactamente como expresa-
mos nuestras facultades y nuestro carácter íntimo, por el lenguaje
natural de nuestros actos. Partiendo de esas ideas, interpretamos
la Naturaleza por la humanidad, explicamos sus aspectos por designios y afecciones como las que podemos concebir, buscamos por
todas partes signos físicos de una voluntad siempre viva, y, desci-
frando el Universo, leemos la autobiografía de un espíritu infinito,
que se reproduce en miniatura en nuestro espíritu finito.» Este
autor va más lejos; no se contenta con asemejar el relojero al reloj y pensar que la criatura puede «descifrar la autobiografía del
Creador,» sino que afirma que los límites necesarios del uno son
los límites necesarios del otro. «Las cualidades primarias de los
cuerpos—dice—pertenecen eternamente al dato material objetivo,
para Dios, y limitan sus actos; mientras que las cualidades secundarias son productos de la razón inventiva pura y de la voluntad
determinante, constituyendo el dominio de la originalidad divina...
En ese terreno secundario, su espíritu y el nuestro se hallan, pues,
en oposición; mientras que concuerdan en el primario, porque no
hay más que una vía posible para todas las inteligencias, tocante
á las operaciones deductivas de la razón; no hay voluntad arbitraria que pueda invertir lo verdadero y lo falso, ó hacer que haya
más de una Geometría, ó más de un sistema físico para todos los
mundos; y el omnipotente arquitecto, cuando realiza la idea cósmica, cuando traza las órbitas en la inmensidad y determina las
estaciones desde la eternidad, no puede menos de obedecer á las
leyes de curvatura, de medida, de proporción». Esto quiere decir
que la Causa última es como un obrero, no sólo porque «trabaja

el dato material, objetivo para Ella», si que también porque está obligada á obedecer á «las propiedades necesarias de ese dato». Y no es eso todo; en una exposición de la Psicología divina, que sigue á eso, el autor llega hasta decir «que aprendemos el carácter de Dios, el orden de las impresiones que se suceden en él por la distribución de la autoridad en la jerarquía de nuestros pensamientos». En otro párrafo se dice que la Causa última tiene deseos superiores é inferiores, como los nuestros (1). Todo el mundo ha oído hablar de aquel Rey que sentía no haber presenciado la Creación, porque hubiera podido dar muy buenos consejos al Creador; pues ese Rey era la humildad misma, al lado de los que tienen la pretensión, no sólo de comprender las relaciones del Creador con la criatura, sino de saber cómo es el Creador. S₃ tiene la audacia suma de pretender penetrar los secretos del Poder que se nos revela en todos los séres; y se hace más: colocándose á su nivel se marcan las condiciones de todos sus actos; y esa audacia ¡pasa, no obstante, por religiosidad! ¿No podemos afirmar, sin vacilación, que un sincero reconocimiento de que nuestra existencia y todas las demás son misterios absoluta y eternamente superiores á nuestra inteligencia, contiene más verdadera religión, que todos los libros de teología dogmática?

Reconozcamos, de paso, todo lo que hay de útil en las tentativas continuas para formarse un concepto de lo inconcebible. Desde las primeras ideas religiosas ha podido elevarse gradualmente nuestro espíritu á otras cada vez más altas, gracias al choque de conceptos que no le satisfacían; y, no hay que dudarlo, las hoy en auge son, como las pasadas, transiciones indispensables. No tenemos dificultad en conceder algo más. Es posible, y aun probable, que bajo formas más abstractas, las ideas actuales ú otras análogas continúen siempre ocupando el fondo de la conciencia; lo es también que se crea siempre necesario dar una forma más ó menos determinada á ese vago sentimiento de una existencia última, que forma la base de nuestro pensamiento, que tengamos que considerarla como *algún* modo de ser, imaginarla bajo *alguna forma*, siquiera sea algo vaga; pero aun obedeciendo á esa necesidad, no desvariaremos, mientras no veamos en las nociones que nos formamos más que meros símbolos, absolutamente desprovistos de

_____

(1)   Estas citas son de un artículo titulado «Naturaleza y Dios», de *The National Review*, Octubre, 1860.

semejanza con lo que pretenden representar. Quizá la formación
y abolición, siempre renovándose, de esos símbolos, serán, como
lo han sido hasta aquí, un medio de disciplina. Constituir, sin cesar, ideas que exigen los más enérgicos esfuerzos de nuestras facultades, y descubrir perpetuamente que esas ideas no son sino
fútiles ilusiones, y que debemos abandonarlas, es, sin duda, un
trabajo que más que otro alguno nos hace comprender la grandeza
de lo que inútilmente pretendemos alcanzar. Esos esfuerzos y esas
alternativas pueden servir para mantener, en nuestro espíritu, una
cabal idea del abismo inmensurable que separa lo condicionado de
lo Incondicionado. Intentamos continuamente conocer á éste, somos continuamente rechazados, y esas repulsas nos forman la íntima convicción de la imposibilidad de conocerle, y nos hacen
comprender claramente: que el mayor grado de sabiduría y nuestro más imperioso deber consisten en considerar á la Causa primaria de todas las cosas como Incognoscible.

32.   La inmensa mayoría de los hombres rechazará con indignación una creencia que parece tan vaga y tan mal fundada. Se ha
personificado siempre la causa primaria, puesto que era preciso,
para representársela mentalmente; se debe, por tanto, ver con
pena el advenimiento de una causa primaria, imaginable. Se nos
dirá: «Nos dais una abstracción ininteligible, en lugar de un sér
respecto del cual podemos tener sentimientos definidos. Nos decís
que lo absoluto es real; pero como nos prohibís concebirlo, lo que
nos dais no es para nosotros más que una pura negación. Queréis
que en vez de volver nuestra vista hacia un poder que, según nuestra creencia, tiene simpatías para nosotros, dirijamos nuestras
preces á otro poder que no sabemos si se emociona. Eso es arran-
carnos el corazón mismo de nuestra fe.»

Tales protestas acompañan siempre el paso de una creencia inferior á una creencia superior. El hombre se ha conceptuado siempre feliz en creerse de naturaleza semejante á la del objeto de su
culto, ha recibido siempre con repugnancia los conceptos menos
concretos que se le imponían. No es dudoso que, en todos los tiempos y países, el hombre incivilizado que hallaba un gran consuelo
en pensar que la naturaleza de sus dioses se parecía á la suya, y
que podía granjearse su favor con alimentos y otras ofrendas, haya
experimentado una gran pena, oyendo afirmar que no se soborna
á los dioses con ofrendas, y viéndose privado de un modo cómodo
de ganarse una protección sobrenatural. Evidentemente, los grie-

gos cobraban valor pensando que en medio de circunstancias difíciles podían recibir, por los oráculos, avisos de sus dioses, y aun
asegurar su existencia personal en los combates; fué muy natural
la ira con que increparon á los filósofos, por haber puesto en duda
las groseras ideas de su mitología. Una religión que enseñe al indio que es imposible ganar la eterna felicidad arrojándose bajo las
ruedas del carro de Jaggernau, no puede menos de parecerle cruel,
puesto que le quita la bienhechora creencia de que puede, cuando
quiera, cambiar sus miserias por la bienaventuranza. Es también
evidente que nuestros católicos abuelos hallaban gran consuelo en
creer que se les perdonaban sus crímenes fundando iglesias; que
se abreviaba su castigo y el de sus parientes, en el purgatorio, di-
ciéndoles misas; y que se podía obtener la gracia ó el perdón de
Dios, por la intercesión de los santos. El protestantismo, sustitu-
yendo á esas creencias el concepto de un Dios tan poco semejante
á nosotros, que aquellas prácticas no tenían influencia sobre él,
debió parecer, á los católicos, frío y seco. Y análoga resistencia
hallará, en los sentimientos desdeñados, otro nuevo paso en el
mismo sentido. Ninguna revolución en las ideas se verifica sin
violencia. Ya se trate de un cambio de costumbres, ya de un cambio de convicciones, si éstas ó aquéllas son fuertes, es preciso hacer violencia á los sentimientos, y éstos, entonces, resisten.

En efecto, es preciso sustituir á fuentes de consuelo, largo tiempo experimentadas y bien conocidas, nuevas fuentes, áún no experimentadas y, por consiguiente, no conocidas. En lugar de un
bien, relativamente conocido y real, se quiere poner un bien, relativamente desconocido é ideal; tal cambio no puede operarse sin
luchas ni sufrimientos. Pero, sobre todo, en el concepto tan vital
que nos ocupa es donde una tentativa de cambio debe encontrar
enérgicas resistencias. Es la base de todos los demás, y cambiar
algo en ella es arriesgar la ruina de todos los edificios que en ella
se apoyan. O, siguiendo otro orden de ideas, es la raíz de nuestras
ideas de bien, de justicia, del deber, y parece imposible que pueda transformarse sin que esas ideas sean heridas de muerte. Todo
lo que hay de elevado en la naturaleza se subleva, por decirlo así,
contra un cambio, que, destruyendo las asociaciones mentales ya
aceptadas, parece arrancar de raíz la moral.

Hay algo más que decir en favor de esas protestas; tienen una
significación más profunda. Preciso es ver en ellas, no simplemente la expresión de la repugnancia que inspira una revolución

en las creencias, hecha más intensa en el caso de la Religión, por
la importancia vital de la creencia que la revolución viene á ata-
car, sino también la expresión del afecto instintivo á una creencia
que, para sus partidarios, es la mejor de todas. Añádase que las
imperfecciones religiosas de que hemos hablado, primero muy notables y luego menores, no son imperfecciones respecto á un modelo relativo, sino respecto á un tipo absoluto de perfección religiosa.

En general, la religión adoptada en un pueblo y en una época
dados, ha sido siempre la expresión más aproximada á la verdad,
que en esa época era susceptible de adoptar ese pueblo. Las formas
más ó menos concretas que se han dado á la verdad no han sido
sino medios de hacerla inteligible, sin los cuales hubiera sido ininteligible, y á la vez han suministrado á la verdad, en los diversos
tiempos, grandes medios de hacer impresión. Vamos á ver que no
puede suceder de otro modo. En cada uno de los grados de su evolución, los hombres deben pensar con las ideas que poseen; todos
los cambios que fijan primero su atención, y cuyos orígenes y causas pueden reconocer, tienen hombres ó animales por antecedentes;
por consiguiente, son incapaces de figurarse las causas en general,
bajo otras formas, y dan esas formas á las potencias creativas. Si
entonces se pretende quitarle sus ideas concretas para sustituirlas
por ideas relativamente abstractas, su espíritu no tendrá ideas nin-
gunas, puesto que las nuevas no podrán ser representadas en su
entendimiento. Lo mismo ha pasado en cada época de la historia
religiosa, desde la primera hasta la última. Aunque la acumulación
de experiencias modifica gradualmente las primeras ideas formadas
acerca de las personalidades creadoras, y origina ideas más generales y más vagas, éstas no pueden, sin embargo, ser reemplazadas repentinamente por otras aún más generales y más vagas. Es
necesario que nuevos conocimientos suministren las nuevas abstracciones indispensables, antes que el vacío dejado en el espíritu
por la destrucción de ideas inferiores, pueda ser llenado por ideas
relativamente superiores. En nuestros días, reusar el abandono de
una noción relativamente concreta, por una noción relativamente
abstracta, implica la incapacidad de formarse ésta, y demuestra
que el cambio sería prematuro y peligroso. Vemos aún más claramente el peligro de un cambio prematuro en las creencias, si consideramos que la influencia de una creencia sobre la conducta debe
debilitarse en la misma razón en que deje de impresionar fuerte-

mente á nuestro espíritu el objeto de la creencia. Los males y los bienes análogos, á los que el salvaje ha experimentado personal-' mente, ó á los que le han hecho conocer quiénes los han experi- mentado, son los únicos males y bienes que puede comprender, y debe creer que se producen siempre análogamente á como su ex- periencia se los ha revelado. Debe imaginar que sus dioses tienen pasiones, motivos y modos de obrar semejantes á los de los séres que le rodean; porque siéndole desconocidos y hasta inteligibles los motivos, pasiones y procederes de superior categoría, no puede formarse de ellos una idea exacta que pueda influir en su conducta. Durante cada período de la civilización, los actos de la Realidad invisible, lo mismo que los premios y los castigos que da, no son concebibles sino bajo las formas enseñadas por la experiencia, y de ahí resulta que si se les reemplaza por formas superiores, antes que experiencias más amplias las hayan hecho concebibles, es como si se reemplazasen motivos determinados é influyentes por motivos vagos y sin influencia. En nuestros tiempos mismos, sien- do incapaz la gran mayoría de los hombres, por falta de cultura intelectual, de ver con suficiente claridad las consecuencias bue- nas y malas que un acto suyo puede traer en el orden conocido de lo incognoscible, se necesita, para influir en sus actos, pintar con los más vivos colores un porvenir de tormentos ó de alegría, de placeres ó de penas, y de una especie determinada, para que pue- dan figurárselos. Llevemos aun más allá las concesiones. Pocas personas son capaces de abandonar las creencias religiosas que re- cibieron en su infancia. Para concebir vigorosamente las más ele- vadas abstracciones se necesita tan gran potencia intelectual, y si no son concebidas vigorosamente, tienen tan poca influencia sobre nuestra conducta, que los efectos de su dirección moral no se ha- rán sentir, en mucho tiempo sino en una débil minoría.

Para ver claramente cómo un acto bueno ó malo engendra con- secuencias externas é internas que van, con el transcurso de los años, extendiéndose cada vez más, como las ramas de un árbol, se necesita una gran, y por tanto rara, fuerza de análisis. Aun para representarse mentalmente una sola serie de esas consecuen- cias en un porvenir lejano, se necesita una rara potencia imagina- tiva. Y para apreciar las consecuencias en su conjunto, para ver su número multiplicarse, al paso que va decreciendo su intensi- dad, se necesitaría un talento que nadie posee. Y sin embargo, so- lamente ese análisis, esa imaginación, ese talento, pueden, á falta

de toda regla, dirigir bien nuestra conducta; solamente la idea de
las recompensas ó castigos finales pueden vencer la influencia respectiva de las penas ó placeres inmediatos que producen nuestros
actos. Si los hombres no hubieran formado, poco á poco, generalizaciones y principios de moral en virtud de los progresos de la
especie, y de la experiencia adquirida acerca de los efectos de tal
ó cual conducta; si esos principios no hubieran sido inculcados, de
generación en generación, por los padres á sus hijos, proclamados
por la opinión pública, santificados por la Religión, y fortificados
por las amenazas de condenación eterna en castigo de la desobe-
diencia; si bajo la influencia de esos medios poderosos, las costumbres no se hubiesen modificado y los sentimientos correspondientes
no se hubiesen hecho instintivos; en una palabra, si no hubiéramos
llegado á ser séres orgánicamente morales, indudablemente la supresión de los motivos enérgicos y precisos inculcados por la creencia adoptada traería consecuencias desastrosas. Aun con todo eso,
podrá suceder muy bien, y será lo más frecuente, que los que
abandonan la fe en que fueron educados por otra más abstracta,
que reconcilie la Ciencia con la Religión, no conformen su conducta á sus convicciones. Reducidos á su moralidad orgánica, únicamente reforzada por razonamientos abstractos mal preparados,
que es difícil tener siempre presentes, sus defectos naturales se
manifestarán más enérgicamente que lo habrían hecho bajo el imperio de sus creencias pasadas. Un nuevo *Credo* no adquirirá bastante influencia sino cuando sea, como el que hoy reina, un elemento de la primera educación y se apoye en una fuerte sanción
social. Los hombres no estarán prontos á adoptarle sino cuando,
por la influencia largo tiempo continuada de la disciplina, que los
ha hecho acomodarse, en parte, á las condiciones de la vida social,
hayan sido preparados suficientemente. Debemos, pues, reconocer
que la resistencia á un cambio de opinión teológica es grandemente saludable; y lo es, no sólo por los enérgicos y profundamente
arraigados sentimientos que necesariamente han de entrar en
lucha; no sólo porque los sentimientos morales más elevados se
unen para condenar un cambio que parece minar su autoridad,
sino también porque existe una adaptación real entre las creencias
establecidas y la naturaleza del espíritu de los que las defienden
y la obstinación que se pone en la defensa de la medida del grado
de esa adaptación. Es preciso que las formas de Religión, como
las formas de gobierno, sean apropiadas á los individuos que viven

bajo su imperio, y en uno y otro caso la forma más apropiada es la que se prefiere instintivamente. Un pueblo bárbaro, que tiene necesidad de una ley terrestre dura, y que muestra inclinación por un poder despótico capaz de ejercer la autoridad con el rigor necesario, necesita también creer en una ley celeste dura como la terrestre, y sólo siendo así la obedece. Hé ahí por qué el reemplazar instituciones tiránicas por otras libres va siempre seguido de una reacción. Del mismo modo, cuando una creencia que amenaza con penas terribles imaginarias es sustituída repentinamente por otra que no habla sino de penas ideales relativamente suaves, hay ineludiblemente un retroceso á la antigua creencia modificada. En los períodos en que hay completa disparidad entre lo mejor relativo y lo mejor absoluto, los cambios religiosos y políticos, cuando se verifican, que es á grandes intervalos, son necesariamente violentos y producen también reacciones violentas. Pero á medida que disminuye la disparidad entre lo que es y lo que debería ser, los cambios son más suaves y las reacciones también, hasta que esos movimientos y contramovimientos, decreciendo en intensidad y aumentando en frecuencia, se pierden, al fin, en un desarrollo casi continuo. La adhesión á las primitivas instituciones y á las antiguas creencias, que en las primeras sociedades oponía una barrera de hierro á todo progreso, y que, después que la barrera ha sido derribada, empuja aún hacia atrás las instituciones y las creencias, haciéndoles abandonar la posición avanzada á que el impulso del cambio las había llevado, y por ese retroceso reproduce la adaptación de condiciones sociales al carácter del pueblo; esa adhesión es, en definitiva, el freno permanente que modera la marcha constante del progreso y le impide tome demasiado rápido curso. Hay, pues, creencias y formas religiosas, como creencias y formas civiles; y el sistema conservador, en teología como en política, desempeña una función de la más alta importancia.

33. El espíritu de tolerancia, que es el verdadero carácter de los tiempos modernos y que crece todos los días, tiene, pues, un sentido más profundo que lo que se supone. Donde, en general, no vemos más que el respeto debido á los derechos del juicio individual, hay realmente una condición necesaria para el equilibrio de las tendencias progresistas y conservadoras, un medio de conservar la adaptación entre las creencias de los hombres y su naturaleza. Es un espíritu (el de tolerancia) que es preciso sostener, y el pensador de elevadas miras, que distingue las funciones de sus

diversas creencias antagonistas, debe estar más provisto de él que
los demás individuos. Sin duda, quien comprende la magnitud del
error que siguen sus contemporáneos y la magnitud de la verdad
que rechazan, hallará difícil ejercitar tanta paciencia. Es duro,
para él, oir con calma los fútiles argumentos con que se defienden
doctrinas irracionales y ver desfigurar las que él opone; es duro
sufrir el orgullo de la ignorancia, mil veces mayor que el de la
Ciencia. Es natural que se indigne al oirse acusar de irreligioso,
porque no admite como la mejor teoría de la creación la que ase-
meja ese misterio al trabajo de un carpintero. Puede tener dificultad y muy poca utilidad en ocultar su antipatía por una creencia
que atribuye á lo incognoscible, placer por una baja adulación que
á un hombre digno inspiraría desprecio. Convencido de que todo
castigo no es, como lo vemos en las obras de la naturaleza, sino
un beneficio disfrazado, condenará con amargura la creencia que
hace de los castigos del Juez Supremo, una venganza divina, y
supone que esa venganza es eterna. Se verá inclinado á manifestar
su desprecio, al oir que las acciones inspiradas por una simpatía
sin egoísmo ó por el puro amor al bien, son en el fondo culpables,
y que la conducta no es verdaderamente buena sino cuando está
guiada por la fe en las recompensas del otro mundo. Pero debe
refrenar esos sentimientos. Si no le es posible dominarlos en el
calor de la discusión ó cuando otras circunstancias le pongan
frente á frente con las supersticiones reinantes, es preciso que en
los momentos de calma modere su oposición, de modo que preser-
ve de toda violencia la madurez de su juicio y la conducta que es
su natural consecuencia.

Para eso es preciso tener siempre presentes tres hechos cardinales. Ya hemos insistido sobre dos de ellos, quédanos por indicar el tercero. El primero es nuestro punto de partida, á saber:
que hay una verdad fundamental, por desfigurada que aparezca,
en todas las formas de religión; verdad que siempre se vislumbra
oscura ó claramente, según las religiones, á través del tejido de
sus dogmas, tradiciones y ritos; verdad que hace vivir aun á las
más groseras creencias, que sobrevive á todos los cambios, y que
debemos respetar, aun cuando condenemos las formas en que se
presenta En el capítulo anterior hemos discutido ampliamente el
segundo de esos hechos cardinales. Hemos visto que, si los elementos concretos en que cada creencia encarna su fondo de verdad
son malos respecto á un tipo absoluto, son buenos respecto á un

tipo relativo; que, comparados á ideas más elevadas, ocultan, como tras un velo, la verdad abstracta; pero, comparados á otras más bajas, la muestran con mayor brillo. Esos elementos concretos sirven para dar realidad é influencia sobre los hombres, á lo que, sin ellos, no las tendría. Podríamos llamarlos las cubiertas protectoras sin las que la verdad perecería. El tercer hecho cardinal que nos resta discutir, es que la diversidad de creencias forma parte, y parte no accesoria, sino esencial, del orden universal. Viendo cómo algunas de las creencias religiosas están difundidas por todas partes y progresan continuamente, y si desaparecen renacen con modificaciones apenas sensibles, forzoso es deducir que son elementos necesarios de la vida humana, y que cada una de ellas es apropiada á la sociedad en que se desarrolla espontáneamente. Desde el punto de vista en que nos hemos colocado, debemos reconocer en esas creencias los elementos de la gran evolución, cuyo principio y fin están fuera de los límites del conocimiento y aun de la imaginación humana; es decir, modos de manifestación de lo incognoscible.

Nuestra tolerancia debería ser la mayor posible, ó más bien, deberíamos tender hacia algo mejor que la tolerancia, tal como se la entiende comunmente; hablando de las creencias de otros, no sólo debemos procurar no cometer ninguna injusticia en palabras ni obras, sino reconocerlas francamente un valor positivo. Debemos atenuar nuestro disentimiento, con nuestras simpatías.

84 Se creerá, quizá, que estas concesiones quieren decir que es preciso aceptar pasivamente la Teología reinante, ó al menos no hacerla una activa oposición. «¿Por qué—se dirá—si todas las creencias son, en suma, apropiadas á su tiempo y á su país, no nos contentamos con aquélla en cuyo seno hemos nacido? Si las creencias establecidas contienen una verdad esencial; si las formas, bajo las que nos la presentan, aunque malas, intrínseca, son buenas extrínsecamente; si la abolición de esas formas sería funesta, en este momento histórico, á la gran mayoría; si nadie hay, quizá, á quien la creencia definitiva, la creencia más abstracta pueda suministrar suficientes reglas de conducta, es ciertamente malo, por ahora, propagarla».

He aquí la respuesta Sin duda, las ideas religiosas, como las instituciones políticas actuales, están adaptadas al carácter de los pueblos que viven á su sombra; con todo, como los caracteres sociales cambian continuamente, la adaptación se hace cada vez más imperfecta, y aquellas ideas é instituciones necesitan ser reformadas tan frecuentemente como lo exige la rapidez del cambio. De donde se deduce que, si es preciso dejar á la idea y á la obra conservadora toda libertad, también á ésta tienen derecho la idea y la obra del progreso. Sin el libre juego de esas dos fuerzas, no puede producirse la serie continua de readaptaciones necesarias para la regularidad del progreso.

Si alguien vacila en proclamar lo que cree la verdad suprema por miedo de que sea muy avanzada para su tiempo, hallará razones para fijarse, mirando sus actos como impersonales. Comprenda bien que la opinión es la fuerza, por la cual son modificadas todas las instituciones del fuero externo; que su opinión forma parte de esa fuerza; es una unidad de fuerza que, con otras unidades del mismo orden constituyen la potencia general que opera los cambios sociales; entonces verá que puede legítimamente dar publicidad á sus íntimas convicciones, produzca el efecto que quiera. No en vano tiene simpatía por ciertos principios y repugnancia por otros. Tenga presente que con todas sus facultades, aspiraciones y creencias, no es un accidente fortuito, es un producto natural de su tiempo; es hijo del pasado, pero padre del porvenir; sus pensamientos son sus hijos, y no debe, por tanto, dejarlos morir abandonados. Como todo hombre puede considerarse como una de las mil y mil fuerzas que emplea la Causa desconocida, y cuando ésta produce en él una creencia determinada, no debe necesitar más para manifestarla y propagarla, porque, dando á los versos del poeta su más sublime sentido...

> Mejorar no podemos la natura,
> Si ella de mejorarla no da medios,
> Pues superior al arte, que enmendarla
> Pretende, hay otro que ella misma crea.

. . . .

El verdadero sabio no considera su fe como un accidente sin importancia manifiesta, sin temor, la verdad suprema que concibe, y entonces sabe que, suceda lo que quiera, él ha llenado su misión en la Tierra; si se verifica el cambio deseado, bien; si se desgracia, bien todavía, aunque *menos bien*.

PARTE SEGUNDA

LO COGNOSCIBLE

CAPÍTULO PRIMERO

DEFINICIÓN DE LA FILOSOFÍA

35. Acabamos de probar que no podemos conocer la naturaleza íntima de nada; demos ahora solución á las tres cuestiones siguientes: ¿Qué podemos conocer? ¿De qué modo? ¿Cuál es el grado más alto de nuestro conocimiento de lo cognoscible? Hemos desechado como imposible la Filosofía que pretende formular el sér y distinguirle de las apariencias; estamos, pues, obligados á decir cuál es el verdadero objeto de la Filosofía, debiendo no sólo trazar sus límites, sino también describir el contenido de esos límites. En la esfera infranqueable de los dominios de la inteligencia, debemos determinar el producto particular de ésta, que puede llamarse Filosofía.

Para conseguir ese fin podremos servirnos con ventaja del mismo método que seguimos al principio, podemos buscar y aislar el elemento verdadero, que sabemos se halla siempre en todos los conceptos parcial ó casi totalmente falsos. En el capítulo consagrado á la Religión y á la Ciencia hemos visto, que por falsa que pueda ser cada creencia religiosa en su forma particular, contiene, sin embargo, una verdad esencial, y esa verdad es muy probablemente común á todas. Ahora veremos también que ninguna de las muchas ideas aceptadas hasta hoy, acerca de la naturaleza de la

Filosofía, es completamente falsa, y que el punto en que son
verdaderas es precisamente el punto en que todas concuerdan.
Hemos, pues, de hacer en esta segunda parte lo que hemos hecho en la primera: compararemos todas las opiniones del mismo
género; dejaremos á un lado, como destruyéndose mutuamente,
los elementos especiales y concretos en que difieren esas opiniones; observaremos lo que queda después de esa eliminación de elementos discordantes, y hallaremos por residuo una expresión
abstracta, verdadera en todas sus modificaciones divergentes.

36.   Prescindamos de las especulaciones primitivas. Entre los
griegos, antes que de las varias escuelas particulares se hubiera
destacado una idea general de la Filosofía, las doctrinas no eran
sino hipótesis sobre el principio universal que constituía la esencia de todos los séres concretos. A la cuestión «¿cuál es la *existen-
tencia inmutable* de la que estos séres concretos son *estados variables?* se respondía: el Agua, el Aire, el Fuego». Una vez propuestas esas hipótesis, destinadas á explicarlo todo, fué posible á Pi-
tágoras concebir la Filosofía como un conocimiento sin aplicación
práctica y definirla: «el conocimiento de las cosas inmateriales y
eternas.» Para él la causa de la existencia material de las cosas
era el Número. Después pidieron á la Filosofía una interpretación
definitiva del Universo, la cual creían posible, la consiguieran ó
no. Entonces vemos dar, para explicarlo todo, fórmulas como las
siguientes: «Lo Uno es el principio de todo; lo Uno es Dios; lo
Uno es finito; lo Uno es infinito; la inteligencia es el principio
regulador de las cosas», y otras. Todas esas fórmulas prueban claramente que el conocimiento llamado Filosofía difería de los demás por su carácter transcendente y universal. Más adelante, las
especulaciones tomaron otro curso, los excépticos quebrantaron la
fe de los hombres que se creía destinados á conquistar esa ciencia
transcendente, resultando entonces un concepto más modesto de
la Filosofía. Con Sócrates, y más aun con los estoicos, no fué más
que la teoría de la Justicia; no tuvo otro objeto que dar reglas
para la conducta privada y pública. Con todo, esas reglas, tales
como las profesaban los últimos filósofos griegos, no correspondían
á lo que el vulgo comprendía por reglas de conducta. Las prescrip-
ciones de Zenon no eran de la misma clase que las que han diri-
gido á los hombres, desde los primeros tiempos, en sus prácticas
y costumbres diarias, sometidas todas á una sanción religiosa;
eran principios de acción enunciados sin preferencia de tiempos,

personas, ni circunstancias. ¿Cuál era, pues, el elemento común que contenía todas las ideas desemejantes que los antiguos tenían de la Filosofía? Es claro que el carácter común á la primera y á la segunda de esas ideas es que, en la esfera de sus investigaciones, la Filosofía busca verdades amplias y profundas distintas de las innumerables verdades de detalle que aparecen en la superficie de las cosas y de las acciones.

Comparando las acepciones de la voz Filosofía, corrientes en los tiempos modernos, llegamos al mismo resultado. Los discípulos de Schelling, de Fichte y de Hegel, se unen para burlarse de la doctrina que lleva aquel nombre en Inglaterra. No sin razón ridiculizan la frase «instrumentos filosóficos», y con algún fundamento podrían rehusar á los artículos de las *Transacciones filosóficas* todo derecho á ese título. En represalias, los ingleses podrían desechar como absurda la Filosofía fantástica de las escuelas alemanas, puesto que, no pudiéndose elevar el hombre sobre su conciencia, ya revele ésta, ya no, la existencia de algo fuera de ella, nunca podrá comprenderlo, y, por consiguiente, toda Filosofía que pretenda ser ontología, es falsa.

Esas dos escuelas se destruyen mutuamente en gran parte. Criticando á los alemanes, los ingleses restan de la Filosofía todo el conocimiento mirado por aquéllos como absoluto; criticando á los ingleses, los alemanes suponen tácitamente que, si la Filosofía se reduce á lo relativo, nada tiene que ver, en cierto modo, con los aspectos de los relativos, que expresan las fórmulas matemáticas, las explicaciones de la Física, las análisis químicas, las descripciones de especies naturales y los experimentos fisiológicos. Ahora bien: ¿qué hay de común entre el concepto demasiado vasto de los alemanes, y el demasiado estrecho, quizá, de los ingleses, pero no tan estrecho como hace suponer el mal uso que se hace comunmente de la palabra filosófico? Lo que hay de común es que ni unos ni otros aplican la palabra filosófico á un conocimiento desprovisto de toda trabazón sistemática, á un conocimiento que no esté coordenado con otros. El sabio dedicado á la más minuciosa especialidad, no dará el epíteto de filosófico á un ensayo que, limitado exclusivamente á los detalles, no revele en su autor el sentimiento de que esos detalles conducen á verdades más amplias.

Se puede dar aun mayor precisión á la idea, vaga todavía, de ese fondo común, en que coinciden los diversos conceptos de la

Filosofía, comparando el sistema que lleva en Inglaterra el nombre de Filosofía natural, con el desarrollo que ha recibido en Francia bajo el nombre de Filosofía positiva. Aunque Augusto Comte admite que esos dos sistemas se componen de conocimientos esencialmente idénticos, le ha bastado, sin embargo, dar á esos conocimientos una forma más coherente, para imprimir al sistema de que es autor un carácter más filosófico.

Sin juzgar el sistema de coordinación que ha propuesto, debe reconocerse que, por el hecho solo de haberle creado, ha dado más derecho para llevar el título de Filosofía al cuerpo de doctrina que ha organizado, que el que tiene el conjunto de conocimientos relativamente desorganizados, que llamamos Filosofía natural.

Si se comparan entre sí, y con el conjunto que constituyen, las subdivisiones ó formas especiales de la Filosofía, se destaca la misma idea. La filosofía moral y la filosofía política concuerdan con la Filosofía en general, en el gran alcance de sus argumentos y conclusiones. Aunque bajo el título de filosofía moral se trate de las acciones humanas consideradas como buenas ó malas, no se incluyen, por ejemplo, las reglas especiales de conducta con los niños, ó en la mesa, ó en los negocios; y aunque la filosofía política tenga por objeto la conducta de los hombres en sus relaciones públicas, no se ocupa de los modos de votar, ni de los detalles administrativos. Una y otra consideran los casos particulares sólo como ejemplos que ponen de relieve verdades de más vasta aplicación.

37.   Cada uno de esos conceptos implica, pues, la creencia, de que hay probablemente un modo de conocer las cosas, más completa y perfectamente que como se las conoce por simples experiencias acumuladas maquinalmente en la memoria ó almacenadas en una enciclopedia. Si se ha diferido, y se difiere aún, grandemente, acerca de la extensión y límites de la Filosofía, hay conformidad real, aunque no aparente, en no dar ese nombre más que á conocimientos que superen lo ordinario. Lo que queda como elemento común de los diversos conceptos de la Filosofía, una vez eliminados los elementos desacordes, es: *conocimiento del mayor grado de generalidad.* Eso es lo que se quiere decir cuando se introduce en el dominio de la Filosofía Dios, la Naturaleza y el Hombre, ó mejor aún, cuando se divide la Filosofía en teológica, física, ética, etc.; porque el carácter del género, cuyas especies son esas

divisiones, debe ser más general que los caracteres que distingan unas de otras las especies.

¿Qué forma daremos á este concepto? La inteligencia no alcanza sino lo relativo; conservando siempre la conciencia de un poder que se nos manifiesta en todo lo cognoscible, hemos desechado como inútil, toda tentativa de conocimiento de ese poder, y, por tanto, hemos desalojado á la Filosofía de la mayor parte de los dominios que se creía pertenecerla. Lo que la queda es la parte que ocupa la Ciencia. Esta tiene por objeto las coexistencias y subsecuencias de los fenómenos: las agrupa primero para formar generalizaciones simples de primer grado, y se eleva gradualmente hasta las más altas y vastas generalizaciones. Pero entonces ¿qué queda á la Filosofía?

Hélo aquí. La Filosofía puede aún servir de nombre al conocimiento del mayor grado de generalidad. La Ciencia significa simplemente la familia de las ciencias; no es más que la suma de conocimientos formada por los contingentes de todas, y nada nos dice del conocimiento que resulta de la *fusión* de esos contingentes en un todo. Tal como se suele definirla, la Ciencia se compone de verdades más ó menos aisladas, y no conoce su integración. Un ejemplo pondrá más manifiesta esa diferencia.

Cuando atribuimos el movimiento del agua de un río á la misma fuerza que produce la caída de una piedra, formulamos una proposición verdadera para toda una clase de hechos de una sección de la Ciencia. Si, además, para explicar ese movimiento en un sentido casi horizontal, citamos la ley de que los flúidos sometidos á fuerzas mecánicas reaccionan con fuerzas iguales en todos sentidos, formulamos un hecho más extenso, que contiene la interpretación científica de muchos otros fenómenos, como los de las fuentes, la prensa hidráulica, las máquinas de vapor, la máquina neumática, etc. Luego, cuando esta proposición, que sólo se extiende á la Mecánica de flúidos, sea incluída en una proposición de Mecánica general que comprenda las leyes, lo mismo del movimiento de los sólidos que del de los flúidos, se tendrá un principio superior, pero aún enteramente del dominio de la Ciencia. Cuando consideramos sólo los mamíferos y las aves, suponemos que los animales que respiran el aire libre tienen la sangre caliente; pero si notamos que los reptiles, que también respiran aire libre, son hemacrimos, diremos, con más verdad, que los animales tienen próximamente temperaturas proporcionales á las cantidades de

aire que respiran (á igual tamaño); mas recordando algunos peces
que tienen una temperatura superior á la del agua en que nadan,
corregiremos la generalización anterior y diremos que la temperatura varía á la par que el grado de oxigenación de la sangre; por
último, modificando esa proposición en virtud de nuevas objeciones, afirmaremos definitivamente que la cantidad de calor producido está en razón directa de la cantidad de cambios moleculares
del organismo. Hemos ído enunciando verdades científicas, cada
vez más amplias, cada vez más completas, pero no hemos salido,
al fin, de verdades puramente científicas. Si, guiados por experiencias comerciales, llegamos á deducir que los precios suben,
cuando la demanda excede á la oferta, que los productos se mueven de los lugares en que son abundantes hacia los lugares en que
son raros, y que las industrias de las diversas localidades están
determinadas por las facilidades que presenta cada localidad; y si,
estudiando esas generalizaciones de economía política, las referimos todas al principio de que cada hombre procura satisfacer sus
deseos por los medios que le cuestan menos esfuerzos, principio
que rige las acciones individuales cuyas *resultantes* son esos grandes fenómenos sociales, el valor, el comercio, la industria, todavía trataremos exclusivamente de proposiciones científicas.

¿Cómo, pues, constituir la Filosofía? Dando un paso más.

Mientras que no se trata más que de verdades científicas aisladas é independientes, no se puede, sin alterar el sentido estricto
de las palabras, llamar filosófica á la más general de dichas verdades. Pero cuando después de haberlas reducido, la una á un
simple axioma de mecánica, la otra á un principio de física molecular, la tercera á una ley de acción social, se las considera á todas como corolarios de una verdad superior; entonces se llega al
conocimiento que constituye la Filosofía propiamente dicha. Las
verdades filosóficas tienen, pues, con las más elevadas verdades
científicas, la misma relación que éstas con las verdades científicas inferiores. Lo mismo que cada generalización científica abar-
ca y consolida las generalizaciones inferiores, de su sección, las
generalizaciones de la Filosofía abarcan y consolidan todas las
generalizaciones científicas. Por consiguiente, la Filosofía es un
conocimiento diametralmente opuesto á los que la experiencia nos
da asimilando hechos. Es el producto final de la operación que
comienza por una simple recopilación de observaciones, que continúa por la elaboración de proposiciones más amplias y más des-

ligadas de casos particulares, y termina en proposiciones universales. Para dar á la definición su forma más sencilla y clara, diremos: el conocimiento vulgar es el *saber no unificado;* la ciencia es
el saber *parcialmente unificado;* la Filosofía es el saber *completamente unificado.*

38.   Tal es, al menos, el sentido que debemos dar á la palabra
Filosofía, cuando la usemos. Con esa definición, aceptamos todo
lo común á los diversos conceptos antiguos y modernos de la voz
Filosofía, y desechamos todo lo diferente y lo que excede los límites de la inteligencia humana. En suma, nos limitamos á dar
á esa palabra el sentido preciso que tiende á prevalecer actualmente.

Bajo ese punto de vista, la Filosofía presenta dos formas distintas, de las cuales se puede tratar separadamente. Por una parte,
puede tener por objeto las verdades universales, no mentando las
particulares sino como comprobación y aclaración de aquéllas. Por
otra parte, partiendo de las verdades universales como de principios admitidos, puede abordar las particulares, interpretándolas
por las universales. En ambos casos hemos de estudiar las verdades universales; pero en el uno, haciéndolas desempeñar un papel
pasivo, y en el otro un papel activo; en el uno son los productos,
en el otro los instrumentos de la Ciencia; á lo primero lo llamaremos filosofía general, á lo segundo, filosofía especial.

El resto de esta obra contendrá la filosofía general. La filosofía
especial, dividida en secciones, según la naturaleza de los fenómenos que formen su objeto, constituirá otras obras sucesivas.

CAPÍTULO II

39.   Cada pensamiento implica todo un sistema de pensamientos, y cesa de existir desde que está separado de sus correlativos. Así como no podemos aislar un órgano de un cuerpo vivo, y tratarle como si tuviese vida independiente del resto, tampoco podemos separar del organismo de nuestros conocimientos uno de ellos, y estudiarle como si sobreviviera á la separación. El desarrollo del blastema amorfo del embrión, es una especificación de partes que se hacen más distintas á medida que se hacen más complejas. Cada una de esas partes no forma un órgano distinto, sino á condición de estar unida á otras, que se transforman también en otros órganos al mismo tiempo. Del mismo modo, una inteligencia ya desarrollada plenamente no puede organizarse con los informes materiales de la conciencia, sino por una operación que, dando á los pensamientos caracteres definidos, los una entre sí con ciertos lazos de mutua dependencia, con ciertas conexiones vitales, cuya destrucción produciría la de aquéllos. Por haber desconocido esta importante verdad, muchos pensadores han tomado comunmente por punto de partida uno ó varios datos supuestos simples; han creído no admitir más que esos datos, y se han servido de ellos para probar ó refutar proposiciones, que implícitamente eran ya afirmadas sin saberlo, á la par que las otras á sabiendas.

Ese círculo vicioso proviene de un mal uso de las palabras, no del que tanto se habla, ó cambio de sentido, origen de tantos errores, sino de un vicio más profundo y menos evidente. Consiste en no considerar sino la idea significada directamente por cada palabra, haciendo caso omiso de las numerosas ideas, significadas casi siempre más ó menos indirectamente.

Porque una palabra hablada ó escrita puede ser aislada de las demás, se supone que la cosa que esa palabra significa puede también ser aislada de las demás cosas. Este error es de la misma naturaleza que el que extravió á los griegos, creyendo en una comunidad de esencia entre el símbolo y la cosa simbolizada; pero es más profundo y difícil de descubrir. Aunque no se admita hoy que la comunidad de naturaleza vaya tan lejos como se creía antiguamente, se admite aún que así como el símbolo es separable de los otros símbolos y puede ser considerado con existencia independiente, lo propio sucede á la cosa simbolizada.

Bastará un ejemplo para probar hasta qué punto ese error tuerce las deducciones de quien le adopta. El metafísico excéptico, deseoso de dar á su razonamiento todo el rigor posible, dice: «Yo admitiré tal cosa, mas no otra alguna.» Pero, ¿no hay suposiciones tácitas inseparables de lo que admite? En esa misma proposición, ¿no afirma implícitamente que hay otra ú otras cosas que podría y no quiere admitir? Y, en efecto, es imposible pensar en la unidad sin pensar en una dualidad ó pluralidad correlativas. Aunque se imponga límites, el excéptico conserva todavía muchas cosas que cree abandonar. Además, antes de nada define lo que admite; luego tiene idea de algo que excluye esa definición, de otra existencia que la definida. Más aún: definir una cosa ó limitarla implica la idea de límite, y ésta la de extensión, duración ó grado; y la definición es imposible sin las ideas de diferencia y de semejanza entre la cosa definida y otras. La diferencia, no sólo es inconcebible sin la existencia de dos ó más cosas que difieran, sino también sin la existencia de otras diferencias, porque es imposible un concepto universal de diferencia. La semejanza es indispensable (24) para la adquisición de una idea, porque ninguna cosa puede ser conocida en absoluto como única, sino como de tal ó de cual especie, como clasificada con otras en virtud de propiedades comunes. En suma, al lado del único dato admitido por el excéptico hemos hallado otros muchos no admitidos explícitamente, pero que aquél supone implícita ó tácitamente, á saber: *otra existencia que la supuesta, la cantidad, el número, el límite, la diferencia, la semejanza, el género, el atributo.* Sin hablar de otros muchos datos que un análisis completo podría descubrir, tenemos en esos postulados no reconocidos, el diseño de una teoría general, que ni puede probar ni refutar la argumentación del excéptico. Añádase que él interpretará su símbolo, á cada paso, con su plena significación, con todas esas ideas complementarias que implica, y se verá ya reconocido en las premisas el principio que la conclusión debe afirmar ó negar.

¿Cuál es, pues, el camino que ha de seguir la Filosofía? La inteligencia, en su plena madurez, se compone de conceptos organizados y consolidados, de que no puede desprenderse, y sin los cuales no puede moverse, como el cuerpo sin miembros. ¿Por qué medio la inteligencia, en busca de una filosofía, podrá darse cuenta de sus conceptos y demostrar su validez ó invalidez? Sólo hay uno: admitir como verdaderas, *provisionalmente*, aquellas ideas vitales, ó que no pueden ser aisladas sin producir la disolución del espíritu, aquellas intuiciones fundamentales necesarias para pensar las demás cosas, dejando á los resultados el cuidado de justificar esa hipótesis.

40. Y ¿cómo los resultados podrán justificarla? Como justifican toda otra hipótesis: por la comprobación de que todas las conclusiones deducibles concuerdan con los hechos que revela la experiencia directa; por la conformidad de las experiencias efectivas, con las que la hipótesis nos hace presumir. No hay otro modo de probar la validez de una creencia, que mostrando su conformidad con todas las demás. ¿Qué hacemos, por ejemplo, para probar que es oro una masa determinada, que por su color y brillo sospechamos que lo sea? Recordar otras impresiones que el oro nos produce, y examinar si, en condiciones á propósito, esa masa las produce también. Por ejemplo, el oro tiene un peso específico considerable; luego si sopesando esa sustancia vemos que tiene un gran peso respecto á su volumen, lo consideraremos como una nueva prueba de que es oro. ¿Se quieren más pruebas? Sabemos que el oro, á diferencia de la mayor parte de los metales, es insoluble en el ácido nítrico; por tanto, nos figuramos primero una gota de ácido nítrico puesta sobre esa sustancia amarilla, brillante, pesada, sin producir acción química; y si poniéndola realmente no vemos cambio alguno, miramos esta concordancia entre el hecho previsto y el realizado como una razón más para pensar que es oro la sustancia en cuestión. Si además la gran maleabilidad del oro nos parece igualada por la gran maleabilidad de esa sustancia; si, como el oro, se funde á 2.000 grados; y si, en todas las condiciones, la sucede lo que al oro en las mismas condiciones, la con-

vicción de que es oro se eleva á ese grado máximo que llamamos
certeza; *sabemos* ya, en la acepción estricta ó rigorosa de la palabra saber, que tal sustancia es oro. En efecto, todo lo que sabemos del oro es: un grupo determinado de impresiones que tienen
entre sí relaciones determinadas y que se manifiestan en ciertas
condiciones; y si en un experimento presente las impresiones,
condiciones y relaciones son perfectamente concordantes con las
de experimentos pasados, el conocimiento tiene toda la validez de
que es susceptible. De suerte que, para generalizar la proposición,
diremos: que las hipótesis, aun las más simples que hacemos á
todas horas cuando reconocemos objetos, son comprobadas ó confirmadas cuando reconocemos también entera conformidad entre
los estados de conciencia que las constituyen y otros estados, dados en la percepción ó en la reflexión ó en ambas, y no hay para
nosotros otro conocimiento posible que el constituído por la intuición de esas conformidades y disconformidades.

Por consiguiente, la Filosofía, obligada á hacer esas hipótesis
fundamentales, sin las que el pensamiento es imposible, puede
justificarlas mostrando su conformidad con todas las otras revelaciones de la conciencia. Imposibilitados como estamos para conocer más que lo relativo, la verdad, aun en su forma más elevada,
no puede ser para nosotros sino la concordancia perfecta en todo
el campo de la experiencia, entre representaciones, que llamamos
ideales, de las cosas, y las percepciones que llamamos reales. Si
cuando descubrimos que una proposición no es verdadera, queremos decir simplemente que hemos descubierto una diferencia entre lo supuesto y lo observado, preciso es también que cuando no
se presentan esas diferencias digamos que hemos hallado la verdad.

Vemos claramente que siempre que se parta de esas intuiciones
fundamentales, cuya verdad se admite provisionalmente, es decir,
se admite su compatibilidad con las demás revelaciones de la conciencia, la demostración ó la refutación de esa compatibilidad forma el objeto de la Filosofía, y la demostración completa de la
compatibilidad, es lo mismo que la unificación completa del conocimiento, objeto real de la Filosofía.

41.   ¿Cuál es, pues, ese dato, ó más bien, cuáles son esos datos necesarios á la Filosofía? La proposición que acabamos de formular implica necesariamente un dato primordial. Hemos ya supuesto implícitamente, y debemos continuar suponiéndolo, que las
compatibilidades é incompatibilidades existen y que podemos co-

nocerlas. No podemos dejar de admitir el veredicto de la conciencia, cuando nos dice que ciertas manifestaciones se parecen y que ciertas otras no. Si la conciencia no es juez competente de la semejanza ó no semejanza de sus estados, no es posible establecer esa compatibilidad que se encuentra en todos nuestros conocimientos, y que constituye la Filosofía; y no se puede tampoco establecer la incompatibilidad, por la cual únicamente se puede probar la falsedad de una hipótesis filosófica ó de otra cualquiera.

Vemos más claramente la imposibilidad de avanzar, sea hacia la certeza, sea hacia el excepticismo, sin suponer esos datos, si se nota cómo á cada paso que damos en el razonamiento, los suponemos por doquier y siempre. Decir que todas las cosas de cierta clase están caracterizadas por ciertos atributos, es decir que todas las cosas conocidas como semejantes, por los diversos atributos que connota su nombre común, son también semejantes por los atributos de que se habla. Decir que un objeto determinado, sobre el que en un momento dado se concentra nuestra atención, pertenece á esa clase, es decir: que es semejante á todos los otros, en los diversos atributos connotados por su nombre común. Decir que ese objeto posee tal ó cual atributo particular, es decir que es semejante á los otros también baja ese aspecto. Por el contrario, afirmar que el atributo que se suponía á ese objeto no le pertenece, es afirmar que en vez de la semejanza anunciada hay una desemejanza. Por consiguiente, ni la afirmación, ni la negación de un teorema racional ó de un elemento cualquiera de uno de esos teoremas es posible, si no se admite el testimonio de la conciencia, cuando afirma que ciertos estados suyos son semejantes ó desemejantes. Por tanto, después de haber visto que el conocimiento unificado, que constituye una filosofía completa, se compone de partes universalmente compatibles; después de haber visto que la Filosofía tiene por objeto demostrar esa compatibilidad; vemos también que todas las partes de la operación que establece esa compatibilidad universal, comprendidos los elementos de todo raciocinio y de toda observación, consisten en la demostración de una compatibilidad.

De consiguiente, la hipótesis de que existe una compatibilidad ó una incompatibilidad, cuando la conciencia lo afirma, es una hipótesis ineludible. De nada sirve decir, como Hamilton, que «se debe presumir la veracidad de la conciencia, mientras que no se haya probado que nos engaña», pues no se puede probar que es fa-

laz en eso, que es su acto primordial, porque la prueba implicaría
una aceptación doble de ese acto primordial. Más bien, lo que hay
que probar no puede siquiera ser expresado, si no se admite la validez de ese acto primordial; puesto que lo falso y lo verdadero
son idénticos, si no admitimos el veredicto de la conciencia que
afirma su diferencia. Sin esta hipótesis desaparecen simultáneamente la operación de razonar y el producto del raciocinio.

Sin duda, se puede á veces probar que estados de conciencia
creidos semejantes, tras una atenta y minuciosa comparación, son,
sin embargo, desemejantes en realidad; ó viceversa, que los juzgados por negligencia desemejantes, son en realidad semejantes.
Pero ¿cómo se prueba eso? Por otra comparación más atenta, ya
directa ya indirecta. ¿Y qué supone la aceptación de la conclusión
revisada? Simplemente que un veredicto reflexionado, de la conciencia, es preferible á un veredicto irreflexivo; ó para hablar con
más precisión, que una intuición de semejanza ó de diferencia,
que resiste á la crítica, es preferible á otra que no resiste, siendo
esa resistencia lo que constituye la preferencia.

Hénos ya en el fondo del asunto. La permanencia de una intuición de semejanza ó de diferencia, es la garantía fundamental
para afirmar esa semejanza ó diferencia, y de hecho no sabemos
más de su existencia que esa intuición permanente. Decir que una
compatibilidad ó incompatibilidad existe, es simplemente el modo
usual de decir que tenemos la intuición invariable de una ú otra,
al mismo tiempo que de las cosas comparadas. De la existencia
sólo conocemos sus continuas manifestaciones.

42.   Pero la Filosofía reclama un dato más concreto. No basta
reconocer como indiscutible una operación determinada del pensamiento; es preciso reconocer la misma propiedad en algún producto obtenido mediante esa operación. Si la Filosofía es el saber completamente unificado; si la unificación del conocimiento
sólo puede efectuarse, demostrando que una proposición final envuelve y consolida todos los resultados de la experiencia, es claro
que esa última proposición, cuya compatibilidad con las demás es
preciso demostrar, debe representar un fragmento del conocimiento y no lo que puede hacerle válido. Hemos admitido la veracidad
de la conciencia; debemos también admitir la verdad de algún
dato de la conciencia.

¿Y cuál debe ser ese producto? ¿No deberá formular la distinción más amplia y más profunda que las cosas presenten? ¿No

debe formular compatibilidades é incompatibilidades más generales que las otras? Un principio primario que debe dar unidad á toda la experiencia, debe tener la misma extensión que ella, no puede limitarse á la experiencia de uno ó de muchos órdenes, debe aplicarse á la experiencia universal. El dato que la Filosofía toma por base debe ser una afirmación de alguna semejanza ó de alguna diferencia á la cual todas las demás semejanzas y diferencias estén subordinadas. Si conocer es clasificar ó agrupar lo semejante y separar lo desemejante, y si la unificación del conocimiento se hace por inclusión de las clases más pequeñas de experiencias en otras mayores, y así sucesivamente, es preciso que la proposición que da unidad al conocimiento, especifique la oposición de las dos últimas clases de experiencias, en las que están incluidas todas las demás.

Veamos ahora cuáles son esas clases. Trazando entre ambas una línea de demarcación, no podemos evitar el uso de palabras que implican indirectamente más que su sentido directo, no podemos evitar nazcan ideas que suponen implícitamente la distinción misma que el análisis tiene por objeto establecer. No lo olvidemos; pero todo lo que podemos hacer es no tener en cuenta analogías de palabras y dirigir únicamente la atención sobre lo que significan clara y explícitamente.

43. Si partimos del principio ya sentado de que todas las cosas que conocemos son manifestaciones de lo Incognoscible, y si suprimimos, cuanto sea posible, toda hipótesis sobre lo que se oculta tras de tal ó cual orden de manifestaciones, vemos que éstas, consideradas simplemente como tales, pueden ser divididas en dos grandes clases: *impresiones* é *ideas*. Lo que estas palabras significan puede viciar los razonamientos de quienes las emplean; y aun cuando sea posible no servirse de ellas sino para recordar los caracteres diferenciales que se quiere indicar empleándolas, vale más evitar el peligro de hacer, sirviéndose de ellas, hipótesis aún no reconocidas. La voz *sensación*, que se usa comunmente como sinónima de impresión, implica también ciertas teorías psicológicas; y tácita, si no explícitamente, supone un organismo sensitivo y algo que obra sobre ese organismo; no se puede, pues, emplearla sin introducir postulados en los pensamientos y sin incorporarlos en las conclusiones. Análogamente, la frase *estados de conciencia*, por su doble significado, impresiones ó ideas, da armas á la crítica.

Como no podemos pensar en uno de esos estados sin pensar en

algo á que pertenece y que es susceptible de muchos estados, tales
palabras implican una conclusión anticipada, un sistema en gérmen de metafísica. Aceptando el postulado ineludible que toda manifestación implica un manifestado, nuestro fin es evitar todo otro
postulado implícito. Indudablemente, no podemos excluir de nuestros pensamientos otras suposiciones implícitas ni razonar sin reconocerlas tácitamente; pero sí podemos, hasta cierto punto, rehusar reconocerlas en los primeros términos del razonamiento; lo
cual conseguiremos clasificando las manifestaciones en *fuertes* y
débiles, unas respecto á otras. Veamos las diferencias que las separan.

Digamos primero algunas palabras sobre la distinción más evidente que esas palabras antitéticas revelan. Las manifestaciones
que se nos presentan bajo la forma de percepciones (debemos, cuanto nos sea posible, separar de toda hipótesis esas formas, y considerarlas sólo como formando un grupo determinado de manifestaciones) son comunmente más vivas, más distintas que las que se
presentan en las formas de juicios, recuerdos, imágenes ó ideas.
A veces, sin embargo, difieren muy poco unas de otras. Por ejemplo, cuando está casi oscuro no podemos, en ocasiones, decir si
una manifestación determinada pertenece al orden fuerte ó al débil,
si vemos efectivamente alguna cosa ó si imaginamos verla. Análogamente, entre la sensación de un sonido muy débil y la figuración
del mismo, es muchas veces difícil decidir el estado real de conciencia. Mas esos casos excepcionales son muy raros, comparativa-
mente al grandísimo número de casos en que las manifestaciones
vivas se distinguen de las débiles, sin error posible; inversamente,
sucede á veces (aunque en condiciones que, para distinguirlas bien,
llamamos anómalas ó anormales) que las manifestaciones del orden débil llegan á ser tan fuertes, que se confunden aparentemente con las del orden vivo. En algunos enajenados, por ejemplo,
fenómenos puramente ideales de la vista y del oído adquieren tal
intensidad, que se los clasifica como fenómenos visuales y auditi-
vos, reales. Esos casos de ilusión, pues así son llamados, se presentan también, en tan pequeño número, relativamente á la gran
masa de casos reales, que tenemos derecho á prescindir de ellos y
á decir que la debilidad relativa de esas manifestaciones de segundo orden es tan marcada, que no tenemos duda de que son de distinta naturaleza que las de primer orden. Y si la duda nos asalta,
por excepción, hay otros medios de averiguar á qué orden perte-

nece una manifestación determinada, á falta del criterio de la intensidad.

Las manifestaciones del orden vivo preceden, en nuestra experiencia, á las del orden débil; ó usando palabras há poco indicadas, la *idea* es una débil é imperfecta repetición de la *impresión* original. En el orden cronológico, hay: primero una manifestación presente del orden fuerte, y después una manifestación representada semejante á la primera, menos en un punto, á saber: es mucho menos clara. La experiencia universal nos prueba que, después de haber tenido las manifestaciones vivas, que llamamos tales ó cuales lugares, personas, cosas, etc., podemos tener las manifestaciones débiles, que llamamos recuerdos de lugares, personas, cosas, que no podíamos tener antes; y también, que antes de gustar ú oler ciertas sustancias, carecemos de las manifestaciones débiles que llamamos ideas de sus sabores ú olores; sabemos, por último, que cuando ciertos órdenes de manifestaciones vivas faltan (ciegos, sordos, etc.), las manifestaciones débiles correspondientes tampoco se producen. Cierto que, en algunos casos, las manifestaciones débiles preceden á las vivas. Así, lo que llamamos invención de una máquina, empieza generalmente por una idea ó imagen que puede ser seguida de la manifestación viva correspondiente, de una verdadera máquina. Pero en primer lugar, la producción de una manifestación viva después de la débil, no tiene analogía con la producción de la débil después de la viva, y no la sigue espontáneamente como la idea sigue á la impresión; y en segundo lugar, aunque una manifestación débil de esa especie pueda presentarse antes que la viva correspondiente, no sucede así á sus elementos; sin previas manifestaciones vivas de ruedas, varillas, tirantes, etc., el inventor no hubiera podido hacer manifestación débil alguna de su nueva máquina. Por tanto, la producción de manifestaciones débiles sólo es posible por la producción previa de las vivas, distinguiéndose además en que las vivas son independientes y las débiles son dependientes.

Esos dos órdenes de manifestaciones forman dos series paralelas, ó más bien, porque la palabra serie implica una disposición lineal, dos corrientes ó procesos heterogéneos que corren uno al lado del otro, que se ensanchan y se estrechan alternativamente, que tan pronto amenaza cada uno suprimir á su vecino como está expuesto á desaparecer, pero sin que nunca el uno desaloje al otro de su curso común. Estudiemos con cuidado las acciones que los dos pro-

cesos ejercen mutuamente uno sobre otro. Durante lo que llamamos nuestros estados de actividad, las manifestaciones vivas predominan; recibimos simultáneamente una multitud de impresiones
diversas visuales, auditivas, olorosas, gustales y tactiles; ciertos
grupos varían, otros permanecen fijos por cierto tiempo, pero varían cuando nos ponemos en movimiento; y si comparamos en su
número y masa ese compuesto heterogéneo de manifestaciones vivas con el compuesto paralelo de manifestaciones débiles, éstas
nos parecen insignificantes; sin embargo, no desaparecen: al lado
de las manifestaciones vivas, aun en su mayor preponderancia, el
análisis descubre una cadena de ideas y de interpretaciones constituídas por las manifestaciones débiles. Si se pretende que una
explosión espantosa ó un dolor cruel pueden, por un momento, suprimir toda idea, es preciso admitir también, que no se puede conocer inmediatamente tal solución de continuidad, puesto que sin
ideas el acto del conocimiento es imposible. Por otra parte, después de ciertas manifestaciones vivas que nos obligan á cerrar los
ojos ó á tomar medidas para debilitar la presión, el sonido, etc., las
manifestaciones del orden débil adquieren un predominio relativo;
su proceso heterogéneo y variable, que no está determinado por el
de las vivas, aparece más distinto y parece querer excluir el proceso contrario, pero éste tampoco desaparece nunca en el estado consciente, aunque se reduzca á proporciones muy pequeñas; la presión ó el tacto jamás desaparece completamente. Sólo en el estado
inconsciente llamado sueño las manifestaciones del orden fuerte
cesan de ser percibidas como tales, y las del orden débil llenan el
lugar de aquéllas y se nos imponen. Nada sabemos de esa usurpa-
ción hasta que, al despertar, vuelven las manifestaciones del orden
fuerte, cuya ausencia no podemos nunca saber directamente, sólo
la sabemos en el momento que reaparecen. Las dos series compuestas y paralelas de manifestaciones conservan, pues, su continuidad.
Corriendo una al lado de otra, se usurpan á veces alternativamente
sus funciones, pero no se puede decir que la una ha interrumpido
á la otra en tal momento ó en tal sitio.

A más de esa cohesión longitudinal, hay otra lateral de las manifestaciones vivas con las vivas y de las débiles con las débiles.
Los elementos de la serie de impresiones fuertes están unidos por
relaciones de coexistencia y por relaciones de sucesión; lo mismo
sucede á los elementos de la serie débil. En ambos casos, la unión
presenta diferencias marcadas y muy significativas, en cuanto á

su grado. Estudiémoslas. En un espacio, dentro de lo que se llama campo de la visión, hay un grupo de luces, sombras, colores y contornos, que, considerado como signo de un objeto, recibe un nombre; mientras que esas manifestaciones vivas, unidas, estén presentes, son inseparables. Lo mismo sucede á todos los grupos coexistentes de manifestaciones; cada uno persiste como un compuesto especial, y la mayoría conserva relaciones fijas con los que les rodean. Los hay que no son susceptibles de lo que se llama movimientos independientes, y otros que lo son; sin embargo, presentándonos las manifestaciones que los componen, unidos por una conexión constante, presentan á la vez esas mismas manifestaciones unidas á otras por una conexión variable. Aunque después de ciertas manifestaciones vivas, que llamamos cambios en las condiciones de percepción, haya un cambio en las proporciones de las manifestaciones vivas que constituyen un grupo cualquiera, su cohesión persiste; no por eso se puede separar ó aislar una ó muchas de ellas. Vemos también que las manifestaciones débiles presentan cohesiones laterales entre sí, pero mucho menos extensas, y en la mayoría de los casos infinitamente menos intensas. Cerrando los ojos, podemos representarnos un objeto, que está á nuestra vista, en otro lugar, ó ausente. Mirando un vaso azul no podemos separar la manifestación viva del color azul, de la manifestación viva de la forma del vaso; pero en ausencia de esas manifestaciones vivas, si podemos separar la manifestación débil del color azul de la de la forma, y aun sustituir aquélla por una manifestación viva del color rojo, y así en todo lo análogo. Las manifestaciones débiles tienen conexiones entre sí; pero, no obstante, pueden casi siempre entrar en nuevos arreglos ó coordinaciones. Se puede también decir que las conexiones de las manifestaciones débiles *individuales*, no son indisolubles como las de las manifestaciones vivas individuales. Aunque unida á una manifestación débil de presión, hay siempre otra manifestación débil de extensión, ninguna manifestación débil particular de extensión está encadenada á otra manifestación débil particular de presión. En el orden vivo, las manifestaciones individuales contraen adhesiones mutuas indisolubles, y comúnmente forman grandes grupos; pero en el orden débil, las manifestaciones individuales no contraen adhesiones indisolubles, y se unen flojamente casi siempre. Las únicas conexiones indisolubles que suele haber entre las manifestaciones débiles, son las que unen algunas de sus formas genéricas.

9

Si los elementos de cada proceso tienen relaciones mutuas, no las tienen menos fuertes los del uno con los del otro. O más exactamente, podemos decir, que el proceso vivo corre generalmente sin sufrir la menor turbación por el débil, y que el débil, aunque sea siempre influenciado, y hasta cierto punto remolcado por el vivo, puede, sin embargo, conservar una independencia real, y deslizarse por su lado sin mezclarse ambos. Dirijamos una ojeada sobre sus intervenciones recíprocas. Las manifestaciones débiles sucesivas que constituyen el pensamiento, son impotentes para modificar en lo más mínimo las manifestaciones vivas que se presentan Si prescindimos de una clase total de excepciones, de que luego hablaremos, las manifestaciones vivas, fijas ó variables, no son modificadas directamente por las débiles. Por ejemplo, las que percibimos como elementos de un páisaje, del bramido del mar, del silbido del viento, del movimiento de los carruajes y de las personas, no son de modo alguno modificadas por las manifestaciones débiles que las acompañan, y que percibimos como ideas. Por otra parte, la corriente de las manifestaciones débiles es modificada, aunque poco, generalmente, por la de las vivas. A veces se compone, principalmente, de manifestaciones débiles, unidas fuertemente á otras vivas, y arrastradas por éstas cuando desaparecen. Los recuerdos, las sugestiones, unidos á las manifestaciones vivas que los producen, forman casi la totalidad de las manifestaciones que percibimos. En otros momentos, cuando estamos, como decimos, abstraídos en nuestros pensamientos, la alteración de la corriente débil sólo es superficial; las manifestaciones vivas no van acompañadas sino del corto número de manifestaciones débiles necesarias para reconocerlas; á cada impresión van unidas ciertas ideas, que nos dicen lo que aquélla es, y nos sirven para interpretarla. Sin embargo, á veces la gran corriente de manifestaciones débiles corre completamente sin relación con las vivas, por ejemplo, en los ensueños, desvaríos ó en una operación de raciocinio puro; durante esos estados, y los que se llaman ensimismamientos, el proceso de manifestaciones débiles predomina, en términos, que no puede afectarle el proceso de las fuertes. Se ve, pues, que esas dos series paralelas de manifestaciones, de las que cada una presenta entre sus elementos íntimas conexiones longitudinales y transversales, sólo tienen una con otra conexiones parciales. La serie viva es casi siempre insensible al paso de su vecina; y aunque la serie débil sea casi siempre, hasta cierto punto, modificada y á veces arrastrada por la viva, no obstante puede separarse mucho de ella.

Hay todavía otro carácter diferencial de gran importancia entre todas las series, y que, por tanto, conviene conocer. Las condiciones en que se producen ambos órdenes de manifestaciones son distintas, y las condiciones de producción de las de cada orden son de ese mismo orden. Siempre que se puede averiguar los antecedentes inmediatos de las manifestaciones fuertes, se halla que son otras del mismo género; y si no podemos decir que los antecedentes de las manifestaciones débiles son todas de su mismo proceso, al menos los esenciales, pertenecen también á él. Estas proposiciones no tienen necesidad de mucha explicación. Evidentemente los cambios que sobrevienen entre las manifestaciones vivas que observamos, los movimientos, los sonidos, los cambios de aspecto en los objetos que nos rodean, son: ó cambios á consecuencia de ciertas manifestaciones vivas, ó bien cambios cuyos antecedentes no se perciben. Con todo, hay manifestaciones vivas, que sólo se producen en condiciones que parecen pertenecer á otro orden. Las que llamamos colores y formas visibles, suponen los ojos abiertos. Pero, ¿qué significa los ojos abiertos en el lenguaje usual? Literalmente, la aparición de ciertas manifestaciones vivas. La idea de abrir los ojos consiste, sin duda, en manifestaciones débiles; pero el acto de abrir los ojos consiste en manifestaciones vivas. Es evidente que lo mismo sucede en los movimientos de los ojos y de la cabeza, que son seguidos de nuevos grupos de manifestaciones vivas, y en las que llamamos sensaciones de tacto y de presión. Todas las que pueden cambiar tienen por condición ciertas manifestaciones vivas, que llamamos sensaciones de tensión muscular. Es verdad que en las condiciones de estas últimas son manifestaciones del orden débil las ideas de las acciones musculares que preceden á éstas.

Henos ahora frente á una complicación, procedente de que el objeto que llamamos el cuerpo se nos presenta como una serie de manifestaciones vivas, relacionadas de un modo especial á las manifestaciones débiles, único modo de que éstas puedan producir manifestaciones vivas, á no ser en la otra excepción de la misma naturaleza que nos ofrecen las emociones, excepción que no deja de confirmar la regla. En efecto, si no se puede dejar de ver en las emociones una especie de manifestaciones vivas que pueden ser producidas por las débiles que llamamos ideas, no es menos

cierto que las clasificamos entre las débiles, y no con las fuertes
que llamamos colores, sonidos, presiones, olores, etc., porque las
condiciones de su producción y de ellas mismas pertenecen al orden de las débiles.

Pero si prescindimos de las manifestaciones vivas especiales,
que llamamos tensiones musculares y emociones, y que es usual
clasificar separadamente, podemos decir de todas las demás que
las condiciones de su existencia son manifestaciones de su misma
naturaleza. Lo mismo sucede en la corriente paralela; aunque en
su mayoría, las manifestaciones del orden débil sean en parte originadas por manifestaciones del orden vivo que evocan recuerdos
y sugieren conclusiones, con todo esos resultados dependen principalmente de ciertos antecedentes que pertenecen al orden débil,
Por ejemplo, pasa una nube por delante del Sol; unas veces produce efecto y otras no, sobre la corriente de las ideas; unas veces
sigue ésta su marcha, y otras se nos ocurre que va á llover; esa
diferencia está evidentemente determinada por condiciones que
indudablemente son del orden de las ideas. La facultad que tiene
una manifestación viva de producir ciertas manifestaciones débiles
depende de la existencia de otras manifestaciones débiles apropiadas. Si nunca hemos oído un chorlito, el grito de uno de ellos,
invisible en aquel momento, no produce en nosotros la idea de tal
ave. No tenemos más que recordar las distintas y sucesivas reflexiones que una misma sensación visual, por ejemplo, va produciendo, para reconocer hasta qué punto cada manifestación débil
depende esencialmente de otras manifestaciones débiles que han
aparecido antes, ó á la vez que aquélla.

Llegamos, por último, á la más notable y quizá la más importante de las diferencias que separan los dos órdenes de manifestaciones; tiene relación con la acabada de indicar, pero conviene
estudiarla aparte. Las condiciones de aparición no se distinguen
sólo en que cada grupo pertenece generalmente á su mismo orden
de manifestaciones, sino además en otro carácter más insignificante. Las manifestaciones del orden débil tienen antecedentes
que se puede descubrir; se puede hacerlas aparecer, realizando sus
condiciones de aparición; y suprimirlas, realizando otras condiciones. Al contrario, las manifestaciones del orden vivo ocurren
muy á menudo sin antecedentes previos, y en muchos casos persisten ó cesan en condiciones conocidas ó desconocidas; lo que
demuestra que sus condiciones son muchas veces completamente in-

dependientes de nuestra voluntad. La impresión llamada relámpago atraviesa la corriente de nuestras ideas sin que nada la anuncie. Los sonidos de una música que empieza á tocar en la calle, ó el ruído de loza que se rompe en una habitación próxima, no están ligados con ninguna de las manifestaciones anteriores, ni del orden vivo ni del débil. A veces esas manifestaciones vivas que nacen de improviso, persisten á través de la corriente de las manifestaciones débiles, la cual no puede modificarlas ni directa ni indirectamente. Un golpe violento recibido por detrás, es una manifestación viva, cuyas condiciones de aparición no están, ni entre las manifestaciones del mismo género, ni entre las débiles, y cuyas condiciones de persistencia están ligadas á las vivas de un modo no manifiesto. De suerte que, si en el orden débil, las condiciones de aparición son siempre otras manifestaciones del mismo orden, preexistentes ó coexistentes, en el orden vivo, las condiciones de producción están muchas veces ausentes.

Acabamos de hallar los caracteres principales en que se parecen las manifestaciones de cada orden y difieren de las del otro. Resumamos en pocas palabras esos caracteres. Las manifestaciones del un orden son vivas ó fuertes, las del otro son débiles; las del uno son originales, las del otro son copias; las primeras forman una serie ó corriente heterogénea no interrumpida jamás, ó, hablando con más exactitud, cuya interrupción no se conoce directamente. Unas y otras tienen conexiones ó relaciones entre sí, longitudinales y transversales, indisolubles para las vivas, más fáciles de romper para las débiles; y al paso que los términos de cada serie, las partes de cada corriente, tienen esas íntimas conexiones, las dos corrientes se deslizan paralelamente sin contraer conexiones ó relaciones, á no ser someras, superficiales; la gran corriente viva resiste en absoluto á la débil, y ésta puede aislarse de aquélla casi completamente. Las condiciones en que se presentan respectivamente las manifestaciones de cada orden son también del mismo orden; pero si en el orden débil esas condiciones están siempre presentes, en el orden vivo no lo están muchas veces, ó están en cierto modo, fuera de la serie. Siete caracteres distintos sirven, pues, para distinguir uno de otro los dos órdenes de manifestaciones.

44.   ¿Qué quiere decir eso? El análisis precedente ha comenzado por la creencia de que las proposiciones admitidas como postulados por la Filosofía deben afirmar semejanzas y desemejanzas

de último orden en las que todas las demás queden absorbidas, y acabamos de hallar que todas las manifestaciones de lo incognoscible se dividen en dos clases de esa naturaleza. ¿A qué responde esa división?

Es evidente que á la división entre *objeto* y *sujeto*. Reconocemos esa distinción, la más profunda de todas las que nos ofrecen las manifestaciones de lo incognoscible, agrupándolas en un Yo y un No-Yo; en manifestaciones débiles que forman un todo continuo que llamamos el Yo, diferentes de las otras, por la cantidad, la calidad, la cohesión, las condiciones de existencia de sus partes, y manifestaciones vivas unidas en masas relativamente inmensas que llamamos No-Yo, por lazos indisolubles, y con condiciones de existencia independientes. O más bien y con más verdad, cada orden de manifestaciones implica necesariamente una fuerza que se manifiesta, y usando las palabras Yo y No-Yo, significamos: por la primera, la fuerza que se manifiesta en las formas débiles; y por la segunda, la que se manifiesta en las formas vivas ó fuertes.

Ya lo vemos; esos conceptos, que tienen cierta consistencia, y han recibido un nombre apropiado, no tienen su origen impenetrable; se explica su origen perfectamente, por la ley fundamental del pensamiento, ley sin apelación. La intuición de semejanza y de diferencia se impone por su sola persistencia y desafía al excepticismo, puesto que sin ella la duda misma se hace imposible. La división primordial del Yo y del No-Yo es el resultado de la intuición persistente de las semejanzas y desemejanzas acumuladas, que tienen las diversas manifestaciones. Podemos hasta decir que el pensamiento no existe sino por esa especie de acto, que nos conduce, á cada momento, á referir ciertas manifestaciones al orden con el que tiene atributos comunes. Repitiéndose millares de veces esas operaciones de clasificación, producen millares de asociaciones de cada manifestación con las de su propia clase, y de ahí la unión de los elementos de cada clase y la desunión de las dos clases.

En rigor, la separación y la fusión de las manifestaciones en dos todos distintos son, en gran parte, espontáneas, y preceden á todo juicio reflejo, aunque éstos, al producirse reconocen la existencia de aquellos dos todos. Porque las manifestaciones de cada orden no sólo presentan esa especie de unión, que se reconoce implícitamente cuando se les agrupa como objetos individuales de una misma clase, sino que, como hemos visto, presentan otra unión mucho más íntima, debida á su cohesión catual. Esa cohesión se muestra antes de que se verifique ningún acto consciente de clasificación. De modo que, en realidad, los dos órdenes de manifestaciones se separan y consolidan espontánea y naturalmente. Los elementos de cada orden, uniéndose íntimamente entre sí y alejándose de sus opuestos, forman por sí los todos que llamamos respectivamente objeto y sujeto, Yo y No-Yo. Tal unión espontánea es lo que da á esos todos, formados de manifestaciones, la individualidad que poseen como todos, y la diferencia fundamental que los separa, diferencia anterior y superior á todo juicio. Este no hace sino afirmar la separación ya efectuada, refiriendo á sus dos clases respectivas las manifestaciones no unidas clara y evidentemente con las demás de su clase.

Hay también otro juicio que se repite perpetuamente, que fortifica esa antítesis fundamental, y da gran extensión á uno de sus términos. No dejamos de aprender que las condiciones de aparición de las manifestaciones débiles deben siempre encontrarse; que las de las vivas no se encuentran muchas veces, pero aun entonces son semejantes esas manifestaciones vivas anteriores, con antecedentes entre sus análogas, á las manifestaciones vivas anteriores, con antecedentes perceptibles entre las de su clase. De la combinación de esas dos experiencias resulta la idea ineludible de que hay manifestaciones vivas cuyas condiciones de aparición existen fuera de la serie de ese orden, verdaderas manifestaciones potenciales susceptibles de llegar á ser actuales. Así adquirimos vagamente conciencia de una región indefinidamente extensa de fuerza ó de ser, separada no sólo del proceso de manifestaciones débiles que constituyen el Yo, sino también del proceso de manifestaciones vivas que constituyen la porción del No-Yo, presente inmediatamente al Yo.

45. Acabamos de indicar (si bien sumaria é imperfectamente, omitiendo objeciones y explicaciones necesarias, para encerrarnos en el poco espacio disponible) la naturaleza esencial y la justificación del dato primordial necesario á la Filosofía como punto de partida. Podríamos admitir con toda seguridad esa verdad primaria, el sentido común la afirma, cada paso de la ciencia la supone, y ningún metafísico ha podido desalojarla de la conciencia, ni un instante. Partiendo del postulado de que las manifestaciones de lo incognoscible se dividen en dos grupos que constituyen: el

uno, el mundo interno, de la conciencia, del Yo; y el otro, el mundo externo, de fuera de la conciencia, del No-Yo; hubiéramos podido dejar ese postulado, como probado por todos los resultados conformes con él, de la experiencia directa ó indirecta. Pero como todo lo que sigue se funda en ese postulado, nos ha parecido conveniente exponer, aunque brevemente, sus títulos, á fin de ponerle al abrigo de la crítica. Nos ha parecido preferible demostrar: que ese dato fundamental no es ni ilusorio, como lo afirma el idealista; ni dudoso, como dice el excéptico; ni inexplicable, como pretende el naturalista; sino que es un producto legítimo de la conciencia, al elaborar sus materiales según las leyes de su funcionamiento normal. Si, en el orden cronológico, esa distinción precede á todo razonamiento, y si se apodera de nuestro espíritu de suerte que es imposible razonar sin admitirla: el análisis nos permite, además, justificar la afirmación de su existencia, mostrando que es el producto de una clasificación basada en la acumulación de semejanzas y de diferencias. En otros términos, el razonamiento, que no es más que una ilación ó cohesión de manifestaciones, fortifica con las que forma, aquéllas cuya preexistencia hace constar.

Tales son los datos de la Filosofía; la cual, como la Religión, *admite* ese *fondo* primordial que la conciencia nos *revela*, el principio que, como hemos visto, tiene más hondos sus cimientos; *supone* la validez de una *operación primordial* de la conciencia, sin cuya validez no hay deducción posible, nada se puede afirmar ni negar; *supone* además la validez de un *producto primordial* de la conciencia, que originado en aquella operación, es también, hasta cierto punto, su producto, puesto que de ella recibe su verificación y legitimidad. En suma, nuestros postulados son: una Fuerza incognoscible, la existencia de semejanzas y diferencias cognoscibles entre las manifestaciones de esa fuerza, y por consiguiente la separación de esas manifestaciones en dos clases, una perteneciente al sujeto y la otra al objeto.

Antes de pasar al objeto esencial de la Filosofía—unificación completa del conocimiento, ya en parte unificado por la Ciencia, —es preciso tratar un asunto preliminar. Las manifestaciones de lo incognoscible, divididas en dos clases, el Yo y el No-Yo, pueden dividirse también en ciertas formas generales, cuya realidad admiten, lo mismo la Ciencia que el sentido común. Esas formas son las *últimas ideas científicas* que, como hemos demostrado en el capítulo correspondiente, no podemos conocer en sí mismas. Sin embargo, como nos es forzoso usar las palabras que le sirven de signos, preciso es también decir el significado que las damos.

CAPÍTULO III

46. El excepticismo, producto ordinario de la crítica filosófica, debe, sobre todo, su origen, á la falsa interpretación de las palabras. La lectura de un libro de metafísica produce siempre un sentimiento de ilusión universal, tanto más fuerte, cuanto más decisivo ha parecido el raciocinio. Tal sentimiento no hubiera probablemente nacido jamás, si se hubieran interpretado bien los términos del lenguaje metafísico. Desgraciadamente esos términos han adquirido, por asociación de ideas, significados totalmente distintos de los que lo están las discusiones filosóficas; esos significados vulgares se presentan al espíritu, inevitablemente, y de ahí resulta un idealismo que parece un sueño, y que concuerda bastante mal con nuestras convicciones instintivas. A la palabra *fenómeno*, y á su equivalente *apariencia*, debe atribuirse, principalmente, la causa originaria de esa ilusión. En el lenguaje ordinario se usa mucho de esas palabras para designar percepciones visuales; la costumbre nos inclina, casi siempre, á no pensar una *apariencia* sino como una cosa que se ve; y aunque la voz *fenómeno* tenga un sentido más general, no podemos prescindir de las asociaciones, con su sinónima en el lenguaje usual, la voz apariencia. Así, cuando la filosofía dice que nuestro conocimiento del mundo exterior no puede ser sino fenomenal, cuando concluye que las cosas que conocemos son apariencias, pensamos inevitablemente en cosas análogas á las que producen nuestras percepciones visuales, comparadas con las del tacto. Por otra parte, vemos en las buenas pinturas simulado perfectamente el aspecto y relieve de los objetos; más evidentemente aun nos prueban los espejos hasta qué punto

nos engaña la vista, no corregida por el tacto; y esos frecuentes ejemplos de interpretaciones falsas de las impresiones visuales, debilitan mucho nuestra fe en la visión, y nos hacen dar á la voz de *apariencia* el sentido ó significado de incertidumbre.

Por consiguiente, al dar la Filosofía á esa voz un sentido más extenso, pensamos también que todos nuestros sentidos nos engañan del mismo modo que la vista, y creemos vivir en un mundo de fantasmas. Si las palabras fenómeno y apariencia no hubiesen contraído esas falaces conexiones, apenas existiría esa confusión mental. Lo mismo sucedería si las hubiéramos sustituído por la palabra *efecto*, aplicable igualmente á todas las impresiones producidas en el Yo, por el intermedio de los sentidos, y que lleva consigo, como correlativa en el pensamiento, la palabra *causa*, ambas incapaces de conducirnos á las quimeras del idealismo.

Ese peligro desaparecería, pues, por una simple corrección verbal. La confusión que resulta de la falsa interpretación que acabamos de señalar, crece aún por la idea de una falsa antítesis.

Damos más fuerza á la idea de la no realidad de esa existencia fenomenal, única que podemos conocer, desde el momento que la ponemos en oposición con una existencia noumenal, que sería, según pensamos, mucho más real para nosotros, si pudiésemos conocerla. Pero esas son ilusiones que nos forjamos con palabras. ¿Qué quiere decir la palabra *real?* Esta es la cuestión capital que hay en el fondo de toda metafísica, y por desdeñar el resolverla, no se puede hacer desaparecer la causa primordial de las más antiguas divisiones entre los metafísicos. En la interpretación de la palabra *real*, las discusiones filosóficas sólo guardan un elemento del concepto vulgar de las cosas, y desechan todos los demás creando, con esa inconsecuencia, confusión en las ideas. El hombre vulgar, cuando examina un objeto, cree, no que lo que examina es una cosa que está en él, sino que es una cosa exterior á él; se figura que su conciencia se extiende al lugar mismo que ocupa el objeto; para él la apariencia y la realidad son una sola y misma cosa. Sin embargo, el metafísico está convencido de que la conciencia no puede conocer la realidad sino tan sólo la apariencia; deja, pues, ésta en la conciencia y la realidad fuera, pero continúa concibiendo esa realidad que deja fuera de la conciencia, del mismo modo que el ignorante concibe la apariencia. Afirma que la realidad está fuera de la conciencia, mas no cesa de hablar de la *realidad*, de esa realidad, como si fuese un conocimiento que

pudiera adquirir fuera de la conciencia. Parece haber olvidado que
el concepto de la realidad no puede ser sino un modo de conciencia, y la cuestión está en saber qué relación hay entre ese modo y
los otros.

Entendemos por realidad: *persistencia* en la conciencia; una
persistencia, ó bien incondicional como la intuición del Espacio,
ó bien condicional como la intuición de un cuerpo que tenemos
en la mano. El verdadero carácter de lo real, según lo concebimos,
es la persistencia; por él lo distinguimos de lo no real. Así, distinguimos una persona colocada ante nosotros de la idea de esa persona, porque podemos separar la idea de la conciencia, pero no
podemos separar la persona, mientras la estamos viendo. Cuando
dudamos de una impresión que recibimos al anochecer, resolve-
mos la duda, si la impresión persiste después de una observación
más exacta, y afirmamos la realidad del objeto que la produce, si
la persistencia es completa.

Lo que prueba que la persistencia es lo que llamamos realidad,
es que después que la crítica ha probado que la realidad, tal como
de ella tenemos conciencia, no es la realidad objetiva, la noción
indefinida que nos formamos de lo real objetivo es la de una cosa
que persiste absolutamente bajo todos los cambios de modo, de
forma ó de apariencia. Este hecho, de no poder formarnos una
noción indefinida de lo absolutamente real, á no ser como absolutamente persistente, prueba bien claro, que la persistencia en
la conciencia es el último criterio de la realidad para nosotros. No
siendo, pues, la realidad sino la persistencia en la conciencia, no
cambia ese criterio, ya se refiera esa persistencia á lo Incognoscible mismo, ya á un efecto de los muchos producidos invariablemente sobre nosotros por lo Incognoscible. Si, en las condiciones
constantes de nuestra constitución, algún poder, cuya naturaleza
supera á nuestra mente, produce siempre algún modo de conciencia, si ese modo de conciencia es tan persistente como lo sería ese
poder si estuviese en la conciencia, la realidad para ésta de la
existencia de ese poder, sería tan completa en un caso como en
otro. Si un sér incondicionado estuviera presente en el pensamiento, no podría estar sino persistente; y si en lugar de Él hay un
sér condicionado por las formas del pensamiento, pero tan persistente como él, debe ser tan real para nosotros.

De lo anterior se pueden sacar las siguientes conclusiones: En
primer lugar, tenemos conciencia, aunque indefinida, de una rea-

lidad absoluta, superior á toda relación, cuya idea indefinida es producida en nosotros por la persistencia absoluta de algo que sobrevive á todos los cambios de relaciones. En segundo lugar, tenemos conciencia definida de una realidad relativa que persiste en nosotros contínuamente bajo.diversas formas, y en cada forma, tanto tiempo como persisten las condiciones de su presentación; persistente así, de continuo, en nosotros, esa realidad relativa, es tan real para nosotros, como lo sería la realidad absoluta si pudiera ser conocida.

En tercer lugar, no siendo posible el pensamiento sino bajo la forma de relación, la realidad relativa no puede ser concebida como tal, sino en conexión con una realidad absoluta; y siendo la conexión de esas dos realidades persistente en la conciencia, es tan real como los términos conexionados. Por tanto, podemos volver con entera confianza á esos conceptos realistas que la Filosofía parece, á primera vista, disipar. Aunque la realidad presentada bajo las formas de nuestra conciencia, sólo sea un efecto condicionado de la realidad absoluta, ese efecto condicionado, unido á su causa incondicionada por una relación indisoluble y persistente con ella, tanto tiempo como las condiciones persisten, es, no obstante, real, para la conciencia que produce esas condiciones. Siendo las impresiones persistentes resultados ó efectos de una causa persistente, son en la práctica, para nosotros, lo mismo que la causa productora, y se les puede tratar como equivalentes. Lo mismo sucede á nuestras percepciones visuales, que no son sino símbolos que juzgamos equivalentes á nuestras percepciones tactiles, con las cuales se identifican en términos que nos imaginamos ver la solidez y la dureza, que no hacemos más que inferir, y que concebimos como objetos, cosas que no son sino signos de objetos; de modo que acabamos por tratar esas realidades relativas como si fueran absolutas y no los efectos de realidades absolutas. No hay inconveniente en continuar tratándolas así, y es hasta legítimo, siempre que sepamos que las conclusiones á que nos conducen son realidades relativas y no realidades absolutas.

47. (1) Pensamos en relaciones; la relación es verdaderamente la forma de todo pensamiento, y si éste reviste alguna vez otras

---

(1) Las conclusiones psicológicas expuestas brevemente en este capítulo y en los tres siguientes, tendrán su justificación en mis *Principios de Psicología*. (N. del A.)

formas, deben derivarse de aquélla. Hemos visto (Parte I, cap. III) que los diversos últimos modos de existencia no pueden ser conocidos ni concebidos en sí mismos; es decir, fuera de su *relación* con nuestra conciencia. Hemos visto, analizando el producto del pensamiento, que éste se compone siempre de relaciones, y que no puede comprender nada que supere á las relaciones más generales. Y analizando la operación de pensar, hemos hallado que el conocimiento de lo absoluto era imposible, porque ni presenta *relación* alguna, ni los elementos de la relación, es decir, diferencias y semejanzas. Más adelante hemos visto que no sólo la inteligencia, sino nuestra vida entera, se compone de relaciones internas en correspondencia con relaciones externas. Por último, hemos visto que aun cuando la relatividad de nuestro pensamiento nos vede conocer ó concebir lo absoluto, debemos, no obstante, y en virtud de esa misma relatividad, tener una conciencia vaga de un sér absoluto que ningún efecto mental puede suprimir. La *relación* es la forma universal del pensamiento; tal es la verdad que todos los géneros de demostración concurren á probar.

Los transcendentalistas admiten como formas del pensamiento otros fenómenos psíquicos. Al lado de la relación, que miran como una forma universal del pensamiento, querrían poner otras dos tan universales para ellos. Tal hipótesis debería ser desechada aun cuando fuese sostenible, puesto que se puede explicar esas formas nuevas que admiten, por derivación de la forma original. Si sólo pensamos en relaciones, y si éstas tienen ciertas formas universales, es evidente que esas formas universales de relaciones llegarán á ser formas universales de nuestra conciencia, y si se puede explicarlas así, es superfluo y, por tanto, antifilosófico asignarles un origen independiente. Las relaciones son de dos órdenes: de sucesión y de coexistencia; las unas son primitivas, las otras derivadas: la relación de sucesión se verifica en todo cambio de estados de conciencia; la de coexistencia, que no puede hallarse originariamente en la conciencia, cuyos estados son seriales ó sucesivos, no aparece sino cuando se nota que los términos de ciertas relaciones de sucesión se presentan á la conciencia tan fácilmente en un orden como en otro, mientras que para otras relaciones los términos no se presentan sino en un orden determinado, en un solo y mismo orden. Las relaciones cuyos términos no se pueden invertir son llamadas sucesiones propiamente dichas, y aquellas cuyos términos se presentan indistintamente en un orden

ó en otro, son llamadas coexistencias. Numerosas experiencias que
á cada momento nos ofrecen los dos órdenes de relaciones, definen
perfectamente su distinción, y nos producen un concepto abstracto de cada uno de esos órdenes. El concepto abstracto de todas las
sucesiones es el Tiempo, y el de todas las coexistencias el Espacio. De que en el pensamiento el tiempo es inseparable de la sucesión y el espacio de la coexistencia, no debemos deducir que el
Tiempo y el Espacio son condiciones primitivas de la conciencia,
en la cual conocemos el Tiempo y el Espacio, sino que tales conceptos, como todos los abstractos, son producidos por los concretos; la única diferencia es que en esos dos casos la sistematización
de la conciencia abraza la evolución entera de la inteligencia.

El análisis confirma la síntesis. Cuando tenemos conciencia del
Espacio es que la tenemos de posiciones coexistentes. No se puede
concebir una porción limitada del Espacio sino representándose
sus límites como coexistentes en ciertas posiciones relativas, y cada
uno de esos límites imaginables, línea ó plano, no puede ser concebido de otro modo que compuesto de posiciones coexistentes
muy próximas. Y como una posición no es una entidad, como los
grupos de posiciones que constituyen una porción cualquiera del
espacio y marcan sus límites no son existencias sensibles, resulta
que las posiciones coexistentes que componen nuestra intuición
del espacio no son coexistencias en el verdadero sentido de la palabra (que implica la realidad de lo coexistente), sino formas vacías de coexistencias que permanecen abandonadas cuando las realidades están ausentes; es decir, son abstracciones de coexistencias. Las experiencias que durante la evolución de la inteligencia
han servido para formar ese concepto abstracto de todas las coexistencias, son experiencias de posiciones individuales dadas á conocer por el tacto; cada una implica la resistencia de un objeto
tocado y la tensión muscular que la mide. Por medio de numerosas
adaptaciones musculares desemejantes, que suponen diferentes
tensiones musculares, se descubre la existencia de distintas posiciones resistentes, y cuando podemos sentir esas distintas posiciones tan fácilmente en un orden como en otro, las consideramos
como coexistentes. Mas también sucede que, como en otras circunstancias las mismas adaptaciones musculares no producen el
contacto con posiciones resistentes, resultan los mismos estados
de conciencia menos las resistencias; es decir, las formas vacías
de las coexistencias, de donde los objetos coexistentes, ya revela-

dos por la experiencia, están ausentes. De la elaboración de esas formas, demasiado complicada para ser expuesta aquí detalladamente, resulta el concepto abstracto de todas las relaciones de coexistencia, al cual llamamos Espacio. Queda por indicar una cosa que no se debe olvidar, y es que las experiencias de que se origina la idea de espacio son experiencias de *fuerza*. Cierta correlación de las fuerzas musculares que ejercemos es el indicio de cada una de las posiciones que descubrimos, y la resistencia que nos hace conocer que hay alguna cosa en esa posición, es un equivalente de la presión que ejercemos conscientemente. Por tanto, las experiencias de fuerza, en sus variadas relaciones, son los materiales de donde saca la abstracción la idea de Espacio.

Una vez demostrado que lo que llamamos Espacio es, por su formación y por su definición, puramente relativo, ¿qué diremos de su causa? ¿Hay un espacio absoluto del cual sea ese espacio relativo una especie de representación? El Espacio en sí mismo ¿es una forma ó una condición de la existencia absoluta que produce en nuestro espíritu una forma ó una condición de la existencia relativa? Tales cuestiones no pueden tener respuesta. Nuestro concepto del espacio es producido por algún modo de ser de lo incognoscible, y su completa invariabilidad implica simplemente una uniformidad completa en los efectos que produce en nosotros ese modo de ser de lo incognoscible. Mas no por eso tenemos derecho á llamarle un modo necesario de lo incognoscible. Todo lo que podemos afirmar es: que el Espacio es una realidad relativa, que nuestra intuición de esa realidad relativa invariable implica una realidad absoluta, igualmente invariable para nosotros, y que podemos tomar sin vacilación esa realidad relativa por base sólida de todos los razonamientos que conduzcan lógicamente á otras verdades también relativas, únicas que existen para nosotros ó que podemos llegar á conocer.

Idénticas razones nos conducen á una conclusión igual respecto al tiempo relativo y absoluto; lo cual es demasiado evidente para que sea preciso entrar en detalles.

48. El concepto de Materia no es otro que el de posiciones coexistentes que oponen resistencia; es la idea más sencilla que nos podemos formar de ella, y se distingue, como vemos, de la del Espacio, en que en éste las posiciones coexistentes no ofrecen resistencia. Concebimos el Cuerpo (material ó físico) como limitado por superficies que resisten, y compuesto enteramente de partes

resistentes. Suprímanse mentalmente las resistencias coexistentes, y la intuición de Cuerpo desaparece, dejando en su lugar la intuición de Espacio. Puesto que el grupo de posiciones resistentes simultáneas, que constituyen una parte de la Materia, puede darnos invariablemente impresiones de resistencia, combinadas con diversas adaptaciones musculares, según toquemos el lado próximo ó el lejano, el derecho ó el izquierdo, etc.: resulta que, como distintas adaptaciones musculares indican comunmente distintas coexistencias, estamos obligados á concebir cada porción de materia como conteniendo más de una porción resistente, es decir, como ocupando espacio. De ahí la necesidad de representarnos los últimos elementos de la materia, como extensos y resistentes á la vez; tal es la forma universal de nuestra experiencia sensible de la materia, y el concepto de ésta no puede elevarse por cima de esa forma, aunque la imaginemos dividida en partes tan pequeñas como queramos. De esos dos elementos inseparables, el uno — la resistencia — es primario; el otro — la extensión — es secundario; porque distinguiéndose en la conciencia la extensión ocupada ó Cuerpo, de la extensión inocupada ó Espacio, por la resistencia, ésta debe indudablemente ser anterior, en la génesis de las ideas. Tal conclusión no es, en verdad, sino un corolario de otra que hemos establecido en el capítulo precedente.

Si, como sostenemos, nuestra intuición del Espacio es el producto de experiencias acumuladas, en parte por nosotros, pero la mayoría hereditarias; si, como lo hemos indicado, las experiencias de donde sacamos por abstracción nuestro concepto del Espacio, no son otra cosa que impresiones de resistencia producidas sobre el organismo, resulta necesariamente, que siendo las experiencias de resistencia las que originan el concepto de Espacio, el atributo de la Materia, llamado resistencia, debe ser mirado como primordial, y el atributo llamado Espacio, como secundario ó derivado. Según eso, nuestra experiencia de fuerza es el elemento de que se compone la idea de Materia. La propiedad que tiene la Materia de resistir á nuestra acción muscular se presenta inmediatamente á la conciencia en función de fuerza; y pues la propiedad de ocupar un espacio, se infiere, por abstracción, de esas experiencias dadas primitivamente en función de fuerza, resulta que todo el contenido de la idea de materia se compone de fuerzas unidas por ciertas correlaciones.

Si tal es nuestro conocimiento de la realidad relativa, ¿qué di-

remos de la absoluta? Una sola cosa, que es un modo de lo incognoscible, unido á la materia por la relación de causa á efecto. Se
demuestra análogamente la relatividad de nuestro conocimiento de
la materia por el análisis que hemos hecho ya, y por las contradicciones que surgen en cuanto se considera ese conocimiento como
absoluto (16). Mas, como hemos visto, aunque sólo conozcamos la
materia bajo la forma de relación, es tan real, en el verdadero sentido de esa palabra, como si la conociéramos en absoluto; y á más,
la realidad relativa que conocemos bajo el nombre de materia se
presenta necesariamente al espíritu, en una relación persistente ó
real con la realidad absoluta. Podemos, pues, confiarnos sin vacilar á esas condiciones de pensamiento, que la naturaleza ha organizado en nosotros. No tenemos necesidad, en nuestros estudios físicos, químicos, etc., de no considerar la materia como compuesta
de átomos extensos y resistentes, porque ese concepto, resultado
necesario de nuestra experiencia de la materia, no es menos legítimo que el de masas complejas extensas y resistentes. La hipótesis atómica, é igualmente la de un éter universal compuesto también
de moléculas, no es sino un desarrollo necesario de las formas universales que las acciones de lo Incognoscible han creado en nosotros. Las conclusiones sacadas lógicamente, con ayuda de esas hipótesis, no pueden dejar de estar en armonía con todas las demás
contenidas implícitamente en las mismas formas, y de poseer una
verdad relativa tan completa.

49. El concepto de movimiento, que se presenta ó se representa en la conciencia desarrollada, implica los conceptos de Espacio,
Tiempo y Materia; porque, indudablemente, los elementos de esa
idea son: algo que se mueve, una serie de posiciones ocupadas sucesivamente por ese algo, y un grupo de posiciones coexistentes
unidas en el pensamiento con las ocupadas sucesivamente. Y puesto que, como hemos visto, cada uno de esos elementos es el resultado de experiencias de fuerza, dadas en ciertas correlaciones, síguese que la idea de movimiento sale de una síntesis más avanzada
de esas experiencias. Hay también otro elemento en esa idea que
es fundamental, realmente (la necesidad que tiene el cuerpo en
movimiento de cambiar de posiciones), tal elemento resulta directamente de nuestros primeros elementos de fuerza. Los movimientos de las distintas partes del organismo, en relación mutua, son
los primeros que se presentan á la conciencia. Producidos por su
acción muscular, necesitan reacciones mentales bajo la forma de

tensión muscular. En consecuencia, toda flexión, toda extensión de un miembro, nos es conocida desde luego como una serie de tensiones musculares que varían de intensidad á medida que la tensión del miembro cambia. Esta intuición rudimentaria de Movimiento, compuesta de una serie de impresiones de Fuerza, se une inseparablemente á la intuición de Espacio y á la de Tiempo, siempre que éstas se desprenden, por abstracción de nuevas impresiones de Fuerza. O, por decir mejor, de ese primitivo concepto de Movimiento resulta el concepto acabado por un desarrollo simultáneo con los de Espacio y Tiempo. Los tres nacen de las impresiones cada vez más numerosas y diversas de tensión muscular y de resistencia objetiva. El Movimiento, tal como lo conocemos, puede, pues, referirse como las otras ideas científicas primarias á experiencias de fuerza.

Que esta realidad relativa (el Movimiento) responde á una realidad absoluta, apenas hay necesidad de decirlo. Lo que hemos dicho sobre la causa desconocida que produce en nosotros los efectos llamados Materia, Espacio y Tiempo, se aplica, cambiando nombres, al Movimiento.

50. Llegamos, por último, á la Fuerza, el principio de los principios. Aunque los conceptos de Tiempo, Espacio, Materia y Movimiento sean todos, en apariencia, datos necesarios del entendimiento, un análisis psicológico (del que sólo trazamos aquí un ligero bosquejo) nos demuestra que son originados por experiencias de fuerza, ya directamente, ya por abstracción. La Materia y el Movimiento, tales como los conocemos, son manifestaciones de fuerza, diversamente condicionadas. El Espacio y el Tiempo, tales como los conocemos, se revelan á la vez que esas manifestaciones diversas de fuerza, y como condiciones de su verificación. La Materia y el Movimiento son séres concretos formados con el *contenido* de diversas relaciones mentales; mientras que el Espacio y el Tiempo son las formas abstractas de esas mismas relaciones. Con todo, yendo más al fondo, se descubren las primitivas experiencias de fuerza, que al presentarse á la conciencia en diversas combinaciones, suministran á la vez los materiales de donde salen, por generalización, las formas de relaciones, y con los cuales son construídos los objetos mismos relacionados. Una sola impresión de fuerza puede evidentemente ser percibida por un sér sensible desprovisto de inteligencia; que puede referir al sitio presunto de la sensación, una fuerza productora del efecto nervioso sentido. Aun-

que ninguna impresión aislada de fuerza, así percibida, pueda por sí misma producir la conciencia (que implica relaciones entre diferentes estados), con todo varias de esas impresiones, diferentes en grado y en especie, suministrarían, repitiéndose, materiales para el establecimiento de relaciones, es decir, del pensamiento. Si esas relaciones difiriesen por su forma, á la vez que por su fondo ó contenido, las impresiones de las formas se organizarían simultáneamente con las de su contenido. Así, pues, todos los modos de conciencia pueden originarse de las experiencias de fuerza; pero éstas no reconocen otro origen. No hay más que recordar que la conciencia consiste en cambios, para ver que su dato fundamental debe ser lo que se manifiesta por cambios, y que la *fuerza*, por la que producimos esos cambios, y que sirve de símbolo á la causa de los cambios en general, es la última revelación del análisis.

Es una trivialidad decir que la naturaleza de ese elemento indescomponible de nuestro conocimiento es insondable. Si usando un ejemplo con notaciones algebráicas, representamos la materia, el movimiento y la fuerza por los símbolos x, y, z, respectivamente, podemos expresar lós valores de x y de y en función de z, pero el valor de z nunca puede ser hallado; z es la incógnita que debe serlo siempre, por la sencilla razón de que nada hay en función de qué poderla expresar. Nuestra inteligencia puede simplificar más y más las ecuaciones de todos los fenómenos, hasta que los símbolos que lo formulan se reduzcan á ciertas funciones de ese último símbolo; pero hecho esto, hemos llegado al límite que separa y separará siempre la ciencia de la ignorancia.

Hemos demostrado ya que ese modo indescomponible de conciencia, en el que todos los otros pueden resolverse, no puede ser él mismo el poder que se nos manifiesta en los fenómenos (18). Hemos visto que, en el momento que intentamos admitir la identidad de naturaleza entre la causa absoluta de los cambios ó fenómenos, y la causa que conocemos por nuestros propios esfuerzos musculares, resultan antinomias insolubles. La fuerza, tal cual la conocemos, sólo podemos considerarla como cierto efecto condicionado de una causa incondicionada, como la realidad relativa que nos indica una realidad absoluta productora directa de aquélla. Lo cual nos hace ver más claramente que antes, cuán inevitable es ese realismo transformado al que la crítica excéptica nos conduce por fin. Prescindiendo de todas las complicaciones, y considerando la Fuerza pura, nos vemos obligados irresistiblemente, por la relatividad de nuestro pensamiento, á concebir vagamente que hay una fuerza desconocida correlativa á la que conocemos. El *noumeno* y el fenómeno se presentan en su relación primordial como dos lados del mismo cambio, y forzosamente hemos de mirarlos como igualmente reales ambos.

51.   Al terminar esta exposición de datos derivados, necesarios á la Filosofía en su obra de unificación científica, es oportuno dirigir una ojeada sobre las relaciones que los unen con los datos primordiales, expuestos en el anterior capítulo.

Una causa desconocida de efectos conocidos, llamados fenómenos, analogías y diferencias entre esos efectos conocidos, y una separación de efectos entre sujeto y objeto, tales son los postulados, sobre los que no podemos pensar. En cada uno de los dos grupos distintos de manifestaciones, hay también analogías y diferencias, implicando divisiones secundarias que son, á su vez, nuevos postulados indispensables. Las manifestaciones vivas que constituyen el No-Yo, no sólo tienen cohesión entre sí, sino una cohesión bajo ciertas formas invariables; y entre las manifestaciones débiles que constituyen el Yo, y que son producto de las vivas, hay también modos correspondientes de cohesión. Esos modos de cohesión, con los cuales se presentan invariablemente las manifestaciones, y por tanto, se representan también con ellos, los llamamos, cuando los consideramos aparte, Espacio y Tiempo; y cuando los consideramos unidos á las manifestaciones mismas, Materia y Movimiento. Lo que esos modos son, en su esencia, es tan desconocido, como lo es el Sér que manifiestan. Pero la misma razón que nos permite afirmar la coexistencia de sujeto y objeto, nos autoriza á afirmar que las manifestaciones vivas, llamadas objetivas, existen con ciertas condiciones constantes, simbolizadas por las análogas á que están sometidas las manifestaciones llamadas subjetivas.

CAPÍTULO IV

INDESTRUCTIBILIDAD DE LA MATERIA

52. No porque no sea una verdad, vulgarmente admitida, es necesario decir algo sobre la indestructibilidad de la materia, sino porque así lo exige la simetría de nuestro asunto, y porque debemos examinar las pruebas en que se funda esa verdad. Si se pudiera probar, ó siquiera suponer con algunos visos de razón, que puede aniquilarse la materia, ya en masas, ya en átomos, sería preciso: ó hacer constar bajo qué condiciones puede aniquilarse, ó confesar la imposibilidad de la Filosofía y de la Ciencia. En efecto, si en vez de tener que tratar de cantidades y pesos fijos, tuviésemos que referirnos á cantidades y pesos susceptibles de ser aniquilados total ó parcialmente, entraría en nuestros cálculos un elemento incoercible, opuesto á toda conclusión positiva. Se ve, pues, que merece ser estudiada detenidamente la cuestión de la indestructibilidad de la materia; que lejos de haber sido admitida desde luego como una verdad evidente por sí misma, ha sido, en los primeros tiempos, rechazada universalmente como un error palmario. Se creía que las cosas podían reducirse á la nada y nacer de la nada. Si analizamos las supersticiones primitivas ó la creencia en la magia, que no ha mucho tiempo reinaba aún en casi todos los espíritus, y reina aún hoy en las gentes incultas, vemos que entre otros varios postulados, uno supone que, mediante un encanto poderoso, la materia puede ser evocada de la nada ó vuelta á la nada. Y si no se cree eso precisamente (porque

el creerlo, en el sentido estricto de esta palabra, implicaría que la creación y el aniquilamiento eran claramente concebidos), se cree creerlo; y se obra de modo que, en esa confusión de ideas, el resultado es el mismo. No es sólo en las épocas de oscurantismo y en espíritus incultos, donde hallamos las trazas de esa creencia; domina también en teología, acerca del principio y del fin del mundo; y se puede dudar si Shakespeare estaba bajo su influencia, al anunciar poéticamente un tiempo en que «todo desaparecerá sin quedar un tallo de hierba». La acumulación gradual, y más bien la sistematización de hechos, han dado por resultado borrar poco á poco esa convicción, hasta el punto de que hoy es una verdad vulgar la indestructibilidad de la materia. Sea lo que quiera en sí misma, la materia no nace ni perece, al menos para nuestro pensamiento. Los hechos que habían dado apariencia de verdad á la ilusión de que *algo* puede provenir de *nada*, se han desvanecido poco á poco ante un conocimiento más profundo. El cometa, que se ve en una noche aparecer y agrandarse en los cielos, no es un cuerpo creado recientemente, sino oculto, hasta entonces, por estar fuera del alcance de nuestra vista. La nube, que se forma en pocos minutos, no se compone de una sustancia que comienza entonces á ser, sino que existía ya en la atmósfera en forma difusa y transparente. Lo mismo sucede al cristal ó al precipitado que se forman en el fondo de un líquido. Inversamente, observaciones exactas nos hacen ver que las destrucciones aparentes de materia no son sino cambios de estado. Así, el agua evaporada, aunque se ha hecho invisible, puede, por condensación, volver á tomar su forma primitiva. Un disparo de arma de fuego nos prueba que si la pólvora ha desaparecido, han aparecido, en su lugar, gases que, ocupando mayor volumen, han causado la explosión. Claro es, que sólo desde el nacimiento de la química cuantitativa han podido hacerse patentes las conclusiones acabadas de citar y todas sus análogas. La prueba fué completa desde el momento en que los químicos, no contentándose con saber las combinaciones que podían formar las diversas sustancias, hallaron las proporciones definidas en que se combinan, y pudieron explicar cómo una materia aparecía ó bien se hacía invisible. Cuando se hizo ver que al quemarse una vela se producía, como resultado de la combustión, agua y ácido carbónico, cuyos pesos sumados equivalían al de la vela, más el del oxígeno unido á los elementos de la misma durante la combustión, se puso fuera de

duda que el hidrógeno y el carbono de la vela existían aún y no
habían hecho más que cambiar de forma ó de estado. El análisis
químico cuantitativo que sigue á una masa de materia, al través
de todas sus transformaciones, y al fin la aisla, confirma plenamente la conclusión general inducible de los ejemplos citados y
sus análogos.

El efecto de esa prueba específica, unido á la prueba que nos
suministra diariamente la permanencia de los objetos que nos son
familiares, ha adquirido tal potencia, que hoy día la indestructibilidad de la materia es una verdad, cuya negación es inconcebible. Es, pues, un axioma científico, universalmente reconocido,
que la cantidad de materia es invariable, cualesquiera que sean
las metamorfosis que sufra; axioma establecido desde el momento
en que, lejos de contradecir á las experiencias vulgares, otras experiencias, como parecía antiguamente las contradecían, son una
prueba más de que la Materia es permanente, aun cuando los sentidos no tengan á veces alcance para hacer constar esa permanencia; y axioma, que no sólo admiten unánimes los físicos, químicos y fisiólogos, sino que se juzgan incapaces de concebir lo contrario.

53. Esto último sugiere naturalmente la cuestión: de si tenemos por garantía de esa creencia fundamental una autoridad superior á la de una inducción consciente. La experiencia prueba que,
hasta donde ella alcanza, la indestructibilidad de la materia es
una ley absoluta. Pero las leyes absolutas de la experiencia engendran leyes absolutas del pensamiento. ¿No resulta, pues, que esta
verdad última debe ser un dato cognitivo implícito en nuestro organismo mental? Vamos á ver que es ineludible la respuesta afirmativa á tal cuestión.

La incompresibilidad absoluta de la materia es una ley evidente
para nuestro espíritu. Aun cuando pudiéramos concebir un pedazo
de materia, comprimido indefinidamente, no podríamos, sin embargo, concebir que su volumen, por pequeño que se hubiera hecho, se hubiera reducido á cero; porque podemos imaginar las partículas materiales indefinidamente aproximadas y el espacio que
ocupa una masa indefinidamente aminorada; pero no podemos
concebir disminuída la cantidad de materia de esa masa, pues
para eso sería preciso admitir que algunas partículas desaparecían, se reducían á la nada, por la compresión. Resulta, pues,
evidentemente, que no se puede concebir disminuída ni aumen-

tada la cantidad de materia que existe en el Universo. Pues bien: esa incapacidad que tenemos de concebir el aniquilamiento de la materia, es consecuencia directa de la naturaleza de nuestro pensamiento. En efecto, este es, como sabemos, un depósito de relaciones; no se puede establecer relación, ni por consiguiente pensar, si uno de los términos relacionables está ausente de la conciencia. Es, pues, imposible, que *nada* llegue á ser *algo*, ni que *algo* llegue á ser *nada*, puesto que la nada no puede ser objeto de conciencia. El aniquilamiento y la creación de la Materia son inconcebibles, por una misma razón; y su indestructibilidad, es, pues, un conocimiento *à priori* del orden más elevado, no por ser resultado de una larga serie de experiencias, organizadas gradualmente en un modo de pensar irrevocable, sino por ser dato obligado de todas las formas posibles de experiencias.

Extrañará que una verdad, sólo en los tiempos modernos y por los hombres de ciencia, puesta fuera de duda, la clasifiquemos entre las verdades *à priori*; pero es indudable que tiene tanta ó mayor evidencia que las verdades *à priori*. Parece absurdo decir que una proposición no puede ser concebida cuando la humanidad entera hizo profesión de concebirla, y aun hoy cree concebirla la gran mayoría de los hombres. Pero, como ya demostramos al principio, la mayor parte de nuestros conceptos son simbólicos; entre éstos, los hay que, aun cuando rara vez llegan á ser conceptos reales, pueden, no obstante, llegar: y son válidos, porque se puede probar directa ó indirectamente que corresponden á realidades; pero hay también otros que jamás salen del estado simbólico, que no se pueden directa ni indirectamente realizar en el pensamiento, y menos aún demostrar que corresponden á objetos reales actualmente.

Con todo, como habitualmente no se analizan los conceptos, se supone que se piensa como real, en lo que sólo se piensa simbólicamente, y se presume creer proposiciones cuyos términos no pueden unirse en la conciencia. De ahí, por ejemplo, que se acepten, sobre el origen del Universo, hipótesis absolutamente inconcebibles. Vimos ya que la doctrina comunmente admitida de que la Materia ha sido creada de la nada, nunca ha sido concebida real sino simbólicamente. Del mismo modo podemos decir ahora que el aniquilamiento de la materia sólo ha sido concebido simbólicamente y que se ha tomado un concepto simbólico, equivocadamente; por un concepto real. Se podría, quizá, objetar que las palabras *pensamiento*, *esencia*, *concepto*, son usadas aquí con nuevas acepciones, y no es propio decir que los hombres no han pensado realmente, en lo que, no obstante, tanta influencia ha ejercido en su conducta. Preciso es confesar que es molesto restringir así el sentido de las palabras; mas no hay remedio: sólo con palabras de significación precisa, se puede llegar á conclusiones precisas. No se puede discutir, con provecho, las cuestiones tocantes á la validez de nuestros conocimientos, si las palabras *conocer* y *pensar* no tienen una acepción bien determinada.

No debemos, por ejemplo, aplicarlas á todas esas operaciones confusas de nuestro espíritu, á las que el vulgo las aplica; debemos reservarlas para operaciones bien distintas ó claras. Si esto nos obliga á desechar una parte de los llamados pensamientos humanos, por no ser pensamientos, sino pseudo-pensamientos, no podemos remediarlo.

Volvamos á la cuestión general. Hemos hallado, en suma, que tenemos una experiencia positiva de la persistencia continua de la materia; que la forma del pensamiento hace imposible que conozcamos directamente el aniquilamiento de la Materia, puesto que ese conocimiento implicaría el conocimiento de una relación, uno de cuyos términos no sería cognoscible; que, por consiguiente, la indestructibilidad de la Materia es, rigorosamente hablando, una verdad *à priori;* que si ciertas experiencias falaces, sugiriendo la idea de ese aniquilamiento, han producido en los espíritus incultos, no sólo la suposición de que se podía concebir la materia aniquilada, sino la idea de que se aniquilaba en ciertas condiciones, sin embargo, una observación más atenta, mostrando que los presuntos aniquilamientos nunca se han verificado, ha confirmado *à posteriori* el conocimiento *à priori*, que, según la psicología, resulta de una ley de experiencia contra la cual no puede haber otra experiencia.

54. Con todo, el hecho que debe fijar más nuestra atención, es la naturaleza de las percepciones que nos suministran perpetuamente ejemplos de la permanencia de la materia, de donde la ciencia saca la conclusión de que la materia es indestructible. Esas percepciones, bajo todas sus formas, se reducen á que la fuerza ejercida por una misma cantidad de materia, es siempre la misma. No es otra la prueba en que se fundan, á la vez, el sentido más común y la ciencia más exacta. Cuando, por ejemplo, decimos que

un individuo que existía hace algunos años, existe aún, porque acabamos de verle; nuestra aserción equivale á decir que un objeto, que hace algún tiempo produjo en nuestro espíritu ciertas impresiones, existe aún, porque un grupo semejante de impresiones ha sido producido nuevamente en nosotros; y consideramos la continuación de poder impresionarnos como una prueba de la continuación del objeto. Si alguien supone que hemos podido engañarnos sobre la identidad del individuo, se reconoce que damos pruebas decisivas de nuesta afirmativa, si decimos que no sólo le hemos visto, sino que le hemos estrechado la mano, reparando que le faltaba el dedo índice, seña particular que se sabe tenía tal persoua. Todo eso no es sino admitir que un objeto que, por una combinación especial de fuerzas, produce impresiones tactiles especiales, existe en tanto que las produce. Por la fuerza medimos también la materia, en el caso de que su forma haya variado. Se da á un platero un pedazo de oro para hacer una alhaja; cuando la entrega se la pone en una balanza: si hace equilibrio á un peso mucho menor que cuando estaba en bruto, se infiere que ha perdido mucho, sea por la hechura, sea por una sustracción. Esto prueba que la cantidad de materia puede, en suma, determinarse por la cantidad de fuerza gravitativa que presenta. Esa es la prueba principal en que la Ciencia funda la inducción experimental de la indestructibilidad de la materia. Siempre que una masa cualquiera, primero visible y tangible, se reduce á forma invisible é impalpable, y el peso del gas en que se ha transformado prueba que existe aún, se admite que la suma de materia, aunque ya inaccesible á nuestros sentidos, es la misma, puesto que pesa lo mismo. Análogamente, siempre que se determina el peso de un elemento de una combinación, mediante el de otro elemento que le neutraliza, se expresa la cantidad de materia en función de la cantidad de fuerza química que ejerce, y se supone que esa fuerza química es correlativa, necesariamente, de una fuerza gravitativa determinada.

Así, pues, por indestructibilidad de la materia debe entenderse: indestructibilidad de la fuerza, por lo cual la materia nos produce impresiones; porque del mismo modo que no tenemos conciencia de la materia, sino por la resistencia mayor ó menor que opone á nuestra actividad muscular, tampoco la tenemos de la permanencia de la materia, sino por la de la resistencia que nos ofrece directa ó indirectamente. Esta verdad se hace evidente, no sólo por el análisis del conocimiento *à posteriori*, si que también por el análisis del conocimiento *à priori*, porque lo que no podemos concebir disminuya indefinidamente, por la compresión también indefinida de la materia, no es su volumen, sino su resistencia.

CAPÍTULO V

CONTINUIDAD DEL MOVIMIENTO

55. Otra verdad general, del mismo orden que la demostrada en el precedente capítulo, vamos á demostrar en éste; verdad que, aun cuando no es tan vulgar y generalmente reconocida, éslo ya hace tiempo para los hombres de ciencia. La continuidad del movimiento, como la indestructibilidad de la materia, es evidentemente una proposición de cuya verdad depende la posibilidad de una ciencia exacta, y por consiguiente de una filosofía que unifique los resultados de esa ciencia exacta. Los movimientos de masas, y moleculares, que se verifican tanto en los cuerpos inorgánicos como en los orgánicos, forman más de la mitad de los fenómenos que se trata de interpretar, y si fuera posible que esos movimientos se originaran ó concluyeran en la nada, no habría que buscarles interpretación científica; se podría admitir que empezaban y terminaban por sí mismos. No se reconoce el carácter axiomático del principio de la continuidad del movimiento, hasta que la disciplina de las ciencias exactas ha dado precisión á los conceptos. Los hombres primitivos, nuestras poblaciones incultas, y aun muchas de las personas que pasan por instruídas, piensan de un modo muy poco preciso; de observaciones inexactas pasan, por razonamientos débiles, á conclusiones, cuyas consecuencias, no prevén, y cuya deducción no comprueban lógicamente. Admitiendo, sin criterio, los datos de una percepción irreflexiva, la cual revela que los cuerpos que nos rodean, al ser puestos en movimiento, vuelven pronto al reposo, la gran mayoría admite que aquel movimiento se ha perdido realmente, se ha aniquilado. No se inquiere si el fenó-

meno es susceptible de otra interpretación; ó si la que se le da es siquiera concebible, se atiende sólo á las apariencias. Sin embargo, ciertos hechos, que implican consecuencias opuestas, han provocado investigaciones de las que ha salido, poco á poco, la falsedad de aquellas apariencias. El descubrimiento de la revolución de los planetas alrededor del Sol, con una velocidad media constante, hizo sospechar que un cuerpo en movimiento, abandonado á sí mismo, continúa moviéndose sin cambiar de velocidad, y sugirió la idea de que los cuerpos que pierden su movimiento, es porque le ceden en igual cantidad, y en el mismo instante, á otros cuerpos. Se observó que una bola rodaba más tiempo, lanzada con la misma fuerza, por una superficie lisa, como la del hielo, desprovista de pequeños cuerpos á los que la bola pudiese ceder, por el choque, parte de su movimiento, que sobre una superficie con tales obstáculos; y que un proyectil avanza más á través de un medio ligero, como el aire, que á través de un medio denso, como el agua. Así desapareció la idea primitiva de que los cuerpos tienen una tendencia innata á perder gradualmente su movimiento, hasta pararse; idea de que los filósofos griegos no pudieron desprenderse, y que se impuso hasta á Galileo. Fué también quebrantada por los experimentos de Hooke, quien probó que una peonza gira mucho más tiemp si se la impide comunicar su movimiento á los objetos cercanos; esos experimentos repetidos con ayuda de los procedimientos modernos, han demostrado que, en el vacío, la rotación de la peonza, únicamente retardada por el rozamiento del eje, continúa casi una hora. Destruídos así sucesivamente todos los obstáculos que se oponían á la admisión de la primera ley del movimiento, pudo al fin el gran Kepler formularla, diciendo: *Todo cuerpo en movimiento continúa moviéndose en línea recta y con la misma velocidad, si fuerzas exteriores no llegan á actuar sobre él*: Esta ley ha sido modernamente incluída en otra más general, á saber: *el movimiento*, como la materia, es indestructible, y todo el que se pierde por una porción cualquiera de materia, se transmite á otras porciones. Aunque esta nueva ley parezca en desacuerdo con los hechos, que nos muestran cuerpos parados súbitamente, al haber chocado con otro inmóvil, se concilia con esos hechos, después que se sabe que el movimiento perdido, en apariencia, continúa bajo nuevas formas, que, no son, sin embargo, directamente apreciables.

56. Debemos hacer, respecto al Movimiento, la misma adver-

tencia que hicimos respecto á la Materia; su indestructibilidad no es sólo una verdad inductiva, es una necesidad de nuestro pensamiento; su destructibilidad no ha sido jamás realmente concebida, ha sido siempre, como lo es ahora, una pura forma verbal, una pseudo-idea. Nos es imposible decir si la realidad absoluta que produce en nosotros la conciencia de lo que llamamos movimiento, es ó no un modo eterno de lo Incognoscible; pero que la realidad relativa de lo que llamamos movimiento, no puede jamás aniquilarse, ni nacer de la nada, es una verdad implantada en lo más íntimo de nuestro espíritu. Decir que el movimiento puede ser creado ó anulado, decir que nada llega á ser algo ó que algo llega á ser nada, es establecer en la conciencia relación entre dos términos, de los que uno está ausente de ella, lo que es absurdo. La misma naturaleza de nuestra inteligencia desmiente la hipótesis de que se puede concebir, y menos aun conocer, la cesación ó la creación del movimiento.

57. Queda por demostrar que la continuidad del movimiento, lo mismo que la indestructibilidad de la materia, nos es conocida realmente en función de la fuerza. Cada manifestación de fuerza permanece siempre la misma en cantidad; esta es la verdad última, en las cuestiones de movimiento, sea adquirida *à posteriori*, ó dada *à priori*.

Tomemos, por ejemplo, la propagación de las vibraciones sonoras á una gran distancia. Siempre que tenemos conciencia directamente de la producción de un sonido (por ejemplo, cuando le producimos nosotros mismos), su antecedente invariable es la fuerza; sabemos que lo que sigue inmediatamente á esa fuerza es el movimiento, primero de nuestros propios órganos, y en seguida de los cuerpos que ponemos en vibración. Podemos distinguir esas vibraciones con los oidos ó con los dedos. Las sensaciones percibidas por el oído son el equivalente de la fuerza mecánica transmitida al aire, que se comunica por ese medio á los cuerpos circunvecinos, de lo cual tenemos una prueba evidente cuando esos objetos se quiebran por la intensidad de un sonido fuerte, como los vidrios rotos por el estampido de un cañonazo. ¿Cómo puede suceder que, en circunstancias favorables, se oiga desde los palos de un navío alejado cien millas de tierra las campanas de las iglesias, y cómo se sabe que las ondulaciones atmosféricas han atravesado esa inmensa distancia? Es evidente que cuando decimos que el movimiento del badajo, transformado en vibraciones de la campana y

11

comunicado al aire ambiente, se ha transmitido á esa distancia en todos sentidos, disminuyendo en intensidad, á medida que la masa de aire atravesada ha ído aumentando, nos fundamos en un cambio producido en la sensibilidad por el intermedio del oído. El que escucha no tiene conciencia de movimiento alguno; sólo la tiene de una impresión que siente y que implica una fuerza, como su correlativo necesario. Las impresiones comienzan por la fuerza y acaban por ella; el movimiento intermedio no es conocido muchas veces sino por inducción. Además, en mecánica celeste, si se prueba cuantitativamente la continuidad del movimiento, la prueba no es directa, sino inductiva, y los datos para la inducción son fuerzas. Un planeta determinado no puede ser reconocido sino por el poder constante que tiene de afectar nuestra vista de un modo especial, de producir sobre la retina un grupo de fuerzas unidas por una correlación característica. Además, el astrónomo no *ve* á ese planeta moverse, sino que de la comparación de sus posiciones presentes y pasadas ha deducido que se *mueve*. Y hablando con todo rigor, esa comparación no es más que una comparación de impresiones distintas producidas en el observador, por adaptaciones distintas de los instrumentos de observación. Un paso más y se ve que tal diferencia está desprovista de significación, mientras que no se ha probado que corresponde á una posición determinada, dada por el cálculo, y suponiendo que no se ha perdido movimiento alguno. Si, finalmente, examinamos el cálculo que da esa posición, descubrimos que se basa en aceleraciones y retrasos debidos á la naturaleza elíptica de la órbita, y á las perturbaciones producidas por los planetas próximos. Llega, pues, á concluir la indestructibilidad del movimiento del planeta, no por su movimiento uniforme, sino por la cantidad constante del movimiento manifestado, salvo lo comunicado á los otros cuerpos celestes ó transmitido por ellos. Cuando inquirimos cómo se aprecia ese movimiento transmitido, vemos que es fundándose en ciertas leyes de fuerza, que todas sin excepción implican el postulado de que la fuerza es indestructible. Sin el axioma de la igualdad y antagonismo de la acción y de la reacción, la Astronomía no podría hacer predicciones exactas, y perderíamos la rigorosa prueba inductiva en ellas fundada de que el movimiento no puede jamás anularse; sólo puede transmitirse.

Lo mismo sucede respecto á la conclusión *à priori*, de la continuidad del movimiento. Lo que el pensamiento no puede concebir

se anule es la fuerza que el movimiento indica. El cambio constante de posición puede ser dejado de imaginar sin dificultad; tal
sucede al pensar en el reposo; pero no es posible imaginar que la
disminución y cesación de un movimiento se verifiquen, aun producidos por cuerpos exteriores al móvil, si no se hace abstracción
de la fuerza de ese movimiento, la cual tenemos forzosamente que
concebir bajo la forma de reacción en dichos cuerpos; mirando el
movimiento á ellos comunicado como un producto de la fuerza comunicada, no como comunicado directamente. Podemos mentalmente disminuir la velocidad, el elemento espacio del movimiento, repartiendo el elemento fuerza entre mayor masa de materia;
pero la cantidad de ese elemento-fuerza que consideramos como la
causa del movimiento, es invariable para nuestra razón.

CAPÍTULO VI

PERSISTENCIA DE LA FUERZA (1).

58. Antes de dar el primer paso en la interpretación racional de los fenómenos, es preciso reconocer, no solamente los dos hechos de la indestructibilidad de la materia y de la continuidad del movimiento, sino también el de la persistencia de la fuerza. Sería absurdo querer hallar las leyes á que obedecen las manifestaciones, en general y en particular, si la fuerza que las produce pudiera comenzar ó dejar de existir. Entonces la sucesión de fenómenos sería arbitraria: la Ciencia y la Filosofía serían imposibles.

La necesidad de admitir esos dos hechos es más imperiosa que en las dos cuestiones precedentes; porque, como ya hemos visto, la validez de las pruebas de aquéllas descansa únicamente en la validez de la prueba de la persistencia de la fuerza. El análisis de nuestros razonamientos nos ha demostrado, en los dos casos, que la conclusión *à posteriori* implica la hipótesis de que basta probar que las manifestaciones de fuerza no cambian, para que resulte probado que no han cambiado las cantidades de Materia y de Movimiento; y hemos hallado también, que ese hecho es el elemento esencial del conocimiento *à priori*. Por consiguiente, el principio de que la cantidad de fuerza permanente invariable es la idea fun-

---

(1) Hace dos años dije á mi amigo el profesor Huxley lo mal que me parecía la frase usual *conservación de la fuerza*, porque supone un conservador y un acto de conservar, y además no implica la existencia de la fuerza antes de la manifestación por la cual se nos revela la primera vez; entonces Huxley propuso la palabra *persistencia* en lugar de conservación. Esta nueva palabra se libra de la primera objeción, y aunque se le puede oponer la segunda, no hay otra mejor que la sustituya: la usaremos, pues, á falta de otra inventada expresamente para esa idea. —(*N. del A.*)

damental, sin la que esas otras ideas derivadas no pueden subsistir.

59.   ¿En qué razones nos fundamos para afirmar la persistencia de la fuerza? Inductivamente sólo tenemos una prueba, la que
nos presenta el mundo de los fenómenos sensibles. Con todo, no
conocemos inmediata ó directamente fuerza alguna, á no ser la
que desarrollamos con nuestros esfuerzos musculares; las demás
son conocidas mediatamente por los cambios que las atribuimos.
Mas puesto que no podemos inferir la persistencia de la fuerza, de
la sensación que nos produce, que no persiste, debemos inferirla,
si la inferimos, de la continuidad del movimiento ó de la aptitud
siempre igual de la Materia, para producir ciertos efectos. Pero
ese razonamiento es un círculo vicioso; es ilógico afirmar la indestructibilidad de la Materia, porque la experiencia nos enseña que
en todos los cambios ó modificaciones que experimente una masa
dada de materia, presenta la misma gravitación, y afirmar en seguida que la gravitación es constante porque una masa dada de
materia presenta siempre la misma cantidad; ó, lo que es lo mismo,
probar la continuidad del movimiento por la persistencia de la
fuerza, y probar recíprocamente la persistencia de la fuerza por la
continuidad del movimiento.

Siendo, pues, necesarios los datos de la Ciencia, tanto objetiva como subjetiva, para resolver esa cuestión, idea de la persistencia de la fuerza, es conveniente examinar dicha idea muy detenidamente. A riesgo de cansar la paciencia del lector, debemos
examinar de nuevo el razonamiento que demuestra la indestructibilidad de la Materia y la continuidad del Movimiento, y veremos
que es imposible llegar, por un razonamiento análogo, á la persistencia de la Fuerza. En los tres casos la cuestión versa sobre
cantidad; ¿disminuyen en cantidad de Materia, el Movimiento ó
la Fuerza? La ciencia cuantitativa implica la medida, y la medida
implica la unidad de medida. Las unidades de medida, de que se
derivan todas las demás medidas exactas, son unidades de extensión líneal. Partiendo de esas unidades, con palancas de brazos
iguales ó balanzas, se establecen las unidades iguales de peso ó de
fuerza gravitativas que usamos; y por medio de esas unidades
iguales de extensión y peso, hacemos las comparaciones cuantitativas que nos conducen á las verdades de la ciencia de precisión.
En las investigaciones que conducen al químico á concluir que
ninguna parte del carbón desaparecido en una combustión se ha

perdido, y que en el producto que resulta, el ácido carbónico, se encuentra todo aquel carbón, ¿qué prueba se invoca siempre? La prueba suministrada por la balanza. ¿En función de qué se expresa el veredicto de la balanza? En unidades de peso ó de fuerza gravitativa. ¿Y cuál es el veredicto? Que el carbón presenta aún tantas unidades de fuerza gravitativa como antes de ser quemado. Se dice, pues, que la cantidad de materia es la misma si el número de unidades de fuerza que equilibra es el mismo; por consecuencia, la validez de la conclusión pende exclusivamente del número constante de unidades de fuerza; de modo, que si varía la fuerza con que la pesa, que representa la unidad de peso, tiende hacia la tierra, la deducción de la indestructibilidad de la materia, es viciosa ó ilegítima. Todo estriba en el principio ó hipótesis de que la gravedad de los pesos es constante; mas de esa constancia no tenemos ni podemos tener prueba alguna. Los razonamientos de los astrónomos implican una hipótesis semejante, de la cual podemos sacar una conclusión análoga.

En Física celeste no hay problema que se pueda resolver, sin admitir alguna unidad de fuerza; no es preciso que esa unidad sea, como la libra ó la tonelada, de las que podemos conocer directamente; basta tomar como unidad la atracción mutua de dos cuerpos determinados á una distancia dada, de suerte que las otras atracciones de que se ocupa el problema, puedan expresarse en función de aquélla. Adoptada esa unidad, se calculan los momentos que cada masa aislada produce en cada una de las otras, en un tiempo dado, y combinando esos momentos con los que ya poseen se predice sus posiciones al fin de dicho tiempo, viniendo luego la observación á confirmar la predicción, de lo cual se pueden sacar dos conclusiones: si las masas son constantes, se prueba que el movimiento no ha disminuído; y si el movimiento no ha disminuído, se prueba que las masas son constantes. Pero la validez de una ú otra conclusión pende, igualmente, de que la unidad de fuerza no haya variado. Y no sólo en las cuestiones concretas, suponen la persistencia de la Fuerza los razonamientos de la Física terrestre y de la Astronomía, si que también en el principio abstracto que les sirve de punto de partida y que invocan siempre, para justificar cada paso que dan. En efecto, ese principio—igualdad y oposición directa de la acción y de la reacción—equivale á decir: que no puede haber una fuerza aislada nacida de la nada y reducible á la nada, sino que una fuerza, que se manifiesta do-

quier, implica una fuerza antecedente, de la que se deriva, y contra la que reacciona. Además, aquella fuerza no puede desaparecer sin resultado; es preciso que se gaste en alguna otra manifestación de fuerza, que una vez producida constituye su reacción, y así sucesivamente. Es, pues, evidente que la persistencia de la fuerza es una verdad primaria, que no puede tener prueba inductiva. Sin necesidad del análisis precedente, podíamos asegurar: debe haber un principio—base de la Ciencia,—y que, por tanto, no puede ser establecido por la Ciencia. En efecto, sabemos que todos los razonamientos se fundan en algún postulado, y sabemos también (23) que, si referimos los principios derivados, á aquéllos, cada vez más abstractos y generales, de que se derivan, no podemos dejar de llegar, al fin, á un principio más general y. abstracto que todos, y que, por tanto, no puede derivarse ni deducirse de ningún otro. Pues bien, ese principio es, para la Ciencia en general, según las relaciones que hemos visto sostiene con todos los demás, la persistencia de la Fuerza.

60. ¿Cuál es, pues, la fuerza cuya persistencia afirmamos? No es la fuerza de que tenemos conciencia en nuestros esfuerzos musculares, porque esa no persiste. Desde el momento en que un miembro extendido se afloja, desaparece la conciencia de la tensión. Es verdad que decimos, que en la piedra que lanzamos, ó en el peso que levantamos, se manifiesta el efecto de dicha tensión muscular, y que la fuerza que ha dejado de estar presente á nuestro espíritu, existe en otra parte. Pero no existe en forma que podamos conocerla. Se ha probado (18) que, si por una parte nos vemos obligados, cuando levantamos un objeto del suelo, á pensar que su presión hacia abajo es igual á nuestra tensión hacia arriba, y que es imposible figurarse la igualdad de esas dos fuerzas, sin imaginar también su igualdad de especie; por otra parte, como esa igualdad de especie implicaría en el objeto una sensación de tensión muscular, que es absurdo atribuirle, debemos concluir que la fuerza, tal como existe fuera de nuestra conciencia, no es como la que en ella ó por ella conocemos. Por consiguiente, la fuerza cuya persistencia afirmamos es la Fuerza absoluta, de la que tenemos vagamente conciencia como correlativa necesaria de la fuerza que conocemos. Así, por persistencia de la fuerza entendemos: persistencia de un poder que supera á nuestro conocimiento y á nuestra razón. Las manifestaciones que se verifican en nosotros y fuera de nosotros, no persisten, lo que persiste es la causa

incógnita de esas manifestaciones. En otros términos, afirmar la persistencia de la fuerza, no es más que otra manera de afirmar una realidad incondicionada, sin principio ni fin.

Llegamos así de nuevo, impensadamente, á la verdad primaria, lazo de unión entre la Religión y la Ciencia. Examinando los datos que implica una teoría racional de los fenómenos, hallamos que todos pueden referirse á uno, sin el cual la conciencia es imposible, la existencia necesaria de un Incognoscible, correlativo necesario de lo cognoscible. Una vez comenzado, el análisis de las verdades admitidas como base de las investigaciones científicas nos conduce al principio fundamental en que se reconcilian la Filosofía y el sentido común.

Los argumentos y las conclusiones contenidas en este capítulo y en los tres precedentes, son un complemento de los argumentos y conclusiones de la primera parte de esta obra.

Allí probamos, por el examen de nuestras últimas, ó más bien, primarias ideas religiosas y científicas, la imposibilidad de conocer el Sér absoluto; y en el capítulo siguiente, probamos también por un análisis subjetivo que las condiciones mismas del pensamiento nos impiden conocer nada más que séres relativos; pero que esas mismas condiciones suponen necesariamente una conciencia ó conocimiento vago é indeterminado del Sér absoluto. Ahora acabamos de hallar, por el análisis objetivo, un resultado análogo, á saber: que las verdades axiomáticas de las ciencias físicas suponen como base común el Sér absoluto.

Hay, pues, entre la Religión y la Ciencia una conformidad más profunda que la mostrada anteriormente; no sólo ambas confluyen en la proposición negativa de que no es posible conocer lo no relativo, sino también en la proposición positiva de que lo no relativo tiene existencia real. Ambas se ven obligadas, por la probada imposibilidad de sus pretendidos conocimientos, á confesar que la realidad última es incognoscible; y no obstante, se ven también forzadas á admitir su existencia, puesto que, sin ella, ni la Religión tiene objeto, ni la Ciencia subjetiva y objetiva tiene su dato primordial é indispensable. Sin suponer el Sér absoluto, no podemos establecer una teoría de los fenómenos internos, ni una teoría de los fenómenos externos.

61. Hemos considerado bajo diversos puntos de vista la naturaleza de esa intuición fundamental; no será, pues, inútil resumamos ahora los resultados obtenidos.

En el cap. IV hemos visto que el *poder incógnito*, cuyo principio y fin son inconcebibles, está presente en nuestro espíritu como una materia informe que recibe una nueva forma en cada pensamiento. Nuestra incapacidad para concebirle límites, es simplemente correlativa de nuestra incapacidad de poner fin al sujeto pensante en tanto que piensa.

En los dos capítulos precedentes hemos considerado esa verdad fundamental bajo otro aspecto. Hemos visto que la indestructibilidad de la Materia y la continuidad del Movimiento, son, en realidad, corolarios de la imposibilidad de establecer una relación mental entre algo y nada; imposibilidad que nace de que, siendo lo que llamamos establecer una relación mental, el paso de la sustancia pensante de una forma á otra, pensar que algo se reduce á nada, equivaldría á que la sustancia pensante, después de haber existido bajo una forma dada, existiese sin forma alguna ó cesase de existir. La incapacidad de concebir la destrucción de la Materia y del Movimiento, es la incapacidad de destruir la conciencia misma. Lo que hemos hallado de cierto, respecto á la Materia y al Movimiento, en los dos capítulos precedentes, lo es, *à fortiori*, de la Fuerza, es decir, del elemento integrante de los conceptos de Materia y de Movimiento; pues, como hemos visto, lo indestructible en la Materia y en el Movimiento es la Fuerza que manifiestan. Y últimamente, acabamos de ver que el principio de la indestructibilidad de la fuerza es el correlativo del principio de la indestructibilidad de la causa incógnita de los cambios que se verifican en la conciencia. De modo, que la persistencia de la conciencia es la experiencia inmediata que tenemos de la persistencia de la Fuerza, y al mismo tiempo, nos impone la necesidad de afirmar ésta.

62.   Vemos, pues, que bajo todos conceptos estamos obligados á reconocer que hay una verdad fundamental, dada *à priori* en nuestra constitución psíquica, la cual verdad no es sólo un dato de la Ciencia, si que también de la ignorancia ó del sentido común inculto. Cualquiera que afirme que la incapacidad de concebir principio y fin al Universo, es un resultado negativo de la estructura de nuestro pensamiento, no podrá negar que la intuición del Universo como persistente es un resultado positivo de esa misma estructura. La persistencia del Universo es la persistencia de la causa incógnita — Poder ó Fuerza — que se nos manifiesta á través de todos los fenómenos.

Tal principio es el fundamento de toda ciencia positiva, es anterior á toda demostración y á todo conocimiento determinado; es, en fin, tan antiguo como nuestro espíritu; es también superior en autoridad á toda otra autoridad, porque no sólo está dado en la constitución de nuestra propia conciencia, sino que es imposible imaginar una conciencia constituída de modo que no esté dado en ella aquel principio. Puesto que el pensamiento sólo implica el establecimiento de relaciones, se puede fácilmente concebir que se ejerza, aun cuando las relaciones no hayan sido aún sistematizadas en las nociones ó ideas abstractas que llamamos Espacio y Tiempo; se puede concebir una especie de conciencia que no posea los principios *à priori*, que supone la organización de esas formas de relación; mas no se puede concebir que el pensamiento se ejerza sin ciertos elementos entre los que puedan establecerse dichas relaciones; no se puede concebir una conciencia que no implique la existencia continua, como dato fundamental. La conciencia es posible sin tal ó cual *forma* particular; pero es imposible sin materia, sin contenido.

El único principio que supera, pues, á la experiencia, porque la sirve de base, es la persistencia de la Fuerza; que no sólo es la base de la experiencia, sino que debe serlo de toda organización científica de experiencias. A ese principio nos conduce el análisis; sobre él debe, pues, fundarse toda síntesis racional.

CAPÍTULO VII

68. El primer corolario de la persistencia de la Fuerza es la persistencia de las relaciones entre las fuerzas. Supuesto que una manifestación de fuerza, de forma y condiciones dadas, sea precedida ó seguida de otra manifestación determinada, es necesario que siempre que la forma y condiciones sean las mismas, lo sea también la manifestación siguiente ó precedente. Cada *modo* de lo Incognoscible, considerado como *antecedente*, debe tener íntima é invariable conexión, cuantitativa y cualitativa, con el *modo* de lo Incognoscible que llamamos consecuente de aquel antecedente.

Decir lo contrario es negar la persistencia de la fuerza. Si en dos casos determinados hay completa analogía, no sólo entre los antecedentes principales que llamamos causas, si que también entre los antecedentes concomitantes que llamamos condiciones, no podemos afirmar que los efectos ó consecuentes diferirán, sin afirmar explícita é implícitamente, ó que una fuerza ha dejado de existir, se ha anulado; ó que una fuerza ha comenzado á existir, ha salido de la nada; porque siendo iguales en dirección é intensidad las fuerzas cooperatrices, cada una á su correlativa, en ambos casos es imposible concebir que el producto de su acción combinada sea distinto en un caso que en otro, sin concebir que una ó muchas fuerzas han ganado ó perdido en cantidad, es decir, sin pensar que la Fuerza no es persistente.

Para dar á ese principio su forma más abstracta, es conveniente poner algunos ejemplos.

64. Sean dos proyectiles iguales, lanzados con igual fuerza; deben recorrer iguales distancias en el mismo tiempo. Si se dice que uno de los dos recorrerá, más que el otro, un espacio dado,

aunque sus momentos iniciales sean idénticos, y tengan que vencer la misma resistencia (porque si la resistencia es diferente, las condiciones lo son también), es lo mismo que decir que cantidades iguales de fuerza no han producido la misma cantidad de trabajo; lo cual es inconcebible, sin admitir que una fuerza se ha anulado ó ha nacido de la nada. Supongamos ahora que, en su movimiento, uno de los proyectiles ha sido desviado de su dirección primitiva, por la atracción terrestre, algunas pulgadas; el otro, que ha recorrido la misma distancia, en el mismo tiempo, debe haber sido desviado exactamente lo mismo; pues si no, habría que suponer que atracciones iguales, en tiempos y demás condiciones iguales, han producido efectos desiguales; lo que implica la creación ó anulación de trabajo mecánico, que ya sabemos es inconcebible. Además, si uno de los proyectiles ha penetrado en el blanco hasta cierta profundidad, no se puede imaginar que el otro penetre más ni menos, á no ser que esa desigualdad vaya unida á un cambio de forma del proyectil ó á una desigual densidad del blanco, en los puntos respectivamente chocados por los dos proyectiles. En general, toda modificación de los consecuentes, sin modificación de los antecentes, no puede concebirse, sin suponer que algo se ha reducido á nada, ó que nada ha llegado á ser algo, lo que ya sabemos es inconcebible.

Todo lo cual puede decirse, no sólo de los cambios ó fenómenos sucesivos, sino también de los simultáneos ó coexistentes. Sean, por ejemplo, dos cargas de pólvora iguales en cantidad y calidad, inflamadas por mechas de la misma estructura, y proyectando balas de pesos, volúmenes y formas iguales, atacadas del mismo modo; se debe inferir, que los efectos concomitantes producidos por ambas explosiones, serán iguales en cantidad y calidad; también lo serán: las cantidades respectivas de los diversos productos de la combustión; las partes de ambas sumas de fuerzas, empleadas respectivamente en dar á la bala su velocidad, á los gases formados su calor, á la detonación su ruido, etc., etc.

En efecto, no se puede imaginar que haya diferencias de cantidades ó de relaciones cuantitativas y cualitativas entre esos fenómenos concomitantes, sin suponer que esas diferencias nacen sin causa, por creación ó anulación de fuerza. Claro es, que la igualdad reconocida en esos dos casos, debe existir en todos los análogos, lo mismo entre antecedentes y consiguientes, hasta cierto punto sencillos, que sea cualquiera la complicación de aquéllos.

65.   Así, pues, lo que llamamos constancia de una ley, que no es otra cosa, como acabamos de ver, que la constancia ó persistencia de las relaciones entre las fuerzas, es un corolario inmediato de la persistencia de la fuerza. La conclusión general de que hay conexiones constantes entre los fenómenos, conclusión que se considera comunmente sólo como *inductiva*, puede también *deducirse* del dato primario de la conciencia. Pudiera creerse que deducimos la conclusión ilegítima de que lo verdadero, respecto al Yo, lo es también respecto al No-Yo: pero aquí esa conclusión es legítima. En efecto, lo que afirmamos á la vez del Yo y del No-Yo, es únicamente lo que ambos, considerados sólo como séres, tienen de común.

Afirmar una existencia fuera del Yo, es afirmar que hay fuera de la conciencia algo persistente, porque la persistencia no es más que la existencia continuada, y hemos visto que no se puede concebir la existencia, sin concebirla como continua.

No podemos afirmar la persistencia de algo fuera del Yo, sin afirmar que las relaciones que ligan entre sí á sus manifestaciones, son persistentes.

Más adelante veremos, aún con mayor evidencia, que la constancia ó uniformidad de la ley de cada fenómeno, se infiere también de la persistencia de la fuerza. El capítulo siguiente contendrá de un modo indirecto, en muchos ejemplos, esas pruebas.

CAPÍTULO VIII

TRANSFORMACIÓN Y EQUIVALENCIA DE LAS FUERZAS

66.   Desde que la Ciencia pudo auxiliar á los sentidos con instrumentos de precisión, que son como sentidos suplementarios, se
comenzó á percibir diversos fenómenos, que los ojos ni los dedos
habían, hasta entonces, podido hacer perceptibles; se hicieron
apreciables manifestaciones más delicadas de las formas de fuerza,
ya conocidas; y nuevas formas antes incógnitas, pudieron ser estudiadas y medidas. Aun en los casos, en que se había admitido á
la ligera, que ciertas fuerzas se aniquilaban, la observación, ayu-
dada de los instrumentos, ha probado: que dichas fuerzas producían siempre algunos efectos; que, lejos de anularse, reaparecían
bajo nuevas formas. De este modo se llegó á plantear la cuestión
general de si la fuerza productora de cada fenómeno, se metamor-
fosea, ó cambia siempre en otra ú otras, cuando parece que se
gasta ó anula. La experiencia ha dado á esa cuestión una respuesta afirmativa, que cada día es más segura. Meyer, Joule, Grove
y Helmholtz, han contribuído, en primera línea, á popularizar
esa idea; examinemos detenidamente las pruebas que la demuestran.

En todos los casos en que podemos reconocer directamente el
origen de un movimiento, se halla que preexistía bajo forma de
fuerza. Nuestros propios actos voluntarios tienen siempre por antecedentes ciertas sensaciones de tensión muscular. Cuando dejamos caer un miembro, por su propio peso, tenemos conciencia de
un movimiento corporal que no ha exigido ningún esfuerzo, pero
que se explica por el esfuerzo que hicimos, al elevar el miembro
á la posición de que ha caído. En este caso, como en el de un
cuerpo inanimado que cae, la fuerza acumulada por el movimien-

12

to de caída es exactamente igual á la que se había empleado ó que se necesitaría emplear para elevarle á la altura de que cae. Todo movimiento que se pára, produce, según las circunstancias, calor, luz, electricidad ó magnetismo. Desde la simple calefacción de las manos, frotándolas, hasta la ignición de un freno de tren, al apretarle y sufrir el intenso roce consiguiente; desde la chispa del pistón percutido, hasta la inflamación de un pedazo de madera por un corto número de choques de un martillo de vapor, hay una infinidad de ejemplos en que se produce calor al cesar un movimiento. Además, ese calor, así engendrado, crece proporcionalmente á la cantidad de movimiento anulado, en apariencia, y disminuye, al disminuir el frotamiento ó el choque que anula dicho movimiento. Sabido es que se produce electricidad por el movimiento en el frote del lacre ó la resina, en la máquina eléctrica ordinaria, en la hidro-eléctrica, etc.; y, en general, doquier se verifique frotamiento de cuerpos heterogéneos. El magnetismo puede resultar de movimiento, sea inmediatamente, como percutiendo hierro, sea indirectamente, como por corrientes eléctricas, previamente producidas por movimiento. Este puede producir también luz, ya directamente, como en las chispas que hacen saltar los choques violentos, ya indirectamente como en la 'chispa eléctrica. «Por último, las fuerzas engendradas por movimientos, reproducen también movimientos; ejemplos: la divergencia de las hojas del electrómetro, la rotación de la rueda eléctrica, la desviación de la aguja inmantada, que, si resultan de la electricidad desarrollada por frote, son movimientos visibles, reproducidos por esos modos invisibles de fuerza, engendrados á su vez por movimientos».

La forma de fuerza que llamamos calor, es considerado, ya hace algunos años, por los físicos, como un movimiento molecular; es decir, un movimiento interno y vibratorio de las unidades invisibles de que se componen las masas. Dejando de considerar el calor, como la sensación particular que nos causan los cuerpos, en ciertas condiciones, y estudiando los otros fenómenos que esos cuerpos presentan y producen, no se observa en todos ellos más que movimientos. Salvo una ó dos excepciones inexplicables por todas las teorías del calor, los cuerpos calentados se dilatan, y la dilatación no puede indudablemente interpretarse, sino como la suma de movimientos de las moléculas ó unidades de masa, alejándose unas de otras. Lo que se llama radiación, ó sea la comunicación

del calor á distancia, es evidentemente un movimiento, como lo es
también la prueba que de ella suministra el termómetro, la dilatación de la columna termométrica. Un ejemplo, ya común, de
que el movimiento molecular, llamado calor, puede transformarse
en movimiento visible, es la máquina de vapor, en la que «el
émbolo y todos los cuerpos á él unidos; son puestos en movimiento por la dilatación del vapor de agua». Aun en casos en que el calor es absorbido sin dar resultado aparente, las investigaciones
modernas han probado la existencia de cambios bien notables,
como por ejemplo, el vidrio, cuyo estado molecular se modifica
por el calor, hasta el punto de que un rayo de luz polarizada que
le atraviese, se hace visible, no siéndolo, cuando el vidrio está
frío; ó en las superficies metálicas pulimentadas, cuya estructura
cambia de tal modo, por la radiación calorífica que reciben, que
conserva, á veces, el cambio permanentemente.

La transformación del calor en electricidad, se produce cuando
se calienta la superficie de unión de dos metales en contacto, en
cuyo caso se desarrolla una corriente eléctrica. Introduciendo una
sustancia sólida en un gas muy caliente, por ejemplo, un pedazo
de creta en la llama de oxidrógeno, se pone candente, lo que
muestra la conversión del calor en luz. Si no es fácil probar la
transformación directa del calor en magnetismo, sí lo es la transformación indirecta, por medio de la electricidad. El mismo intermedio sirve para establecer entre el calor y la afinidad química,
la correlación que hacía ya suponer la influencia del calor en las
combinaciones y descomposiciones químicas.

El paso de la electricidad á los otros modos de fuerza, y recíprocamente, es aún más fácilmente demostrable; ya es una corriente eléctrica que engendra magnetismo en una barra de hierro dulce, ya un imán en rotación que engendra corrientes eléctricas; ya una pila en que acciones químicas producen una corriente; ya corrientes que producen efectos químicos.

En los reóforos se puede apreciar la transformación de la electricidad en calor; en la chispa y en el arco voltaico, su transformación en luz. La disposición molecular sufre también alteraciones por la acción de la electricidad; por ejemplo: el transporte
de la materia de un polo al otro, las roturas que producen las descargas, las cristalizaciones por corrientes eléctricas. Inversamente, toda nueva disposición molecular, produce, al efectuarse, ya
directa ya indirectamente, electricidad.

Indiquemos, siquiera sea brevemente, el paso del magnetismo á las otras fuerzas físicas; y decimos brevemente, porque la mayoría de los ejemplos que siguen son inversos de los ya citados. Produciendo movimiento es como el magnetismo manifiesta generalmente su existencia; en la máquina electro-magnética, un imán en rotación produce electricidad, y ésta puede producir inmediatamente luz, calor y afinidad química. El descubrimiento hecho por Faraday de los efectos del magnetismo sobre la luz polarizada, lo mismo que el del calor que acompaña á los cambios del estado magnético de un cuerpo, indican nuevas conexiones entre esas formas de la Fuerza. En fin, diversas experiencias demuestran que la imantación de un cuerpo cambia su estructura íntima, y recíprocamente, el cambio de la estructura de un cuerpo por acciones mecánicas, cambia su condición magnética.

Todas esas fuerzas pueden también ser engendradas por la luz, aunque parezca improbable. En efecto, los rayos solares cambian la estructura molecular de algunos cristales; gases mezclados, que no se combinan de otro modo, se combinan á la luz solar, y al revés, en ciertos compuestos, la luz produce la descomposición. Desde que los trabajos fotográficos han hecho fijar la atención en los efectos de la luz sobre los cuerpos, se ha visto que «un gran número de éstos, tanto elementales como compuestos, son notablemente modificados por aquélla, aun algunos, como los metales, que parecen poco susceptibles de modificación». Cuando se pone en comunicación una placa daguerreotípica expuesta á la luz con un galvanómetro, se obtiene: una acción química en la placa, electricidad dinámica en los hilos, magnetismo en el interior del circuito, calor en la hélice y movimiento en las agujas.

Casi no es necesario decir que las acciones químicas pueden engendrar todas las demás formas de fuerza, pues bien sabido es que la inmensa mayoría de las combinaciones producen calor, y si las afinidades son intensas y las condiciones á propósito, también se produce luz. Las acciones químicas, que implican un cambio de volumen, engendran movimiento, tanto en los elementos que reaccionan, como en los cuerpos próximos; ejemplo la explosión de la pólvora en las armas de fuego. La electricidad de las pilas es debida á las acciones químicas, y por el intermedio de aquélla éstas producen también magnetismo.

Los ejemplos anteriores tomados, la mayoría, del libro de M. Grove *Correlation des forces phisiques*, nos prueban que cada fuerza puede transformarse directa ó indirectamente en las otras. En todo fenómeno, la fuerza sufre una metamorfosis: de la forma ó de las formas nuevas que toma, puede resultar ya la forma precedente, ya otra cualquiera, en infinita variedad de órdenes y combinaciones. Se comprueba fácilmente que las fuerzas físicas tienen mutuas correlaciones, no sólo cualitativas, sino también cuantitativas. Después de haber probado que una forma cualquiera de fuerza puede transformarse en otra, se demuestra también que de una cantidad definida de una fuerza nacen siempre cantidades también fijas y definidas de las otras. Esta demostración es casi siempre difícil, porque comunmente una fuerza no se transforma sólo en otra, sino en varias, cuyas proporciones relativas están determinadas por las circunstancias, que no son siempre las mismas. Con todo, en ciertos casos se han obtenido resultados positivos. Así M. Joule ha probado que la caída de 772 libras desde un pie de altura, eleva la temperatura de una libra de agua un grado Farhenheit. Los estudios de Dulong y Petit y de Neuman han demostrado que hay una relación cuantitativa entre las afinidades de los cuerpos que se combinan y el calor engendrado durante la combinación, y los de Faraday acusan que una cantidad determinada de electricidad voltaica, es siempre producida por una cantidad correlativa de acción química. En las máquinas de vapor hay una relación constante entre las cantidades de calor empleado y las de vapor producido, ó más bien de tensión ó fuerza elástica manifestada. Es, pues, indudable que hay relaciones cuantitativas fijas entre las varias formas de fuerza, por lo cual los físicos admiten que no sólo dichas formas se metamorfosean ó cambian unas en otras, sino que una cantidad determinada de cada fuerza equivale constantemente á cantidades fijas de las otras.

67.   El principio que acabamos de reconocer, se manifiesta en el Cosmos, doquier y siempre. Todo cambio, todo grupo de cambios que sucede en el Universo, debe ser producido por fuerzas semejantes ó diferentes á las que conocemos, y derivadas ó transformadas de otras; y no sólo debemos reconocer el encadenamiento de las fuerzas actuales con las precedentes y siguientes, sino también que las cantidades de esas fuerzas son determinadas; es decir, que producen necesariamente tales ó cuales resultados, limitados en cantidad.

La unificación del conocimiento, que es el fin de la Flosofía, no adelanta poco al dar toda su generalidad á la proposición contenida en el párrafo anterior. Los cambios ó fenómenos, y las transformaciones de fuerzas que los acompañan, siguen doquier un movimiénto progresivo, desde los movimientos estelares, hasta el curso de nuestras ideas; y si queremos comprender enteramente la gran ley de la persistencia cuantitativa de las fuerzas, en sus metamorfosis incesantes, es preciso que consideremos los diversos órdenes de cambios que se verifican en torno nuestro, á fin de averiguar de dónde nacen, y cómo se transforman las fuerzas que los producen. Cuestión tan vasta, no hay duda que sólo puede recibir una solución muy defectuosa, pues no será fácil establecer siempre la equivalencia entre las varias manifestaciones sucesivas de fuerza; lo más que conseguiremos, será establecer una relación cualitativa, y vagamente cuantitativa tan sólo en lo que implique proporción entre las causas y los efectos. Para eso examinaremos sucesivamente las diversas clases de fenómenos de que se ocupan las ciencias particulares ó concretas.

68. Los antecedentes de las fuerzas desplegadas por nuestro sistema solar, pertenecen á un pasado, del que jamás podremos tener sino un conocimiento probable, y hasta ahora casi no podemos vanagloriarnos de tener uno que siquiera merezca aquel nombre. Por numerosas y fuertes que sean las razones en *pro* de la hipótesis *nebular*, no podemos ver en ella más que una hipótesis. Sin embargo, si admitimos que la materia que compone el sistema solar ha existido antes en estado difuso, basta la gravitación de sus diversas partes para producir su estado y movimientos actuales. En efecto, masas de materia cósmica precipitada, moviéndose hacia su centro común de gravedad á través del medio, en cuyo seno han sido precipitadas, producirán ineludiblemente una rotación general, cuya velocidad irá creciendo á medida que progrese la concentración. En todo lo que de esa clase de fenómenos alcanza nuestra experiencia, hay una relación cuantitativa entre los movimientos así engendrados, y las fuerzas gravitativas que los producen. Los planetas que ha formado la materia cuya distancia al centro común de gravedad era mínima, tienen también las mínimas velocidades; hecho perfectamente explicable, por la hipótesis teológica, puesto que es una condición de equilibrio, una ley estática; mas no es esa la cuestión, entre otras razones, porque eso no basta para explicar la rotación de los planetas, con todas sus circunstancias. No hay causa final que explique la rapidez del movimiento rotatorio de Júpiter y Saturno, y la lentitud del de

Mercurio; pero si, conforme á la doctrina de la transformación de las fuerzas, buscamos los antecedentes de las rotaciones planetarias, la hipótesis nebular nos sugiere una explicación, que basta en cuanto á esas relaciones cuantitativas.

En efecto, los planetas cuyo movimiento rotatorio es más rápido, son los que tienen mayores masas y órbitas; es decir, aquellos cuyos elementos han tendido hacia su centro de gravedad desde el estado difuso, á través de espacios inmensos, y han adquirido, por lo mismo, velocidades enormes. Por el contrario, los planetas que giran con las menores velocidades, son los formados por los menores anillos nebulosos, como lo demuestran principalmente sus satélites.

Mas se dirá: ¿qué se ha hecho todo el movimiento que ha efectuado la agregación de aquella materia difusa en cuerpos sólidos? Se ha convertido en calor y luz, dice la Ciencia, y la experiencia confirma esa respuesta. Los geólogos piensan que el calor del núcleo terrestre, aun en fusión, no es sino un residuo del que antiguamente tuvo en fusión á la Tierra entera. Las superficies montuosas de la Luna y de Venus (únicas cuya proximidad permite su examen), presentan una costra arrugada como la nuestra, indudablemente debido á un enfriamiento. En fin, el Sol mismo es un ejemplo, según se cree, de la producción del calor y luz por la detención de la materia difusa que se mueve hacia su centro de gravedad, viéndose en él comprobada también la relación cuantitativa, pues siendo su masa, como se sabe, mil veces mayor que la del mayor de los planetas, es enormemente más considerable la cantidad de luz y de calor que produce la detención de su materia en movimiento, por lo cual conserva aún la radiación que nos alumbra y vivifica; al paso que los planetas, cuyas masas relativamente pequeñas han perdido ya su movimiento centrípeto, y suman una superficie radiante muy grande, respecto á su masa total, han perdido también la mayor parte del calor que tuvieron antes.

69. Buscando ahora el origen de las fuerzas que han dado á nuestro planeta su forma presente, veremos que se las puede referir al origen primordial acabado de citar; pues suponiendo formado el sistema solar según la hipótesis admitida, los cambios geológicos son resultados naturales directos ó indirectos del calor debido á la condensación de la nebulosa, y que aún no ha sido gastado totalmente. Esos cambios se clasifican en ígneos acuosos, lo cual nos permite considerarlos más cómodamente.

Los cambios más ó menos periódicos que llamamos terremotos, las elevaciones y depresiones que son sus resultados, los efectos acumulados de las elevaciones y depresiones en la cuenca variable de los mares, las islas, continentes, mesetas, cordilleras y todas las formaciones que llamamos volcánicas, son consideradas por los geólogos como alteraciones de la costra terrestre por la materia aún fundida del interior. Por insostenibles que sean los detalles de la teoría de Elie de Beaumont, hay razones poderosas para admitir que, en general, las roturas y desniveles que se manifiestan á veces en la superficie terrestre son debidos á la contracción progresiva de la costra sólida sobre un núcleo enfriado y contraído. Aun suponiendo qne se pueda dar una explicación más satisfactoria, lo que hasta ahora no es posible, de las erupciones volcánicas, de los levantamientos de rocas ígneas y de la formación de las cadenas de montañas, no se podría explicar, sino de aquel modo, las inmensas elevaciones y depresiones de que resultan los continentes y los mares. La conclusión general qne se debe sacar es: que las fuerzas que se manifiestan en los fenómenos geológicos ígneos son resultados positivos ó negativos del calor concentrado en el núcleo ó interior del globo. Los fenómenos de fusión ó aglutinación de depósitos sedimentarios, las aguas termales, la sublimación de los metales en las grietas donde los hallamos mineralizados, pueden ser considerados como efectos positivos del calor interior; y las rupturas de los terrenos y sus cambios de nivel son sus resultados negativos, ó del enfriamiento; siendo la causa originaria ó primitiva de todos esos efectos la que era en un principio, el movimiento gravitativo de la materia terrestre hacia su centro, puesto que á esa causa debemos atribuir el calor interno y la contracción de la superficie á medida que radia en el espacio.

En cuanto á los fenómenos ácueos ó plutónicos, no es tan evidente la forma en que preexistía la fuerza que los produce. Los efectos de la lluvia, de los ríos, de las olas, de los vientos, de las corrientes submarinas, no proceden aparentemente de un origen común; el análisis prueba, sin embargo, que le tienen. En efecto, si se pregunta, ¿de dónde proviene la fuerza de la corriente fluviátil que lleva sus aguas al mar? se puede responder: es la gravitación del agua en toda la extensión del espacio que recorre. ¿Y cómo se ha juntado el agua en el álveo del río? Ha caído en forma de lluvia, reuniéndose por la gravedad la de la cuenca correspondiente. ¿Y cómo la lluvia había tomado la posición de donde ha caído? El vapor, cuya condensación son las nubes, había sido acumulado y condensado por los vientos. ¿Cómo ese vapor se había formado y elevado tan alto? Por la fuerza evaporativa del calor solar, siendo exactamente la misma cantidad de fuerza gravitativa de los átomos de agua elevados por la evaporación, la que restituyen aquéllos, cayendo sucesivamente hasta el nivel de donde subieron. Resulta, pues, que las corrientes producidas por la lluvia y los ríos durante el movimiento de descenso hasta el nivel del mar, del vapor condensado, son debidas indirectamente al calor solar. La misma causa tienen los vientos que transportan dicho vapor. En efecto, las corrientes atmosféricas son resultados de las diferencias de temperatura, ya generales, como entre las regiones polares y ecuatoriales, que ocasionan los vientos alísios, ya especiales, como entre las partes de superficie terrestre que tienen distinta constitución física. Y si tal es el origen de los vientos, el mismo es, por tanto, mediatamente, de las olas que aquéllos levantan en la superficie del mar, y de todos los cambios que las olas producen, como el desgaste de las riberas, la destrucción de las rocas, que se desmenuzan para formar guijarros, arena y limo, etc., etc. El mismo origen reconocen también las corrientes del Oceano; las mayores, del exceso de calor que el Oceano recibe del sol en las regiones tropicales, y las menores, de las diferencias locales que presenta la cantidad de calor absorbido; por tanto, al calor solar son debidas mediatamente la distribución de los sedimentos y las demás operaciones geológicas que dichas corrientes producen. El único fenómeno ácueo cuya fuerza productora tiene otro origen, es el de las mareas, que pueden atribuirse á fuerzas astronómicas no gastadas ó aún en actividad. Pero, aun teniendo en cuenta el efecto de las mareas, se puede decir, no obstante, que la destrucción lenta de los continentes, la alimentación continua de los mares por las lluvias y ríos, los vientos, las olas y las corrientes oceánicas, son efectos indirectos del calor solar.

Así, las conclusiones que nos impone la teoría de la transformación de movimientos, á saber: que las fuerzas que han modelado y alterado la corteza terrestre deben haber preexistido bajo alguna otra forma, no presentan dificultades si se admite la génesis nebular, puesto que esa génesis supone ciertas fuerzas, que á la vez son capaces de producir resultados, y no pueden gastarse sin producirlos. En suma, los cambios geológicos ígneos provienen del movimiento, aun no acabado, de la materia terrestre hacia su cen-

tro de gravedad; mientras que los fenómenos ácueos nacen del movimiento, también aun existente, de la materia solar hacia su centro de gravedad, movimiento que transformado y recibido en mínima parte por la tierra, sufre aquí nuevas transformaciones: directamente, en movimientos de las sustancias gaseosas y líquidas de la superficie terráquea; é indirectamente, en movimientos de la sustancia sólida.

70.   Las fuerzas que se manifiestan en los cuerpos vivos, tanto vegetales como animales, se derivan también del calor solar, como los lectores algo familiarizados con los hechos biológicos no tendrán dificultad en admitir. Veamos primero las generalidades fisiológicas, y después veremos las que á su vez de ellas se inducen.

La vida vegetal depende, directa ó indirectamente, del calor y, de la luz solares; directamente, en la inmensa mayoría de las plantas, ó indirectamente, en las que, como los hongos, viven en la oscuridad y se nutren de materias orgánicas en descomposición. Toda planta debe el carbono y el hidrógeno de que consta, en su mayor parte, al ácido carbónico y al agua de la tierra y de la atmósfera; los cuales, naturalmente, han de ser descompuestos, para que su carbono é hidrógeno se asimilen á las plantas. Para efectuar esa descomposición, venciendo las grandes afinidades que unen á los elementos del agua y del ácido carbónico, se necesita una gran fuerza, y ésta es suministrada por el Sol. Cómo se efectúa esa descomposición, no lo sabemos; pero sí sabemos que cuando se exponen plantas á los rayos solares, en condiciones á propósito, desprenden oxígeno, y se asimilan carbono ó hidrógeno. Esa reducción cesa en la oscuridad, y cuando el calor y luz solares disminuyen considerablemente, como en Invierno; activándose, por el contrario, cuando aquéllos son muy vivos, como en Estío. Se evidencia más esa relación cuando se compara la lozana vegetación intertropical con la ya disminuída de los climas templados y con la casi nula de los glaciales. De todo lo cual es ineludible deducir que las fuerzas que suministran á las plantas los materiales de sus tejidos, sacándolos de los cuerpos inorgánicos ambientes, es decir, las fuerzas por las cuales las plantas viven y crecen, preexistían bajo la forma de calor y luz solares.

Todo el mundo sabe que la vida animal depende, mediata ó inmediatamente, de la vida vegetal, y los sabios admiten, desde hace mucho tiempo, que, en general, las funciones de la vida animal son opuestas á las de la vida vegetal. Bajo el punto de vista químico, la vida vegetal es principalmente una reducción ó desoxidación, y la vida animal una oxidación; debe decirse principal y no exclusivamente, porque cuando los vegetales gastan fuerza, en el ejercicio de sus funciones, obran como aparatos de oxidación; ejemplo, la exhalación de ácido carbónico durante la noche; y los animales, en algunas de sus funciones de menor importancia, obran como aparatos de reducción. Hecha esta salvedad, el principio general es: que la planta descompone el ácido carbónico y el agua, dejando el oxígeno en libertad, y reteniendo el carbono y el hidrógeno, para elaborar con ellos, y con pequeñas cantidades de algunos otros elementos, las ramas, hojas, semillas, etc.; mientras que el animal (fitófago), consumiendo esas hojas, ramas y semillas, y absorbiendo oxígeno en su respiración, recompone después el ácido carbónico y el agua, y los combina con otros compuestos azoados, para asimilárselos, exhalando los residuos. En la planta, la citada descomposición se verifica á expensas de las fuerzas solares, que vencen las afinidades del carbono y del hidrógeno con el oxígeno, al que están unidos; pero la recomposición que el animal efectúa, se verifica á expensas de las fuerzas puestas en libertad al combinarse aquellos elementos. Los movimientos internos y externos del animal son el reintegro, bajo nuevas formas, de la fuerza solar absorbida por la planta. En el ejemplo del párrafo anterior, hemos visto que la fuerza solar empleada para elevar el agua en vapor desde la superficie del mar, es reintegrada en la caída de la lluvia, en la corriente de los ríos que vuelven á su origen y en el transporte de las materias sólidas que las aguas acarrean; en el reino orgánico sucede una cosa enteramente análoga: las fuerzas solares que en la planta han producido entre ciertos elementos un equilibrio inestable, son restituídas en las funciones del animal que vuelven dichos elementos á un equilibrio estable.

Claro está que además de la correlación cualitativa que hemos expuesto, entre las fuerzas de esos dos grandes órdenes de actividades orgánicas, así como entre las de cada uno y las fuerzas inorgánicas, hay también una relación cuantitativa, comprobable tan sólo rudimentariamente, ó á grandes rasgos. En las regiones en que el calor y luz solares son más intensos, como en la zona tórrida, la vegetación y la vida animal abundan extraordinariamente, y á medida que se avanza hacia los polos por las regiones templadas y frías, la vida animal y la vida vegetal decrecen á la par. En tesis general, los animales de todas clases son más grandes en las regiones en que la vegetación es abundante que en las que es rara, habiendo una correlación bastante aparente entre la cantidad de fuerza que cada animal gasta y la cantidad de fuerza que el alimento que consume restituye, oxidándose.

Algunos fenómenos de desarrollo orgánico muestran más directamente el último principio enunciado, tanto en los animales como en los vegetales. Ampliando una idea vertida por M. Grove en la primera edición de su obra, «la correlación de las fuerzas físicas,» á saber: que hay probablemente una conexión entre las llamadas fuerzas vitales y las fuerzas físicas en general, Mr. Carpenter ha mostrado que esa conexión se manifiesta claramente en la incubación. La transformación de los contenidos, aun no organizados, de un huevo, en un pollo, es simplemente una cuestión de calor; faltando éste, la operación no comienza; con él, en grado suficiente, la incubación empieza y continúa, parándose si baja la temperatura, y no completándose los cambios que constituyen el desarrollo ó formación del pollo, si no se mantiene la temperatura próximamente constante, durante un tiempo y á un grado fijos, para cada especie. Análogamente sucede en las metamorfosis de los insectos, pues la experiencia demuestra que la evolución de la ninfa en el capullo no se verifica, y puede ser acelerada y retardada, según la temperatura ambiente. Por último, la germinación de las plantas presenta relaciones de causa á efecto, tan semejantes á las que acabamos de indicar, que nos parece inútil entrar en más detalles.

Así, pues, los diversos fenómenos que ocurren en el reino orgánico, ya en su totalidad, ya en sus dos grandes divisiones, ya, en fin, en sus individuos, concuerdan, al menos en lo que podemos hacer constar, con el principio general. Cuando podemos, como en la transformación del huevo en pollo, ó de las ninfas en insecto, aislar el fenómeno de todo lo que le complica, vemos claramente que la fuerza manifestada en la organización implica el gasto de una fuerza ya existente. Cuando no se trata, como en la crisálida ó en el huevo, de una cantidad fija de materia que toma nueva forma, sino de incorporación de materia exterior, como en la germinación y en la nutrición de la planta y del animal, también se verifica el fenómeno á expensas de fuerzas preexistentes. Y cuando, por último, además de las fuerzas gastadas en los fenóme-

nos orgánicos, queda aun fuerza, que se gasta en movimiento, como sucede en la mayoría de los animales, también ésta proviene indirectamente de fuerzas exteriores preexistentes.

71.   Aun después de todo lo dicho en la primera parte de esta obra, pocas personas leerán sin alarma que las fuerzas psíquicas entran también en la misma generalización, y sin embargo es ineludible; los hechos que nos autorizan, ó más bien que nos obligan á formular esa proposición, son numerosos y evidentes: he aquí los principales. Todas las impresiones que nuestros sentidos reciben están en íntima correlación con las fuerzas físicas exteriores. Así, las que llamamos presión, movimento, sonido, luz, calor, son efectos producidos en nosotros por fuerzas que, si se empleasen de otro modo, harían pedazos ó polvo pedazos de materia, producirían vibraciones en los objetos vecinos, operarían combinaciones químicas ó harían cambiar de estado á cuerpos físicos. Si, pues, miramos los cambios de posición relativa, de constitución molecular ó de estado físico, así producidos, como manifestaciones transformadas de las fuerzas de los producen, debemos también mirar las sensaciones que esas fuerzas producen en nosotros, como nuevas formas de esas mismas fuerzas. Y no se dudará de que la correlación de las fuerzas físicas con nuestras sensaciones, es de la misma naturaleza que la de aquéllas entre sí, notando que una y otra son, no sólo cualitativas, si que también cuantitativas. Así, masas de materia que difieren mucho de peso, según la balanza ó el dinamómetro, difieren también, considerablemente, por las sensaciones de presión que nos producen. Cuando paramos cuerpos en movimiento, los esfuerzos que ejecutamos son proporcionales á los momentos de dichos cuerpos, tales como los conocemos por otros procedimientos de medida. En igualdad de condiciones, se verifica que las impresiones que nos producen cuerdas vibrantes, campanas ó instrumentos de viento, varían de intensidad á la par que la fuerza que las produce. Los cuerpos que presentan temperaturas diferentes, según los termómetros, nos producen también diferentes y correlativas sensaciones de calor. Lo mismo sucede respecto á nuestras sensaciones de luz y las intensidades de éstas, medidas por los fotómetros.

Además de la correlación y equivalencia entre las fuerzas físicas exteriores y las fuerzas psíquicas engendradas por aquéllas en nosotros, bajo la forma de sensaciones, hay también una correlación y equivalencia entre las fuerzas psíquicas y las fuerzas físicas que se manifiestan bajo la forma de acciones fisiológicas. Así, las sensaciones que llamamos luz, calor, sonido, olor, gusto, presión, no desaparecen sin dejar resultados inmediatos; son generalmente seguidas de otras manifestaciones de fuerza, por ejemplo: excitación de los órganos secretorios, contracciones musculares involuntarias ó voluntarias, ó de ambas clases á la vez; habiendo demostrado recientes investigaciones fisiológicas que las sensaciones todas no sólo avivan las contracciones del corazón, proporcionalmente á su intensidad, sino también las de todas las fibras musculares del aparato vascular, y á veces las de los músculos respiratorios. En efecto, la respiracion se acelera, como se puede ver y oir, por las sensaciones agradables ó penosas que llegan á cierta intensidad. Hasta se ha comprobado recientemente que el movimiento respiratorio se hace más frecuente cuando se pasa de la oscuridad á la luz, lo que probablemente resulta de un incremento de estimulación nerviosa provocada directa ó indirectamente. Cuando la cantidad de sensación es grande, engendra movimientos ó contracciones musculares. Así, una excitación insólita de los nervios del tacto, como las cosquillas, es seguida de movimientos irresistibles en los miembros; dolores intensos causan esfuerzos violentos; el estremecimiento que sucede inmediatamente á un ruido intenso, el gesto producido por algún sabor desagradable, la rápida sacudida con que retiramos la mano ó el pie que hemos metido en agua demasiado caliente, son otros tantos ejemplos de la transformación de sensaciones en movimientos; siendo en estos casos, como en todos, proporcional la cantidad de acción fisiológica á la cantidad de sensación. Aun en los casos en que la fuerza de voluntad suprime los gritos y lamentos que expresan un gran dolor (supresión que es también el resultado de una contracción muscular), el apretamiento de puños, el fruncimiento de cejas, el rechinamiento de dientes, atestiguan que las acciones corporales no son entonces menos grandes, si no son tan visibles. Si en lugar de sensaciones consideramos las emociones, la correlación y la equivalencia son también patentes; de modo que no sólo las fuerzas físicas, que nos producen las sensaciones, pueden volver á su primitivo estado, bajo la forma de movimientos musculares, sino que lo propio sucede á ciertos fenómenos psíquicos que no son directamente producidos por fuerzas físicas. Las emociones poco intensas, como las sensaciones análogas, no producen sino un aumento de acción en el sistema circulatorio y tal vez en algunas glándulas. Pero si las emociones son más intensas, los músculos de la cara y quizá de todo el cuerpo se mueven. Así, un hombre presa de un acceso de ira, frunce las cejas, dilata las ventanas de la nariz, golpea el suelo con los pies; el atormentado por un vivo dolor contrae las cejas, se retuerce los brazos; la alegría se expresa á carcajadas y saltos; el terror y la desesperación por esfuerzos violentos. Prescindiendo de ciertas excepciones aparentes, y sólo aparentes, en toda emoción hay una relación manifiesta entre su intensidad y la de la acción muscular que provoca, desde la marcha recta y alegre del regocijo, hasta los saltos de una alegría extremada, y desde la agitación de la impaciencia, hasta los movimientos semi-convulsivos que acompañan casi siempre á una gran angustia del alma. A esos diversos órdenes de pruebas hay que agregar otro, á saber: entre nuestras sensaciones y los movimientos voluntarios que son sus transformaciones hay la tensión muscular que está en correlación con ambos términos, y correlación visiblemente cuantitativa, puesto que el sentido del esfuerzo varía, á igualdad de las demás condiciones, en razón directa de la cantidad de movimiento engendrado.

Pero ¿cómo podemos incluir en la ley de correlación, la génesis de esos pensamientos y sentimientos que, en vez de seguir á impresiones externas, nacen espontáneamente? Entre la indignación causada por un insulto y los gritos ó actos de violencia que la siguen; puede, sin duda, verse conexión; mas ¿de dónde vienen la multitud de ideas y de sentimientos que nacen con ese motivo? Es indudable que no son el equivalente de la sensación producida en la oreja por las palabras del insulto, pues las mismas, dispuestas de otro modo, no hubieran producido aquel efecto. Puede compararse la relación que en ese caso tienen las palabras con la revolución moral que producen, á la relación que el choque del gatillo con el fulminante de un arma de fuego tiene con la explosión subsiguiente; en ambos casos la causa determinante no produce las fuerzas que se manifiestan, no hace sino ponerlas en libertad. ¿De dónde, pues, proviene esa inmensa actividad nerviosa que, á veces, desarrolla un cuchicheo, una mirada? He aquí la respuesta. Los correlativos inmediatos de esos fenómenos psíquicos y de otros muchos, no están en las fuerzas externas, sino en las internas. Las fuerzas vitales, cuya correlación con las físicas ya hemos visto, son las fuentes de donde nacen directamente esos pensamientos y sentimientos; y de ello hay, entre otras, las siguientes pruebas: Es un hecho que la actividad mental depende de la existencia de un aparato nervioso, y que hay una relación (disimulada bajo el número y complicación de las condiciones, pero que se puede seguir, siquiera sea vagamente) entre las dimensiones de ese aparato y la cantidad de acción mental medida por sus resultados. Además, dicho aparato tiene una constitución química, de la cual depende su actividad, y sobre todo hay en él un elemento, el fósforo, cuya cantidad está en íntima conexión con la de funciones desempeñadas; así que está en proporción mínima en la infancia, la vejez y el idiotismo, y en su máximum en la edad viril. Todavía más; la evolución del pensamiento y del sentimiento varían, en igualdad de las demás condiciones, con la llegada de sangre al cerebro; por una parte, el cese de la circulación cerebral, á consecuencia de pararse los movimientos del corazón, produce inmediatamente la falta de conocimiento; y por otra un exceso de circulación cerebral (mientras que no llega á producir una presión enorme) provoca una excitación que puede llegar hasta el delirio. Y no sólo la cantidad, sino también la composición de la sangre que atraviesa el sistema nervioso, influye en las manifestaciones mentales, debiendo estar aquélla suficientemente oxigenada, para que produzca efectos normales en el cerebro, como lo prueban el que en la asfixia hay supresión de ideas y de sentimientos, y por el contrario, la inspiración de protóxido de nitrógeno produce una actividad nerviosa excesiva y á veces incoercible.

A la par que esa conexión entre el desarrollo de las fuerzas mentales y la presencia de una cantidad suficiente de oxígeno en la sangre de las arterias cerebrales, hay también conexión entre dicho desarrollo y la presencia de algunos otros elementos en la sangre, pues los centros nerviosos necesitan sustancias especiales para su nutrición, como para su oxidación. Tal se nota en la exaltación que producen ciertas sustancias introducidas en la sangre, como el alcohol y los alcaloides vegetales, en el moderado regocijo que engendran el thé y el café, y en los delirantes efectos de imaginación y vivísimos sentimientos de felicidad que producen el opio y el haschisht, según el testimonio de las personas que los han experimentado. Otra prueba más de que la producción de efectos mentales pende directamente de cambios químicos, es que la composición química de la orina cambia según la cantidad de trabajo cerebral; una actividad excesiva de éste, va seguida de una gran cantidad, en aquélla, de fosfatos alcalinos, sucediendo lo propio después de toda excitación nerviosa anormal. El olor particular de los locos, indicador de que hay en la transpiración productos morbosos, revela una relación entre la locura, y una composición especial de los fluidos del organismo, y ya sea considerada causa ó efecto de la locura, esa composición acusa indudablemente la correlación entre las fuerzas físicas y las mentales. Notaremos, por último, que esa correlación es, en cuanto podemos seguirla, cuantitativa. Siempre que las condiciones de la acción nerviosa no varíen, hay una relación constante entre los antecedentes y los consecuentes; así, entre ciertos límites, los estimulantes nerviosos y los anestésicos producen en los pensamientos y en los sentimientos efectos proporcionados á las cantidades administradas. Inversamente, cuando los pensamientos y los sentimientos son el primer término de la relación, el grado de reacción sobre las fuerzas corporales es proporcionado á la fuerza de aquéllos; en los casos extremos, la reacción termina en una postración física completa.

Vemos, pues, que diversas clases de hechos se aunan, para probar que la ley de la metamorfosis que reina doquier entre las fuerzas físicas, reina también entre éstas y las mentales. Las formas de lo Incognoscible, que llamamos movimiento, calor, luz, afinidad química, etc., son transformables unas en otras, y también en las formas que llamamos emoción, sensación, pensamiento, y éstas, á su vez, pueden por una transformación inversa, cambiarse en aquéllas. Ninguna idea, ningún sentimiento se manifiesta sino como resultado de una fuerza física que se gasta para producir ese resultado. Tal es el principio, que no tardará en ser una reconocida verdad científica, pudiendo sólo explicarse su no admisión por la de alguna teoría preconcebida. ¿Cómo se verifican esas metamorfosis, cómo una fuerza que existe bajo la forma de movimiento, calor, luz, etc., puede llegar á ser un fenómeno psíquico; cómo las vibraciones aéreas pueden engendrar la sensación llamada sonido, cómo las fuerzas puestas en libertad por los cambios químicos operados en el cerebro producen una emoción? Misterios son esos insondables, pero no más que las transformaciones de las fuerzas físicas unas en otras; inaccesibles sí á la inteligencia, pero no más que la naturaleza del Espíritu y de la Materia. Son sencillamente cuestiones insolubles como todas las primarias; todo lo que podemos saber es que son leyes del mundo fenomenal.

13

72.   Si la ley general de la transformación y equivalencia domina en las fuerzas físicas y psíquicas, debe también extenderse á las fuerzas sociales. En efecto, todo lo que sucede en las sociedades humanas es efecto de las fuerzas inorgánicas ú orgánicas, ó de ambos órdenes de fuerzas combinados, es resultado: ó de las fuerzas físicas ambientes, sometidas ó no á la dirección humana, ó de las fuerzas humanas mismas. Así, pues, ningún cambio puede haber en la organización de la sociedad, en sus modos de actividad, ó en los efectos que produce esa actividad en la superficie del globo, que no proceda, directa ó indirectamente, de fuerzas físicas. Veamos primero la correlación entre los fenómenos sociales y los vitales.

Desde luego, las fuerzas sociales y vitales varían, en igualdad de las demás circunstancias, con la población. Sin duda, hay razas que difiriendo mucho en su aptitud para combinar sus esfuerzos, nos demuestran que las fuerzas sociales no son necesariamente proporcionales al número de individuos que las ponen en juego; pero vemos que, en ciertas condiciones, sí se verifica esa proporcionalidad.

Una sociedad poco numerosa, cualquiera que sea la superioridad de carácter de sus individuos, no puede desplegar la misma suma de acción social que una grande; la producción y la distribución de mercancías deben hacerse en una escala relativamente pequeña, no puede haber una prensa numerosa, ni una literatura fecunda, ni una grande agitación política, ni una gran porción de obras de arte y de invenciones científicas. Pero lo que demuestra mejor la correlación de las fuerzas sociales con las físicas, por el intermedio de las vitales, es la diferencia de las cantidades de actividad desplegadas por la misma sociedad, según que sus miembros dispongan de distintas cantidades de fuerza, sacadas del mundo exterior. Todos los años se ve comprobada esa diferencia, según sean buenas ó malas las cosechas. Si son malas, las fábricas se cierran ó reducen su trabajo considerablemente; disminuye el movimiento de viajeros y mercancías en las vías férreas y comunes; lo propio sucede á las transacciones comerciales, á las edificaciones, etc.; y si la escasez de granos llega hasta el hambre, disminuye la población, y por tanto, todas las actividades ó fuerzas sociales.

Por el contrario, una recolección abundante, no habiendo otras condiciones desfavorables, aviva las fuerzas productoras y repartidoras, y crea otras nuevas; el exceso de energía social se manifiesta en nuevas empresas; los capitales en vías de colocación, quizá, en inventos, hasta entonces abandonados ó juzgados inútiles: ábrense nuevas vías de comunicación; prodúcense más objetos de lujo y obras de arte; efectúanse más matrimonios, la población crece, naturalmente, en mayor proporción; en fin, bajo todos conceptos se hace más extenso, más complejo y más activo el organismo social. Cuando, como sucede en las naciones civilizadas, las materias alimenticias no provienen, en su totalidad, del mismo suelo nacional, sino que son, en parte, importadas, la alimentación tiene lugar, en esa parte, á expensas de las fuerzas físicas y vitales, empleadas en otras naciones para la recolección.

Nuestros hilanderos y tejedores de algodón son un ejemplo bien notable de una fracción que vive á expensas de mercancías importadas. Mas aun cuando las fuerzas sociales del Lancashire sean debidas, en su mayoría, á materias no producidas por Inglaterra, no es menos cierto que esas materias representan fuerzas físicas acumuladas en otra nación, bajo formas convenientes, y luego importadas. Si se pregunta de dónde proceden esas fuerzas físicas, que por el intermedio de las vitales dan origen á las fuerzas sociales, puede asegurarse, como lo hicimos antes, que del Sol. En efecto, la vida social pende de los productos animales y vegetales, y esos productos, del calor y la luz solares; resultando, que los cambios operados en las sociedades, son efectos de fuerzas que tienen el mismo origen que las productoras de los cambios físicos y vitales. No sólo las fuerzas desplegadas por una caballería enganchada, y por su conductor, tienen el mismo primitivo origen que la catarata que se despeña y el huracán que brama, sino que á ese mismo origen pueden referirse las fuerzas inmediatas que producen las más delicadas y más complejas manifestaciones del organismo social. Esta proposición es algo sorprendente y quizá producirá en algunos el efecto de una broma, pero es una deducción inevitable que no se puede rechazar.

Lo mismo puede decirse de las fuerzas físicas que se transforman directamente en fuerzas sociales. Las corrientes de aire y de agua, que antes del uso del vapor eran, con la fuerza muscular, los únicos agentes empleados en la industria, son, como sabemos, originados por el calor solar. Jorge Stephenson fué uno de los primeros en reconocer que la fuerza que impulsaba á su locomotora procedía del Sol. En efecto, ascendiendo eslabón por eslabón, desde el movimiento del émbolo, á la evaporación del agua; de la evaporación, al calor que la produce; de la oxidación del carbón—origen de ese calor,—á la asimilación del carbono por las plantas fósiles que componen la hulla, llegamos por fin á la radiación solar que produjo esa asimilación, descomponiendo el ácido carbónico de que dicho carbono formaba parte. Son, pues, fuerzas solares gastadas hace millares de años en la vegetación que cubría entonces la tierra, y sepultadas después en sus profundidades, las fuerzas que, bajo la forma de tensión del vapor de agua, mueven las innumerables máquinas de la industria moderna.

Por último, cuando la economía del trabajo manual que producen las máquinas, de un sobrante de actividad humana material, favorece, naturalmente, el desarrollo de las otras formas de nuestra actividad. Es, pues, evidente que las fuerzas sociales que están en correlación directa con las fuerzas físicas antiguamente procedentes del Sol, son un poco menos importantes que las correlativas á las fuerzas vitales recientemente nacidas del mismo origen.

73. La doctrina contenida en este capítulo hallará más de un incrédulo, si se la considera como una inducción. Muchos de los que admiten ya la transformación y equivalencia de las fuerzas físicas entre sí, dirán quizá que no hay aún bastantes investigaciones para tener el derecho de afirmar la transformación y equivalencia de aquellas fuerzas en las vitales, mentales y sociales: no verán en los hechos que hemos citado nada que demuestre decisivamente dicha correlación. Pero se puede responderles: que el principio general, del que acabamos de presentar tantos ejemplos para hacer comprender todas sus formas, es un corolario forzoso de la persistencia de la fuerza. Si se parte de la proposición de que la fuerza no puede ser creada ni anulada, las conclusiones últimamente desarrolladas se deducen naturalmente; pues toda manifestación de fuerza no puede ser concebida sino como efecto de una fuerza antecedente, ya se trate de una acción inorgánica, de un movimiento animal, de un sentimiento ó de una idea, so pena de afirmar la espontaneidad de estos fenómenos. No hay término medio: ó se admite que las fuerzas mentales, lo mismo que las corporales, están en correlación cuantitativa con ciertas fuerzas que se gastan para producirlas y con otras que ellas producen ó suscitan, ó se admite su creación y anulación. O se niega la persistencia de la fuerza, ó se admite que todo efecto físico ó psíquico es

producto de fuerzas antecedentes y en proporción exacta á la cantidad de estas fuerzas, y puesto que la persistencia de la fuerza, como un dato que es de nuestro espíritu, no puede ser negada, tampoco debe serlo su corolario, que no se hará más evidente citando más ejemplos, pues la verdad demostrada deductivamente no necesita ser confirmada inductivamente. En efecto, cada uno de los hechos citados no es sino una consecuencia directa de la hipótesis más ó menos indirecta de la persistencia de la fuerza. La prueba más exacta asequible á la experimentación, de la correlación y equivalencia de las fuerzas, es la que se funda en la medida de las fuerzas gastadas y de las fuerzas producidas. Mas, como ya hemos visto en el capítulo anterior, toda medición supone una cantidad de fuerza constante, y esa constancia no tiene otra razón ó prueba que la persistencia de la fuerza, de la que es un corolario. ¿Cómo, pues, un razonamiento fundado en este corolario, podrá probar el corolario tan directo, que cuando una cantidad dada, de fuerza, cesa de existir bajo una forma, otra cantidad igual empieza á existir bajo otra ú otras varias formas? Evidentemente, la verdad *à priori* expresada por este último corolario, no podría ser confirmada por pruebas *à posteriori* deducidas del primer corolario. ¿Para qué sirven entonces, se dirá, las investigaciones experimentales sobre la correlación de las fuerzas, si no puede ser mejor demostrada que lo está ya *à priori?* No por eso diremos que son inútiles; no, tienen su valor propio, porque descubren las consecuencias particulares que no enuncia la verdad general; porque nos enseñan qué cantidad de una clase de fuerza equivale á otra de otra clase; porque determinan las condiciones de cada transformación: y en fin, porque nos conducen á investigar bajo qué fuerza ha desaparecido la fuerza deficiente, cuando los resultados aparentes no equivalen á la causa.

CAPÍTULO IX

74. La causa absoluta de todos los fenómenos del Universo es tan incomprensible bajo el punto de vista de la unidad ó de la dualidad de su acción, como todas las demás causas.

No es posible decidirse plena y racionalmente entre las dos hipótesis: una, que los fenómenos son los efectos de una causa única actuando en diversas condiciones, y otra, que son efectos del conflicto de dos fuerzas. ¿Es posible explicar todas las fuerzas particulares por una presión universal, en cuyo caso, lo que llamamos tensión resultaría de diferencias entre presiones desiguales ú opuestas; ó viceversa, por una tensión universal, cuyas componentes opuestas darían por resultado lo que se llama presión; ó finalmente, por la existencia simultánea de ambas fuerzas universales? Cuestiones son estas, insolubles, como todas las primarias, puesto que cada una de esas hipótesis es inconcebible, si bien sirve para explicar los hechos. Para admitir una presión universal, es preciso, evidentemente, admitir un lleno absoluto, un espacio ilimitado lleno de algo, comprimido por otro algo exterior, lo que es absurdo. Análoga objeción se puede hacer á la hipótesis de una tensión universal; y por último, si la hipótesis de la tensión y presión simultáneas es inteligible verbalmente, es más inconcebible la existencia de unidades de materia, atrayéndose y repeliéndose á la vez.

Sin embargo, es forzoso admitir esta hipótesis, pues para nuestro espíritu, el Cuerpo material se distingue del Cuerpo geométrico ó del Espacio puro, por la oposición que presenta aquél á nuestra fuerza muscular, oposición que sentimos bajo la doble forma de una cohesión que exige nuestros esfuerzos para dividirle, y de una resistencia que se opone á nuestros esfuerzos para comprimirle. Sin resistencia, sólo puede haber una extensión vacía; sin cohesión, no puede haber resistencia. Es probable que esos conceptos antagónicos hayan nacido en el principio del antagonismo de nuestros músculos extensores y flexores. Sea lo que quiera, nos vemos obligados á concebir todos los cuerpos como compuestos de partes que se atraen y se repelen mutuamente, puesto que así nos los revela la experiencia.

Una abstracción mayor nos da el concepto de las fuerzas atractivas y repulsivas que dominan en el espacio; pues aunque no podemos separar la fuerza de la extensión ocupada, ni ésta de la fuerza, porque no tenemos conciencia inmediata de la una sin la otra, sin embargo, tenemos pruebas abundantes de que la fuerza se ejerce á través de espacios vacíos, para nuestros sentidos. Para representarnos esa acción, mentalmente, hemos tenido que suponer una especie de materia—el éter—llenando esos espacios, vacíos aparentemente. Pero la constitución que suponemos á ese medio etéreo, como la que asignamos á la materia sólida, no es más que un resumen de las impresiones que recibimos de los cuerpos tangibles. La resistencia á la compresión ó á la distensión, que manifiestan los cuerpos, se ejerce en todas direcciones, á partir de cada unidad material de las que se les supone compuestos. Sean, pues, esas unidades, átomos de materia ponderable ó de éter, las propiedades de que las suponemos provistas no son otras que esas propiedades perceptibles, idealizadas. Centros de fuerza, atrayéndose y repeliéndose mutuamente en todas direcciones, no son sino partes imperceptibles de materia, provistas de las propiedades comunes é inseparables de las partes perceptibles. Esas propiedades son el volumen, la forma, la calidad, etc., de las cuales nos serviremos aun para interpretar las manifestaciones de fuerza que el tacto no puede apreciar, siquieran sean términos ideales ó abstractos de nuestras sensaciones tactiles. Verdad es que no tenemos otros términos de que servirnos.

Según lo que precede, inútil es decir que esas fuerzas, universalmente coexistentes, de atracción y de repulsión, no deben ser consideradas como realidades, sino como símbolos, por cuyo medio representamos la realidad; son las formas, bajo las cuales se nos revelan las operaciones de lo Incognoscible, los modos de lo Incondicionado, en cuanto están presentes á las condiciones de nuestro espíritu. Pero si sabemos que las ideas así producidas en nosotros no tienen una verdad absoluta, podemos confiar en ellas como verdades relativas, y sacar una serie de deducciones de una verdad relativa de igual valor.

75. De la coexistencia universal de las fuerzas de atracción y repulsión, resultan ciertas leyes de dirección de todos los movimientos. Cuando sólo hay fuerzas atractivas, ó cuando son las únicas apreciables, el movimiento se verifica en el sentido de su resultante, que puede llamarse la línea de máxima atracción. Cuando sólo hay ó son apreciables fuerzas repulsivas, el movimiento se verifica en el sentido de la que se llama línea de mínima resistencia. Cuando ambos órdenes de fuerzas son apreciables, el movimiento se efectúa en el sentido de la resultante de todas las tracciones y de todas las resistencias; y este caso, como ya sabemos, es el único efectivo, puesto que siempre están actuando unas y otras fuerzas. Pero sucede muchas veces que una de las fuerzas presenta un exceso tal de intensidad, que los efectos de la otra pueden ser despreciados. Así, podemos decir, que un cuerpo cae hacia la Tierra, por la línea de máxima tracción, aunque la resistencia del aire desvía algo de aquella línea á los cuerpos ligeros (plumas, etc.).

Análogamente, aunque la dirección del vapor de una caldera que estalla, difiera algo de la que sería si la gravitación no existiese, como esta fuerza puede considerarse infinitesimal, en ese caso, podemos afirmar que el vapor se escapa según la línea de mínima resistencia. Podemos pues, decir, que el movimiento sigue siempre la línea de máxima tracción, ó la de mínima resistencia, ó la resultante de ambas fuerzas, caso único y rigorosamente verdadero, aunque los otros sean aceptables, muchas veces, en la práctica.

El movimiento efectuado en una dirección es, á su vez causa de otro movimiento en esa misma dirección, puesto que éste no es sino la manifestación de un sobrante de fuerza en esa dirección. Lo propio sucede en el transporte de la materia á través del Espacio, en el transporte de la materia á través de la materia, y en el transporte de las vibraciones á través de la materia. Cuando se mueve la materia á través del Espacio, ese principio se traduce en la ley de inercia, fundamento general de todos los cálculos astronómicos. Cuando se mueve la materia á través de la materia, volvemos á hallar el mismo principio; como lo comprueba la experiencia diaria de las roturas ó penetraciones de unos sólidos por otros, los canales formados por los fluidos á través de los sólidos, en cuyas direcciones se verifican, á igualdad de las demás circunstancias, todos los movimientos subsiguientes de la misma naturaleza. Por último, cuando algunos movimientos atraviesan la materia, bajo la forma de una impulsión comunicada de parte á parte, el establecimiento de ondulaciones en determinado sentido, favorece su continuación en el mismo, como lo comprueban, por ejemplo, los fenómenos magnéticos.

Otra consecuencia de esas condiciones primordiales, es que la dirección del movimiento no puede ser, sino rarísima vez, rectilínea; pues para que lo fuera, sería preciso que las fuerzas atractivas y repulsivas estuviesen dispuestas simétricamente alrededor de la dirección inicial, y hay infinitas probabilidades para que eso no suceda. Así, es imposible hacer una arista perfectamente recta de cualquier materia que sea; todo lo que se puede hacer, recurriendo á los procedimientos mecánicos más delicados, es reducir las irregularidades de la arista á una pequeñez tal, que no puedan ser vistas sino con instrumentos amplificadores. Este ejemplo basta para demostrar lo afirmado en la cláusula anterior.

Debemos añadir que la curva descrita por un cuerpo en movimiento, es necesariamente más ó menos compleja, en razón del número y variedad de las fuerzas que actúan sobre él; ejemplo, el contraste entre el vuelo de una flecha y las vueltas y revueltas que da un palo arrastrado por unas aguas agitadas.

Para dar un paso más en la unificación del conocimiento, tenemos que seguir esas leyes generales á través de los varios órdenes de cambios que presenta el Cosmos; tenemos que comprobar, cómo cada movimiento se efectúa siempre, ó según la línea de máxima tracción, ó según la de mínima resistencia, ó según la resultante de ambas; cómo un movimiento iniciado en cierto sentido, determina otros movimientos en esa misma dirección; cómo, sin embargo, la influencia de fuerzas exteriores hace desviar esa dirección, creciendo el grado de la desviación siempre que una nueva influencia se añade á las ya existentes.

76. Si admitimos, como carácter del primer período de condensación de las nebulosas, que la materia densa, antes difusa, se precipitó en copos (hipótesis que legitiman los conocimientos físicos, y que concuerdan con algunas observaciones astronómicas), el movimiento que se verificó entonces en las nebulosas puede ex-

plicarse como una consecuencia de las leyes generales que hemos señalado. Todas las partes de esa materia gaseiforme debieron moverse hacia su centro común de gravedad. Las fuerzas atractivas, que por sí solas hubieran hecho verificarse rectilíneamente ese movimiento hacia el centro de gravedad, encuentran las fuerzas resistentes del medio, á cuyo través se verifica aquella atracción; el movimiento debe, pues, seguir la resultante de esas fuerzas antagonistas, que, según la forma asimétrica del copo, debe ser una línea dirigida, no hacia el centro de gravedad, sino hacia un lado; y se demuestra fácilmente que en un grupo de copos cada uno de los cuales se mueva separadamente, la composición de fuerzas debe producir, en definitiva, una rotación de toda la nebulosa en una dirección determinada.

Sólo hemos recordado esa hipótesis, para mostrar que la ley se aplica á ese caso. Supongamos, ahora, la nebulosa transformada, y estudiemos los fenómenos actuales de nuestro sistema solar. En él se ven continuamente ejemplos de los principios generales antes expuestos. Cada planeta, cada satélite, tiene un *momento* que, si actuase solo, le llevaría en la dirección en que se mueve en aquel instante; momento que, según eso obra como una fuerza resistente al movimiento en otra dirección. Además, dichos cuerpos están solicitados por fuerzas que, si actuasen solas—una sobre cada astro,—los dirigirían en sentido inverso de su dirección primitiva. La resultante de esas dos fuerzas es la línea que el astro describe, resultado de la distribución asimétrica de las fuerzas alrededor de su trayectoria. Estudiando ésta más detenidamente, hallamos nuevas comprobaciones. En efecto, no es rigorosamente una elipse (lo que sería si no actuasen más fuerzas que la tangencial y la centrípeta), porque las atracciones de los astros más próximos del sistema, causan lo que se llama perturbaciones; es decir, pequeñas desviaciones en cada uno de los elementos de la elipse tipo que producirían las dos fuerzas principales. Esas perturbaciones nos muestran cómo la línea del movimiento se hace más complicada, á medida que se multiplican las fuerzas. Si examinamos los movimientos de las partes de esos astros, los hallamos más complejos aún. Cada partícula terrestre describe una trayectoria, resultado de una multitud de fuerzas, á saber: la resistencia que la impide aproximarse al centro, las fuerzas tangencial y centrípeta del movimiento de rotación, y las del de traslación terrestre, etc.; y si se trata de aguas, hay que añadir las atracciones solar y lunar, causas de las mareas, ó las fuerzas que hacen correr los ríos, arroyos, etc.

77. Consideremos, ahora, los cambios terrestres, tanto los presentes, como los pasados, inducidos por los geólogos. Comenzaremos por los cambios que sobrevienen continuamente en la atmósfera terrestre; pasaremos luego á los más lentos de la superficie, y, por último, á los que se verifican, mucho más lentamente aún, en el interior.

Las masas de aire inferiores, ó en contacto con la Tierra, absorbiendo parte del calor recibido del Sol por aquélla, se dilatan, y en consecuencia se elevan, según la línea de menor presión ó resistencia, viniendo en seguida á reemplazarlas las masas de aire adyacentes, que hallan la resistencia lateral disminuída. A consecuencia de la ascensión de las masas de aire calentadas por las vastas llanuras de la zona tórrida, se produce en la parte superior de la atmósfera una protuberancia que supera el límite del equilibrio; y el aire que la forma se desborda, por tanto, hacia los polos, lateralmente, porque en este sentido disminuye la resistencia, al paso que la atracción terrestre permanece próximamente constante. En cada corriente del mismo origen, como en cada contracorriente que reemplaza el vacío dejado por la primera, la dirección es siempre la resultante de la fuerza atractiva terrestre y de la resistencia opuesta por las masas del aire ambiente, modificada sólo por el choque con otras corrientes y con las prominencias de la superficie terrestre, y por la rotación terrestre de que participa la atmósfera. Los movimientos del agua en sus dos estados, líquido y gaseoso, suministran otros ejemplos. Se puede demostrar, según la teoría mecánica del calor, que la evaporación es la fuga de las moléculas del líquido en el sentido de la mínima resistencia, y que á medida que la resistencia disminuye la evaporación aumenta. Recíprocamente, la precipitación de moléculas llamada condensación, que se verifica cuando una parte del vapor atmosférico se enfría lo suficiente, puede interpretarse como una disminución de la tensión mutua de las moléculas que se condensan, mientras que la presión de las moléculas ambientes permanece la misma. El movimiento se hace, pues, en el sentido de la menor resistencia. En la caída de las gotas de lluvia, que resultan de esa condensación, vemos un ejemplo, de los más sencillos, del efecto combinado de las dos fuerzas antagonistas. La atracción terrestre y la resistencia de las corrientes atmosféricas, que varían á cada instante en dirección ó intensidad, dan por resultados líneas inclinadas sobre el horizonte según todos los grados, y que sufren perpetuas variaciones. Esas mismas gotas de lluvia suministran un ejemplo más evidente aún de la ley, después que llegan á la tierra; corriendo por su superficie en arroyos y ríos, cuyo curso sigue siempre una línea tan recta como lo permiten los obstáculos que halla el agua en la materia sólida sobre que corre y en la circunvecina; siendo siempre la dirección seguida la resultante de las líneas de máxima atracción terrestre y de mínima resistencia de los obstáculos. Las cascadas, lejos de presentar una excepción á la ley, como parece á primera vista, son otra confirmación de aquélla. En efecto, aun cuando, en ese caso, estén separados todos los obstáculos sólidos que se pudieran oponer á la caída vertical, queda uno, sin embargo, el momento horizontal que, combinado con la gravedad, engendra la parábola, según la cual se verifica la caída. No olvidemos la complicación que produce en las trayectorias de los fluidos terráqueos la multitud y variedad de las fuerzas que entran en juego. Las corrientes atmosféricas, y más evidentemente el curso de las aguas, inclusas las del Oceano, siguen indudablemente líneas alabeadas, de ecuaciones variables con el tiempo.

Los cambios de la costra sólida terrestre son otro grupo de ejemplos sujetos á la ley. Desde luego, el acarreo de tierras y el depósito de las transportadas pera formar nuevas capas, en el fondo de los lagos y los mares, se verifican evidentemente del mismo modo que el movimiento de las aguas que las acarrean. Además, aunque nada pruebe inductivamente que las fuerzas ígneas actúan según las líneas de mínima resistencia, lo poco que sabemos de ellas y de sus efectos confirma la creencia de que obedecen también á la ley. Los terremotos se reproducen próximamente en las mismas localidades, y hay grandes comarcas que experimentan, durante largos períodos, elevaciones y depresiones lentas de nivel. Eso implica que las partes de la corteza terrestre, una vez rotas ó dobladas, están más dispuestas á ceder á nuevas presiones interiores, ó á nuevas contracciones. La distribución de los volcanes en ciertas direcciones, y la repetición de las erupciones por las mismas aberturas, tienen la misma significación.

78. Sir James Hinton ha demostrado en *The Medico-Chirurgical Review* de Octubre de 1858, que el crecimiento de los séres organizados se verifica siempre en el sentido de la mínima resisten-

cia. Después de haber descrito detalladamente algunas de las primeras observaciones que han conducido á esa generalización, la formula así:

«La forma orgánica es resultado del movimiento Este sigue siempre la dirección de la mínima resistencia. De consiguiente, la forma orgánica es resultado del movimiento en la dirección de la mínima resistencia. »

Después de haber explicado y defendido su proposición, Hinton se sirve de ella para explicar diversos fenómenos del desarrollo orgánico. Así, hablando de las plantas, dice: «La formación de la raíz es un bonito ejemplo de la ley de la menor resistencia; en efecto, la raíz crece, introduciéndose, célula por célula, en los intersticios del suelo; y crece por adiciones tan tenues, que remueve ó rodea todos los obstáculos que encuentra, y se dirige hacia donde puede absorber mejor los materiales nutritivos. Cuando miramos las raíces de un árbol vigoroso, nos parece que las ha hecho penetrar con gigántea fuerza en la tierra. Nada de eso; han penetrado lenta y dulcísimamente, célula tras célula, á medida que la humedad descendía y que la tierra estaba menos dura y las abría paso. Sin duda, una vez formadas, se extienden con una fuerza enorme; mas su naturaleza esponjosa nos veda creer que penetren en la tierra á viva fuerza. Lo que sí es probable que algunas de las nuevas raicillas se alojen en las grietas formadas en el terreno por las partes ya duras y voluminosas.

»En casi todo el reino orgánico se dibuja más ó menos aparentemente la forma espiral. Ahora bien: el movimiento que sufre alguna resistencia sigue siempre esa dirección, como se ve en el movimiento de un cuerpo que sube ó baja en el agua. La forma espiral que domina en los séres organizados parece, pues, una presunción más en pro de la ley que tratamos de probar. La forma espiral de las ramas de un gran número de árboles es muy aparente, y basta recordar que las hojas se colocan casi siempre en espiral alrededor de la rama. El corazón comienza por una espira, y en su forma perfecta se nota una espiral bien manifiesta, en el ventrículo izquierdo, el derecho, la aurícula izquierda y la derecha. ¿Qué es la espira en que aparece el corazón primeramente, sino el resultado necesario del alargamiento, limitado forzosamente, de la masa celular de que se compone entonces?

»Todo el mundo ha notado el rizado particular de las hojas del helecho común, las cuales parecen arrolladas sobre sí mismas, no siendo, sin embargo, tal forma sino un resultado del crecimiento sujeto también á límites.

»El arrollamiento ó imbricación de los pétalos en muchas flores es un fenómeno análogo; al principio se los ve unos al lado de otros, pero luego, creciendo en el capullo, se arrollan unos sobre otros.

»Si se abre, en una época suficientemente lejana de la floración, el botón ó capullo de una flor, los estambres parecen moldeados en la cavidad comprendida entre los pistilos y la corola, cavidad que las anteras llenan totalmente; los filamentos se forman después. Nótase también que en ciertos casos en que las flores ó los pétalos son imbricados ó arrollados, el pistilo está modelado como si creciese entre los pétalos. En otras flores cuyos pétalos se colocan en el capullo en forma de cúpula (como en el oxiacanto), el pistilo está aplastado en su vértice y ocupa en el botón un espacio exactamente limitado por los estambres, inferiormente, y los pétalos, lateral y superiormente. Sin embargo, no puede asegurarse que esa forma exista en todos los vasos.»

Sin dar á todos los ejemplos que pone Hinton todo el valor que él les da, puesto que á muchos de ellos puede ponérseles serias objeciones, puede, sin embargo, aceptarse su conclusión como verdadera en su mayor parte. Con todo, es digno de ser notado que en el crecimiento de los organismos, como en todos los demás casos, la línea del movimiento es rigorosamente la resultante de las fuerzas de tracción y de resistencia, y que las fuerzas atractivas entran en una escala tan considerable que la fórmula no es completa si no las tiene en cuenta. Así, la dirección de una rama no es la que hubiera sido sin la acción atractiva de la Tierra; cada flor, cada hoja está un poco cambiada en el curso de su desarrollo por el peso de sus partículas. En los animales son menos visibles los efectos de la gravedad; ésta, sin embargo, ejerce manifiestamente su acción desviando de su dirección á algunos órganos flexibles; lo cual nos da derecho para decir que en todo el reino orgánico, las formas son modificadas por la fuerza de gravedad.

Pero no sólo hay que considerar los movimientos orgánicos que dan por resultado el crecimiento, si que también los que constituyen las diversas funciones, los cuales obedecen á las mismas leyes generales. Los vasos en que corren la sangre, la linfa, la bilis, etc., son conductos en que la resistencia es mínima; el hecho es tan evidente, que casi no se debe ni mentarle; pero hay otro no tan evidente, y es la influencia de la atracción terrestre que sufren las corrientes de los líquidos contenidos en dichos vasos. Son tres ejemplos de esa influencia: las venas varicosas, el alivio de las partes inflamadas cuando se las sostiene, y la congestión de la cabeza, visible inmediatamente en la cara, cuando nos ponemos cabeza abajo. La infiltración ó edema de las piernas crece por el día y disminuye por la noche, mientras que, al contrario, la hinchazón de los párpados, síntoma común en la debilidad, aumenta en el lecho y disminuye estando levantados; estos dos ejemplos prueban que la exhalación del líquido por las paredes de los capilares varía, cuando un cambio de posición cambia el efecto de la gravedad sobre las diversas partes del cuerpo.

Bueno será indicar, de paso, el alcance del principio en cuestión en el desarrollo de las especies. Bajo el punto de vista dinámico la *selección natural* implica cambios en el sentido de las líneas de menor resistencia. La multiplicación de una especie de planta ó de animal, en las localidades que le son favorables, es un crecimiento en el punto en que las fuerzas antagonistas son menores que en otra parte. La conservación de las variedades que prevalecen mejor que sus compañeras, en la lucha con las condiciones ambientes, es la continuación del movimiento vital en las direcciones en que los obstáculos son más fácilmente eludibles ó superables.

79.   No es tan fácil probar que la ley general de la dirección del movimiento rige también los fenómenos del espíritu. Desde luego, en la mayor parte de esos fenómenos—los de sentimiento é inteligencia—no hay movimiento apreciable; y aun en los de sensación y de voluntad, que nos muestran en una parte del cuerpo un efecto originado por una fuerza aplicada á otra parte, el movimiento intermedio se infiere más bien que se ve. Las dificultades son tales que no podemos sino indicar brevemente las pruebas que se podrían dar si el espacio lo permitiera.

Supongamos, primeramente, en equilibrio las diversas fuerzas que reinan en un organismo; si en una parte de él se añade ó desarrolla alguna nueva fuerza, allí, y en el sentido de esa fuerza principiará un movimiento, puesto que en ese sentido será máxima la presión ó mínima la resistencia; si al mismo tiempo hay en otra parte del mismo sér orgánico un gasto ó disminución de fuerza, el movimiento que se verificará entre esos dos puntos, será indudablemente según la ley consabida.

Ahora bien: una sensación implica el aumento ó desarrollo de una fuerza, en el punto impresionado del organismo, y un movimiento supone un gasto, una pérdida de fuerza en el órgano movido total ó parcialmente. Resulta, pues, que, si como se comprueba continuamente, el movimiento se propaga desde las partes del organismo en que el mundo exterior añade fuerzas, bajo la forma de impresiones nerviosas, á las partes que reaccionan sobre el mundo exterior por contracciones musculares, no hace sino obedecer á la ley tantas veces enunciada. De esta conclusión general podemos pasar á otra más especial, á saber: cuando hay en la vida animal algo que implica que una sensación, en determinada parte, va comunmente seguida de una contracción en otra; si se establece entre esas dos partes un movimiento repetido frecuentemente, ¿cuál debe ser el resultado, en cuanto á la línea en cuya dirección se verifican esos movimientos? El restablecimiento del equilibrio entre los puntos en que las fuerzas han crecido ó disminuído debe hacerse por alguna vía; si esta vía es afectada por la descarga; si la acción obstructora de los tejidos atravesados produce una reacción sobre ellos, á expensas de su poder obstructor, un nuevo movimiento entre los dos puntos hallará menos resistencia en esa misma vía, que la hallada por el primero, y por consiguiente la seguirá mucho más fácilmente. Del mismo modo, cada repetición disminuirá, para el porvenir, la resistencia opuesta en esa vía, y, por consecuencia, se formará, entre los dos puntos, una línea permanente de comunicación. Siempre, pues, que entre una impresión particular y un movimiento que la sigue, se establece la conexión, que se ha llamado *acción refleja*, ésta se explica fácilmente por la ley de que el movimiento sigue la línea de mínima resistencia, y de que, permaneciendo constantes las condiciones, la resistencia en una dirección disminuye por un movimiento anterior en esa dirección. Sin más detalles, se verá manifiestamente que se puede dar una interpretación semejante de todos los cambios nerviosos sucesivos ó consecutivos. Si en el mundo exterior hay objetos, atributos, acciones, que comunmente se presentan juntos, los efectos que producirán en el organismo se unirán por las repeticiones que constituyen la experiencia, y serán producidos también juntos. La fuerza de conexión entre estados nerviosos, que corresponda á una conexión exterior entre los fenómenos, será proporcional á la frecuencia con que esa conexión exterior se reproduzca en la experiencia (para el mismo individuo). Así se formarán entre

14

los estados nerviosos todos los grados de cohesión, como hay todos los grados de frecuencia entre los fenómenos coexistentes y sucesivos, que como tales originan dichos estados nerviosos; debe, pues, resultar una correspondencia general entre las ideas asociadas y las acciones asociadas que se verifican en el exterior.

Del mismo modo se puede interpretar la relación que une entre sí las emociones y las acciones. Veamos primeramente lo que sucede á las emociones involuntarias. Estas, como los sentimientos en general, producen cambios orgánicos, y sobre todo contracciones musculares, resultando, como ya indicamos en el último capítulo, movimientos, ora voluntarios, ora involuntarios, cuya intensidad varía en razón directa de la fuerza de las emociones. Fáltanos indicar que el orden en que son afectados los músculos no es explicable sino por la ley general de la dirección del movimiento. Así, un estado psíquico agradable ó penoso, pero de poca intensidad, apenas hace más que aumentar los latidos del sistema circulatorio; ¿por qué? Porque siendo común á casi todos los géneros y especies de sentimientos la relación entre la excitación nerviosa y la contracción vascular, es repetida más frecuentemente que las otras relaciones, y por tanto presenta menos resistencia á la descarga nerviosa esa dirección que otra alguna, bastando una fuerza muy débil para producir movimiento en ese sistema orgánico. Un sentimiento más fuerte ó una pasión más viva afecta, no sólo al corazón, si que también á los músculos de la cara, y especialmente á los que rodean la boca, en lo cual sigue manifiesto el cumplimiento de la ley, porque esos músculos, en continuo movimiento para la palabra, presentan menos resistencia que otros músculos voluntarios á la fuerza neuro-motriz. Una emoción aun más fuerte excita de una manera visible los músculos de la respiración y de la voz. En fin, una emoción ó una pasión violentísima produce contracciones violentas en casi todos los músculos. No es esto decir que tal interpretación se aplique á todos los detalles de los varios fenómenos psíquico-orgánicos (serían necesarios, para saberlo, datos imposibles de ser obtenidos); pero sí puede asegurarse: que si se colocase á los músculos por orden de excitabilidad estarían primero los más débiles y más frecuentemente en acción, y después los más fuertes y menos frecuentes en sus acciones. La risa, descarga espontánea de sentimientos, que afecta primero los músculos dispuestos alrededor de la boca, luego los del aparato vocal y respiratorio, y por último los de los miembros y los de la columna vertebral (1), basta para probar que cuando una fuerza nacida en los centros nerviosos no tiene ya abierta una ruta especial, produce un movimiento por las vías que la ofrecen menos resistencia, y si es demasiado intensa para que la basten esas vías, produce movimientos en las otras, que gradualmente la van presentando más y más resistencia.

Probablemente se juzgará imposible extender la ley á las voliciones. Sin embargo, no faltan testimonios de que á ella se conforma el paso de los deseos á los actos musculares correlativos. Es fácil probar que los antecedentes mentales de un movimiento voluntario son tales que la línea según la cual se verifica ese movimiento es, temporalmente al menos, la línea de mínima resistencia.

En efecto, un pensamiento sugerido, como es necesario, por un pensamiento anterior y ligado á él por asociaciones que determinan la transición, es una representación del movimiento deseado y de sus consecuencias. Pero representarse algunos de nuestros propios movimientos es, en parte recordar las sensaciones que los acompañan, inclusa la de tensión muscular, en parte excitar los nervios motores convenientes y todos los demás que terminan en los órganos puestos en juego. Esto quiere decir que la volición es una descarga inicial á lo largo de una línea que, por efecto de fenómenos anteriores, ha venido á ser la línea de menor resistencia. El paso de la volición á la acción no es sino el complemento de la descarga.

Antes de seguir, notaremos un corolario de ese hecho, á saber: que la serie particular de movimientos musculares, por los cuales se alcanza el objeto de un deseo, se compone de movimientos que implican la menor suma posible de resistencias que vencer. Como cada sentimiento engendra un movimiento en el sentido de la mínima resistencia, es claro que un grupo de sentimientos que constituya un deseo más ó menos complejo, engendrará un movimiento sobre una serie de líneas de mínima resistencia. Es decir, que el fin deseado será obtenido por la suma mínima de esfuerzos. Si se objeta que por falta de conocimientos ó de destreza, un hombre sigue, á veces, la más difícil de dos vías, y tiene, por consiguien-

_____

(1) Para más detalles véase un artículo sobre la *Fisiología de la risa*, publicado en *Macmillan's Magazine*, de Marzo 1860, y reproducido en *Herbert Spencer's Essays*, I, 194.

te, que vencer una suma de fuerzas antagonistas mayor que la necesaria, responderemos que, relativamente á su estado mental, la vía que sigue es la que cree más fácil; hay otra, sin duda, que lo es más, bajo el punto de vista abstracto, pero su ignorancia de tal vía, ó su incapacidad de tomarla es tal, bajo el punto de vista físico, que impide insuperablemente la descarga de sus fuerzas en esa dirección. La experiencia adquirida ó la que otros le han comunicado, no ha creado en él aún las vías de comunicación nerviosa necesarias para que esa dirección, mejor para él, sea la dirección verdadera de la menor resistencia.

80.   Puesto que en todos los animales, incluso el hombre, el movimiento sigue las líneas de mínima resistencia, lo mismo sucederá en las agrupaciones cualesquiera de hombres; pues dependiendo los cambios de las sociedades, de las acciones combinadas de sus miembros, el curso de esos cambios será determinado por las mismas leyes que rigen todos los cambios que se verifican por composición de fuerzas.

Así, cuando se considera la sociedad como un organismo y se observa la dirección de su crecimiento, se halla que es aquélla en que la resultante de las fuerzas opuestas es mínima.

En efecto, los individuos ó unidades sociales tienen fuerzas disponibles para mantenerse y reproducirse; esas fuerzas encuentran otras antagonistas, á saber: unas geológicas ó climatológicas, otras de animales feroces, ó de otros hombres enemigos ó competidores.

Las superficies sobre las que esa sociedad se reparte son aquéllas en que la suma de fuerzas antagonistas es más débil. Para reducir la cuestión á sus términos más sencillos, podemos decir que las unidades sociales tienen que consagrar sus fuerzas, combinadas ó aisladas, á preservarse, ellas y sus descendientes, de las fuerzas inorgánicas y orgánicas que tienden continuamente á destruirlas (sea indirectamente por oxidación ó destrucción anormal de calor, sea directamente por una mutilación del cuerpo); que esas fuerzas pueden ser, ya neutralizadas por otras, en forma de alimentos, vestidos, habitaciones, instrumentos de defensa, etc., ya eludidas en lo posible; en fin, que la población se extiende en todas las direcciones en que encuentra, ó los medios de evitar dichas fuerzas antagonistas más fácilmente, ó de emplear menos trabajo en adquirir los materiales para los medios de resistencia, ó bien las dos ventajas simultáneamente. Por estas razones, los valles fértiles,

en que abundan el agua y los productos vegetales, han sido los habitados desde luego por los primeros pueblos; así como las orillas del mar, que les ofrecía, en gran abundancia, un alimento fácil de ser cogido. Un hecho general que tiene la misma significación es que, en cuanto podemos juzgar por las trazas que han dejado, las grandes sociedades se desarrollaron primero, en las regiones intertropicales en que los frutos terrestres se producen más fácilmente, y donde, también, cuesta menos trabajo sostener ó conservar el calor animal. Puede añadirse á esos hechos otro que está pasando continuamente á nuestra vista: la emigración, que vemos se dirige constantemente hacia los sitios que ofrecen menos obstáculos á la conservación de los individuos, y de consiguiente al desarrollo de las naciones. Lo propio sucede en la resistencia que oponen á los movimientos de una sociedad, las sociedades vecinas. Cada tribu ó nación que habita una comarca, crece en población hasta que sobrepuja á sus medios de subsistencia; hay en ella una fuerza continua de expansión, hacia las comarcas vecinas, que encuentra, naturalmente, la resistencia de las tribus ó naciones que las ocupan. Las guerras incesantes que de ahí resultan, las conquistas sobre las tribus ó naciones más débiles, la devastación del territorio por los vencedores, son movimientos sociales que se verifican en las direcciones de mínima resistencia. Los pueblos conquistados, cuando escapan al exterminio ó á la esclavitud, no dejan de presentar también movimientos del mismo origen.

En efecto, emigrando hacia las regiones menos fértiles, buscando un refugio en los desiertos y en las montañas, dirigiéndose á regiones cuya resistencia al desarrollo social es relativamente fuerte, no hacen más que obedecer á una presión que los rechaza de sus habitaciones primeras, y que es mayor que la resistencia que les ofrecen los obstáculos físicos de la nueva comarca, á la conservación y desarrollo sucesivos.

También se puede interpretar del mismo modo los movimientos internos de una sociedad. Las localidades naturalmente propias para producir ciertos géneros, naturales ó artificiales, es decir, donde esos géneros se obtienen con menos trabajo, ó el deseo de procurárselos ofrece menos resistencia, llegan á ser los centros especialmente consagrados á producirlos. Así, en un país en que el suelo y el clima concurren para hacer del trigo un producto remunerador, es decir, que restituye la suma de fuerzas, de todas clases, empleadas en su cultivo, con una suma mayor, relativamente; de sustancia nutritiva, el cultivo del trigo llega á ser el trabajo dominante. Al contrario, en los países en que no se puede obtener trigo directa y económicamente, la avena, el centeno, el maíz, el arroz, las patatas, son los principales productos agrícolas. En las orillas del mar, la alimentación más fácil es el pescado; así sus habitantes son, la mayoría, pescadores. En los países ricos en carbones y en metales, la población es minera, en su mayoría, porque el trabajo empleado en la extracción del mineral representa mayor suma de alimentos y de vestidos, que si lo empleasen de otro modo. Este ejemplo nos conduce á tratar del comercio, nueva prueba de la generalidad de la ley en cuestión. En efecto, el comercio empieza desde el momento en que se facilita al hombre conseguir sus deseos, disminuyendo los esfuerzos que habría de efectuar para esa consecución. Cuando en vez de hacer cada familia para sí la recolección de sus granos, el tejido y confección de sus vestidos, etc., se dedicaron unos á labradores, otros á tejedores, sastres, zapateros, etc., fué porque conocieron que era mucho más penoso hacer cada uno todo lo que necesitaba, que hacer una gran cantidad de una sola cosa, y quedándose con lo necesario, cambiar el resto. Aun en eso, al decidirse cada hombre á obtener tal ó cual producto, fué, y lo es todavía hoy, obedeciendo á la misma ley.

En efecto, á más de las condiciones locales que determinan á secciones enteras de una sociedad á dedicarse á los trabajos que les son más fáciles, hay también aptitudes y condiciones individuales que hacen á cada uno preferir determinada ocupación; de suerte que, escogiendo las formas de actividad impuestas por las circunstancias que les rodean y por las propias facultades, las unidades sociales se mueven, cada una hacia los objetos deseados, según las direcciones que presentan menos obstáculos.

Los transportes que implica el comercio siguen la misma ley. Así, mientras que las fuerzas que es necesario vencer para procurarse los objetos necesarios á la vida, en la región en que han de ser consumidos, son menores que las fuerzas análogas para hacerlos venir de otras regiones, no hay comercio exterior; pero cuando las regiones próximas los producen con una economía, que no es destruída aún por los gastos de transporte; cuando la distancia es tan pequeña y el camino tan fácil, que el trabajo del transporte, sumado con el de la producción, da una suma menor que el trabajo de producción en el país del consumo, el transporte se establece. Nótase también que las vías para las comunicaciones comerciales se abren en el sentido de la menor resistencia. Al principio, cuando las mercancías eran transportadas á lomo, se escogían los senderos que tuvieran la triple ventaja de ser más cortos, con menos cuestas y con menos obstáculos; es decir, los que podían recorrerse con menos fuerza. Después, al tener que subir cuestas, se procuraba que no se desviasen de la horizontal, sino lo estrictamente preciso para evitar las desviaciones verticales que hubieran exigido mayor tracción. Siempre es la menor suma de obstáculos lo que determina la ruta, aun en los casos que parecen excepcionales, como cuando se da un rodeo por evitar la oposición de un propietario territorial. Todos los perfeccionamientos aplicados sucesivamente á la construcción de vías de comunicación, hasta las carreteras, canales y ferrocarriles, que reducen al mínimum las fuerzas resistentes, gravedad y rozamiento, suministran ejemplos que confirman el principio general en cuestión.

Si se puede escoger ruta entre dos puntos, la escogida es, generalmente, la que cuesta menos, sirviendo en ese caso el precio, de medida á la resistencia. Cuando, teniendo en cuenta el tiempo se escoge la vía más costosa, es que la pérdida de tiempo implica una pérdida de fuerza. Cuando la división del trabajo se ha llevado aun más lejos, y los medios de comunicación se han hecho más fáciles, se localizan las industrias; y por consiguiente el incremento de la población dedicada á cada industria se puede explicar por el mismo principio general. La influencia de los emigrantes en cada centro industrial y la multiplicación de las familias correspondientes, son determinadas por el precio del trabajo; es decir, por la cantidad de mercancías que puede producir una fuerza dada. Decir que los obreros se aglomeran en los sitios, en que por consecuencia de las facilidades de producción, puede darse bajo la forma de salario una cantidad proporcionalmente mayor de producto, es decir que se aglomeran en los sitios en que hay menos obstáculos al sostén de su persona y de su familia. Por consecuencia, el incremento rápido del número de artesanos en esos lugares, es un incremento social en los puntos en que las fuerzas antagonistas son menores.

La aplicación de la ley es también evidente en las transacciones diarias; por ejemplo, el empleo de los capitales en los negocios que dan más rédito, el comprar lo más barato y vender lo más caro posible, la introducción de modos de fabricación más económicos, el desarrollo de los mejores medios de distribución, y todas esas variaciones comerciales que los periódicos traen diariamente y los telegramas hora por hora, son otros tantos movimientos verificados en las direcciones de menores resistencias. En efecto, si analizamos cada uno de esos cambios, si en lugar de los intereses del capital consideramos el exceso de los productos al gasto de la fabricación, si interpretamos un gran interés ó un gran exceso de esa clase por un trabajo bien remunerado, si un trabajo bien remunerado quiere decir una acción muscular dirigida de modo que tropiece con los menos obstáculos posibles; reconoceremos que todos esos fenómenos comerciales no son sino movimientos complicados que se efectúan según las líneas de mínima resistencia.

Se harán, quizá, dos clases de objeciones á esta aplicación sociológica de la ley. Unos dirán que la palabra fuerza, sólo tiene aquí un sentido metafórico, que al decir que los hombres son impulsados por sus deseos, en ciertas direcciones, se emplea un lenguaje figurado, no se expresa de modo alguno un hecho físico. A eso puede responderse que las operaciones mencionadas en los ejemplos precedentes, son hechos físicos, si se les interpreta recta y literalmente. La presión del hambre es una fuerza física, una sensación, que implica cierto estado de tensión nerviosa, y la acción muscular que esa sensación provoca es una descarga de la sensación bajo la forma de movimiento corporal; en fin, si se analiza los hechos mentales que comprende, se verá que esa descarga sigue las líneas de menor resistencia. Por consiguiente, es preciso entender en sentido literal y no en sentido metafórico, los movimientos sociales producidos por tales ó cuales deseos. Puede también hacerse una objeción en sentido contrario, diciendo que todos esos ejemplos son inútiles, porque desde el momento en que se ha reconocido la ley general de la dirección del movimiento, resulta necesariamente que los movimientos sociales deben conformarse á ella como todos los demás; pero puede replicarse que afirmando meramente, en abstracto, la conformidad de los movimientos sociales á dicha ley general, no se lleva la convicción á la mayoría de los entendimientos, para lo cual es necesario mostrar el *cómo* de esa conformidad; pues, para que los fenómenos sociales puedan unificarse con los de especies más senci-

llas, formando un mismo sistema, es preciso que las generalizaciones de la Economía política sean reducidas á proposiciones
equivalentes, expresadas en función de fuerza y de movimiento.

Los movimientos sociales se conforman también á las dos leyes derivadas ó secundarias, antes citadas. En primer lugar, es
evidente que, una vez comenzados en ciertas direcciones, esos
movimientos, como todos los demás, tienden á persistir en esas
mismas direcciones. Una locura ó un pánico comercial, una producción de mercancías, una costumbre, una agitación política,
continúan su curso mucho tiempo después que cesó la fuerza inicial productora, hasta que hallan fuerzas antagonistas que las detienen. En segundo lugar, los movimientos sociales son tanto más
tortuosos, cuanto más complejas las fuerzas productoras y sus antagónicas. Las numerosas y complicadas contracciones musculares
que efectúa un pobre jornalero para ganar un pan, prueban
cuán tortuosa es la dirección del movimiento, cuando son muy
numerosas las fuerzas en acción; lo mismo que se observa en la
elección para diputado, de un hombre enriquecido hacia el fin de
vida.

81. Inquiramos ahora cuál es la prueba plena, la razón última
del principio general expuesto en este capítulo, como lo hicimos
en el capítulo anterior, respecto al principio en él tratado. ¿Debemos admitirle simplemente como una generalización inductiva,
ó podemos formularle como corolario de un principio aun más
fundamental? Puede, en efecto, deducirse del dato de conciencia
que sirve de fundamento á todas las ciencias.

Supongamos varias fuerzas actuando sobre un mismo cuerpo
en diversos sentidos. En virtud del principio de la composición de
fuerzas, se puede sustituir todo el sistema de fuerzas en cuestión
por una sóla, ó á lo menos por dos de igual intensidad y de sentidos opuestos. En el primer caso habrá movimiento en el sentido
de esa fuerza única, pues si no, habría una fuerza gastada sin resultado ó efecto alguno, sin engendrar otra equivalente, lo que
implicaría un aniquilamiento, una no persistencia de una fuerza.
En el segundo caso, si las dos fuerzas resultantes actúan en la
misma dirección, es decir, en la misma línea recta, aunque en
sentidos opuestos, no hay movimiento, porque no hay línea de
máxima tracción, ni de mínima resistencia; y si actúan en direcciones paralelas, prodúcese un movimiento de giro ó rotación,
único que puede verificarse sin faltar á la ley general de la direc-

ción. Si reducimos la ley á sus términos más simples, veremos aun más claramente que es un corolario de la persistencia de la fuerza. Supongamos dos pesos suspendidos de los dos lados de una polea fija, ó de los dos extremos de una palanca de brazos iguales, ó dos hombres tirando en esos puntos. Decimos que el peso mayor bajará, que el hombre más fuerte vencerá al más débil. Mas, si se nos pregunta cómo sabemos que hay un peso mayor ó un hombre más fuerte, todo lo que podemos decir es que uno de los pesos ó uno de los hombres producen un movimiento en el sentido de su tracción. La única prueba del exceso de fuerza en un sentido, es el movimiento que produce. Pero si no podemos decidir cuál de las dos tracciones opuestas es mayor, sino por el movimiento que produce en su misma dirección, cometemos un círculo vicioso ó una petición de principio, afirmando que el movimiento se verifica en el sentido de la mayor tracción. Si damos ahora un paso más, y preguntamos en qué se funda la hipótesis de que entre dos fuerzas opuestas la mayor es la que produce movimiento en su misma dirección, no hallamos otra prueba sino la intuitiva de que la parte de la fuerza mayor, no equilibrada por la menor, debe producir su efecto; es decir, la intuición de que esa fuerza, resíduo de la sustracción de las dos componentes, no puede aniquilarse, sino que debe producir algún cambio equivalente; es decir, por último, la intuición de la persistencia de la fuerza. En el caso que nos ocupa, como en los precedentes, los ejemplos, por numerosos que sean, no pueden dar mayor certeza que la adquirida por deducción, partiendo de un dato fundamental de nuestra razón.

En efecto, en todos los casos, como en el sencillísimo que acabamos de citar, no se puede conocer la fuerza mayor sino por el movimiento que resulta.

Nos es completamente imposible comprobar la producción de un movimiento en otra dirección que en la de la fuerza mayor ó resultante, puesto que nuestra medida de las fuerzas no puede hacerse sino por sus poderes relativos de producir movimientos. Es, pues, evidente que, si de ese modo determinamos la magnitud relativa de las fuerzas, no hay multiplicación de ejemplos que pueda aumentar la certeza de la ley de la dirección del movimiento, ley que se deduce inmediatamente del principio de la persistencia de la fuerza.

Se puede también deducir de esa verdad primordial, la ley de que el movimiento, una vez establecido en una dirección, se convierte en una causa de movimiento subsiguiente en esa misma dirección. El axioma de mecánica, según el cual la materia en movimiento en una dirección, y abandonada á sí misma, continúa moviéndose en esa misma dirección, sin perder su velocidad, no es sino una afirmación indirecta de la persistencia de la fuerza; puesto que se afirma que la fuerza manifestada en el movimiento de un cuerpo en dirección, espacio y tiempo determinados, no puede desaparecer sin producir un efecto igual que, en ausencia de toda otra fuerza, no puede ser sino un movimiento, con iguales dirección y velocidad que el anterior. Lo mismo sucede en el movimiento de la materia atravesando la materia; sólo que en este caso las acciones son más complicadas. Un líquido que sigue su ruta á través ó por encima de un cuerpo sólido, como el agua en la superficie terrestre, pierde una parte de su movimiento, bajo la forma de calor, por el frote y los choques con las materias que forman su lecho. Puede perder también una parte de su movimiento en vencer fuerzas que pone en libertad; por ejemplo, cuando arrastra una masa que obstruye su camino. Pero una vez deducidas esas sustracciones de fuerzas, transformadas en otros modos de fuerza, hay además otra sustracción, bajo la forma de reacción contra el álveo, que disminuye mucho su poder obstructor, como lo prueban las materias arrastradas y las zanjas excavadas por los ríos. La complicación es mucho mayor en el caso del movimiento que atraviesa la materia de parte á parte; por ejemplo, en una descarga nerviosa, durante la cual pueden verificarse en la ruta de la corriente cambios químicos que dificulten su paso; ó bien puede el movimiento mismo, sea cual fuere, transformarse parcialmente en una fuerza obstructora, como, por ejemplo, en los metales, cuyo poder conductor-eléctrico disminuye por efecto del calor que el paso de la electricidad produce. La verdadera cuestión es saber qué modificación de estructura se verifica en la materia atravesada, aparte de las fuerzas perturbatrices *accidentales*, aparte de todo lo que no es la resistencia necesaria de la materia, es decir, la resistencia que resulta de la inercia de las moléculas. Si fijamos nuestra atención en la parte del movimiento primitivo que continúa su curso sin transformarse, podemos deducir de la persistencia de la fuerza que la parte de ese movimiento, que se gasta en cambiar las posiciones de las moléculas, debe dejarse en un estado que facilite todo otro movimiento en la misma dirección. Así, en todos los cambios que el sistema solar ha manifestado hasta ahora y manifiesta aún ; en todos los cambios pasados y presentes de nuestro globo; en todas las acciones psíquicas y sus efectos materiales ; en todas las modificaciones de estructura y de actividad de las sociedades, los movimientos productores siguen las leyes generales antedichas. Doquier veamos un movimiento, su dirección debe ser la de la fuerza resultante. Doquier sepamos la dirección de la fuerza máxima, ó más bien de la resultante, en esa dirección debe haber movimiento. Estos principios no son verdaderos, sólo para una clase ó para algunas clases de fenómenos, son principios universales de los que sirven para unificar todos nuestros conocimientos fenomenales.

CAPÍTULO X

RITMO DEL MOVIMIENTO

92. Cuando la bandera de un navío, que pendía inmóvil, comienza á sentir los primeros efectos de la brisa, verifica suaves y graciosas ondulaciones, desde su lado fijo hacia su punta. Al mismo tiempo, las velas empiezan á sacudir los mástiles, con golpes cada vez más rápidos, á medida que aumenta la fuerza de la brisa; y cuando están completamente tensas, por la resistencia de las vergas y de las cuerdas, sus bordes tiemblan, cada vez que una ráfaga más fuerte viene á chocarlas; sintiéndose á la par, si se pone la mano en las cuerdas, que todo el aparejo vibra; y mostrando á la vez el silbido y el bramido del viento, que él también vibra más ó menos fuertemente. En tierra, también produce una acción rítmica el choque del viento con los diversos cuerpos. Así las hojas tiemblan, las ramas oscilan, los árboles que no son bastante gruesos se balancean, los tallos de hierba, y mejor aún los de las gramíneas, oscilan más ó menos rápida ó fuertemente, inclinándose y enderezándose alternativamente. En los objetos más estables ó fijos no faltan esos movimientos, aunque no son tan manifiestos; hasta las casas vibran sensiblemente á los impulsos de violentas ráfagas tempestuosas. Las corrientes de agua producen, lo mismo que las de aire, efectos análogos en los objetos que encuentran á su paso. Los tallos de hierba, que nacen en medio de un arroyo, ondulan de un extremo á otro. Las ramas abatidas ó desgajadas por la última tormenta, y que están más ó menos sumergidas en el agua, en que la corriente es rápida, son agitadas por un movimiento de sube y baja que se retarda ó se acelera, según que aquéllas sean más ó menos grandes; en los ríos muy caudalosos, como

en el Mississipí, árboles enteros tienen esa posición, y el nombre
de serradores, que se les da, expresa muy bien el movimiento rítmico que sufren. Observemos ahora el efecto del antagonismo entre la corriente y su lecho: en los parajes poco profundos, en que
se ve la acción del fondo sobre el agua, ésta se riza, es decir; manifiesta una serie de ondulaciones. Si estudiamos la acción y la
reacción entre el río ó arroyo y sus orillas, hallamos también otro
ejemplo del ritmo, aunque de otro modo. En efecto, lo mismo en
los más pequeños arroyos que en los más largos y sinuosos ríos,
los ángulos de la corriente, que hacen cruzar el agua de una mar-
gen á otra, constituyen una ondulación tan natural, que aun en
un canal en línea recta no tarda la corriente en serpentear. Análogos fenómenos se producen cuando el agua está quieta y se mueve
en ella un cuerpo sólido. Así, cuando se agita en el agua un bastón
ó palo, con bastante fuerza, se siente en la mano la vibración.
Aun en cuerpos de gran masa se produce el mismo efecto, sólo
que se necesita una gran fuerza para hacerle sensible. Por ejemplo, la hélice de un navío hace vibrar á éste, al pasar de un movimiento lento á otro rápido. Los sonidos que producen los instrumentos de cuerda son ejemplos de vibraciones producidas en un
sólido por otro. En el torneado y otros actos mecánicos, cuando
la herramienta tropieza un nudo, se produce una violenta vibración en todo el aparato y en la pieza de madera ó hierro que se
está trabajando. El niño que trata de hacer una línea en la piza-
rra, no puede evitar el hacerla más ó menos ondulada. Cuando se
hace rodar una bola, aunque sea sobre el hielo, hay siempre un
movimiento de ondulación vertical más ó menos visible, según
que la velocidad sea mayor ó menor respectivamente. Por lisos
que sean los rails, por bien construídos que estén los coches, un
tren que marcha, vibra, á la vez horizontal y verticalmente. Aun
en los casos de súbita detención por choque, la ley se verifica
igualmente, pues los cuerpos que se chocan toman un movimiento
vibratorio. Aunque no tengamos costumbre de observarlo, es indudable que todas las impulsiones, tanto voluntarias como involuntarias, que comunicamos á los objetos que nos rodean, se propagan á través de esos objetos, en forma de vibraciones. No hay
sino mirar con un anteojo de gran potencia para comprobar que
cada latido del corazón hace vibrar toda la habitación en que estamos. Si consideramos ahora movimientos de otro orden, á saber:
los que se verifican en el éter, los hallaremos también rítmicos.

En efecto, todos los descubrimientos modernos confirman que la luz y el calor son el resultado de ondulaciones ó vibraciones, no difiriendo las que producen uno ú otro de esos dos efectos, sino en la amplitud y en la velocidad respectivas. Los movimientos de la electricidad son también vibratorios, aunque de otro género. Así, se ve casi siempre á las auroras polares agitadas por ondas brillantísimas, y la descarga eléctrica en el vacío nos prueba con su aspecto estratificado que la corriente no es uniforme, sino que resulta de impulsiones de mayor ó menor intensidad. Si se objeta que hay movimientos, como los de los proyectiles, que no son rítmicos, puede responderse que esa excepción sólo es aparente, pues esos movimientos serían rítmicos si no fueran interrumpidos.

En efecto, dícese que la trayectoria de un proyectil es una parábola, y es verdad que (prescindiendo de la resistencia del aire) dicha trayectoria difiere tan poco de una parábola, que se puede en la práctica, considerarla como tal, sin error sensible; pero en rigor es un arco de elipse muy escéntrica, cuyo foco más lejano es el centro de la atracción terrestre; si, pues, el proyectil no fuese detenido por la misma tierra, ó por los obstáculos que antes encuentre, recorrería el espacio alrededor de ese foco, como cada astro alrededor del suyo, volviendo al punto de partida para recomenzar el mismo camino rítmicamente. La descarga de un cañón aunque parezca, á primera vista, probar lo contrario, es uno de los más bonitos ejemplos del principio en cuestión; pues, desde luego, la explosión produce fuertes ondulaciones en el aire ambiente, y otras más débiles produce la bala en su camino, como lo prueba su silbido, y por último, el movimiento alrededor del centro de la tierra, que la bala empieza á efectuar, al ser parado por el choque, se transforma en un ritmo de otro género, á saber: las vibraciones que el choque comunica á los cuerpos circunvecinos.

Por regla general, el ritmo no es simple, sino compuesto, pues son muchas, casi siempre, las fuerzas en acción, que producen, respectivamente, ondulaciones de distintas amplitudes y velocidades; por eso hay siempre, á la par que ritmos primarios ó principales, otros secundarios producidos por la coincidencia y el antagonismo periódicos de los primarios, formándose así ritmos dobles, triples, cuádruples, etc.

Un ejemplo de los más sencillos es lo que en Acústica se llama pulsaciones, que son intervalos periódicos de sonido y de silencio, que se percibe cuando se da á la vez dos notas del mismo tono, y

que son producidos por la correspondencia ó el antagonismo respectivos de las ondas aéreas. Lo mismo sucede en las interferen-
cias de la luz y del calor, resultantes también del acuerdo ó desacuerdo periódicos de las ondas del éter que, reforzándose ó
neutralizándose mutuamente, producen intervalos de aumento ó
de disminución del calor y de la luz. Otro caso son las mareas, que
presentan, dos veces al mes, un incremento y una disminución de
la subida y bajada diarias, variaciones debidas, respectivamente, á
la coincidencia y al antagonismo de las atracciones solar y lunar.
El oleaje es otro ejemplo del acuerdo y desacuerdo rítmicos, pues
todas las grandes olas llevan al lado otras más pequeñas, y éstas
otras más aún, resultando que cada onda de espuma con la capa
de agua que la sostiene, sube y baja menos, después que ha subido
y bajado más, respectiva y alternativamente. Por último, citare-
mos los arroyos que, al bajar la marea, corren por la arena, fran-
queando los bancos de guijarros: Cuando el canal de esos bancos
es angosto y la corriente fuerte, la arena del fondo forma crestas,
cada vez más elevadas, correspondientes á los rizados del agua,
cada vez más grandes, hasta que, con el tiempo, la acción se hace
bastante violenta, y destruyendo toda la serie de crestas, el agua
corre algún tiempo sobre una superficie unida, hasta que comienza de nuevo la misma operación. Podríamos citar otros ejemplos
de ritmos más complicados, pero estarán mejor en su lugar, entre
los cambios cósmicos de que vamos á ocuparnos.

Del conjunto de hechos, acabados de citar, resulta: que el ritmo
se produce siempre y doquier hay un sistema de fuerzas que no se
equilibran; porque si se equilibran no hay movimiento, y por consiguiente no hay ritmo. Pero, si hay un exceso de fuerza en una
dirección, en la cual, por tanto, comienza el movimiento, para
que continúe uniformemente en esa misma dirección, es necesario
que el móvil conserve relaciones fijas con las fuerzas que producen
el movimiento y con las que le impiden, lo cual es imposible. Todo
transporte en el espacio debe alterar la proporción de las fuerzas
en juego, aumentar ó disminuir la preponderancia de una fuerza
sobre otra, impedir, en fin, la uniformidad del movimiento. Si
pues éste no puede ser uniforme, ni tampoco continúa é indefinidamente acelerado ó retardado, cosa inconcebible, tiene que ser
necesariamente rítmico.

Hay también otra conclusión secundaria que no debe omitirse.
En el capítulo anterior hemos visto que el movimiento nunca es

absolutamente rectilíneo; consecuencia de esto es que el ritmo sea siempre necesariamente incompleto. En efecto, un ritmo ó movimiento rítmico rectilíneo no podría verificarse sino cuando todas las fuerzas en acción' estuviesen en la misma recta, contra lo que hay infinitas probabilidades. Para producir un movimiento exactamente circular, serían necesarias dos fuerzas de magnitud constante y formando continuamente ángulo recto, lo que también tiene infinitas probabilidades contra su verificación. Todas las demás combinaciones de dos fuerzas producirán movimientos elípticos más ó menos excéntricos. Cuando hay más de dos fuerzas en acción, como sucede casi siempre, la trayectoria descrita es más complicada y no puede repetirse exactamente. De suerte que, de hecho, no se vuelve jamás por completo á un estado anterior, en las acciones y reacciones de las fuerzas naturales. Tocante á los movimientos muy complicados, y sobre todo á los de masas cuyas unidades son parcialmente independientes, no se puede trazar una curva regular; no se ve más que un movimiento general de oscilación. En fin, cuando un movimiento periódico termina su período, la diferencia que separa el estado de partida del de llegada está en íntima relación con el número de fuerzas en juego.

83. La disposición espiral tan común en las nebulosas difusas, es decir, la disposición misma que debe tomar la materia que se mueve hacia un centro de gravedad á través de un medio resistente, nos muestra el establecimiento progresivo de la revolución, y por consiguiente del ritmo en las regiones lejanas que ocupan las nebulosas. Las estrellas dobles que se mueven alrededor de su centro común de gravedad, durante períodos, algunos ya conocidos, son ejemplos del ritmo en las regiones apartadas de nuestro sistema sideral, pudiendo también citarse, aunque de distinto orden, el hecho de las estrellas variables que brillan y palidecen alternativamente.

La periodicidad de los movimientos de los planetas, satélites y cometas es ya tan conocida, que basta recordarla como uno de los ejemplos más patentes del ritmo universal. Pero, además de las revoluciones de esos cuerpos en sus órbitas, y de las rotaciones sobre sus ejes, presentan otros ritmos más complejos y menos evidentes. En cada planeta y en cada satélite hay la revolución de los nodos—cambio de posición del plano de la órbita—que, una vez acabada, vuelve á comenzar. Hay la alteración gradual de la longitud del eje mayor y de la excentricidad de la órbita, ambas rítmicas del mismo modo; es decir, que ambas alternan entre un máximum y un mínimum, y entre esos extremos cambian también su velocidad de variación. Hay también la revolución de la línea de los ábsides, que se mueve no regularmente, sino por oscilaciones complejas. Hay, por último, las variaciones en la dirección de los ejes planetarios, llamada *nutación*, y un giro mucho más vasto, que en la tierra, causa la precesión de los equinoccios. Esos ritmos, ya compuestos, se componen además entre sí, siendo uno de los ejemplos más sencillos de esa composición, el retardo y la aceleración seculares de la Luna á consecuencia de las variaciones de excentricidad de la órbita terrestre. Otro hecho que tiene consecuencias más importantes, es el cambio de dirección de los ejes de rotación de los planetas cuyas órbitas son decididamente excéntricas. Todo planeta presenta al Sol, durante un largo período, una parte mayor de su hemisferio boreal que de su hemisferio austral, cuando está más próximo á él, y después, en otro período análogo, presenta más del hemisferio Sud que del hemisferio Norte; la repetición periódica de esos hechos que, en algunos planetas, no causa alteración sensible en el clima, comprende en la Tierra un ciclo de 21.000 años, durante los cuales cada hemisferio tiene sucesivamente estaciones templadas, y estaciones muy frías y muy cálidas. Y no es eso todo; hay todavía variación en esa variación.

En efecto, los veranos y los inviernos de toda la Tierra ofrecen un contraste más ó menos fuerte, según las variaciones de la excentricidad de la órbita, resultando: que mientras esa excentricidad aumenta, las épocas de estaciones poco distintas y las épocas de estaciones muy distintas que cada hemisferio atraviesa alternativamente, deben hacerse cada vez más diferentes por el grado de su contraste, sucediendo lo contrario mientras la excentricidad disminuye. De modo, que la cantidad de luz y de calor que recibe del Sol cada parte de la Tierra, está sujeta á un ritmo cuádruple: el de día y noche, el de verano é invierno, el del cambio de posición del eje en el perihelio y en el afelio, que tarda 21.000 años en completarse, y el del cambio de excentricidad de la órbita, que tarda á su vez millones de años.

84.   Las series de fenómenos terrestres que dependen directamente del calor solar, presentan naturalmente un ritmo que corresponde á la cantidad periódicamente variable de calor que recibe del Sol cada parte de la tierra. El caso más sencillo, aunque

de los menos aparentes, es el de las variaciones magnéticas. En ellas hay incrementos y decrementos diurnos, anuales y decenales; estos últimos corresponderán á un período durante el cual las manchas del Sol se muestran alternativamente abundantes y raras. Además hay probablemente otras variaciones que corresponden á los ciclos astronómicos antes citados. Los movimientos del mar y de la atmósfera son ejemplos más visibles. Las corrientes marinas, desde el Ecuador hacia los polos en la superficie, y desde los polos hacia el Ecuador en el fondo, ó á ciertas profundidades, nos muestran un movimiento incesante de vaivén en toda esa gran masa de agua; ese movimiento varía de intensidad, según las estaciones, y se combina con movimientos análogos, pero más débiles, de origen local. Las corrientes aéreas, debidas como son á la misma causa, tienen también variaciones anuales análogas y modificadas del mismo modo. Por irregulares que parezcan los vientos considerados en detalle, se ve, con todo, una periodicidad bastante marcada, en los monzones, en los alysios y en algunas otras corrientes aéreas, como los vientos del Este en primavera.

Hay también alternativas de períodos en que predomina, ya la evaporación, ya la condensación; tal se ve entre los trópicos, donde se suceden estaciones lluviosas y secas bien marcadamente, y en las zonas templadas, donde, aunque menos claramente, aun se reconoce el ritmo ó la periodicidad de los cambios en cuestión. Estos, es decir, la evaporación y la precipitación del agua sobre la tierra, presentan además de esos largos períodos correspondientes á las estaciones, otro ritmo más rapido. Así, cuando un tiempo húmedo dura ya algunas semanas, aunque la tendencia á la condensación sea mayor que la tendencia á la evaporación, no llueve, por lo general, continuamente, sino que tal período se compone casi siempre de días lluviosos y de días total ó parcialmente secos; y aun los días lluviosos se reconoce comunmente un ritmo más débil, sobre todo cuando las dos tendencias á la evaporación y á la condensación se equilibran próximamente. En las montañas se puede observar mejor ese ritmo débil; los vientos húmedos, que no precipitan toda el agua que contienen cuando pasan sobre las tierras bajas relativamente cálidas, pierden tanto calor al llegar á los picos helados de las altas montañas, que en seguida se condensa todo el vapor que aún llevaban; pero esa condensación desarrolla una gran cantidad de calor; por consiguiente, las nubes que allí se forman están más calientes que el aire que las precipi-

ta y mucho más que las rocas que tocan. Por eso en el curso de
una tempestad las cimas de los montes toman una temperatura
más elevada, parte por la radiación de las nubes que las rodean,
parte por el contacto con la lluvia; en consecuencia no enfrían
tanto el aire que pasa tocándolas, cesa la condensación del agua
que aquél contiene en estado de vapor, rásganse las nubes y un
rayo de sol parece prometer un buen día. Mas, perdida bien pronto la pequeña suma de calor que las pendientes frías de la monta-
ña han recibido, sobre todo cuando la ausencia de nubes permite
la libre radiación al espacio, esas superficies altas vuelven á enfriarse, vuelven á condensar el vapor y así sucesivamente. En las
regiones bajas, el contraste entre las dos temperaturas del aire y
de la tierra es menor, y por tanto esas acciones y reacciones son
también menos aparentes. Con todo, aún puede descubrírselas,
pues hasta en los días de lluvia continua hay intervalos de lluvia
densa ó fuerte y de lluvia menuda, lo cual es muy probablemente
debido á las causas mencionadas.

Naturalmente, esos ritmos meteorológicos implican otros correspondientes, en los cambios operados por el viento y por el agua
en la superficie terrestre. Las variaciones en las cantidades de lé-
gamo y demás materias dejadas por los ríos, crecen y disminuyen
según las estaciones, y producen, por tanto, variaciones de color
y de calidad en las capas sucesivas que resultan. Los lechos formados por materiales de las orillas arrastrados por las aguas, deben
presentar también diferencias periódicas, correspondientes á los
vientos periódicos de la localidad. Doquier contribuyan las heladas
á la destrucción serán también, por su repetición periódica, un
factor del ritmo de la sedimentación. Los cambios geológicos producidos por los depósitos y montañas de hielo deben igualmente
tener sus períodos alternativos de mayor ó menor intensidad.

Hay también pruebas de que las modificaciones ígneas de la
costra terrestre tienen cierta periodicidad. Las erupciones volcánicas no son continuas sino intermitentes: y, según podemos juzgar
por los datos de la observación, se repiten á intervalos más cortos
en las épocas de grande actividad, más largos en las de reposo relativo. Lo mismo sucede á los terremotos y á las elevaciones y
depresiones que son su consecuencia. En la embocadura del Mississipí, las capas alternantes son una prueba de los desgastes sucesivos de la superficie producidos á intervalos próximamente iguales. Doquier, en los grupos extensos de estratos regulares que

suponen pequeños hundimientos repetidos con una frecuencia regular, se ve un ritmo, en la acción y la reacción que se verifican entre la costra sólida del globo y su contenido aún en fusión, ritmo que se combina con otros más lentos manifiestos en las terminaciones de unos grupos de estratos y comienzo de otros de distinta estructura, constituyendo lo que en Geología se llama *terrenos*.

Hay también razones para sospechar una periodicidad geológica inmensamente mayor en sus períodos, y más extensa en sus efectos, á saber: las vastas y alternativas elevaciones y depresiones que convierten los continentes en mares, y éstos, es decir sus cuencas en continentes.

En efecto, supongamos, como es lógico, que la costra sólida terrestre tenga próximamente en todas partes el mismo espesor. Es claro que las porciones más deprimidas, como las que forman el fondo de los mares, deben ser las más expuestas, por su cara inferior, á las corrientes de materia fundida que circulan por el interior, y por consiguiente dichas porciones sufren un efecto mayor de la que se puede llamar destrucción ígnea. Inversamente, en las crestas más elevadas de la costra terrestre, la superficie interior estará más sustraída á la acción de las corrientes ígneas, compensándose así las pérdidas que producen en el exterior las corrientes acuosas. De consiguiente, las superficies deprimidas que sirven de fondo á los mares se adelgazan por el desgaste interior, no compensado por sedimentos exteriores, y presentando menos resistencia á la presión interior se elevan gradualmente durante largos períodos, hasta que se invierten los términos. Sean ó no enteramente exactas esas conclusiones, no invalidan la ley general, bastando los ejemplos anteriores para poder afirmar el ritmo de los fenómenos geológicos.

85. No hay, quizá, clase alguna de fenómenos en que tan numerosos y evidentes sean los ejemplos del ritmo, como los fenómenos de la vida. Las plantas, verdaderamente, no ofrecen otra periodicidad bien manifiesta que la que les producen el día y la noche y las estaciones del año. Pero, en los animales, hay una gran variedad de movimientos, en que alternan los extremos opuestos con todos los grados de rapidez. Los fenómenos mecánicos de la digestión son todos esencialmente rítmicos, desde los movimientos voluntarios de la masticación y primer tiempo de la deglución, hasta los movimientos peristálticos del esófago, estómago é intestinos. La sangre es puesta en movimiento, no de un

modo continuo, sino por impulsiones sucesivas: es oxigenada en
el aparato respiratorio, por contracciones y dilataciones alternativas del mismo, y siendo sólo la sangre recién oxigenada y ali-
mentada la que sirve para las demás funciones, éstas son también
y necesariamente alternativas, rítmicas, puesto que lo son las que
la hacen pasar por cada órgano con esas condiciones. Toda locomoción resulta de movimientos ondulatorios; aun en los pequeños
séres, en que parece continuo, si se les observa con microscopio,
se ve que el suavísimo movimiento que esos séres verifican, es
debido á las vibraciones de las pequeñas pestañas que poseen.

Los ritmos primarios de las acciones orgánicas se combinan con
otros secundarios de mayor duración, produciendo en todas las
formas de la actividad incrementos y disminuciones periódicas.
Ejemplos bien patentes son las necesidades de comer y de dormir.
Además, cada comida acelera la acción rítmica de los órganos di-
gestivos, primero, y después las pulsaciones del corazón y los movimientos del aparato respiratorio. Por el contrario, durante el
sueño, todos esos movimientos se retardan; de suerte que en el
curso de las veinticuatro horas, las pequeñas ondulaciones de que
se componen las diferentes especies de acciones orgánicas, toman
la forma de una onda prolongada de incremento y disminución,
compuesta á su vez de ondas más pequeñas. La experimentación
ha demostrado que hay incrementos y disminuciones más lentas
todavía, de la actividad funcional orgánica. Así, no se establece
siempre después de cada comida, el equilibrio de la asimilación y
la desasimilación, sino que una ú otra conserva, durante algún
tiempo, la supremacía; de modo que toda persona sana aumenta
y disminuye de peso alternativamente, á intervalos próximamente
iguales. Además de esos períodos regulares, los hay más largos, y
relativamente irregulares, á saber: las alternativas de vigor y debilidad que aun las personas bien sanas sienten generalmente.
Esas oscilaciones son tan inevitables, que aun los hombres que
ejercitan bastante sus fuerzas, no pueden permanecer mucho tiempo estacionados en el grado máximo de tensión muscular, de que
son susceptibles, y comienzan á disminuirle cuando á él han llegado. Los movimientos vitales patológicos, son también rítmicos,
casi todos; así, muchas enfermedades reciben el nombre de intermitentes por serlo sus síntomas, y muchos de éstos lo son aun
cuando la enfermedad no lleve ese nombre, y aun cuando la periodicidad no sea manifiesta. En general, es raro que las enfermeda-

des se agraven ni mejoren continuamente, sino que hay sus re-
cargos y sus alivios, y también sus recaídas y progresos en la
mejoría.

Los grupos de séres vivos presentan, aunque en otro orden, un
ejemplo del mismo principio general. En efecto, si se considera
cada especie de aquéllos como un todo, se ve que manifiesta dos
especies de ritmo. Desde luego la vida en todos los individuos de
una especie es un movimiento complicado, más ó menos distinto
de los movimientos que constituyen la vida en las demás especies.
En cada individuo ese movimiento comienza, aumenta, llega á su
máximun, disminuye, y cesa al fin con la muerte. Así, cada generación forma una onda de la actividad que caracteriza la especie
considerada como un todo. La otra forma de ritmo se muestra en
la variación del número de individuos que cada especie de animales y de plantas sufre sin cesar; en el conflicto incesante entre la
tendencia de la especie á crecer y las tendencias antagonistas,
nunca hay equilibrio perfecto, una ú otra predominan. Aun tratándose de plantas y de animales domésticos, para los que se emplean medios artificiales á fin de sostener el número á un nivel
próximamente igual, no es posible evitar las alternativas de abundancia y escasez. En los animales no cuidados por el hombre,
esos cambios se verifican, por lo común, mucho más rápidamente. Cuando una especie ha sido muy disminuída por sus enemigos
ó por la falta de alimentos, los individuos que sobreviven se encuentran en mejor situación que antes; pues, por una parte, la
cantidad de alimento se hace relativamente más abundante, y por
otra sus enemigos disminuyen también por falta de presa; de modo
que las condiciones de esa especie quedan, por algún tiempo, favorables á su incremento, y se multiplica rápidamente. Entonces
el alimento vuelve á estar escaso y los enemigos abundantes, con
lo cual la especie comienza de nuevo á declinar, y así sucesivamente. Si consideramos la vida en su concepto más general, podemos todavía descubrir en sus fenómenos otro ritmo, aunque
muy lento. Los estudios de los paleontologistas han hecho saber
que las formas orgánicas han experimentado grandes cámbios durante largos períodos, atestiguados por las rocas y los terrenos sedimentarios. Muchas especies han aparecido, se han hecho numerosas, y han desaparecido. Los géneros, familias y demás grupos
han constado primero de un corto número de los grupos inferiores,
éstos se han hecho después más numerosos, y por último, dismi-

nuído, y á veces desaparecido. Así, por ejemplo, la *crinoidea pediculada*, abundantísima durante la época carbonífera, ha desaparecido casi.

Una familia de moluscos, numerosísima en otros tiempos, la de los *braquiópodos*, está hoy reducida á un corto número de especies. Los cefalópodos testáceos, que dominaban el Oceano en otras épocas, por el número de especies y por el de individuos, se han extinguido casi, en la época presente. Después de una *edad de reptiles*, vino otra edad en que esa clase de animales fué suplantada por la de los mamíferos. Si, pues, esos incrementos y decadencias colosales de las diversas especies de séres orgánicos han tenido y tienen un carácter periódico,—próximamente en correlación con los grandes ciclos de elevaciones y depresiones que producen los mares y continentes,—basta eso para probar que la vida no ha progresado en la Tierra uniformemente sino por grandes ondulaciones.

86.   Los fenómenos psicológicos no parecen rítmicos á primera vista. Sin embargo, el análisis demuestra que el estado psíquico correspondiente á un momento dado no es uniforme, sino que puede ser descompuesto en rápidas oscilaciones; y también que los estados sucesivos atraviesan largos períodos de intensidad creciente y decreciente.

Cuando dirijimos nuestra atención, ya sobre una sensación, ya sobre un sistema de sensaciones que constituyen la percepción de un objeto, parece que permanecemos durante algún tiempo en un estado psíquico homogéneo y persistente; con todo, un atento examen demuestra que ese estado, aparentemente continuo, está en realidad interrumpido por otros estados secundarios, formados por otras sensaciones y percepciones que se presentan y desaparecen rápidamente. Si, como hemos admitido, pensar es relacionar, resulta necesariamente que, si la conciencia permaneciese en un mismo estado, con exclusión total de otros estados, no habría pensamiento. De modo que una sensación, aparentemente continua, por ejemplo, la de presión, se compone, en realidad, de elementos que se renuevan rápidamente, interpolados por otros relativos al sitio del cuerpo en que se percibe la sensación, al objeto que la produce, á las consecuencias que pueden resultar, y á otra multitud de cosas que sugiere la asociación de ideas. Hay también oscilaciones sumamente rápidas que alejan del estado psíquico que miramos como persistente, y que vuelven á conducir á él. Además

de la prueba directa, que el análisis nos suministra, del ritmo de los fenómenos psíquicos, hay otras, fundadas en la correlación entre las sensaciones y los movimientos.

En efecto, las sensaciones y las emociones producen contracciones musculares. Pues bien, si una emoción ó una sensación fuese rigorosamente continua, habría una descarga continua á lo largo de los nervios motores puestos en juego; pero la experimentación nos revela, en lo que permite juzgar el uso de estimulantes artificiales, que una descarga continua á lo largo del nervio motor de un músculo, no produce la contracción de éste; para la cual se necesita una descarga interrumpida, una sucesión rápida de descargas.

La contracción muscular presupone, pues, ese mismo estado rítmico de la conciencia que demuestra la observación directa. Un ritmo más evidente, de ondulaciones más lentas, se manifiesta en las emociones producidas por el baile, la poesía, la música. La corriente de actividad psíquica que se revela por esos modos de acción corporal, no es continua, sino que se descompone en una serie de pulsaciones ó vibraciones. El compás del baile es el resultado de la alternativa de contracciones musculares fuertes, con otras débiles, á excepción del compás de las danzas más sencillas, tales como las de los pueblos bárbaros y las de los niños, en las cuales dicha alternativa se compone de elevaciones y depresiones más largas en el grado de la contracción muscular.

La poesía es una forma literaria, en la cual la energía reaparece periódica y regularmente; es decir, que el esfuerzo muscular de la pronunciación presenta períodos de intensidad mayor y de intensidad menor, que se complican con otros de la misma naturaleza, correspondientes á la sucesión de los versos.

La música nos ofrece una gran variedad de efectos de la ley; ya son compases que se repiten y consta cada uno de una vibración primitiva y otra secundaria; ya esfuerzos musculares alternativamente crecientes y decrecientes, para llegar á las notas altas ó agudas, y bajar á las graves; doble movimiento compuesto de ondas más pequeñas, que rompen los movimientos de elevación y descenso de las más grandes, de una manera particular en cada melodía; ya la alternativa de trozos *piano* y de trozos *forte*.

Esas diversas especies de ritmos que caracterizan la expresión estética, no son, rigorosamente hablando, artificiales; son formas más intensas de un movimiento ondulatorio, engendrado habitualmente por el sentimiento, cuando se descarga en el cuerpo; y una prueba de ello es que se los halla también en el lenguaje usual.

En efecto, éste presenta en cada frase puntos de insistencia, primarios y secundarios, y una cadencia que consta de una subida y una bajada principales, complicadas de otras secundarias ó subordinadas, y acompañadas, cuando la emoción es fuerte, de un movimiento oscilatorio, mayor ó menor, en los miembros. Todo el mundo puede observar ondulaciones aún más amplias, en sí y en los demás, con ocasión de un placer ó de un dolor muy vivo. Desde luego, cuando el dolor tiene su causa en un desorden corporal, manifiesta, casi siempre, un ritmo muy fácil de apreciar; durante su existencia, tiene sus variaciones de intensidad, sus accesos ó paroxismos, y sus descansos ó períodos de bienestar relativo. El dolor moral consta también de ondas análogas, unas mayores y otras menores; pues por vivo que aquél sea, la persona que le tiene no solloza ni llora continuamente con igual intensidad, sino que esos signos de dolor se reproducen á intervalos, sucediendo á los períodos de emoción, más ó menos fuertes, otros de calma, como si la emoción estuviese adormecida, y á éstos, otros quizá, en que el dolor llega hasta el paroxismo. Lo mismo sucede en cuanto á los grandes placeres, sobre todo en los niños, menos dueños de sus emociones; se ve en ellos variaciones manifiestas en la intensidad del sentimiento, accesos de risa, de baile, separados por períodos de descanso, ó de sonrisas, y otros débiles signos de placer, que bastan entonces para desahogar una excitación ya debilitada.

Hay también ondulaciones psíquicas más lentas y que necesitan semanas, y aun meses y años, para completarse. Tales son los períodos de buen ó mal humor, de vivacidad y de abatimiento, de ardor y de pereza para el trabajo, de gusto y de disgusto por ciertos asuntos. Hay que notar, sin embargo, respecto á esas oscilaciones lentas que, como sometidas á la influencia de numerosas causas, son generalmente bastante irregulares.

87.   En las sociedades nómadas, los cambios de lugar, determinados generalmente por el agotamiento ó la insuficiencia de los alimentos, son periódicos; y en muchos casos, la periodicidad corresponde á la de las estaciones. Las tribus que se han fijado en el lugar de su elección, crecen hasta que la presión de los deseos no

satisfechos produce una emigración de una parte de la tribu hacia
una región nueva, lo cual se reproduce á intervalos. Ese exceso
de población, esas ondas sucesivas de emigración, producen conflictos con las otras tribus, que crecen también y tienden á repar-
tirse.

Este antagonismo, como todos, se verifica, no con un movimiento continuo, sino alternativo. Guerra, abatimiento, derrota,
paz, prosperidad, agresión nueva, tales son las alternativas más
ó menos apreciables que nos presentan los hechos militares de los
pueblos civilizados ó salvajes. Por irregular que sea ese ritmo, no
lo es más que el de la variación de grandeza y poderío de las naciones; y las causas, muy complicadas, que en uno y otro influyen, no permiten preverlos. Si pasamos de los fenómenos externos ó internacionales, á los internos de cada nación, encontramos
bajo diversas formas esos movimientos alternativos de progreso y
retroceso. Nótase, sobre todo, en el comercio: durante el primer
período, el cambio se reduce, casi en su totalidad, al que tiene
lugar en las ferias verificadas á largos intervalos en los principales
centros de población. El flujo y reflujo de personas y de mercancías en cada feria, se hace más frecuente á medida que el desarrollo nacional produce una actividad social mayor. El ritmo más rápido, de los mercados semanales, reemplaza luego al ritmo más
lento de las ferias; y sucede, á veces, que las operaciones comerciales llegan á ser tan activas, que necesitan reuniones diarias de
compradores y vendedores, especie de onda cotidiana de acumulación y distribución de mercancías y capitales.

Dejemos el comercio, y consideremos la producción y el consumo; hallaremos en ellos, también, ondulaciones más largas, sin
duda, en sus períodos, pero no menos evidentes. La oferta y la
demanda nunca son iguales, sino alternativamente mayor cada
una. Los agricultores, disgustados, después de una abundante recolección, del bajo precio resultante, siembran menos al año
siguiente, resultando entonces escasez y carestía, y así sucesivamente. El consumo presenta oscilaciones análogas, que creemos
innecesario indicar. La balanza de los pedidos entre los diversos
países determina también oscilaciones análogas. Así, un país donde
ciertos objetos necesarios á la vida son escasos, se convierte en el
punto de confluencia, donde vienen á descargar las corrientes de
esos objetos, desde los lugares donde están relativamente en abundancia; estas corrientes forman, en su confluencia, una onda de

acumulación, un obstáculo; resultando, en seguida, un movimiento de reflujo en dichas corrientes.

En los precios se hace también notar, quizá mejor que en las demás, la oscilación de todas las acciones sociales. Si se reducen los precios á medidas numéricas y se dispone á éstas en cuadros, ó se las representa por líneas, se ve clarísimamente cómo los movimientos comerciales se componen de oscilaciones de magnitudes variables; se ve, por ejemplo, que el precio del trigo sube y baja, y que las máximas elevaciones y depresiones sólo tienen lugar al cabo de cierto número de años; esas grandes ondas son cortadas por otras que se extienden á períodos de algunos meses, y éstas, á su vez, por otras que sólo duran una ó dos semanas. Si se observase aún con más minuciosidad los cambios, se notaría las oscilaciones de uno á otro día, y las aun más delicadas de hora en hora, que transmiten telegráficamente los corredores. La representación gráfica sería entonces un dibujo muy complicado, semejante á la grande ola del Océano, compuesta de otras medianas, y éstas de otras más pequeñas, y éstas, por último, de menudas arrugas.

Análogos dibujos resultarían para los nacimientos, matrimonios, defunciones, enfermedades, crímenes, pauperismo, mostrando los diversos movimientos rítmicos que se operan en la sociedad, bajo sus varias formas. Los fenómenos sociales más complejos presentan análogas representaciones. En Inglaterra, como en casi todas las naciones continentales, la acción y la reacción del progreso político son evidentes. La religión, á más de sus variaciones accidentales de poca extensión, tiene largos períodos de exaltación y de indiferencia, generaciones de creyentes, de puritanos, y luego otras de indiferentes y libertinos. Hay épocas poéticas y épocas en que aparece adormecido el sentimiento de lo bello. La Filosofía, después de haber dominado algún tiempo — en la antigua Grecia, — cae en el olvido durante un largo período, después del cual vuelve á tomar incremento, aunque lentamente. Toda ciencia tiene épocas consagradas al razonamiento deductivo, y épocas consagradas á reunir y relacionar los hechos. Aun en fenómenos de mínima importancia, como los de la moda, se nota el movimiento rítmico.

Como se podía prever, los ritmos sociales nos ofrecen bonitos ejemplos de la irregularidad que resulta por la combinación de muchas causas. Cuando las variaciones no se refieren sino á un elemento de la vida nacional, suele volverse con bastante exactitud al estado primitivo, después de oscilaciones más ó menos complicadas. Pero en las acciones que son producto de muchos factores, nunca se vuelv e exactamente al estado primitivo. Una reacción política no hace volver todo al estado precedente. El racionalismo actual difiere notablemente del del siglo anterior. En fin, aunque la moda haga revivir las mismas formas de vestidos, siempre es con modificaciones bien marcadas.

88. La universalidad de ese principio sugiere una cuestión análoga á las de los capítulos precedentes. Manifestándose el ritmo en todas las formas del movimiento, hay razón para pensar que está determinado por una condición original, es decir, desde el origen de todo movimiento. Se supone tácitamente que se puede deducir del principio de la persistencia de la fuerza, y vamos á ver que así es en realidad.

Cuando se apartan de su posición de equilibrio las ramas de un diapasón, prodúcese, entre sus partículas coherentes, un exceso de tensión igual á la fuerza empleada para separar las ramas; en virtud de esa tensión, cada rama vuelve á su posición primitiva; mas al llegar á ella, se encuentra con esa cantidad de movimiento próximamente igual á la que equivale á la fuerza de separación (próximamente nada más, porque parte se ha gastado comunicando movimiento al aire y transformándose en calor); esa cantidad de movimiento lleva á cada rama más allá de su posición de equilibrio, á una distancia un poco menor que la recorrida antes, en sentido inverso (por las pérdidas de fuerzas ya mencionadas), y así sucesivamente, hasta que, disminuyendo un poco cada vez la amplitud de la oscilación, vuelven las ramas á quedar en reposo. No hay más que fijarse en esta acción y reacción repetidas para ver que, como todas, es un corolario de la persistencia de la fuerza.

En efecto, la fuerza gastada en separar las ramas del diapasón tiende á no anularse y se transforma en la tensión molecular de aquéllas; esta tensión no puede cesar de existir sin transformarse en algo equivalente; ese algo es el momento de inercia engendrado al llegar las ramas á su posición primitiva de equilibrio; este momento no puede hacer más que, ó continuar como tal, ó engendrar otra fuerza correlativa de igual intensidad; lo primero es imposible, puesto que el cambio de lugar está impedido por la cohesión de las partes; luego es necesario se verifique lo segundo y así sucesivamente. Si en vez del movimiento impedido directamente

por la cohesión de las partes, consideramos el movimiento á través del espacio, hallaremos la misma verdad bajo otra forma.

En efecto, aunque no parezca, en ese caso, que haya otra fuerza en juego, ni por tanto causa eficaz de ritmo, con todo su propio momento acumulado debe, en definitiva, llevar el cuerpo móvil más allá de su centro de atracción y convertirse así en una fuerza distinta de la inicial; resultando, como en todos los casos, la combinación de fuerzas necesaria para que haya ritmo. La fuerza representada por el momento de un móvil en cada dirección, no puede ser destruída; si desaparece, por cesar el movimiento, reaparece inevitablemente en forma de reacción sobre el cuerpo que le hace cesar, reacción que vuelve á comenzar el movimiento en sentido contrario ó próximamente, del móvil que fué detenido. La única circunstancia en que podría no haber ritmo, es decir, verificarse un movimiento continuo é indefinido en línea recta, sería no habiendo más que un móvil en un vacío infinito; nada de lo cual existe ni aun es siquiera concebible, pues no lo es el infinito ni lo es el movimiento sin ser originado por otro ó por una fuerza preexistente.

Por tanto, el ritmo es una propiedad necesaria de todo movimiento, pues dada la coexistencia universal de fuerzas antagonistas, el ritmo es un corolario forzoso de la persistencia de la fuerza.

CAPÍTULO XI

89. Detengámonos un momento, para ver cómo los principios establecidos en los capítulos precedentes tienden á formar un cuerpo de doctrina, conforme á la definición que hemos dado de la Filosofía.

Desde luego, bajo el punto de vista de su generalidad, la proposición que hemos enunciado y acompañado de ejemplos, en cada uno de esos capítulos, cumple con la condición (87) para ser considerada como superando la categoría de científica y mereciendo el nombre de filosófica. La *indestructibilidad de la materia* es un principio que no pertenece á la Mecánica, por ejemplo, más bien que á la Química, etc., sino que le admiten de común acuerdo la Física molecular y la Mecánica física, la Astronomía, la Química y la Biología. La *continuidad del movimiento*, aunque supuesta primeramente en el orden cronológico, por la Mecánica general y la Mecánica celeste, ha sido al fin reconocida por la Física, la Química y la Biología; pues sin ella no podrían dichas ciencias explicar muchas de sus verdades. La *persistencia de la fuerza*, implicada en cada una de las dos proposiciones precedentes, como ya sabemos, tiene la misma generalidad, y otra tanta tiene también la *persistencia de las relaciones entre las fuerzas*, corolario á su vez de la proposición anterior. Estos dos últimos principios no sólo tienen una gran generalidad, sino que son universales. Si consideramos ahora las deducciones que de dichos principios se sacan, hallamos la misma ó análoga generalidad. La transformación y equivalencia cuantitativa de las fuerzas transformadas son leyes primarias que se verifican, como hemos visto, en todos los fenómenos de todos los órdenes, inclusos los psíquicos y sociales. También son verdaderamente universales, aunque no sea tan fácil de ser probada su universalidad, los principios de la *dirección* y del *ritmo* del movimiento; pues aquél ya puede ser reconocido en los movimientos de los planetas en sus órbitas, en los de los cuerpos sólidos, líquidos y gaseosos de cada planeta, y en casi todos los movimientos orgánicos que conocemos; y el ritmo, hemos visto también en el último capítulo que se impone, lo mismo al lento movimiento giratorio de las estrellas dobles, que al rapidísimo de las moléculas, que luego nos produce las sensaciones de sonido, calor y luz; tanto á los cambios geológicos y astronómicos, también lentos, que experimenta la Tierra, como á los vientos, mareas y demás cambios, de períodos relativamente cortos; y por último, á los movimientos funcionales de los séres vivos, desde los latidos del corazón hasta los paroxismos de las pasiones.

Tales principios son, pues, verdaderamente filosóficos; deben formar parte de la Filosofía, puesto que unen los fenómenos concretos pertenecientes á todas las secciones de la naturaleza; y por tanto, son elementos constituyentes del conocimiento completo y unificado de las cosas, que la Filosofía tiene por fin formar.

90. Pero ¿qué papel desempeñan esos principios de la formación de ese concepto? ¿Hay entre ellos alguno que pueda por sí solo dar una idea del Cosmos, es decir, de la totalidad de manifestaciones de lo Incognoscible? ¿Puede, á lo menos, darnos esa idea el conjunto de todos ellos? No; tales principios, lo mismo que otros cualesquiera, considerados ya aisladamente, ya en conjunto, no constituyen ese conocimiento integral, objeto y fin de la Filosofía. Algún pensador ha creído que si la Ciencia llegare á reducir todas las leyes, más ó menos complejas, á una más sencilla, la de la acción molecular, por ejemplo, el conocimiento humano habría alcanzado sus límites. Algún otro ha osado afirmar que el principio de la persistencia de la fuerza expresa la constitución del Universo; puesto que en él están comprendidos todos los demás principios, y por tanto todos los fenómenos del Universo. Pero ambas afirmaciones son falsas, por serlo, sin duda, la idea que sus enunciadores tienen del problema.

En efecto, esos principios son verdades analíticas, y ninguna verdad analítica, ningún conjunto de verdades analíticas puede ser la síntesis mental, interpretación fiel de la síntesis universal de las cosas. La descomposición de los fenómenos en sus elementos no es sino una preparación para comprender los fenómenos en la admirable y armónica composición en que se nos manifiestan realmente. Saber las leyes de los factores, no es saber la ley de su combinación. El problema no es saber cómo tal ó cual factor, materia, movimiento, fuerza, obra en las condiciones relativamente simples que se puede imaginar, ni tampoco en las condiciones complicadas de la existencia actual, sino saber expresar el producto combinado de todos los factores bajo todos sus aspectos. Sólo sabiendo formular la operación total habremos realizado el fin de la Filosofía. Este punto es de bastante importancia, para que merezca insistamos en él.

91. Supongamos que un químico, un geólogo, un astrónomo, nos den las explicaciones más profundas, que permitan sus ciencias respectivas, de la combustión de una vela, de un terremoto, del movimiento de un planeta.

Si les decimos que sus explicaciones dejan mucho que desear, nos dirán probablemente: ¿Qué queréis más? ¿Qué hay más que decir de la combustión, cuando se ha seguido la luz, el calor y la dispersión de la materia comburente y combustible, hasta evidenciar el movimiento molecular, causa común de todos esos fenómenos? ¿Cómo ir más allá en la explicación de un terremoto, una vez explicadas todas las acciones que le acompañan y siguen, como efectos del enfriamiento interior de la tierra? ¿Qué falta explicar de un movimiento planetario, tenidas ya en cuenta todas las fuerzas que le producen, y pudiéndose predecir la situación del astro, en un momento dado, con la anticipación que se quiera? ¿Queréis una síntesis? Decís que el conocimiento no debe contentarse con resolver los problemas parciales, ó sea los fenómenos resultantes de las acciones de tales ó cuales factores cuyas leyes de acción sean sabidas, sino que debe resolver el problema general, es decir, mostrar, cómo de la acción combinada de los factores, resultan los fenómenos en toda su complejidad. ¿Por ventura, partiendo de los movimientos moleculares, no se forma una explicación sintética de la luz, del calor y de los gases producidos durante la combustión; así como, partiendo de la radiación continua del calor terrestre, se construye también la síntesis explicativa, bastante clara y satisfactoria, de la contracción del núcleo terrestre, del hundimiento de su costra, de la causa y efectos de la ardiente lava que rasga dicha costra? A todo eso responderemos:

16

que el problema general de la Filosofía es construir una síntesis universal que abrace y consolide todas esas síntesis parciales.

Las explicaciones sintéticas que da la ciencia, aun las más generales, son más ó menos independientes unas de otras; puede,
sí, haber entre ellas elementos semejantes, mas nunca llegará
la semejanza hasta su estructura esencial. ¿Debe, por eso, supo-
nerse que entre la combustión, el terremoto y el movimiento de
un astro no hay coordinación ni relaciones de ningún género.

Si cada uno de los factores de los fenómenos obra conforme á
una ley, ¿puede acaso pensarse que todos combinados no obedez-
can á ley alguna en su cooperación? Esos variadísimos cambios
naturales y artificiales, orgánicos é inorgánicos, que distinguimos
con esos nombres diversos, para nuestra comodidad en estudiarlos
y descubrir sus leyes, considerados desde un punto de vista superior, desde el punto de vista de la Filosofía, no deben ser distin-
guidos, sino unificados, pues todos son cambios que suceden en el
mismo Cosmos y que forman parte de una vastísima transformación.

El juego de las fuerzas obedece esencialmente al mismo principio, en toda la región explorada por la inteligencia; y aunque
por la variedad infinita de sus proporciones y de sus combinaciones, aquéllas producen cada vez resultados más ó menos diferentes, y aun, á veces, totalmente distintos al parecer, no es posible
dejar de admitir entre esos resultados una comunidad fundamental.

La cuestión que debemos proponernos resolver es, pues, esta:
¿cuál es el elemento común de todas las operaciones ó de todos
los fenómenos concretos?

92.   En resumen, vamos á buscar una ley de composición de
los fenómenos, que comprenda las leyes de sus componentes, dadas á conocer en los capítulos anteriores. Hemos visto que la materia es indestructible, que el movimiento es continuo, que la
fuerza es persistente, que las varias formas de fuerza están continuamente transformándose unas en otras, y por último, que el
movimiento es siempre rítmico y sigue la dirección de la mínima
resistencia. Réstanos ahora hallar la fórmula que, siendo también
invariable, expresa las consecuencias ó resultados de las acciones
combinadas que las fórmulas antedichas expresan separadamente.

¿Cuál debe ser el carácter general de esa fórmula? Es preciso que exprese la serie de cambios experimentados á la vez por la materia y por el movimiento.

Toda transformación supone la reordenación de los elementos que la sufren, y para definirla no basta decir lo que ha sucedido á las partes apreciables é inapreciables de la sustancia transformada; es necesario, también, decir lo que sucede á los momentos de fuerza, que la nueva ordenación ó colocación de dichos elementos supone, y además, cuáles son las condiciones en que dicha transformación comienza, cesa ó se invierte, á menos que no se verifique siempre en el mismo sentido.

La ley que buscamos debe llamarse, pues, *de la redistribución continua de la materia y del movimiento*. El reposo absoluto no existe; cada sér (y el conjunto universal de todos los séres cognoscibles) cambia de un momento á otro, recibe ó pierde movimiento rápida ó lentamente. La cuestión es, pues, la siguiente: ¿qué principio dinámico, verdadero en el conjunto y en los detalles de todas las metamorfosis que se verifican en el Cosmos, expresa esas relaciones siempre variantes, entre los séres que cambian?

Este capítulo habrá cumplido su objeto si ha indicado claramente la naturaleza del problema final. La discusión que de él vamos á hacer nos le presentará bajo otra faz, y entonces veremos con evidencia que una Filosofía que merezca tal nombre no puede constituirse sino resolviéndole.

CAPÍTULO XII

EVOLUCIÓN Y DISOLUCIÓN

93. La historia completa de una cosa debe considerársela, desde su salida de lo imperceptible, hasta su regreso á lo imperceptible. Ya se trate de un solo objeto, ya del Universo entero, toda explicación que se empiece á considerar bajo una forma concreta y termine considerándole de igual manera, es incompleta, puesto que una parte de la existencia cognoscible del objeto queda sin historia, sin explicación. Al admitir ó afirmar que el conocimiento está limitado á los fenómenos, hemos afirmado implícitamente que la esfera del conocer comprende todos los fenómenos, todos los modos de lo incognoscible, que pueden impresionarnos.

Supongamos, pues, un objeto cualquiera en las condiciones á propósito para ser percibido; dos cuestiones se suscitan inmediatamente: ¿cómo ese objeto está; ó más bien, ha llegado á estar en esas condiciones, y cómo cesará de estar en ellas? A no admitir que ha tomado una forma sensible en el momento de la percepción para perderla un momento después, forzoso es creer que ha tenido una existencia anterior, bajo esa forma sensible, y que la tendrá posterior; tales existencias anterior y posterior, bajo formas apreciables, son, pues, objetos posibles de ser conocidos, y el conocimiento de todo objeto, no es, evidentemente, completo, si no se le conoce en su pasado, en su presente y en su porvenir.

Las palabras y las acciones de la vida suponen más ó menos ese conocimiento, actual ó posible, de estados que han sido y de estados que serán, y la mayoría de nuestros conocimientos implica esos elementos. Conocer á una persona supone haberla visto antes, bajo una forma muy parecida á su forma actual ; y conocerla bien, implica haberla conocido en sus primeros años, en su juventud, en su vida toda. Sin duda, no se conoce en todos sus detalles el futuro del hombre, pero se le conoce en general ; se sabe que morirá, que su cuerpo se descompondrá, y esos hechos completan el plan de los cambios que ha de experimentar. Lo mismo sucede respecto á los objetos que nos rodean : así, podemos retroceder un poco en la historia de los tejidos de seda, algodón, etc., que conocemos ; estamos ciertos de que nuestros muebles se componen de maderas que ciertos árboles se han formado no hace mucho tiempo, como también de que las piedras que han servido para construir nuestras habitaciones, formaban antes parte de una de las capas estratificadas de la costra terrestre. Además, podemos también predecir el porvenir de nuestras ropas, de nuestros muebles, de nuestras habitaciones ; pues sabemos que entrarán en descomposición, y tras un período de tiempo, más ó menos largo, perderán su cohesión y su forma actuales.

Ese conocimiento, que casi todos los hombres tienen, relativamente al porvenir y al pasado de los objetos que nos rodean, la Ciencia lo ha extendido, y lo extiende cada vez más : á la historia del hombre, desde que nace, añade la historia intrauterina, pudiéndose decir, que hoy se sigue á cada individuo, desde el estado de germen microscópico hasta su descomposición, ó reducción á los gases y demás cuerpos resultantes de aquélla.

Al historiar un tejido de lana ó seda, la Ciencia no se pára en la piel del carnero, ni en el capullo del gusano de seda, sino que descubre en esas primeras materias el nitrógeno y demás elementos que el carnero y el gusano han tomado de las plantas, y éstas del aire y tierra en que viven, y así sucesivamente.

Si, pues, el pasado y el futuro de cada objeto constituye una esfera de conocimiento posible, y si el progreso intelectual consiste, parcial si no principalmente, en extender nuestras posesiones por esos dominios de lo pasado y de lo futuro, es evidente que no habremos adquirido todo el conocimiento de que es susceptible nuestra inteligencia, mientras no sepamos todo el pasado y todo el porvenir de cada objeto y agregado de objetos.

Puesto que conocemos cómo un objeto visible y tangible ha llegado á poseer su forma y consistencia actuales, estamos plenamente convencidos de que, partiendo bruscamente, como lo hacemos, de una sustancia que tiene ya una forma concreta, no hacemos más que una historia incompleta, una vez que el objeto tenía ya una historia cuando tomó esa forma.

¿No puede, desde luego, concluirse, que incumbe á la Filosofía formular ese paso de lo imperceptible á lo perceptible, y viceversa? ¿No es evidente que la ley general de la redistribución de la materia y el movimiento, necesaria, según acabamos de ver, para unificar las diversas especies de cambios, debe ser la ley que unifique los cambios sucesivos que experimentan separada y conjuntamente las existencias sensibles? Solamente una fórmula que combine todos esos caracteres dará al conocimiento humano toda su coherencia y unidad posibles.

94. Esa fórmula ya la hemos visto bosquejada en los párrafos precedentes; en ellos hemos reconocido: que la Ciencia, siguiendo en el pasado la genealogía de diversos objetos, halla que sus componentes han existido antes en estado de difusión, y que á ese estado volverán también, con el tiempo; lo cual quiere decir que la fórmula en cuestión debe comprender esos dos actos de concentración y disolución ó difusión. Aun nos hemos aproximado más á la expresión de dicha fórmula, al trazar ó indicar sus caracteres generales.

El paso de un estado difuso imperceptible, á un estado concreto perceptible es una integración de materia y una disipación concomitante de movimiento; por el contrario, el paso de un estado concreto perceptible, á un estado difuso imperceptible es una desintegración de materia, acompañada de una producción de movimiento.

Tales proposiciones son evidentes por sí mismas, pues claro está que las partes integrantes no pueden agregarse ó constituir el todo, sin perder algo de su movimiento relativo, y no pueden desintegrarse ó separarse, sin recibir más movimiento relativo. No se trata aquí de movimientos de una masa, respecto á otras masas, sino del movimiento relativo, ó de unos respecto á otros, de los elementos de una misma masa.

Limitándonos á considerar ese movimiento interno y la materia que lo posee, es un axioma: que toda consolidación progresiva de aquélla implica disminución del movimiento interno, y que todo incremento de ese movimiento implica desintegración ó difusión de la materia.

El conjunto de las dos operaciones opuestas que acabamos de

formular, constituye la historia completa de toda existencia sensible, bajo su forma más sencilla. Pérdida de movimiento é integración consecutiva ó simultánea, seguidas de adquisición de movimiento y desintegración concomitante; he aquí enunciada la serie entera de cambios de un sér, ó de un conjunto cualquiera de séres, entre sí relacionados. Tal vez parecerá demasiado atrevida la anterior afirmación, mas ya la justificaremos en los párrafos sucesivos.

95.   En efecto, hemos de notar, desde luego, un nuevo hecho de una importancia capital, á saber: que todo cambio que experimenta una sustancia apreciable, se verifica en una ú otra de esas dos direcciones opuestas. Aparentemente, muchos séres que han pasado de un estado difuso á un estado concreto, permanecen en él indefinidamente, sin proseguir su integración, y sin comenzar á desintegrarse. Sin embargo, no es verdad esa apariencia; todos los séres ganan ó pierden movimiento y sustancia, se integran ó se desintegran; todas las cosas varían en su temperatura, se contraen ó se dilatan, se integran ó se desintegran.

Las cantidades de materia y de movimiento interno de una masa cualquiera, crecen ó decrecen continuamente; y esos incrementos y decrementos son pasos hacia la difusión ó hacia una concentración mayor. Las pérdidas y ganancias de sustancia, por lentas que sean, implican ó una disolución ó un incremento definitivo; y las pérdidas ó ganancias del movimiento invisible, que llamamos calor, producirán, continuadas, una integración ó una desintegración completa.

Al caer los rayos solares sobre una masa fría, aumentan los movimientos moleculares, que en ella se verifican, y haciéndola así ocupar mayor espacio, inician una operación que, suficientemente continuada, desintegrará la masa haciéndola pasar al estado líquido; y continuada aun más, la desintegrará más, haciéndola pasar al estado gaseoso. Inversamente, el volumen de una masa de gas disminuye, cuando éste se enfría, ó pierde movimiento molecular, y si la pérdida continúa suficientemente, la disminución de volumen terminará en la licuefacción, y aun en la solidificación. Y puesto que no hay en masa alguna, temperatura absolutamente constante, forzoso es concluir que toda masa tiende continuamente á una mayor concentración, ó á una mayor difusión.

No solamente todo cambio que consista en adición ó sustracción de materia, en adición ó sustracción del movimiento molecular térmico entra en esa categoría ó clase general, sino también todos los cambios llamados transformaciones y transposiciones. En efecto, toda redistribución interna que deje las moléculas, ó, en general, las partes constituyentes de una masa, en posiciones relativas diferentes, no puede menos de ser una etapa hacia la integración ó hacia la desintegración, y de haber cambiado más ó menos el volumen ocupado por la masa. Pues cuando las partes han sido puestas en movimiento, unas respecto á otras, hay infinitas probabilidades de que las distancias medias que las separan del centro de gravedad de toda la masa, no permanezcan las mismas; de lo que resulta que, sea cual fuere el carácter especial de la redistribución, siempre será un paso hacia la integración ó la desintegración.

96. Ahora que tenemos una idea general de esas operaciones universales, bajo sus más sencillas relaciones, podemos examinarlas bajo otras más complejas. Los cambios que tienden hacia una concentración, ó hacia una difusión mayor, son generalmente más complicados, que lo que acabamos de indicar. Hasta ahora, hemos supuesto que sólo se verificaba una ú otra de las dos operaciones opuestas; que una masa perdía movimiento y se integraba, ó bien ganaba movimiento y se desintegraba. Pero, si es verdad que todo cambio favorece á una ó á otra de esas dos operaciones, no lo es que sean siempre independientes una de otra. En efecto, toda masa, todo conjunto de materia, pierde y gana movimiento, continua y simultáneamente.

Todas las masas, desde el grano de arena hasta el astro, radian calor hacia las otras masas, y absorben calor del que las otras radian; al radiar se contraen, se integran; al absorber se dilatan, se desintegran. Generalmente, esa doble acción no produce efectos apreciables en los cuerpos inorgánicos; sólo en algunos casos, como por ejemplo, en las nubes, produce rápidas y notables transformaciones, pues se dilatan y disipan si la cantidad de movimiento molecular, que reciben del Sol y de la Tierra, excede á la que pierden por radiación hacia las superficies próximas y hacia el espacio; y al contrario, se liquidan y caen en forma de lluvia si, arrastradas hacia las altas y frías cumbres de las montañas, radian sobre ellas mucho más calor que el que reciben, sufriendo así una pérdida de movimiento molecular y una integración creciente del vapor de agua hasta que se liquida y aun se solidifica, si es suficientemente intenso el enfriamiento. La integración y desintegración son, pues, siempre resultados de una diferencia de movimientos.

En los séres vivos, y más especialmente en los animales, esas operaciones opuestas se verifican con la mayor actividad, bajo diversas formas. No sólo hay en ellos lo que podemos llamar integración pasiva de la materia, que resulta, en los séres inorgánicos, de simples atracciones moleculares; hay además una integración activa de la materia, bajo la forma de alimentos. Análogamente, á la desintegración superficial pasiva que sufren los séres inanimados, añádese, en los animales, una desintegración activa, que ellos mismos producen, absorbiendo en su sustancia ciertos agentes exteriores. Como los séres inorgánicos, los organizados comunican y reciben movimiento pasivamente; pero además, absorben y gastan activamente el movimiento latente de los alimentos. Mas, á pesar de esa complicación en las dos operaciones, y de la inmensa actividad de su lucha, hay constantemente en los séres vivos un progreso diferencia, ya hacia la integración, ya hacia la desintegración. Durante un primer período de la vida de cada individuo, la integración predomina, hay lo que llamos crecimiento. Sigue luego una época media caracterizada, no por el equilibrio de las dos operaciones, sino por el predominio alternativo de la una ó de la otra. El ciclo se cierra por un período en que empieza á predominar la desintegración, hasta que pone término á la integración y deshace lo que ésta había hecho. No hay período en que la asimilación y las pérdidas se equilibren y no haya crecimiento ni decrecimiento: Aun en los casos en que unos órganos crecen mientras otros decrecen, y en que diversas partes están expuestas diferentemente á los orígenes externos de movimiento, de modo que unas se dilatan, mientras otras se contraen, la ley últimamente enunciada se verifica también, pues hay infinitas probabilidades para que esos cambios opuestos no se equilibren, y no equilibrándose, el sér en cuestión, como todos, se integra ó se desintegra.

En todos los séres, y siempre, los cambios operados en un momento cualquiera pertenecen á una ú otra de esas dos operaciones. Si, pues, la historia general de todo sér puede sintetizarse diciendo: consiste en el paso de un estado imperceptible difuso, á un estado perceptible concreto; también puede expresarse como una parte de uno ú otro de esos cambios, cada parte de la historia de todo sér. Ese principio debe ser, pues, la ley universal de la redistribución de la materia y del movimiento, que unifica, á la vez, los grupos de cambios distintos en apariencia y la marcha de cada grupo.

97. Esas operaciones, doquier antagonistas, que obtienen al-

ternativamente, ya triunfos pasajeros, ya triunfos permanentes, las llamaremos *evolución* y *disolución*. La *evolución* es pues, en su forma más general y sencilla: *integración de la materia*, acompañada de *disipación de movimiento*; la *disolucion*, por el contrario, es: *absorción de movimiento y desintegración* á la vez *de la materia*. Tales nombres no llenan completamente todas las condiciones deseables, ó mejor dicho, si el último satisface bastante, el primero está expuesto á graves objeciones. En efecto, la palabra evolución tiene otras significaciones, algunas incompatibles, y aun directamente opuestas á la que aquí la damos; en sentido vulgar significa desarrollo, expansión, manifestación externa, etc.; aquí, aun cuando siempre implicará incremento de un todo y por consiguiente expansión, desarrollo del mismo, implicará también que las partes de ese todo han pasado de un estado más á otro menos difuso, más concentrado. La palabra antitética involución, expresaría mejor la naturaleza de la operación de los caracteres secundarios de que vamos á ocuparnos; pero nos vemos obligados á usar la evolución, á pesar de lo dicho, para oponerla á la palabra disolución. Aquélla se usa, en verdad, muy comunmente, para designar, si no á la operación general que así llamamos, á muchas de sus variedades y de las circunstancias secundarias, pero notables, que la acompañan: no debemos, pues, usar otra palabra; basta que demos una definición rigorosa del sentido ó significado que la atribuímos.

Por disolución entenderemos, pues, como vulgarmente se entiende, la absorción de movimiento y la desintegración de materia; y por evolución la operación inversa, ó sea la integración de materia y disipación de movimiento por lo menos; siendo, como ahora veremos, en la mayoría de los casos, algo más.

fuerza que actúe sobre él producirá un cambio en su movimiento; por grande que sea su velocidad, la más pequeña tracción ó la más ligera resistencia lateral le hará desviar de su trayectoria, como si no hubiera poseído tal movimiento anterior, dirigiéndole hacia el nuevo centro de atracción ó alejándole del nuevo centro de repulsión ó resistencia.

El efecto de toda influencia perturbatriz se acumula, en razón directa del cuadrado del tiempo, durante el cual ejerce su acción, supuesta uniforme. Pero si el móvil está unido á otros cuerpos, cesará de poder ser puesto en movimiento por débiles fuerzas incidentes; éstas se gastan de otra manera, como sucede en los cuerpos sujetos á la gravitación y á la cohesión.

Lo que acabamos de decir de las masas, se puede con toda verdad decir, salvo algunas restricciones, de las partes apreciables de aquéllas y de las inapreciables ó moléculas.

Como las partes sensibles de una masa, é igualmente sus moléculas, no están, en virtud de la cohesión, perfectamente libres, una fuerza cualquiera no les imprimirá un cambio de posición equivalente, como lo haría á un cuerpo móvil en el espacio; una parte de esa fuerza se gastará en producir otros cambios. Pero, según que las partes ó las moléculas van estando más débilmente ligadas entre sí, las fuerzas incidentes producen en aquéllas, reordenaciones más y más señaladas.

Doquier que la integración está tan poco adelantada, que las partes apreciables ó inapreciables son casi independientes, obedecen casi completamente á toda nueva acción, y por tanto, á la vez que las concentraciones, se verifican nuevas redistribuciones. Por el contrario, donde las partes están suficientemente próximas para que la atracción ó la cohesión sean intensas, las acciones externas, á menos de ser muy fuertes, no tienen potencia para producir reordenaciones secundarias.

Las partes firmemente unidas no cambian más ni menos rápidamente sus posiciones relativas, por obedecer á débiles influencias perturbatrices; lo más que éstas pueden llegar á conseguir es modificar temporalmente los movimientos moleculares insensibles ó inapreciables directamente. ¿Cómo podríamos expresar esa diferencia del modo más general? Cuando un conjunto de materia está difuso, ó débilmente integrado en una gran extensión, es que contiene una gran cantidad de movimiento, actual ó potencial, ó ambos á la vez. Inversamente, cuando una masa está completamente integrada ó densa, es que contiene muy poco movimiento interno, pues la mayor parte del que contenía, se ha disipado al verificarse la integración.

Por consiguiente, en igualdad de las demás circunstancias, la cantidad de cambio secundario, en la colocación de las partes, que acompañe al cambio primario que esa colocación supone, será proporcional á la cantidad de movimiento que posea el todo de esas partes; y la cantidad de redistribución secundaria que acompañe á la redistribución primaria será proporcional al tiempo, durante el cual se ha conservado el movimiento interno. Y eso sucede, cualquiera que sea la causa ó el modo de verificarse tales condiciones: ya se conserve el movimiento interno porque las partes componentes sean tales que tarden mucho en agregarse, ya porque las condiciones externas ó el volumen total les impidan comunicar su movimiento, ya porqué ganen directa ó indirectamente más movimiento que el que pierden; siempre será verdad que una gran cantidad de movimiento interno debe hacer fáciles las redistribuciones secundarias, y que la conservación, durante mucho tiempo, de esa gran cantidad de movimiento, hará posible una acumulación de esas redistribuciones secundarias.

Por el contrario, si no se verifican tales condiciones, sea cual fuere la causa, los resultados serán opuestos: ya sea que los componentes del agregado tengan aptitudes especiales para integrarse rápidamente, ya que la pequeñez del todo permita ó facilite la pérdida ó disipación del movimiento interno, ya, en fin, que reciban poco ó nada de movimiento externo en cambio del que comunican; será también cierto que la redistribución primaria que constituye su integración, no puede ir acompañada sino de una débil redistribución secundaria. Para comprender bien estas proposiciones abstractas, es preciso concretarlas á ejemplos; así pues, antes de estudiar la evolución simple y compuesta, determinada según la acabamos de definir, examinemos algunos casos en que la cantidad de movimiento interno cambia artificialmente, y observemos los efectos producidos por la reordenación de las partes.

100. Conviene principiar por un experimento familiar que compruebe el principio general, bajo una forma fácil de ser comprendida. Cuando se llena una vasija de pequeños objetos y se la agita, esos objetos se colocan de modo que ocupan menos espacio, y se puede añadir más; si entre esos objetos hay algunos cuyo peso específico sea mayor que el de los otros, se irán al fondo, en vir-

tud de las sacudidas. ¿Cuál es el sentido general de esos resultados? Teníamos un grupo de unidades solicitadas por una fuerza
extraña, la atracción terrestre; mientras no se las agitó, esa fuerza
extraña no produjo cambio alguno en sus posiciones relativas;
agitándolas, perdieron en seguida su débil agrupación para tomar
otra más fuerte, más compacta, y á la vez las unidades más pesadas comenzaron á separarse de las demás. Acciones mecánicas más
fuertes, verificadas sobre partes de masas más densas, producen
efectos análogos; así un pedazo de hierro que sale de la fundición
con estructura fibrosa, la toma cristalina si se le somete á una
serie de vibraciones. Las fuerzas polares que los átomos ejercen
mutuamente unos sobre otros no pueden cambiar una colocación
desordenada en otra ordenada, mientras aquéllos estén relativamente en reposo; pero llegan á verificar ese cambio si los átomos
entran en agitación interna. Análogamente se explica que una
barra de acero, suspendida en el plano del meridiano magnético,
y golpeada repetidamente, se imante; atribuyéndolo á una nueva
ordenación molecular, producida por la fuerza magnética terrestre
mientras las moléculas están vibrando.

Hay ejemplos aun más sorprendentes, cuales son: aquellos en
que por la adición ó la sustracción artificial de ese movimiento
molecular que llamamos calor, damos á una masa más ó menos
facilidad para la reordenación de sus moléculas; como en el temple
del acero y el recocido del vidrio, redistribuciones internas ayuda-
das por vibraciones insensibles, así como las antes citadas eran
producidas por vibraciones sensibles. Cuando se deja caer al agua
gotas de vidrio fundido, como la parte externa, bruscamente soli-
dificada, de cada gota, no puede seguir el movimiento de contracción, que el enfriamiento sucesivo del interior tiende á producir,
las moléculas quedan en tal estado de tensión, que la masa entera
se reduce á polvo, apenas se quiebra un trozo de la superficie.
Pero, si á esa misma masa se la somete durante uno ó dos días á
un calor considerable, aunque insuficiente para cambiar su forma
y disminuir sensiblemente su dureza, esa excesiva fragilidad desaparece; porque habiendo entrado las moléculas en mayor agitación, las fuerzas expansivas son ya capaces de equilibrarse.

Los efectos del movimiento invisible llamado calor, se muestran
más claramente cuando el nuevo arreglo molecular es una segregación visible. Tal sucede en los precipitados químicos, que, por
lo general, se depositan muy lentamente en las soluciones frías, y

con más rapidez en las calientes; lo cual quiere decir: que cuanto más activa es la vibración molecular en toda la masa, más fácilmente se separan las partículas sólidas de las líquidas. La influencia del calor en las acciones químicas es tan conocida, que apenas hay necesidad de poner ejemplos. Ya sean sólidas, líquidas ó gaseosas las sustancias en cuestión, es indudable que la elevación de temperatura las ayuda á unirse ó á desunirse químicamente; porque las afinidades, que no bastan para producir la redistribución de los átomos, cuando éstos están débilmente agitados, bastan ya, cuando la agitación llega á cierta intensidad; bastará, pues, aumentar ésta, cuando no sea suficiente para ayudar á la afinidad, para que las redistribuciones atómicas sean más fáciles.

Se puede aún tomar como ejemplos, algunos hechos de otra clase, que, á primera vista, no parece que verifican la ley general. Desde luego, en igualdad de circunstancias, la forma líquida implica mayor cantidad de movimiento latente que la sólida, y aun es una consecuencia de esa mayor cantidad de movimiento. Por consiguiente, un conjunto de materia, en parte sólida y en parte líquida, contiene mayor cantidad de movimiento, que otro conjunto de igual masa, de materia sólida. Luego una masa líquido-sólida ó pastosa será susceptible de una redistribución interna relativamente fácil; y la experiencia comprueba esta conclusión. Una mezcla de sustancias desemejantes, diluída en agua, permite, ínterin la dilución está clara, se aparten ó separen las materias pesadas de las ligeras; esta separación se dificulta, si el agua va evaporándose; y cesa completamente, si la dilución se espesa lo bastante. Mas, aun habiendo ya tomado el estado semisólido, en que la gravedad sola no puede verificar la separación de materias, ésta puede aún ser producida por otras causas. Ejemplo de esto es el hecho observado primeramente por M. Babbage, á saber: que cuando se guarda algún tiempo, sin usarla, la pasta, de sílice en polvo y de kaolín, que sirve para fabricar la porcelana, se espesa y ya no sirve, porque las partículas de sílice se unen formando granos gruesos. Otro ejemplo más familiar es el de un helado de grosella, conservado algún tiempo, en el cual el azúcar se precipita en forma cristalina.

Cualquiera que sea la forma bajo la que exista el movimiento latente de un agregado material, ya sea una agitación total ó parcial puramente mecánica, ya vibraciones, como las que producen el sonido, ya un movimiento molecular absorbido del exterior, ya

17

el movimiento molecular constitutivo ó intrínseco de un componente líquido, el principio últimamente enunciado se verifica siempre: las fuerzas incidentes operan redistribuciones secundarias; con facilidad cuando el movimiento latente es considerable, y más difícilmente á medida que aquél disminuye.

101. Antes de proseguir, conviene dar á conocer otro orden de hechos que entran en la misma ley general, aun cuando parecen no tener relación alguna con ella. Son los que nos. ofrecen ciertos contrastes de estabilidad química. En general, los compuestos estables tienen bastante débil el movimiento molecular, y viceversa, la instabilidad es proporcional al movimiento latente ó interno.

El ejemplo que, por lo sabido, debemos citar primero es: el decrecimiento de la estabilidad química á medida que crece la temperatura. Los compuestos cuyos elementos están fuertemente unidos, y aquellos cuyos elementos están unidos débilmente, se parecen en que la elevación de su temperatura, ó el incremento de las cantidades de movimiento molecular que poseen, disminuye la fuerza de unión de sus elementos, en términos que, si continúa creciendo el movimiento molecular latente ó calorígeno, llegará el compuesto químico á descomponerse.

En otros términos: la redistribución de materia, que constituye una descomposición química simple, es tanto más fácil cuanto mayor es la cantidad de movimiento latente del compuesto. Lo mismo sucede en las dobles descomposiciones: dos compuestos A B, y C D, mezclados y conservados á una baja temperatura, pueden no sufrir cambio alguno, aun cuando sus elementos tengan afinidades cruzadas que tiendan á producir la doble descomposición; pero ésta se verificará, casi seguramente, si se calienta la mezcla lo bastante, ó se añade movimiento molecular al que ya posee, formándose los compuestos A C, y B D, por ejemplo, ó los A D, y B C.

Otro principio químico, que supone también la ley general en cuestión es: que los elementos químicos que en su estado libre, y á la temperatura ordinaria, conservan un movimiento latente considerable, forman combinaciones menos estables, que los elementos que, en las mismas condiciones, poseen poco movimiento. Así, siendo el estado gaseoso el que contiene más movimiento interno, y el sólido el que menos, la mayoría de los compuestos de elementos gaseosos no pueden resistir, sin descomponerse, temperaturas elevadas; y, por el contrario, los compuestos de elementos sólidos suelen ser muy estables, ó no descomponerse sino á muy altas temperaturas, y en algunos casos, resisten á las más elevadas que, hasta ahora, podemos producir.

Citemos también la relación entre la instabilidad y el número de elementos, que parece tener analogía con lo anterior. *En general, el calor molecular de un compuesto, aumenta con la complejidad, ó sea con el número de elementos.*

Por tanto, los compuestos más complejos deben ser más fácilmente descomponibles, y así es efectivamente. De modo, que las moléculas que contienen mucho movimiento á causa de su complejidad, son las que experimentan más fácilmente la redistribución de sus átomos; y esto es exacto, no sólo respecto á la complejidad que resulta del número de elementos, sino también respecto á la que proviene de la unión de muchos átomos de los mismos, aunque pocos elementos, ó de una proporción atómica elevada, como se dice químicamente.

La materia tiene dos estados sólidos, el cristaloide y el coloide; el primero, debido á la unión de los átomos ó moléculas individuales, y el segundo á la unión de grupos de esos átomos ó moléculas individuales; por consiguiente el primero es estable, el segundo instable.

Pero el ejemplo más sorprendente y más notable nos le ofrecen los compuestos del nitrógeno con otros simples, que tienen bien marcados los dos caracteres de ser muy instables y poseer grandes cantidades de movimiento latente; pues se ha descubierto recientemente que, al revés de casi todos los demás simples, el nitrógeno absorbe calor al entrar en una combinación, de modo que no sólo conserva en ella el movimiento interno considerable, propio de su estado gaseoso natural, sino algo más. Por eso, son tan instables los compuestos de nitrógeno, y muchos de ellos se descomponen con suma violencia. Todas las sustancias explosivas son azoadas; la más destructiva, quizá, el cloruro de nitrógeno, contiene la enorme cantidad de movimiento molecular, suma de las de sus dos elementos gaseosos, y además la cantidad que, como hemos dicho, se añade al nitrógeno, doquiera que entra en combinación.

Evidentemente, estos principios generales de Química están incluídos en los principios mucho más generales de Física que hemos ya enunciado; sirviéndonos aquéllos para probar que éstos son verdaderos, no sólo respecto á las masas apreciables ó sensibles, sino también respecto á las insensibles que llamamos moléculas; pues éstas, lo mismo que las masas que forman, se integran ó desintegran, según que, respectivamente, ganan ó pierden movimiento; y son también más ó menos susceptibles de redistribuciones secundarias, á la par que se verifica la primaria, según que contienen ó poseen más ó menos movimiento interno.

102.   Ahora que hemos aclarado suficientemente ese principio, veamos cómo, obedeciendo á él y según las diversas condiciones, llega á ser la evolución simple ó compuesta.

Si se calienta un poco de sal amoniaco ó de otro sólido volátil, es desintegrado por el calor absorbido, y pasa al estado de gas; pero si éste, por su contacto con una superficie fría, por ejemplo, pierde el exceso de su movimiento molecular, vuelve á integrarse y se deposita en dicha superficie bajo la forma de pequeños cristales; he ahí un caso de evolución simple. En él la concentración de la materia y la disipación de movimiento no se verifican gradualmente, durante períodos de larga duración, sino que por la disipación rápida del movimiento que la redujo al estado gaseoso, la masa en cuestión pasa súbitamente al estado sólido. Resulta de ahí que, en ese caso, al par que esa redistribución primaria no se verifica redistribución secundaria alguna.   ·

En el precipitado cristalino de una solución sucede próximamente lo mismo: hay una pérdida del movimiento molecular que impide, cuando alcanza cierta intensidad, la integración ó solidificación; y cuando esa pérdida llega á ser suficiente, la solidificación se verifica al momento. En este caso, como en el anterior, no hay período durante el cual las moléculas estén libres y en vías de perder su libertad, y no hay tampoco redistribuciones secundarias.

Por el contrario, veamos lo que sucede cuando la concentración es lenta. Una masa gaseosa que pierde su calor y sufre, en consecuencia, una disminución de volumen, no sólo está sujeta á ese cambio, que aproxima sus moléculas al centro común, sino también á otros cambios simultáneos.

En efecto, la gran cantidad de movimiento molecular que dicha masa gaseosa posee, dando á cada molécula una gran movilidad, la pone en aptitud de obedecer fácilmente á fuerzas incidentes, por lo cual las partes todas de la masa tienen diversos movimientos á más del que implica la integración progresiva; esos movimientos secundarios, que llamaremos corrientes, son á veces tan importantes y notables que relegan á segunda línea el movimiento primario.

Supongamos que en este caso la pérdida de movimiento molecular alcance el grado en que la condensación debe verificarse, por no ser ya posible el estado gaseoso. Aunque ligadas más fuertemente las partes de la masa ya condensada, seguirán manifestando los mismos fenómenos secundarios que anteriormente. El movimiento molecular y la movilidad, propios del estado líquido, permiten fácilmente toda nueva reordenación interna; y en consecuencia, al par que una nueva contracción de volumen, resultado de nuevas pérdidas de movimiento, se verificarán rápidos y notables cambios en las posiciones relativas de las partes; corrientes locales producidas por ligeras fuerzas perturbatrices.

Supongamos ahora que la materia en cuestión esté formada de moléculas incristalizables; ¿qué sucederá cuando el movimiento molecular decrezca nuevamente? El líquido se hará más denso, sus moléculas perderán la movilidad suma que tenían, y las transposiciones verificadas por fuerzas incidentes débiles serán relativamente lentas, y aun cesarán; pero la masa, todavía será susceptible de ser modificada por fuerzas incidentales más intensas; así, la gravedad la deformará si no está sostenida por todos lados; será fácilmente divisible, etc., hasta que enfriada suficientemente se haga más dura, es decir, menos susceptible de sufrir cambios en la posición relativa de las partes, y éstas no sean capaces de nueva distribución sino por efectos de acciones violentas.

En las masas inorgánicas, las redistribuciones secundarias acompañan á la primaria, durante toda la concentración, si ésta se hace gradualmente.

En los cuerpos gaseosos y líquidos, las redistribuciones secundarias, rápidas y extensas, que en ellos se verifican, no dejan trazas; porque la excesiva movilidad molecular impide la colocación fija de las moléculas, que llamamos estructura.

Aproximándose al estado sólido, se encuentra el llamado plástico ó pastoso, en el cual aún pueden verificarse dichas redistribuciones, aunque con menos facilidad; y esta misma dificultad hace que aquéllas conserven cierta persistencia, que, sin embargo, no se fija, hasta que una verdadera solidificación impide una nueva redistribución.

Esto nos enseña, en primer lugar, cuáles son las condiciones en que la evolución es compuesta, y en segundo lugar, cómo su composición no puede complicarse sino en condiciones más especiales que las estudiadas hasta ahora; puesto que, por una parte, no es posible una redistribución secundaria importante sino donde hay una gran cantidad de movimiento latente, y por otra esas redistribuciones no pueden ser permanentes sino donde el movimiento latente es muy débil; condiciones opuestas que parecen impedir una redistribución secundaria permanente, en grande escala.

103.   Sin embargo, ya estamos en aptitud de ver cómo esas condiciones, aparentemente contradictorias, se concilian, y cómo, á consecuencia de esa conciliación, se verifican ó se hacen posibles redistribuciones secundarias permanentes, de inmensa extensión. Comprenderemos también la particularidad distintiva de los séres orgánicos, en los cuales la evolución se verifica sumamente complicada; y veremos que esa particularidad consiste en que la materia se combina en ellos bajo una forma que posee una enorme cantidad de movimiento, al mismo tiempo que una concentración muy avanzada.

En efecto, no obstante su consistencia semisólida, la materia orgánica contiene movimiento molecular hecho latente por todos los medios que hemos examinado separados. Consideremos sus diversos rasgos constitutivos: tres de sus cuatro elementos principales son gaseosos y cada uno de esos gases está provisto de tan enorme cantidad de movimiento molecular, que hasta hace poco tiempo no ha podido ser liquidado; por consiguiente, como las propiedades de los elementos, aunque se disimulan, no se pierden por completo en las combinaciones, es indudable que la molécula de proteina concentra una gran cantidad de movimiento en un pequeño espacio, y tanto más cuanto que para formarla se unen muchos equivalentes de dichos elementos gaseosos y se añade una gran cantidad de movimiento relativo al que ya poseían los átomos elementales. Otra propiedad característica de la materia orgánica es que sus moléculas se agregan bajo la forma coloide, y no bajo la cristaloide, para formar, según se cree, á modo de racimos, animados de movimientos relativos mutuos; lo cual constituye un nuevo modo de hacer latente una gran cantidad de movimiento.

No es eso todo: la mayoría de los compuestos, que constituyen la materia orgánica, son azoados, y ya sabemos que los compuestos azoados, en vez de desprender calor al formarse, lo absorben; hay en ellos, pues; además de todo el calor que poseía el ázoe gaseoso, otra cantidad, y todo ese calor está concentrado en la protaina sólida. Sábese también que los séres orgánicos tienen cierta cantidad de calor libre ó sensible, y aunque en la mayoría esa cantidad sea poco considerable, en otros (animales hematermos) se conserva una temperatura bastante superior en general á la del medio en que habitan. Añadamos, por último, que hay una gran cantidad de movimiento latente en el agua embebida en toda materia orgánica viva; tal movimiento es el que dando al agua la gran movilidad molecular que la distingue, da también movilidad á las moléculas orgánicas suspendidas en aquélla, y sostiene el estado plástico que facilita la redistribución molecular.

Estas proposiciones no permiten formarse una idea completa de lo que distingue la sustancia orgánica viva de otras sustancias que tienen formas análogas de agregación. Pero se puede adquirir una idea ya más aproximada, comparando el volumen ocupado por esa sustancia con el que ocuparían sus elementos, si no estuvieran combinados, aunque no sea posible todavía una comparación rigorosa, en el estado actual de la ciencia; porque no es posible decir qué expansión se produciría si los compuestos azoados pudieran descomponerse sin adición de movimiento externo. Sólo se puede dar solución satisfactoria en cuanto á los elementos del agua, que forma próximamente los $\frac{4}{5}$ del peso de un animal. Si el oxígeno y el hidrógeno del agua perdiesen su afinidad, ocuparían un volumen veinte veces mayor que el del agua de que provenían, suponiendo que no recibían más movimiento molecular que el latente en el agua á la temperatura de la sangre.

Ahora, saber si la proteina en condiciones análogas se dilataría más ó menos que el agua, es actualmente imposible; pero si se tiene en cuenta la naturaleza gaseosa de tres de sus cuatro elementos principales, la propiedad ya mencionada de los compuestos azoados, el gran número de átomos que hay de cada elemento, y la forma coloide del compuesto, no se puede menos de pensar que la expansión sería muy considerable.

No estaremos indudablemente, muy lejos de la verdad afirmando que: si los elementos del cuerpo humano se separasen bruscamente, ocuparían más de veinte veces el espacio que aquél ocupa. Así, el carácter esencial de la materia orgánica viva es : que posee á la par una cantidad enorme de movimiento latente y un grado de cohesión, que permite, por cierto tiempo, una coordinación fija.

104.   Comparando entre sí los compuestos orgánicos, hallaremos nuevas pruebas de que la posibilidad de las redistribuciones secundarias que constituyen la evolución compuesta, depende de la conciliación de esas condiciones contrarias. Además de que los compuestos orgánicos difieren de los inorgánicos, tanto por la cantidad de movimiento latente, cuanto por la intensa cohesión, de las partes, que acompaña á su integración progresiva, las diferencias en las cantidades de movimiento latente en diversos compuestos orgánicos van siempre acompañadas de diferencias en la intensidad de la redistribución.

El ejemplo más notable nos le presenta el contraste de la composición química de ambos reinos orgánicos. Los animales se distinguen de las plantas, no sólo por la mayor complicación de su estructura, si que también por la mayor rapidez con que en ellos se verifican los cambios de estructura, y sobre todo en que contienen, en mucha mayor proporción, compuestos azoados—grandes depósitos, como sabemos, de movimiento latente.—Lo mismo puede decirse de las diversas partes de un animal: si algunas de ellas, como los cartílagos, aunque azoadas, son casi inertes, hay otras en que las redistribuciones secundarias se verifican activamente, y son precisamente aquellas en que predominan las moléculas de composición más compleja; por el contrario, las partes que, como la grasa por ejemplo, se componen de moléculas relativamente simples, tienen una estructura sencilla y no experimentan alteraciones importantes.

Tenemos, pues, pruebas evidentes de que la continuación de las redistribuciones secundarias, que dan á los compuestos orgánicos su carácter más notable, depende de la presencia de ese movimiento latente en el agua que los empapa; y que, en igualdad de circunstancias, hay una relación directa entre la intensidad de la redistribución y la cantidad de agua contenida en el tejido orgánico. Se puede clasificar esas pruebas en tres grupos.

Desde luego, todo el mundo sabe que se detienen todos los cambios que constituyen la vida de una planta, privándola de agua; la redistribución primaria continúa, puesto que la planta se redu-

ce, se deseca, se integra cada vez más; pero la redistribución secundaria cesa. Lo mismo sucede en un animal, aunque sea menos
conocido el hecho, y por cierto, como era de esperar, con mucha
menor disminución de agua. Algunos animales inferiores nos presentan numerosas pruebas.

Sabido es que desecando á los Rotíferos se les hace caer en un
estado de muerte aparente, y humedeciéndolos de nuevo, resu-
citan. Cuando los ríos de Africa, en que habita el Lepidosaurio,
están secos, ese animal permanece aletargado en el barro endure-
cido hasta que el río vuelve á correr, en la estación correspondiente. Humboldt refiere que, durante el estío, los caimanes de
las Pampas yacen también como muertos bajo la superficie calci-
nada del suelo, á través de la cual se abren un camino, cuando la
humedad vuelve. Lo mismo sucede, en general, á todo organismo
que se desarrolla; así, la pequeña planta que acaba de ser planta-
da, tiene mucho más jugo que la planta adulta, y la intensidad de
las transformaciones que en aquélla se operan, es mucho más considerable. En la parte del huevo, donde se principia á manifestar
la organización en los primeros tiempos de la incubación, los
cambios en el arreglo molecular son más rápidos que los que
presenta una parte igual del cuerpo del pollo, ya fuera del
huevo.

Como se infiere de las predisposiciones respectivas para adoptar hábitos y costumbres, la estructura de un niño es más susceptible de modificaciones que la de un adulto, y la de éste más que
la de un viejo; esos contrastes van acompañados de otros corres-
dientes, en las densidades de los tejidos; puesto que la proporción
del agua á la materia sólida, disminuye conforme crece la edad.
La misma relación se encuentra en las diversas partes del mismo
sér orgánico. En un árbol, los cambios más rápidos de estructura
se verifican en los extremos de las ramas, donde la proporción del
agua á las sustancias sólidas es mayor, al paso que los cambios
son muy lentos en la sustancia densa, y casi seca, del tronco. En
los animales, hay un profundo contraste entre los cambios rápidos
que se verifican en un tejido blando, como el cerebro, y los cambios lentos de los tejidos secos, no vasculares, como los pelos,
uñas, cuernos, etc.

Otros grupos de hechos prueban también, con toda certeza, que
la cantidad de redistribución secundaria varía en un organismo, á
igualdad de condiciones, según la cantidad de movimiento laten-

te, que llamamos calor. Concurren á probar la anterior proposición los contrastes de los diferentes organismos y de los diferentes estados de un organismo.

En efecto, por regla general, la complicación de la estructura y las proporciones de los cambios de estructura son menores en el reino vegetal que en el reino animal, y el calor de las plantas es también menor, en general, que el de los animales. La misma relación se encuentra, comparando los varios grupos del reino animal.

Desde luego, considerados en conjunto, los vertebrados tienen una temperatura mayor que los invertebrados, y también tienen mayor complicación y actividad orgánicas. En las subdivisiones de los vertebrados, se observa: que análogas diferencias en el estado de vibración molecular, corresponden á diferencias semejantes en el grado de evolución. Así, los vertebrados de organización más sencilla son los peces, y su temperatura no difiere generalmente de la del medio en que habitan; sólo un corto número la tienen decididamente mayor. Los reptiles, aunque llamados también animales de sangre fría, porque verdaderamente, como los peces, tampoco tienen poder para conservar una temperatura superior á la de su medio ambiente; sin embargo, como ese medio, que para la mayoría de los reptiles es el aire de los climas cálidos, tiene una temperatura media superior á la de los peces, la de los reptiles es también superior á la de aquéllos, como también lo es la complicación y actividad de sus funciones vitales.

La misma progresión ascendente se continúa en los mamíferos y en las aves, cuya mayor complicación de estructura, y mayor actividad vital que en los peces y reptiles, corresponden fielmente á una mayor temperatura media, ó sea mayor agitación molecular interna.

Con todo, los contrastes más instructivos son los que se observan en un mismo sér orgánico, á diferentes temperaturas. Las plantas nos presentan cambios de estructura, cuya importancia es función de la temperatura.

Si la luz es un agente principal de los cambios moleculares necesarios para la nutrición de un vegetal, el calor no lo es menos; puesto que en invierno hay bastante luz, pero siendo el calor insuficiente, la vida vegetal está como suspendida; y prueba evidente de que la falta de calor es la única causa de esa suspensión, es que en la misma estación, las plantas cultivadas en invernaderos, donde reciben menor cantidad de luz, producen, sin embargo, hojas y flores.

Las semillas, á las cuales la luz no sólo es inútil sino perjudicial, empiezan á germinar cuando la vuelta de las estaciones eleva el grado de agitación molecular, es decir, la temperatura. Análogamente, es preciso dar más ó menos calor á los huevos de los animales ovíparos, para que sufran los cambios en cuya virtud se organizan.

Los animales hibernantes son otra prueba de que la demasiada pérdida de calor retarda extraordinariamente las transformaciones vitales; y aun en los no hibernantes, una prolongada exposición al frío produce sueño, durante el cual, como es sabido, disminuye la intensidad de las funciones orgánicas, y si la sustracción de calor continúa, ese sueño conduce á la muerte ó cesación de aquéllas.

He ahí una masa de pruebas generales y especiales. Los séres vivos se distinguen por hechos en conexión mutua: durante la integración sufren cambios secundarios notables, que otros séres no experimentan en tan grande escala, y poseen, á igualdad de volumen, inmensamente más cantidad de movimiento, hecho latente de varios modos.

105. Terminamos el último capítulo, diciendo: que si la evolución es siempre una integración de materia, y una disipación de movimiento, en la mayoría de los casos es algo más; y comenzamos el presente por una sumaria exposición de las condiciones en que la evolución no es sino integrativa ó simple, y de las condiciones en que es compuesta. Ejemplificando ese contraste entre la evolución simple y compuesta, y explicando cómo se produce, hemos podido dar una vaga idea de la evolución en general, no pudiendo eludir anticipar algunas sobre su examen completo, que luego vamos á hacer.

Mas no debe importarnos; una idea preliminar, general, comprensiva, siquiera sea vaga é incompleta, es siempre útil y hasta necesaria para servir de introducción aclaratoria al desarrollo de un concepto completo.

No es fácil hacer comprender, de una vez, una idea compleja, exponiendo una tras otra sus partes constituyentes, en sus formas precisas; puesto que si no existe de antemano el plan general en el espíritu del oyente, éste no combinará como es debido dichas partes.

Esta combinación no es posible sino cuando el oyente ó el lector sabe de qué modo han de estar combinados los elementos constituyentes; y el saberlo cuesta mucho trabajo, si no se tiene ya una idea general del objeto cuya idea compleja se quiere tener completa y exactamente.

Así, pues, todo lo que se ha dicho en los dos capítulos anteriores sobre la naturaleza de la evolución, no es indudablemente más que un ligero bosquejo; pero que será muy útil, para comprender las relaciones mutuas de las diversas partes del inmenso cuadro, en que dicho bosquejo ha de desarrollarse. No se debe olvidar: que la historia completa de toda existencia apreciable está reducida á su evolución y su disolución; y que, bajo cualquier aspecto que se la considere, la evolución es una integración ó condensación de materia y una disipación de movimiento, acompañadas, las más veces, de otras transformaciones accesorias de materia y de movimiento.

Por consiguiente, debe esperarse ver, en toda evolución, á la redistribución primaria, constituyendo: si es rápida, agregados sencillos; y si es lenta, agregados compuestos; porque esa lentitud permite acumularse y hacerse permanentes, á los efectos de las redistribuciones secundarias.

106. Es muy difícil seguir fielmente transformaciones tan vastas, tan variadas y tan complejas, como las que vamos á estudiar; porque, además de los fenómenos concretos de todos los órdenes, tenemos que ocuparnos de cada grupo de fenómenos, bajo diversos aspectos, de los cuales cada uno aislado de los otros no puede ser bien comprendido, ni tampoco puede ser estudiado al mismo tiempo que los otros.

Ya sabemos que, durante la evolución, se verifican dos grandes clases de cambios, y pronto veremos que una de esas clases puede subdividirse.

El encadenamiento de todos esos cambios es tal, que un orden ó una clase de cambios no puede ser explicado sin recurrir, directa ó indirectamente, á otra clase aún por explicar. No hay, pues, más remedio que sacar el mejor partido posible de esa posición difícil.

Esto supuesto, vamos á consagrar el capítulo siguiente al estudio detallado de la evolución, bajo su principal aspecto, contentándonos con reconocer tácitamente sus aspectos secundarios, cuando la exposición lo exija.

Por el contrario, los dos capítulos siguientes tratarán, cada uno bajo un aspecto, de las redistribuciones secundarias, no ocupándose de la primaria sino cuando sea inevitable.

En otro capítulo trataremos de un tercer carácter de las redistribuciones secundarias, más notable aún que los otros dos.

———————

CAPITULO XIV

107.   Vamos, ahora, á comprobar la deducción con la inducción. Hemos dicho que todas las existencias sensibles deben, de uno ú otro modo, y en tal ó cual instante, llegar á poseer sus formas concretas, por operaciones de concentración, y hemos citado hechos que comprueban esa necesidad. Pero no habremos obtenido el conocimiento unificado que constituye la Filosofía, sino cuando sepamos cómo las existencias de todos los órdenes manifiestan una integración progresiva de materia y una pérdida simultánea de movimiento. Vamos, pues, á buscar la prueba directa de que el Cosmos en general obedece á esa ley, y para ello estudiaremos, cuanto la observación y el razonamiento lo permitan, los fenómenos que forman el objeto de la Astronomía y de la Geología, y también los que constituyen la materia de estudio de la Biología, la Psicología y la Sociología.

Nos ocuparemos preferentemente de las manifestaciones de la ley de evolución, más complejas que las hasta aquí manifestadas. Estudiando sucesivamente los varios órdenes de fenómenos, atenderemos menos al principio de que cada sér ha sufrido ó sufre aun su integración, que al principio nuevo de que, en cada parte más ó menos distinta de cada sér, la integración ha estado ó está progresando.

En vez de séres sencillos y de séres cuya complejidad se simplifica mentalmente y á propósito para estudiarlos, ahora nos ocuparemos de séres, tales cuales existen, compuestos, en su mayoría de numerosos y variados elementos combinados de muchos modos; seguiremos sus transformaciones, bajo cada una de sus formas, notando el paso de la masa de un estado difuso á otro más concreto, y el de todas y cada una de las partes de la masa por una transformación análoga, durante la cual toman una individualidad propia, y una vez individualizadas, se hacen más complejas.

108.   Desde luego, el sistema sidéreo, por su forma general, por sus grupos de estrellas que presentan todos los grados de densidad, por sus nebulosas en las que se ve todos los grados de condensación, y por todos cuantos aspectos se le considere, nos hace pensar que en él se opera doquier la concentración, en el conjunto y en las partes. Suponiendo que la materia del sistema sidéreo haya estado y esté sometida á la gravitación, se explican los grandes grupos de que está compuesto: desde las masas sólidas, hasta los grupos de copos rarificados que no se pueden distinguir sino con los más poderosos telescopios; desde las estrellas dobles, hasta los agregados tan complejos como las nebulosas. Pasemos al sistema solar, sin insistir más en el sidéreo, del cual basta con la prueba ya aducida.

Admitir el sistema tan aceptable de que el sistema solar proviene de una nebulosa, es admitir que está formado por integración de materia y pérdida concomitante de movimiento.

El paso del sistema solar de un estado incoherente y difuso en una gran extensión, á un estado sólido y coherente, es un ejemplo claro y sencillo del primer aspecto de la evolución. Según la hipótesis nebular, al mismo tiempo que se verificaba la concentración gradual del sistema solar en todo su conjunto, se verificaba también otra concentración en cada uno de sus elementos parcialmente independientes. La materia de cada planeta, metamorfoseándose sucesivamente en anillo nebuloso, en esferoide gaseoso, en esferoide líquido, y, finalmente hasta ahora, en esferoide solidificado exteriormente, ha reproducido los rasgos principales de la integración del sistema solar. Lo propio sucede á cada satélite. Además, al mismo tiempo que la materia del conjunto del sistema, como también la de cada uno de sus elementos parcialmente independientes, se integraban, se verificaba también otra integración, manifestada por el incremento de la complejidad de combinaciones entre las partes. Así, los satélites de cada planeta forman con él un grupo en equilibrio; los planetas y sus satélites forman con el Sol un grupo más complejo, cuyas partes están más fuertemente ligadas que lo estaban en la nebulosa de que provienen.

Aun prescindiendo de la hipótesis nebular, el sistema solar nos suministra actualmente pruebas de su integración. Sin tener

en cuenta la materia cósmica meteórica, que se precipita continuamente sobre la tierra y muy probablemente sobre los demás planetas y sobre el Sol, en gran cantidad, hay otros dos hechos ya
comprobados: uno el retardo apreciable de los cometas por el Eter
y el retardo probable de los planetas, retardos que, con el tiempo,
deben hacer caer sobre el Sol dichos astros; y otro la pérdida incesante del movimiento solar bajo la forma de calor radiante, pérdida que acompaña la integración incesante de su masa.

109. Pasemos ahora de la evolución que podemos llamar astronómica á la evolución geológica.

La historia de la Tierra, tal como la revela la estructura de su
costra sólida, nos conduce á considerar ese estado de fusión de
que habla la hipótesis nebular, y ya hemos visto (69) que los fenómenos geológicos ígneos son efectos de la consolidación progresiva de la sustancia terrestre, y de la pérdida de movimiento latente que la acompaña.

Presentemos algunos ejemplos de los efectos generales y locales
de esos dos grandes hechos.

Prescindamos del período, durante el cual los elementos más
volátiles, actualmente sólidos, estaban, en virtud de la gran temperatura, en estado gaseoso; y comencemos desde la época en que
siendo aun la temperatura de la Tierra superior á 100° C., la inmensa masa de agua que hoy recubre los $^3/_5$ de su superficie, existía en estado de vapor. Ese enorme volumen de agua desintegrada
se integró cuando la disipación del movimiento latente de la Tierra hizo descender su temperatura á menos de 100° C.; dejando,
sin embargo, una parte aun no integrada, parte sumamente pequeña de la masa primitiva, y que sería aun mucho menor, si no ab-
sorbiese continuamente parte del movimiento molecular que el
Sol nos comunica.

La formación de la costra terrestre es otro ejemplo de análogos
efectos y causas. En ella vemos una delgada película sólida, hen-
dida por muchas partes, y agitada continuamente por la materia
fundida y gaseosa que recubre, irse haciendo tan fuerte y espesa,
que sólo puede ser rota ó removida en alguno que otro sitio, y en
pequeña escala, relativamente, por las fuerzas perturbatrices. Esa
solidificación exterior ó superficial es un ejemplo de la concentración que acompaña á la pérdida de movimiento latente; la disminución de volumen, que revelan las arrugas de la costra terráquea,
es otro.

A la par que esa integración general, se han verificado otras parciales.

Un esforoide en fusión, simplemente recubierto de unas pocas materias sólidas, no podía presentar sino pequeñas islas y pequeñas masas de agua; para que las diferencias de nivel tengan una magnitud que permita la formación de vastas islas y de grandes mares, es necesaria una costra de algún espesor y rigidez; y así, solamente después que la costra sólida terráquea hubo adquirido suficiente espesor, se formaron los continentes separados por los Oceanos.

Lo mismo ha sucedido á las grandes montañas: la aplicación íntima de una costra delgada sobre su contenido, que seguía enfriándose y contrayéndose, no podía producir sino crestas poco elevadas; era preciso una costra, ya de espesor y resistencia relativamente grandes, para que fuese posible la formación de las grandes cadenas de montañas.

Análogamente también se habrán formado los terrenos llamados de sedimento: en las épocas primitivas la descomposición no actuaba sino sobre pequeñas superficies, y por tanto, sólo producía depósitos de extensión y espesor poco considerables. La reunión de los depósitos en inmensos *estratos* y de éstos en vastos *terrenos*, implica la existencia de mares y de continentes, como también la de extensas y profundas elevaciones y depresiones; luego también las integraciones de ese orden han debido ir siendo más pronunciadas, á medida que se espesaba la costra terráquea.

110. Sabemos ya, que la evolución orgánica es, en su esencia la formación de un agregado por la incorporación continua de materia esparcida antes en mucho más espacio. No hay sino recordar que cada planta crece, concentrando en sí elementos difundidos en una gran extensión, la mayoría gaseosos, y que cada animal se nutre, asimilándose esos elementos ya concentrados en las plantas ó en otros animales. Pero es conveniente completar esa idea general de la vida, haciendo ver que la historia de la planta y del animal nos confirman: se verifica en ellos la misma operación fundamental, y con más fuerza ó intensidad en sus primeros que en sus últimos estados. En efecto, el germen microscópico de cada organismo, permanece mucho tiempo sin experimentar otros cambios que los producidos por la absorción y la nutrición; las células implantadas en el tejido del ovario no se convierten en óvulos, sino creciendo á expensas de las materias adyacentes; mas, después de la fecundación, comienza una evolución más activa, cuyo carácter

más notable es la atracción hacia el centro germinativo de toda la sustancia del huevo.

Pero, en este caso, debemos dirigir nuestra atención sobre las integraciones secundarias que acompañan habitualmente á la primaria; hemos de notar cómo, á la par que el incremento de las masas, se verifica una concentración y una consolidación de la materia bajo la forma de partes distintas unas de otras, y una combinación más y más íntima de esas partes. Por ejemplo, en el embrión de los mamíferos, el corazón que no es primeramente sino un largo vaso sanguíneo pulsátil, se tuerce poco á poco sobre sí mismo, y se integra. Las células de bilis que constituyen el hígado rudimentario, no sólo se aislan luego, de la pared del intestino en que estaban alojadas, sino que, acumulándose, se integran bajo la forma de un nuevo órgano. Los segmentos anteriores (en el hombre, superiores) del eje cerebro-espinal, que, al principio, formaban un todo continuo con los otros, de los cuales no se distinguían sino por su mayor volumen, se unen gradualmente; y al mismo tiempo, la cabeza, resultado de esa unión, forma una masa muy distinta del resto de la columna vertebral; una cosa análoga sucede en los demás órganos y en el cuerpo entero, que se integra de una manera parecida á la de un pañuelo que contiene objetos y se le doblan y anudan las puntas para hacer un paquete con lo que contiene. Análogos cambios se producen desde el nacimiento hasta la vejez.

En el hombre se opera el endurecimiento del tejido óseo: en la infancia, por la reunión de las partes de un mismo hueso, osificadas alrededor de centros distintos; y en la vejez, por la reunión de huesos, distintos en su origen. Los apéndices vertebrales se unen con el cuerpo de la vértebra respectiva, no terminando generalmente ese cambio hasta los treinta años. Al mismo tiempo, las apófisis formadas aparte de los huesos, á los que pertenecen, se unen á ellos por la transformación ósea de las partes cartilagíneas, que antes las ligaban. Las vértebras que componen el sacro, separadas hasta los dieciséis años, próximamente, comienzan entonces á unirse; estando ya completamente unidas al cabo de otros diez ó doce años. La unión de las vértebras coxígeas se verifica aun algo más tarde, y otras soldaduras óseas no se verifican hasta una edad mucho más avanzada.

Digamos, por último, que el incremento de la densidad y de la dureza de los tejidos, que se continúa durante toda la vida, no es otra cosa que la formación de una sustancia en su mayor grado de integración.

Se puede seguir en todos los animales las varias especies de cambios de que acabamos de dar ejemplos en el desarrollo del cuerpo humano. Milne Edwards y otros sabios han descrito el modo de desarrollo, que consiste en la unión de las partes similares primitivamente separadas, haciendo sus observaciones en varios invertebrados. Pero no han observado un hecho esencial del desarrollo orgánico, la integración local, que, sin embargo, es tal vez el más importante, y que vamos á seguir, no solamente en las fases sucesivas de un mismo embrión, sino también en la escala ascendente del reino animal.

Considerada de esos dos modos, es á la vez longitudinal y transversal; estudiémosla, pues, bajo esas dos formas. El grupo de los articulados nos ofrece abundantes ejemplos de la *integración longitudinal*. Los séres más inferiores de ese grupo — los miriápodos y gusanos — están caracterizados, en su mayoría, por el gran número de segmentos de que están formados, número que llega en algunos á muchas centenas. Pero en las clases superiores — insectos, crustáceos y arácnidos — el número de segmentos desciende á veintidós, trece y aun menos; y esa reducción va acompañada de un acortamiento ó integración de todo el cuerpo, que alcanza su límite en el cárabo y en la araña. Cuando se estudia el sentido de esas diferencias, se ve en ellas la expresión general de la evolución, si se observa que son análogas á las que presentan las diversas edades del desarrollo de cada articulado.

En el cangrejo de mar, la cabeza y el tórax forman un todo, compuesto de piezas soldadas, que son separables en el embrión. Análogamente, la mariposa nos ofrece segmentos más íntimamente unidos que la crisálida, y tanto, que á veces no se puede distinguirlos. Los vertebrados ofrecen también ejemplos, en sus diversas clases, de esa integración longitudinal. En la mayor parte de los peces, y en los reptiles que no tienen extremidades, las vértebras no se sueldan. En la mayoría de los mamíferos y en las aves, un número variable de vértebras se sueldan para formar el sacro; en los monos antropomorfos y en el hombre, las vértebras caudales pierden su individualidad para formar el cóxis. Lo que llamamos *integración transversal* se manifiesta claramente en el desarrollo del sistema nervioso de los articulados.

Prescindamos de los tipos inferiores, cuyos individuos no pre sentan ganglios distintos, y observemos que los articulados inferiores, como las larvas de los superiores, tienen una doble cadena de ganglios de un extremo á otro del cuerpo, y en los más perfectos esa doble cadena se reduce á una sola. M. Newport ha descrito el curso de esa concentración en los insectos, y Rathke la ha seguido en los crustáceos.

En el *astacus fluviatilis* ó cangrejo de río, hay en su primera edad un par de ganglios separados, en cada anillo; después, de los catorce pares correspondientes á la cabeza y al tórax, los tres pares situados delante de la boca se sueldan, formando el encéfalo ó ganglio cefálico. En los seis primeros pares siguientes se unen los dos glanglios de cada par en la línea media, permaneciendo separados los de los cinco pares restantes. De los seis ganglios dobles formados por aquella unión, los cuatro anteriores se sueldan en una sola masa y los otros dos en otra, y luego esas dos masas se unen también en una sola.

Vemos, pues, en todo eso la marcha simultánea de la integración longitudinal y de la transversal, y ambas son aún más notables en los crustáceos superiores. Los *Vertebrados* nos presentan un buen ejemplo de la integración transversal, en el desarrollo del aparato generador. Los mamíferos inferiores—los *Monotremas*—están provistos, como las aves (con las que tienen otras muchas analogías), de oviductos, que en su extremo inferior se dilatan para formar cavidades, de las que cada una desempeña, aunque imperfectamente, las funciones de un útero. «En los *Marsupiales* hay, en la línea media, una aproximación mayor de los dos sistemas laterales de órganos, porque los oviductos se tocan, sin soldarse, en la línea media, de modo que las cavidades uterinas forman un verdadero *útero doble*. Ascendiendo en la serie de mamíferos monodelfos, se observa cada vez más completa esa integración lateral de los órganos generadores. Así, en muchos roedores el útero está dividido por un tabique en dos mitades laterales, mientras que en otros forma un sólo y verdadero útero, como en la mujer. Dicho órgano se desarrolla á expensas de las trompas laterales, en los hervívoros superiores y en los carniceros; hallándose aún, en algunos cuadrumanos inferiores, el útero algo hendido en el vértice (1).»

Para completar el estudio de las integraciones orgánicas, qué-

_____

(1) *Carpenter's Prin. of Comp. Phys.*, p. 617.

danos por notar algunos casos que no se presentan en los límites
de un solo organismo, y que no implican, sino indirectamente, concentración de materia y pérdida de movimiento; aquéllas, en fin,
en virtud de las cuales dependen unos de otros los organismos. Podemos clasificarlas en dos grupos: las que se verifican en una sola
especie y las que tienen lugar entre especies distintas. Los animales tienen más ó menos tendencia á vivir asociados, y cuando esa
tendencia es muy marcada, no se limitan á juntarse, sino que forman diversos grados de combinación. Las bestias que cazan en comandita ponen centinelas, obedecen á jefes, forman, en una palabra, una especie de sociedad cooperativa. En los mamíferos y aves
polígamos esta dependencia ó unión es más íntima; algunas sociedades de insectos tienen tal consolidación, que fuera de ellas no
pueden existir aislados sus individuos. Por último, para ver la mutua unión y dependencia de todos los organismos en general, es
decir, la integración continua del reino orgánico en su conjunto,
basta recordar: 1.º, que todos los animales viven directa ó indirectamente de plantas, y éstas absorben el ácido carbónico exhalado
por aquéllos; 2.º, que los animales carnívoros no podrían existir
sin los hervívoros; y 3.º, que un gran número de vegetales no pueden reproducirse sin el auxilio de los insectos. No entraremos en
detalles de los bellos ejemplos de esas conexiones complejas, puestos por Darwin; basta decir que la flora y la fauna de cada región
constituyen un todo tan bien integrado, que muchas especies perecen cuando se las transporta á otra región.

Debe también hacerse notar que esta integración progresa, al
mismo tiempo que la evolución orgánica.

111.   Los fenómenos estudiados en el párrafo precedente sirven
de introducción á otros de orden superior, con los cuales deberían,
en rigor, estar agrupados, y á los que llamaremos, á falta de otro
nombre más propio, superorgánicos; puesto que, los cuerpos inorgánicos nos presentan ciertos hechos; los orgánicos presentan
otros, la mayoría más complicados; mas hay aún otros hechos que
ningún sér organizado muestra, aislado de los demás séres, pero
que resultan de las acciones que esos séres vivos, y reunidos ó
asociados, ejercen unos sobre otros y sobre los séres inorgánicos.
Aunque los fenómenos de ese orden estén ya bosquejados en los
organismos inferiores, no se manifiestan plenamente sino en las
sociedades humanas; podemos, pues, considerarlos como propios
de la vida social.

Los organismos sociales nos presentan numerosos y claros ejemplos de cambios integrativos: en las sociedades salvajes, la unión de familias errantes en tribus numerosas, como los Bosquimanos; la sujeción de las tribus débiles por las fuertes, y la subordinación de los jefes respectivos al jefe vencedor.

Las combinaciones que resultan de la conquista están continuamente haciéndose y deshaciéndose en las tribus primitivas, siendo relativamente más permanentes en las razas civilizadas.

Si seguimos los períodos recorridos por nuestra nación ú otra de las vecinas, vemos que esta unificación se repite periódicamente cada vez en mayor escala, y gana en estabilidad. Primitivamente, las agrupaciones de los jóvenes y de sus hijos bajo los ancianos, y en consecuencia, las de vasallos bajo sus señores; después la subordinación de los nobles inferiores á los duques y condes; luego la institución del poder real sobre el de aquéllos, son otros tantos ejemplos de subordinación, de integración creciente. La operación de agregarse las pequeñas enfitéusis en feudos, de éstos en provincias, de éstas en reinos, y de los reinos limítrofes en imperios, se completa lentamente, por la destrucción de las líneas de demarcación primitivas. Si consideramos las naciones europeas como formando un todo; en su tendencia á formar alianzas, más ó menos duraderas; en las restricciones puestas á las influencias, ejercidas por los gobiernos unos sobre otros; en el sistema de someter á la decisión de un congreso los conflictos internacionales; y en la supresión de las barreras comerciales y facilitación de las comunicaciones; vemos los principios de una federación europea, es decir, de una integración mucho más vasta que todas las existencias.

Pero la ley no sólo se manifiesta en esas uniones de grupos con grupos, si que también en las uniones que se verifican dentro de cada grupo, á medida que se elevan á superior organización. Esas uniones son de dos órdenes, unas regulativas y otras operativas. Lo que distingue á una sociedad civilizada de otra bárbara, es el establecimiento de las clases regulativas: de los hombres de Estado, administradores, eclesiásticos, militares, legistas, etc., que, al mismo tiempo que forman esos grupos distintos ó subclases, constituyen una clase general, por cierta comunidad de privilegios, de nacimiento, de educación, de relaciones sociales. En algunas sociedades completamente desarrolladas, según cierto tipo, la consolidación en castas y la unión de las castas superiores que se separan de las inferiores, han llegado á ser muy marcadas; y no

pueden dejar de serlo sino por las metamorfosis sociales producidas por el régimen industrial.

Las integraciones que acompañan á la organización industrial
ú operativa, no sólo pertenecen á la clase de integraciones indirectas, sino que son también integraciones directas, acumulacio-
nes físicas. Hay integraciones consecutivas, que provienen del
simple incremento de las partes vecinas que desempeñan funciones análogas; como, por ejemplo, la unión de Manchester con sus
arrabales que fabrican las telas de algodón. Otro caso de integración se verifica cuando, en vez de varias manufacturas de una
mercancía, una sóla monopoliza la fabricación, atrayendo á todos
los obreros, y haciendo á las otras decaer y cerrarse; así los distritos de Yorkshire, donde se fabrican paños, se pueblan á expensas
de los del Oeste de Inglaterra; así el Strasfordshire absorbe las
manufacturas de alfarería, habiendo caído en decadencia las que
antes florecían en el Derby. Hay integraciones en el seno de una
misma población; por ejemplo, la concentración de las librerías
del Paternoster Row, la de los tratantes en granos de Mark Lane,
la de los ingenieros civiles en Great George Street, la de los ban-
queros en la *Cité*.

Otras combinaciones industriales consisten, no en la aproximación ó fusión de partes, sino en el establecimiento de centros que
sirven de unión á esas partes; ejemplos: las oficinas de liquidación
de la Banca y de los caminos de hierro. Hay también otra especie
de concentración, la que consiste en las asociaciones de individuos
de la misma profesión, como la Bolsa para los comerciantes y los
cuerpos de ingenieros civiles, de agricultura, etc.

Parece que hemos terminado ya. Hemos seguido la ley hasta en
las sociedades humanas, y no parece posible ir más allá. Pero no
es así: entre los fenómenos que hemos llamado superorgánicos
hay diversos grupos que presentan ejemplos muy interesantes de
la ley. Sin duda, no se puede decir que la evolución de los varios
productos de la actividad humana suministra un ejemplo directo
de la integración de la materia, y de la disipación de movimiento,
pero sí ejemplos indirectos.

En efecto, los progresos del lenguaje, de las ciencias y de las
artes industriales y bellas, son un proceso verbal objetivo de cambios subjetivos. Los cambios de estructura en los séres humanos,
y los concomitantes en los agregados de séres humanos producen
cambios correlativos en todas las creaciones humanas. Lo mismo

que en lo sellado se nota el cambio del sello, en la integración del lenguaje, de la Ciencia y del Arte, vemos el reflejo de la integración progresiva de ciertas agrupaciones de la estructura humana, ya en el individuo, ya en la sociedad. Consagremos un párrafo á cada grupo.

112.   En las razas civilizadas, los nombres polisilábicos usados para designar objetos que no son raros, así como el sentido descriptivo de los nombres propios, nos dicen que las palabras usadas para nombrar las cosas menos familiares están compuestas de las palabras usadas para nombrar las cosas más familiares. Se observa alguna vez en esa facultad de combinación en su primer período, cuando las palabras componentes se unen temporalmente para significar un objeto sin nombre, y no se unen para siempre, porque su uso no es bastante frecuente. Pero, en la mayoría de las lenguas inferiores, la *aglutinación*, como se llama á esa operación, ha sido llevada bastante lejos para dar estabilidad á las palabras compuestas; hay, pues, una verdadera integración. Para ver cuán débil es esa integración, comparada con la de las lenguas bien desarrolladas, preciso es comparar la longitud de las palabras compuestas, usadas para designar cosas y actos frecuentes, y la facilidad de separar sus elementos.

Hay en la América Septentrional idiomas que suministran bellos ejemplos. En un vocabulario del idioma ricáreo, compuesto de cincuenta nombres de objetos comunes, que en inglés son todos monosilábicos, no hay ni uno de esa condición; el vocabulario de los Pawneos, cuya lengua es de la misma familia que la ricárea, no tiene tampoco sino dos palabras monosilábicas entre todas las correspondientes á las antes citadas. Así, el perro (dog) y el arco (bow) se llaman en pawneo *ashakish* y *teeragish;* la mano (hand) se nombra *iksheere*, el ojo *keereekoo;* el día (day) *shakoorooeeshairet*, y el diablo (devil) *tsaheekshkokooraiwah;* los nombres de dos á cinco sílabas llegan hasta siete en ricáreo. La historia de la lengua inglesa demuestra que la gran longitud de las palabras familiares implica un grado inferior de desarrollo en el idioma y que, cuando una lengua imperfecta tiende hacia la perfección, hay una verdadera integración que convierte las palabras polisílabas en di y en monosílabas. La voz anglo-sajona *steorra* se ha convertido con el tiempo en *star* (estrella), *mona* en *moon* (luna) y *nama* en *name* (nombre). El semi-sajón nos permite seguir paso á paso la transición. *Sunu* se convirtió en semi-sajón en *sune*, y en inglés en *son:*

la *e* final de sune es la forma por la cual la *u* primitiva se eliminó. En el paso del plural anglo-sajón formado por la sílaba distinta *as*, al plural inglés formado por la unión de la consonante *s*, nótase también la operación que estudiamos; y análogamente, en la supresión de la terminación *an* del infinitivo de los verbos, como, por ejemplo, la transición del *cuman* anglo-sajón al *cummé* semisajón y al *come* inglés.

Desde que el idioma inglés se ha formado, la integración prosigue lentamente. En tiempo de la reina Isabel, los verbos tomaban aun, en plural, la desinencia *en*; se decía *we tellen* en vez de *we tell* que se dice ahora, y aun se oye aquella forma primitiva en algunos cantones rurales. Del mismo modo, la terminación *ed* del tiempo pasado se ha unido á la palabra que modifica; *burn-ed* se ha convertido en *burnt* (quemado); en la pronunciación, y muchas veces aun en la escritura, la *t* final ha sustituído á la sílaba *ed*, no viéndose conservar la inflexión antigua sino en los casos en que se conservan las antiguas formas, como en el servicio divino. Vemos también que las vocales compuestas se han reducido, en muchos casos, á vocales simples; así, en *bread*, pan, la *e* y la *a* son dos sonidos distintos, y la prueba es que en algunos distritos en que aun se conservan las antiguas costumbres, se pronuncian distintamente esas dos vocales; lo general es, sin embargo, pronunciar *bred*, y análogamente en otros muchos vocablos usuales. Vemos, en fin, que cuando la frecuencia de la repetición llega á su máximum, la contracción se hace más pronunciada; por ejemplo: lord, primitivamente *laford*, se convierte en *lud* en boca de los abogados, y, lo que es más notable, *God be with you* (Dios sea con vosotros, adios), se convierte en *Good bye*.

Y no sólo se integran los idiomas por la abreviación de las voces, sino también por su coordinación sintáxica. Las lenguas inferiores, que sólo poseen nombres y verbos sin inflexión, no permiten esa unión íntima de los elementos de una proposición; unión verificada en otras lenguas, sea por inflexiones, sea por palabras conectivas; aquéllas merecen el nombre de lenguas incoherentes; tal es la lengua china, cuyos giros podemos imitar, si en vez de decir: voy á Londres, los higos vienen de Turquía, el sol brilla á través del aire, decimos: voy fin Londres, los higos origen Turquía, el sol brilla paso aire.

Hay una prueba muy clara de la transición por aglutinación de esa forma *aptótica* á la forma en que las conexiones de las palabras se expresan por la adición de algunas voces inflexionales.

«En la lengua china—dice Mr. Latham—las palabras separadas más usuales que expresan relaciones, pueden convertirse en afijos ó prefijos. Las numerosas lenguas inflexionales pueden dividirse en dos clases: en la una las inflexiones no parecen haber sido palabras separadas, y en la otra se puede demostrar que lo han sido primitivamente.

Por consiguiente, las lenguas *aptóticas* llegan á ser, por el uso cada vez más constante de los complementos, esas lenguas *aglutinadas*, en las que se puede notar la separación primitiva de las partes inflexionales; y de esas nacen, por el uso aun más frecuente de las voces, las lenguas *amalgamadas*, en que las partes inflexionales no pueden ser reconocidas.

En apoyo de esa conclusión hay un hecho irrebatible, y es que por la unión de voces de lenguas amalgamadas se han formado las lenguas *anaptóticas*, de las que es ejemplo la inglesa. En éstas han desaparecido las inflexiones, casi completamente, por efecto de una nueva consolidación, y se han introducido nuevas palabras para expresar las relaciones de las primeras (verbos auxiliares que modifican el sentido de los sustantivos).

Puesto que las inflexiones anglo-sajonas se han perdido, poco á poco, por contracciones, en el desarrollo de la lengua inglesa; y las del latín han desaparecido, aunque no tan completamente, sin duda, en el de la lengua francesa, no podemos negar que la construcción gramatical se modifica por integración; y cuando vemos, tan claramente, cuán bien explica la integración los primeros ensayos de estructura gramatical, no podemos dudar de que esa operación haya jugado un gran papel desde el principio.

Otra especie de integración se efectúa, al mismo tiempo, y se regula por la acabada de estudiar. Hemos visto que las lenguas *aptóticas* son por necesidad incoherentes, que en ellas no pueden ligarse los elementos de una proposición y formar un todo; pero á medida que en su desarrollo se forman palabras con inflexión, se hace más posible unirlas para formar frases cuyos elementos contraen una dependencia mutua tan íntima, que no se puede cambiar algo sin cambiar el sentido de la frase.

Pues todavía hay otro grado en el progreso de esa concentración. Después de la formación de esos elementos gramaticales que hacen posibles las proposiciones precisas, no se ve desde luego que sirvan para expresar otra cosa que proposiciones simples: un sujeto, un atributo y algunos calificativos; eso es todo lo expresable de ese modo.

Si comparamos, por ejemplo, las escrituras hebráicas con nuestros escritos modernos, nos sorprenderá hallar una diferencia marcada de agregación entre los grupos de palabras. Muchas frases de los escritos modernos nos muestran un grado de integración desconocido en la antigüedad, á saber: el número de proposiciones subordinadas que acompañan á la principal, los diversos complementos de los sujetos y de los atributos, y las numerosas cláusulas calificativas que se unen para formar un todo complejo.

113.   La historia de la Ciencia presenta á cada paso hechos de la misma significación. Se puede decir que la integración de los grupos de séres semejantes y de las relaciones semejantes constituye la parte principal del progreso científico. Basta echar una ojeada sobre las ciencias de clasificación para hacernos comprender que las agregaciones confusas que hace el vulgo, agrupando los objetos de la naturaleza, se hacen más completas y coherentes y se ligan entre sí en grupos y subgrupos, en dichas ciencias. Así, en vez de considerar como un sólo grupo todos los animales marinos, terrestres, etc., la zoología establece divisiones y subdivisiones, con los nombres de vertebrados, articulados, moluscos, etc.; en vez del conjunto vago é inmenso designado vulgarmente con el nombre de gusanos, la Ciencia ha instituído las clases de Annélidos, Miriápodos, Arácnidos, etc.

Los varios órdenes y géneros de que cada una de esas clases se compone, están colocados según sus afinidades y ligados por definiciones comunes; á la vez que, por los progresos de la observación y de una crítica rigorosa, las formas antes desconocidas é indeterminadas se integran con sus congéneres respectivos. La integración no se manifiesta menos claramente en las ciencias que tienen por objeto, no séres clasificados, sino relaciones clasificadas.

Bajo uno de sus principales puntos de vista el progreso científico es el progreso de la generalización; y generalizar es unir en grupos todas las coexistencias semejantes, y las consecuencias semejantes de los fenómenos. La reunión de muchas relaciones concretas en una generalización de orden inferior, es el ejemplo más sencillo, y la reunión de generalizaciones inferiores en superiores, y así sucesivamente, es el ejemplo más complejo. Cada año se ve establecer relaciones entre fenómenos, y órdenes de fenómenos, que parecen no tener entre sí relación alguna; esas relaciones, una vez multiplicadas y confirmadas suficientemente, ligan con un lazo común todos esos órdenes, á primera vista extraños unos á otros.

Cuando, por ejemplo, Humboldt cita el adagio suizo: «va á llover, porque se oye de más cerca el ruido de los torrentes,» es preciso notar la relación que liga ese dicho con una observación hecha por él, á saber: que se oyen á mayor distancia las cataratas del Orinoco, de noche que de día; cuando hace notar la analogía esencial de esos dos hechos con otro: la claridad insólita, con que se ven los objetos lejanos es también signo de lluvia próxima; y en fin, cuando asigna por causa común de esas variaciones, la resistencia menor que la luz y el sonido experimentan, en atravesar medios relativamente homogéneos por su temperatura ó su estado higrométrico, no hace sino abrazar en una sola generalización los fenómenos de luz y los de sonido.

Habiendo demostrado la experiencia que esos dos órdenes de fenómenos obedecen á las mismas leyes de reflexión y refracción, gana probabilidades la hipótesis de que son ambos producidos por ondulaciones, y dos grandes órdenes de fenómenos antes sin conexión, comienzan á integrarse. Una integración más caracterizada se verifica entre las secciones ó subciencias antes independientes, que tratan respectivamente de la luz, de la electricidad y del magnetismo.

La integración irá evidentemente más lejos. Las proposiciones formuladas en los capítulos precedentes con los nombres de *Persistencia de la fuerza*, *Transformación y equivalencia de las fuerzas*, *Dirección del movimiento* y *Ritmo del movimiento*, unen en un solo haz todos los fenómenos de todos los órdenes. En fin, si la Filosofía, tal como la entendemos, es posible, se llegará necesariamente á una integración universal.

114. Las artes industriales y bellas no dejan de suministrarnos pruebas igualmente decisivas de la ley de integración. El progreso, que ha reemplazado la pequeña y sencilla herramienta de los primeros tiempos por las grandes y complicadas máquinas modernas, es un progreso de integración.

Entre las fuerzas, ó más bien máquinas, usadas en Mecánica, la sustitución de la palanca por el torno ha sido un progreso, verificado pasando de un agente simple á un agente compuesto de varios agentes simples.

Comparando el torno y otras máquinas empleadas en los primeros tiempos con las usadas hoy, vemos que cada máquina moderna se compone de muchas máquinas primitivas combinadas en una sola.

Un taller moderno de hilar, ó de tejer, ó de hacer puntillas, ó de hacer encajes, se compone no solamente de una palanca, de un tornillo, de un plano inclinado y de un torno unidos de cualquier modo, sino de varias de esas máquinas primitivas, integradas en un solo organismo.

Añádase que en los primeros tiempos, cuando no se empleaba más que la fuerza del hombre ó la del caballo, el agente motor no estaba ligado al útil que ponía en movimiento; pero hoy el útil y el motor están reunidos frecuentemente en un solo aparato. El hogar y la caldera de la locomotora están combinados con el mecanismo que el vapor hace moverse; se puede ver una integración aún más comprensiva ó de más elementos en una manufactura; allí se ve gran número de máquinas complicadas, ligadas todas por medio de los árboles y correas de transmisión á la máquina de vapor, unidas todas en un solo aparato.

Pasemos á las artes. ¡Qué contraste entre las decoraciones murales de los Egipcios y Asirios, y nuestras pinturas históricas! Prueba manifiesta del gran progreso verificado en cuanto á la unidad de composición, la subordinación de las partes al todo. Verdad es que entre esos frescos antiguos, los hay que están compuestos de pinturas algo relacionadas entre sí; relaciones indicadas en las diversas figuras de cada grupo por sus actitudes, pero casi nunca por su expresión; se podría separar los grupos sin cambiar el sentido de la pintura; á veces el objeto capital ó centro de unión de todas las partes apenas se distingue. El mismo carácter se nota en las tapicerías de la Edad Media; si el objeto es una escena de caza, los hombres, los caballos, los perros, las bestias feroces, los pájaros, los árboles, las flores, están esparcidos sin orden ni concierto; los séres vivos están como distraídos é ignorantes de que hay otros á su lado.

En las pinturas posteriores, aunque haya aún muchas defectuosas, hay, al menos, una coordinación mayor ó menor de las partes, una ordenación de las actitudes, de las expresiones, de la luz, de los colores, que hace el cuadro un todo orgánico, y la habilidad con que el pintor saca de los elementos variados de su obra, la unidad del efecto es el principal y mayor mérito.

En la música, la integración progresiva tiene un número mayor de modos de verificarse. La cadencia simple, que no comprende sino un corto número de notas, reproducidas, como sucede en los cantos de los salvajes, con monotonía, se convierte, en las razas civilizadas, en una larga serie de frases musicales, combinadas en un todo; la integración llega á ser tan completa que la melodía no puede ser interrumpida en medio, ó privada de la nota final, sin dejarnos el sentimiento desagradable de una cosa no terminada ó defectuosa.

Si á la melodía se añade un bajo, un tenor, un barítono; si á la armonía de voces distintas se une un acompañamiento, se produce una integración de otro orden, cada vez más complejo. Un grado más, y los solos complejos, los trozos concertados, los coros y los efectos de orquesta, se combinan y producen el conjunto grandioso de una ópera; y no debe olvidarse que la perfección artística de una ópera consiste, sobre todo, en la subordinación de los efectos particulares al efecto total.

La literatura, tanto en sus obras dramáticas, como en las narrativas, nos presentan ejemplos de una integración análoga. Los cuentos de los tiempos primitivos, tales como los refieren aún los árabes de Oriente, están compuestos de acontecimientos sucesivos, que, no sólo no son naturales, sino que no tienen conexiones naturales; son aventuras contadas en un orden que nada tiene de necesario, ni aun de verosímil, á veces. Pero ahora, en las buenas novelas y obras dramáticas, los acontecimientos son productos necesarios de los personajes en condiciones dadas; y no se puede cambiar su orden y naturaleza, sin cambiar el efecto general, ó destruirle. Además, en las ficciones primitivas, los personajes hacían su papel respectivo, sin mostrar que sus ideas y sus sentimientos fuesen modificados por los otros personajes y por los sucesos; ahora están unidos por relaciones morales complejas; accionan y reaccionan mutuamente unos sobre otros.

115. La evolución es, pues, bajo el primer punto de vista que la estudiamos, un cambio desde una forma menos á otra más coherente, á consecuencia de disipación de movimiento y de integración de la materia. Es la marcha universal que siguen las existencias sensibles, individualmente y en su conjunto, durante el período ascendente de su historia. Tales son los caracteres de los

primeros cambios que el Universo ha debido atravesar, como también de los últimos cambios operados en la sociedad y en los productos de la vida social. Por doquier, la unificación marcha simultáneamente.

Durante la evolución del sistema solar, de un planeta, de un organismo, de una nación, verifícase siempre una agregación progresiva de la masa entera; lo cual prueban dos hechos, ya se consideren aislados, ya unidos: la densidad de la materia, ya contenida en la masa, crece; y además nueva cantidad de materia es atraída é incorporada. Mas, en todos los casos, la agregación implica una pérdida de movimiento relativo; al mismo tiempo, las partes procedentes de la división de la masa se consolidan todas del mismo modo, de lo cual vemos un ejemplo en la formación de los planetas y de los satélites, verificada durante la concentración de la nebulosa que dió origen al sistema solar; otro en el incremento de los órganos distintos, que marcha á la par que el del organismo entero; y otro, finalmente, en la aparición de los centros industriales y de las masas especiales de población que acompañan á la aparición de cada sociedad.

En general, á la vez que la integración total, se verifica una integración más ó menos local; y entonces, no sólo la yuxtaposición de los elementos del conjunto se hace más compacta, como también la de los componentes de cada parte, si que también, la combinación que hace depender las partes unas de otras, se hace más íntima.

Esta dependencia mutua, débilmente bosquejeada en los séres inorgánicos celestes y terrestres, se hace más distinta en los séres orgánicos y superorgánicos.

Desde las formas vivas inferiores, hasta las más elevadas, el grado de desarrollo está marcado por el grado de agregación de las partes que constituyen un todo.

El progreso que se observa desde los séres que continúan viviendo cortados en pedazos, hasta los que perecen cuando pierden alguna parte importante de su cuerpo, y sufren grandes perturbaciones en su constitución y modo de vivir, aun cuando no sea importante ó esencial á la vida la pérdida, es un progreso en que, á cada paso, se observan séres que, más integrados, bajo el punto de vista de su concentración, lo están también en cuanto que se componen de partes que viven todas para sí y para las demás.

No tenemos necesidad de seguir, con tantos detalles, análogos contrastes entre sociedades no civilizadas y las que lo están; pero es evidente también, en este caso, la coordinación siempre creciente de las partes.

En cuanto á los productos sociales, un ejemplo nos bastará: la Ciencia se ha integrado, no sólo porque cada división se compone de proposiciones mutuamente enlazadas, sino también porque ese mismo mutuo enlace existe entre las varias divisiones, en términos que ninguna puede progresar sin el auxilio de las otras.

CAPÍTULO XV

116. A la par que los cambios de que acabamos de ocuparnos, se verifican otros de una gran intensidad y de una gran diversidad, que han sido completamente desconocidos ó muy poco conocidos hasta ahora.

Hemos dicho que la integración de cada todo se verifica al mismo tiempo que la integración de cada una de sus partes. Pero, ¿cómo cada todo se divide en partes? He ahí una transformación más notable que la del paso de un estado incoherente á otro coherente, y tanto, que una fórmula que nada dijera de esa transformación, omitiría más de la mitad de lo que debía expresar.

Ocupémonos, pues, de esa otra especie de cambios, de las redistribuciones secundarias de materia y de movimiento que acompañan á la redistribución primaria.

Hemos visto que, si en agregados muy incoherentes las redistribuciones secundarias sólo producen resultados efímeros, no sucede así en los de una mediana coherencia; en éstos los resultados de la redistribución secundaria son más permanentes, son modificaciones de estructura, cuya fórmula general vamos á investigar.

El nombre de *Evolución compuesta* responde ya á la cuestión; pues habiendo llamado *evolución simple* á la que se reduce á integración de la materia y disipación de movimiento, sin redistribución secundaria alguna, hemos afirmado tácitamente que la compuesta se verifica cuando hay redistribuciones secundarias. Evidentemente, si á la vez que se opera una transformación de lo in-

coherente á lo coherente se verifican también otras transformaciones, la masa debe pasar de uniforme á multiforme. Es, pues, lo
mismo: decir que la redistribución primaria va acompañada de redistribuciones secundarias, esto es, que á la par de cambios que
proceden de un estado difuso á un estado concreto, se verifican
cambios que proceden de un estado homogéneo á otro heterogéneo;
que decir que los componentes de la masa, á la vez que se integran, se diversifican ó diferencian unos de otros (1).

Ese es, como ya dijimos, el segundo punto de vista de la evolución, y que ahora vamos á estudiar; es decir, que así como en el
capítulo anterior hemos considerado los séres de todos los órdenes
en su integración progresiva, vamos á considerarlos en este capítulo en su diversificación ó diferenciación progresiva.

117.   Los contrastes que indican una operación integradora en
toda la extensión del sistema solar, implican á la vez una diversificación de estructura que sigue una marcha progresivamente creciente. Hay nebulosas difusas é irregulares, otras en forma de espiral, anulares, esféricas, etc. Hay grupos de estrellas cuyos miembros están esparcidos; otros que presentan todos los grados de concentración, hasta formar grupos globulares muy condensados, que
difieren por el número de sus estrellas, desde los que tienen muchos millares hasta los que sólo tienen dos (estrellas dobles). Hay
entre las magnitudes de las estrellas enormes diferencias reales y
aparentes; hay también entre esos astros, diferencias de color, de
espectros (en el espectróscopo), y en consecuencia, de constitución física y química, muy probablemente.

Además de esas diferencias de detalle hay otras generales; por
ejemplo, en algunas regiones del cielo hay muchas nebulosas, en
otras sólo hay estrellas y en otras hay grandes espacios vacíos sin
estrellas ni nebulosas.

La sustancia del sistema solar se ha hecho más multiforme durante su concentración. El esferóide gaseoso, en vía de agregación,

_____

(1)   Es preciso entender estas frases en su sentido relativo: puesto
que nada sabemos de la difusión absoluta ni de la concentración absoluta, el cambio es de un estado más á otro menos difuso, es decir, de una
coherencia menor á otra mayor, y análogamente, como ninguna existencia concreta nos muestra una simplicidad absoluta, como nada es absolutamente uniforme, ni absolutamente homogéneo, la transformación se verifica siempre en el sentido de la mayor complejidad, ó multiformidad, ó heterogeneidad. No deben, pues, entenderse esos términos sino en un sentido relativo. (N. del A.)

ha experimentado diversificaciones cada vez más numerosas y marcadas, por efecto de la disipación de su movimiento latente, de la diferencia creciente entre la densidad y temperatura de su interior y las de su exterior, y en fin, de las repetidas pérdidas de sustancia que resultan del abandono, en el espacio, de anillos de materia, hasta el momento en que el grupo, organizado tal como ahora existe, compuesto del Sol, los planetas y sus satélites, se constituyó definitivamente. La heterogeneidad de ese grupo se manifiesta por varios contrastes: contrastes inmensos entre el Sol y los planetas, en cuanto al peso y al volumen; menores, pero también muy marcados, entre los planetas, y entre los planetas y sus satélites. Hay, además, otro contraste entre el Sol y los planetas en la temperatura; y es muy posible que los planetas y sus satélites difieran también unos de otros por su calor propio, á la vez que por el calor que reciben del Sol. Recordemos, por último, que los planetas difieren en los planos de sus órbitas, en las inclinaciones respectivas de sus ejes de rotación sobre dichos planos, en sus densidades, etc., y tendremos idea de la complejidad que se ha desarrollado en el sistema solar, en virtud de las redistribuciones secundarias que han acompañado á la redistribución primaria.

118. Dejemos ese ejemplo hipotético, que no debe ser apreciado en más que lo que vale, sin que ese valor disminuya el de la tesis general, y vamos á otro orden de pruebas menos expuesto á objeciones.

Sabido es que para la inmensa mayoría de los geólogos la Tierra ha sido antiguamente una masa fundida, y que su interior está aún fluido y candente. Entonces, cuando estaba aún fundida, la Tierra tenía, sin duda, una consistencia relativamente homogénea y una temperatura también casi uniforme, en virtud de las corrientes que se establecen en los fluidos calentados. Su atmósfera debió, en esa época primitiva, estar compuesta, además de los elementos del aire y del agua que hoy la forman, de otros elementos que toman la forma gaseosa á elevadas temperaturas, y que hoy están formando parte de la costra terráquea. El enfriamiento por radiación, que era entonces mucho más rápido que ahora, pero que no por eso ha dejado de necesitar una inmensidad de años para producir un cambio notable, ha debido producir, á la larga, una separación entre la masa aún más caliente, y la parte más susceptible de enfriarse, es decir, la superficie. Un nuevo enfriamiento, produciendo la precipitación, primero de todos los elementos solidificables contenidos en la atmósfera, y después de la gran masa de agua que hoy forma los mares, produjo una segunda y bien marcada separación ó distinción de partes; y como la condensación debió comenzar en las partes más frías de la superficie, es decir, hacia los polos, de ahí resultaron las diferencias geográficas.

A estos ejemplos de una heterogeneidad creciente que, aun cuando deducidas de las leyes del mundo físico, en rigor pueden ser considerados como hipotéticos, la geología añade una serie numerosa de hechos, comprobados por la experiencia y la inducción. La estructura de la tierra se ha ído constituyendo sucesivamente por la multiplicación de las capas que forman su costra, y se ha ído haciendo á la vez más complicada, por la complejidad de las combinaciones que componen las capas; las más recientes, en efecto, formadas de los *detritus* de las antiguas, son, la mayoría, muy complicadas, por la mezcla de sus materiales. Esta heterogeneidad aumentó enormemente por la acción del nucleo, aun fundido, sobre la corteza; de cuyo acción resultaron, no sólo una gran diversidad de rocas ígneas, sino la colocación de los estratos de sedimento formando ángulos varios, la formación de fallas, filones metálicos y una variedad infinita de dislocaciones y de irregularidades.

Además, nos dice también la Geología: que la superficie terráquea se ha ído haciendo cada vez más desigual; que las montañas más antiguas son las más bajas, y las más modernas los Andes y el Himalaya, siguiendo muy probablemente, la misma ley las desigualdades del fondo del Oceano. Esa incesante multiplicación de diferencias ha dado por resultado que no haya quizá dos partes de la superficie terrestre semejantes, á la vez, por su aspecto exterior, su estructura geológica y su composición química.

Al mismo tiempo se han diversificado gradualmente los climas; á medida que la Tierra se enfriaba y su costra se solidificaba, la temperatura se hacía desigual en la superficie, entre las partes más y menos expuestas al calor solar, estableciéndose los contrastes actuales entre las regiones cubiertas perpétuamente de nieve y hielo, las que tienen verano é invierno variables en su duración, según la latitud geográfica, y las que tienen una temperatura casi siempre elevada, sin variaciones apreciables. Además, habiendo producido las elevaciones y las depresiones, verificadas doquier en la costra terrestre, una distribución irregular de los continentes y de los mares, se añadieron nuevas modificaciones climáticas á las dependientes de la latitud y de la altitud; pudiendo existir á pocas millas de distancia lugares con clima tropical, templado y glacial respectivamente, en virtud de la acumulación de esas varias circunstancias modificadoras. Como resultados generales de esos cambios, cada región extensa tiene condiciones meteorológicas propias, y las localidades de una misma región difieren entre sí más ó menos por su estructura, contornos, etc.

Vemos, pues, que hay un contraste muy notable entre la Tierra, tal como hoy existe, con la inmensa variedad de fenómenos aún no descritos por los geólogos, mineralogistas, geógrafos y meteorologistas, y el globo fundido de que aquélla procede por evolución.

119. Los ejemplos más evidentes, más numerosos y más variados de la creciente multiformidad que acompaña á la integración, los presentan los cuerpos organizados vivos. Esos séres están caracterizados, como ya sabemos, por la gran cantidad de movimiento latente que conservan, lo cual les hace presentar, en el más alto grado, las redistribuciones secundarias que aquel movimiento facilita.

La historia de una planta y de un animal, al referirnos cómo crecen, nos dice también cómo sus varias partes se van haciendo cada vez más distintas unas de otras. Estudiemos los diversos aspectos de esa transformación.

La composición química es casi uniforme primitivamente en el óvulo ó germen animal ó vegetal; mas á poco deja de serlo, sobre todo después de la fecundación. Primero, los diversos compuestos, azoados ó no, se separan gradualmente, se acumulan en ciertos puntos en distintas proporciones, y producen, por su transformación ó modificación, nuevas combinaciones. En las plantas, las sustancias amiláceas y albuminosas que constituyen el embrión, producen en una parte mayor cantidad de celulosa, en otra mayor cantidad de clorofila. Por un lado, el almidón se transforma en su equivalente isomérico el azúcar; por otro en la goma, también isomérica con aquéllos. Cambios secundarios transforman una parte de la celulosa en madera, otra parte en cortezas. Los compuestos más numerosos, así formados, se diversifican aún más, mezclándose y combinándose en proporciones varias. El óvulo animal, cuyos elementos están al principio mezclados y di-

fusos, se transforma químicamente de un modo análogo. La proteina, la grasa, las sales que la componen, se agrupan en varias
proporciones, en diversos puntos, y la multiplicación de las formas isoméricas produce nuevas mezclas, nuevas combinaciones,
que constituyen otras diferencias, aunque menos importantes.
Acá, una masa oscurecida por una acumulación de hematina se
transforma en sangre; allá, la unión de sustancias grasas albuminosas forma el tejido nervioso; acullá, ciertas sustancias azoadas
constituyen los cartílagos, que, endurecidos luego por sales calizas, se transforman en huesos. Todas esas y otras muchas diversificaciones químicas se verifican lenta é insensiblemente y cada
vez más señaladas y múltiples.

Al mismo tiempo se verifican también análogas diversificaciones anatómicas ú orgánicas: diversidad de tejidos sustituye á
otro que no presentaba diferencias apreciables de estructura; el
protoplasma granuloso del germen vegetal y el que forma el centro evolutivo de cada yéma, producen células semejantes en su
principio; de éstas, unas al crecer se aplastan, y uniéndose por
sus bordes, forman la cubierta exterior; otras se alargan mucho y
se unen lateralmente constituyendo fibras; otras, antes de alar-
garse, cesan de recibir nueva materia en su interior, y la primitiva forma, al prolongarse, anillos, retículos, espirales, etc., otras,
por fin, se sueldan longitudinalmente formando vasos. Siguiendo
el desarrollo orgánico, cada uno de esos tejidos se diversifica nuevamente; por ejemplo: la parte esencial de la hoja — la clorofila—
se une en paquetes compactos á la cara superior ó envés, al paso
que toma una consistencia esponjosa en la cara inferior ó revés.

Análogas transformaciones se verifican en el huevo fecundado:
éste es al principio un conjunto de células semejantes que muy
pronto se hacen desemejantes: primeramente por rotura repetida
de las células superficiales, y su unión, en seguida, para formar
la capa exterior ó membrana vitelina; después el medio de esa
capa se separa del resto por una operación análoga aún más activa. Por modificaciones sucesivas harto numerosas y complicadas
para ser aquí descritas, se forman las clases y subclases de tejidos, que diversamente combinados forman los órganos.

Los cambios de configuración del organismo entero y de los órganos siguen también la ley general. Así, todos los gérmenes son
primeramente esferas, y todos los órganos en su origen son boto-
nes ó protuberancias redondeadas. Del seno de esa uniformidad,

y de esa simplicidad primitivas, parte la divergencia, tanto del todo como de las partes, hacia la multiformidad y complejidad de los organismos ya desarrollados. Cuando se cortan las hojas tiernas estrechamente unidas, que encierra una yema, se ve que el núcleo es un botón central, que sostiene otros laterales, de los que cada uno puede transformarse en hoja, en sépalo, en pétalo, en estambre, etc. Todas estas partes tan desemejantes han sido, pues, semejantes. Las yemas mismas se apartan, al crecer, de su uniformidad primitiva de figura; y así, mientras que las ramas se diversifican de mil modos, la parte aérea de la planta se hace también muy distinta de la inmergida en la tierra.

Lo mismo sucede á los animales: un articulado, por ejemplo, tiene al principio sus miembros confundidos ó formando una masa homogénea; mas, por efecto de sucesivas divergencias, prodúcense las diferencias marcadas de forma y de volumen que se puede ver en un insecto perfecto ó en otro articulado totalmente desarrollado. Los vertebrados presentan análogamente numerosos ejemplos de esa uniformidad primitiva y multiformidad subsiguiente; por ejemplo: las alas y las patas de un pájaro tienen la misma forma cuando aparecen en el embrión.

Así, pues, en cada planta, en cada animal, numerosas y notables redistribuciones secundarias acompañan á la redistribución primaria. Aquéllas empiezan por una división en dos partes; siguen numerosas diferencias, que se van marcando en cada una de las partes al subdividirse; diferencias, que puede decirse van creciendo en progresión geométrica, á medida que crece y se desarrolla el individuo, hasta que adulto éste, alcanzan aquéllas su máximum de complejidad. Esa es, en resumen, la historia de todo sér vivo. Wolf y Baer, siguiendo una idea de Harvey, han demostrado: que todo organismo pasa, en su evolución, de un estado homogéneo á otro heterogéneo, principio admitido ya por todos los fisiólogos de la actual generación (1).

_____

(1) En 1852 he sabido el modo cómo expresaba Baer ese principio general, cuya universalidad ha sido siempre para mí un postulado, que implica, como otros muchos, la unidad de las leyes naturales para hechos del mismo orden. Tal principio establece cierta coordinación entre ideas aún no organizadas, ó imperfectamente organizadas. Es verdad que en mi *Estática social* (Part. 4.ª, §§ 12 á 16), escrita antes de saber la fórmula de Baer, se hace consistir el desarrollo de un organismo individual, como el del organismo social, en un proceso de lo simple á lo

120.   Si pasamos de las plantas y animales vivos, á la vida en general, é inquirimos: si sus manifestaciones obedecen, en su conjunto, á la misma ley, es decir, si las plantas y los animales modernos son más heterogéneos que los antiguos, individualmente; y si la flora y la fauna actuales son más heterogéneas que las pasadas, no hallaremos sino algunas pruebas sueltas, y la cuestión, por tanto, queda dudosa. En efecto, las dos terceras partes de la superficie terráquea están cubiertas por las aguas; una gran porción·de la tercera parte descubierta es inaccesible, ó no ha sido aún explorada por los geólogos; la mayoría de lo restante no lo ha sido sino muy ligeramente, y aun las partes mejor conocidas, como por ejemplo, Inglaterra, ha sido tan mal estudiada, que hace pocos años se ha reconocido en su estructura una nueva serie de capas; nos es, pues, imposible decir con certeza, qué séres han existido y cuáles no, en un período geológico dado.

Si, por otra parte consideramos que muchas formas orgánicas inferiores son muy fáciles de destruir; que muchas capas de sedimento se han metamorfoseado, y las que no, presentan grandes lagunas, tendremos nuevos motivos para desconfiar de nuestras deducciones. Sabemos, por una parte, que, al cabo de muchas investigaciones, se han descubierto restos de vertebrados en capas que se creía no las contenían; restos de reptiles, donde se creía no

---

compuesto, de partes semejantes é independientes á otras desemejantes y mutuamente dependientes, en virtud de una analogía que se halla entre las ideas de Milne Edwards sobre la *división del trabajo fisiológico.* Pero, si la fórmula de Milne Edwards puede aplicarse á los fenómenos superorgánicos, es poco general para expresar los fenómenos inorgánicos.

El servicio prestado por la fórmula de Baer, consiste, pues, en que es más general; y sólo cuando las transformaciones orgánicas han sido expresadas en su fórmula más general, es cuando se puede ver lo que tienen de común con las transformaciones inorgánicas. La primera expresión sistemática de la idea de la vida universal, es decir, de la idea de que la transformación que se verifica en todo organismo al desarrollarse, se verifica análogamente en todas las cosas, se halla en un ensayo sobre *El progreso, su ley y su causa,* que he publicado en *The Westminster Review*, Abril, 1857, de cuyo ensayo es el presente capítulo una paráfrasis, en el fondo, y en gran parte de su forma. Pero debo advertir que allí cometí un error, reproducido en la primera edición de esta obra: suponer que la evolución consiste en la transformación de lo homogéneo en lo heterogéneo; lo cual, como acabamos de ver, constituye las redistribuciones secundarias que acompañan la redistribución primaria, en que consiste esencialmente la evolución compuesta, ó más bien sólo la parte más notable de esas redistribuciones secundarias. *(N. del A.)*

haber más que peces; restos de mamíferos, donde se creía no existían séres superiores á los reptiles; lo que demuestra el poco valor
de la prueba negativa.

Por otra parte, se ve perder totalmente su valor á la hipótesis
de haber descubierto los restos orgánicos de la primera época de
la vida, ó próximamente. No se puede negar que las formaciones
acuosas, conocidas como las más antiguas, han sido modificadas
considerablemente por la acción ígnea; y quizá otras, aun más antiguas, han sido completamente metamorfoseadas. Ahora bien;
desde el momento en que admitimos que han llegado á fundirse
capas sedimentarias, más antiguas que las más antiguas conocidas,
preciso es confesar que nos es imposible determinar cuánto tiempo
ha transcurrido desde la destrucción de esas capas sedimentarias.
Luego, evidentemente, dar el nombre de *paleozóicas* á las capas
fosilíferas, conocidas como más antiguas, es cometer una *petición
de principio*; y por el contrario, debemos suponer que tan sólo los
últimos capítulos de la historia biológica de la Tierra, son los que
conocemos; y por tanto, de todos los hechos paleontológicos, hasta
ahora recogidos, no se puede sacar conclusiones ciertas.

Un partidario del desarrollo progresivo de las formas animales
puede, fundándose en esos hechos, pensar que los restos más antiguos conocidos, de vertebrados, son restos de peces, los más homogéneos de los vertebrados; que después se presentaron los reptiles, que siguen á los peces en homogeneidad; y por último, los
mamíferos y aves, los vertebrados más heterogéneos. Pero se le
puede contestar que, no habiéndose verificado en ensenadas los depósitos paleozóicos, no deben contener restos de vertebrados terrestres, aunque éstos existieran ya en aquella época.

Igual respuesta puede darse á los que sostienen que la fauna
vertebral del período paleozóico, compuesta, según lo que hasta
ahora sabemos, exclusivamente de peces, era menos heterogénea
que la actual, compuesta de gran número de géneros de reptiles,
peces y mamíferos; ó bien, los partidarios de la uniformidad de
los tipos, pueden sostener, con gran apariencia de verdad, que si
las últimas épocas geológicas presentan más variadas y complejas
formas zoológicas, débese á las inmigraciones. Pueden decir que
un continente elevado sobre el Oceano lejos de los preexistentes,
se poblaría necesariamente á sus expensas, siguiendo el orden de
las capas geológicas. Los argumentos en pro y en contra son tan
poco concluyentes unos como otros.

El partidario de la uniformidad señala las lagunas que rompen la serie de formas orgánicas necesarias para la evolución de las más homogéneas á las más heterogéneas; pero puede respondérsele: que los cambios geológicos actuales nos explican por qué deben existir esas lagunas, como efecto de las grandes elevaciones y depresiones, que han roto bruscamente la gradual sucesión de las épocas geológicas.

Si el adversario de la teoría del desarrollo cita los hechos publicados por Huxley en su lección sobre *los tipos persistentes*; si hace notar que en más de doscientas familias de plantas hoy admitidas, ninguna es exclusivamente fósil; que en los animales, no hay, tampoco, una clase totalmente extinguida, y aun en los órdenes de animales fósiles, sólo hay un siete por ciento que no están representados en la fauna actual; si sostiene que entre esos órdenes, los hay que han durado desde la época siluria hasta la nuestra, sin cambio alguno; y si de eso deduce que la semejanza entre las formas vivas pasadas y las presentes, es mucho mayor que la que puede resultar, admitiendo la hipótesis del desarrollo, se puede responderle victoriosamente con un hecho, sobre el cual insiste Mr. Huxley, á saber: que hay pruebas de una época pregeológica de duración desconocida.

Cuando se recuerda que los enormes hundimientos del período silurio prueban que la costra terráquea era entonces tan espesa como ahora; cuando se afirma que el tiempo necesario para que haya podido formarse tal espesor, es inmenso, comparado con el transcurrido después; cuando se supone, cómo debe haber sucedido, que durante ese inmenso período los cambios geológicos y biológicos se han verificado con regularidad, se puede asegurar; no solamente que los testigos paleontológicos que encontramos no desmienten la teoría de la evolución, sino que son tales como se podía razonablemente imaginarlos.

Además, bueno es tener en cuenta: que aun cuando los hechos no autorizan ni la afirmación ni la negación, los más notables conducen, no obstante, á creer que los organismos y grupos de organismos más heterogéneos, son el desarrollo natural de otros más homogéneos. Uno de esos hechos es: que los fósiles de las capas contiguas ó coetáneas son próximamente del mismo tipo; y sobre todo, que los últimos fósiles terciarios son del mismo tipo que los animales y plantas actuales. Otro hecho es: el descubrimiento del *Paleotherium* y *Anaplotherium*, que según Owen, tienen un tipo de estructura intermedia entre ciertos tipos actuales. Hay, por último, un tercer hecho, cuya significación es aún mayor, á saber: la aparición, relativamente reciente, del hombre. Por consiguiente, podemos decir: que si conocemos muy poco la historia de la Tierra, para poder afirmar plenamente una evolución de lo simple á lo complejo, tanto en las formas individuales como en los grupos de formas semejantes; lo que sabemos, no sólo no nos autoriza á creer que se ha verificado tal evolución, sino que concuerda mejor con esa hipótesis que con cualquiera otra.

121. Manifieste ó no la historia biológica terrestre un proceso de lo homogéneo á lo heterogéneo, el progreso de la última criatura, la más heterogénea de todas, el Hombre, es un ejemplo sorprendente de dicho proceso. Es igualmente cierto que en el período, durante el cual se ha poblado la Tierra, el organismo humano se ha hecho más heterogéneo, en las subdivisiones civilizadas de la especie; y ésta, considerada en conjunto, se ha hecho más heterogénea, por la multiplicación y la diversificación de razas. En pro de la primera proposición, podemos citar un hecho, y es que en el desarrollo relativo de sus extremidades, el hombre civilizado se aparta más del tipo general de los mamíferos monodelfos, que las razas inferiores. El Papua tiene el cuerpo y los brazos bien desarrollados, pero sus piernas son muy cortas, asemejándose, en eso, á los cuadrumanos, cuyas extremidades anteriores y posteriores son próximamente del mismo tamaño. En el europeo, por el contrario, las extremidades inferiores han tomado una longitud y un grueso relativamente mayores; hay, pues, más heterogeneidad entre unas y otras extremidades. Análogo progreso se observa en la relación de magnitud de los huesos del cráneo y de la cara, siendo indudable el aumento progresivo del volumen de aquéllos y la disminución del de éstos, á medida que se asciende en la escala de los vertebrados. Ese carácter, más notable en el hombre que en ningún otro animal, lo es aún mucho más en el europeo que en el salvaje. Además, á juzgar por la mayor extensión y variedad de funciones que desempeñan respectivamente, se puede inferir que el hombre civilizado tiene un sistema nervioso más complicado y heterogéneo que el salvaje; y lo comprueba el aumento del tamaño de su cerebro, respecto á las demás partes del encéfalo. Nuevos ejemplos suministran los niños, del proceso que estudiamos; el niño europeo, tiene más semejanza que el adulto, con las razas inferiores, á saber: el aplastamiento de las alas y la depresión del

caballete de la nariz, á la par que la separación y ensanchamiento
de sus ventanas; la forma de los labios, la ausencia de los senos
frontales, la distancia de los ojos y el pequeño tamaño de las piernas. El desarrollo que tranforma esos caracteres en los del europeo
adulto, es una continuación del cambio de lo homogéneo á lo heterogéneo, que se verifica durante la evolución del embrión; todos
los fisiólogos lo reconocen. Igualmente, puede decirse: que el progreso que ha cambiado los caracteres del salvaje en los del hombre
civilizado, es también una continuación del cambio de lo homogéneo á lo heterogéneo, en el desarrollo de la humanidad, cuyo cambio es demasiado evidente, para que necesite explicaciones. En
efecto, no hay obra de Ethnología que no muestre esa heterogeneidad, en sus divisiones y subdivisiones. Aun admitiendo la
hipótesis de la multiplicidad, de origen del género humano, no
dejaría de ser cierto que pueblos, ó tribus, hoy muy distintos, han
salido del mismo origen; y que cada raza en su conjunto es mucho menos homogénea que lo era antiguamente. Añádase, por ejemplo, que los anglo-americanos son una prueba de una nueva variedad formada en algunas generaciones, y si creemos á ciertos ob-
servadores, pronto habrá otra novísima en la Australia.

122. Si de la humanidad, considerada en sus formas individuales, pasamos á las formas sociales, hallaremos ejemplos aún
más numerosos de la ley general. El cambio de lo homogéneo á lo
heterogéneo se manifiesta tan evidente en el progreso de la humanidad considerada como un todo, como en el de cada tribu ó nación; y se verifica, aun ahora, con una rapidez creciente.

En efecto, la sociedad, en su forma primitiva ó inferior, como
aun hoy la presentan algunos países, es un conjunto homogéneo
de individuos que tienen facultades y funciones semejantes, sin
más diferencia que la inherente á la de sexos. Así, cada hombre
es, á la vez, guerrero, pescador, cazador, albañil, fabricante de
herramientas; todas las mujeres hacen los mismos trabajos; cada
familia se basta á sí misma, y podría vivir aislada de las demás si
no fuese por el ataque y defensa de las otras tribus. Sin embargo,
desde el principio se encuentra bien pronto en la evolución social
una distinción entre gobernantes y gobernados; pues parece que
en la primera etapa del progreso, la que agrupó ya las familias
errantes en tribus nómadas, la autoridad del más fuerte se impuso
á la tribu, como sucede en un rebaño de bestias.

Esa autoridad es primero vaga, insegura; no implica diferencia

en las ocupaciones ó modo de vivir, y es, por lo general, compartida por varios individuos de igual fuerza próximamente. El primer jefe mata él mismo su caza, fabrica sus armas, edifica su choza, y en nada difiere, bajo el punto de vista económico, de los demás individuos de la tribu. A medida que ésta marcha hacia la civilización ó en la vía del progreso, el contraste entre gobernantes y gobernados se va haciendo más marcado: el poder supremo se hace hereditario en una familia; el jefe cesa de proveer por sí mismo á todas sus necesidades; es servido por otros miembros de la tribu y comienza á no ocuparse más que del gobierno. Al mismo tiempo, se forma otra especie de gobierno, coordenado con el primero, el de la Religión.

Todas las antiguas tradiciones prueban que los primeros jefes eran mirados como personajes divinos; las leyes y las órdenes que daban eran miradas como sagradas aun después de su muerte; y sus sucesores, también considerados como de origen divino, daban á dichas leyes todo el apoyo de su poder, y todos eran sepultados en el mismo panteón para recibir las mismas preces y adoraciones. El primero ó más antiguo de esos jefes-dioses fué el Dios supremo; los demás ó sucesores de aquél fueron dioses subordinados.

Durante muchos siglos, los dos poderes, religioso y civil, nacidos al mismo tiempo, estuvieron íntimamente unidos; el Rey era, á la vez, el Sumo Pontífice, y el sacerdocio estaba vinculado en la familia real; la ley religiosa contenía más ó menos preceptos civiles, y la ley civil era más ó menos sancionada por la Religión. Por largo tiempo, aun en países ya muy civilizados, esos dos poderes que se ayudaban y enfrenaban mutuamente, no se apartaron uno de otro del todo.

Pero los títulos y honores que se tributaban primeramente al Rey-Dios, después á Dios y al Rey, fueron luego tributados á las personas de alto rango, y por último, de hombre á hombre.

Todas las formas sociales que hoy llamamos cumplimientos, fueron primitivamente expresiones de sumisión de los prisioneros á su vencedor y de los súbditos á su señor, divino y humano; luego se usaron para las autoridades subalternas, y hoy son usadas entre personas cualesquiera, medianamente cultas. Todos los modos de saludar eran, al principio, inclinaciones ante el monarca, que constituían una especie de culto antes y después de su muerte; luego se saludó del mismo modo á los demás individuos de la familia real, y por último, muchos de esos saludos pertenecieron ya á todo el mundo.

Así, pues, cada sociedad, primitivamente homogénea, se dividió primero en gobernantes y gobernados, subdividiéndose después aquéllos en sacerdotes y seglares, cuyas respectivas instituciones — Iglesia y Estado — quedaron así constituídas, al mismo tiempo que otra tercera especie de gobierno, que regula nuestros actos y relaciones diarias. Cada una de esas especies de gobierno ha sufrido á su vez diversificaciones sucesivas, hasta constituir la actual organización política tan completa de Inglaterra, por ejemplo, compuesta de un monarca, ministros, lores, diputados; con los departamentos administrativos subordinados, tribunales, etc.; y en las provincias, las administraciones de los ayuntamientos, de los condados, de las parroquias, etc. A la par se eleva la organización religiosa, también muy compleja, con sus funcionarios de todos los grados, desde los arzobispos hasta los sacristanes; con sus colegios, sus congregaciones, sus seminarios; y por fin, con sus sectas, cada vez más numerosas, que todas tienen sus autoridades generales y locales.

Al mismo tiempo se ha desarrollado un sistema muy complejo de costumbres, de trajes, de modas temporeras impuestas por la sociedad entera, y que sirven para arreglar las transacciones de menor importancia que se efectúan entre los hombres, fuera de la esfera religiosa y civil. Además, debemos notar que esa heterogeneidad, siempre creciente, en las funciones gubernamentales de cada nación, va acompañada de una heterogeneidad, creciente también, entre las formas de gobierno de las diversas naciones; todas las cuales son más ó menos diferentes por su sistema político y legislativo, por sus creencias é instituciones religiosas, por los trajes y ceremonias de esas mismas instituciones.

Al mismo tiempo se ha efectuado otra división, la de la masa total de la sociedad en clases ú órdenes de trabajadores. Mientras que la clase gobernante sufría el desarrollo complejo de que hemos hablado, la clase gobernada sufría otro, mucho más complejo aún, que daba por resultado la minuciosa división del trabajo que se admira en las naciones civilizadas. No es necesario seguir ese progreso desde sus primeros pasos hasta el establecimiento de las castas en Oriente y de las corporaciones en Europa, hasta la sabia división en productores y repartidores.

La economía política ha demostrado, ya há tiempo, que el punto de partida de la evolución social es: una tribu, cuyos miembros efectúan todos los mismos actos, cada uno para sí; y el punto de llegada: una sociedad ó, mejor, una comunidad, en que todos los miembros ejecutan actos distintos, unos para otros; ha indicado también los cambios en virtud de los cuales el productor aislado de una mercancía se transforma en un sistema de productores que, unidos bajo la dirección de un maestro, toma cada uno parte distinta en la producción de la misma mercancía. Pero ese progreso de lo homogéneo á lo heterogéneo, en la organización industrial de la sociedad, nos presenta otras fases de mayor interés aún.

Mucho tiempo después de la división del trabajo entre diversas clases de obreros, no la hay aún entre las partes separadas de una misma nación, puesto que en cada región se hacen próximamente los mismos trabajos, y la nación permanece, relativamente homogénea. Pero cuando los caminos y demás vías de comunicación y de transporte se multiplican y perfeccionan, las varias regiones empiezan á efectuar diversos trabajos y á ligarse por mutuos y recíprocos lazos de dependencia.

Las manufacturas de algodón se localizan en una región, las de lana en otra, acá se produce y trabaja la seda, allá las blondas y encajes, etc., etc. En suma, cada localidad se desarrolla más ó menos, distinguiéndose de las otras por la ocupación más general ó principal de sus habitantes. Y no solamente en cada nación se efectúa esa división regional del trabajo, sino también entre las varias naciones. El cambio de mercancías que la libertad de comercio promete acrecentar en tan grandes proporciones, hará en definitiva especializarse á la industria de cada nación.

De suerte que, á partir de las tribus bárbaras, homogéneas, ó poco menos, en las funciones que desempeñan todos sus individuos, el progreso conduce, ó tiende lentamente, hacia una integración económica de toda la especie humana, la cual se va haciendo más y más heterogénea: por las distintas funciones que desempeñan ó tienden á desempeñar las diversas naciones; por las distintas funciones desempeñadas por las diferentes localidades ó regiones de cada nación; por las distintas funciones adoptadas por las varias clases de fabricantes, comerciantes, etc., de cada localidad, y por las distintas funciones, en fin, de los dependientes de cada fábrica, comercio, etc.

123. No solamente el organismo social entero es un bonito

20

ejemplo de la ley que venimos estudiando; lo son también todos los productos del pensamiento y de la actividad humanas, ya sean abstractos ó concretos, reales ó ideales. Consideremos primeramente el lenguaje.

La forma primitiva ó inferior del lenguaje es el grito, que expresa con un solo sonido cada idea. En verdad, nada prueba que el lenguaje humano haya estado compuesto, en su origen, exclusivamente de gritos, y haya sido, por tanto, enteramente homogéneo. Pero, sí se ha podido ascender, en la historia, á una época en que el lenguaje se componía exclusivamente de nombres y verbos. Ha habido, pues, un cambio progresivo de lo homogéneo á lo heterogéneo, en la multiplicación gradual de las partes de la oración; en las divisiones de los verbos en activos y pasivos, y de los nombres en abstractos y concretos; en la distinción de modos, tiempos, personas y casos, para la conjugación y la declinación; en la formación de los verbos auxiliares, adjetivos, adverbios, pronombres, artículos, preposiciones y conjunciones; en las inflexiones, acentos y demás signos ortográficos y prosódicos con que las razas civilizadas expresan su riquísima variedad de afectos, pensamientos, deseos, y hasta las más pequeñas diferencias de sentido ó significado de las voces, diferencias correspondientes naturalmente á otras análogas en aquellos fenómenos de la vida humana.

Notemos, de paso, que la lengua inglesa debe sus ventajas, ó superioridad, sobre otras muchas, á la mayor subdivisión de funciones, en las voces de que consta. Hay aún otro punto de vista, bajo el cual se puede seguir también el desarrollo del lenguaje, á saber : la diversificación de palabras de sentido congénere. La Filología ha descubierto, ha mucho tiempo, que en todas las lenguas se pueden agrupar las palabras en familias derivadas de un origen común; es decir, que un nombre primitivo, aplicado primero indistintamente á toda una clase de objetos — cosas ó acciones — sufre, bien pronto, modificaciones, que expresan las divisiones principales de la clase; esos varios nombres, originarios de la misma raíz primitiva, se convierten, á su vez, en raíces de otros aun más modificados; además, tenemos actualmente medios sistemáticos de formar palabras derivadas, y de combinar voces, para expresar las más pequeñas variaciones de ideas, afectos, etc.; y en virtud de esas facilidades, se forman familias de palabras, siendo éstas tan heterogéneas, á veces, en cada familia, que, á no saber su origen, cuesta trabajo creer que se derivan todas de la misma voz. Así se forman, en un mismo idioma, cinco ó seis mil palabras, que designan otras tantas cosas, cualidades, acciones, etcétera; pero hay, como sabemos, otro modo, en el lenguaje humano, de proceder de lo homogéneo á lo heterogéneo, y es la diversificación ó multiplicación de idiomas.

Tengan todas las lenguas un sólo y mismo origen, como opinan Max Müller y Bunsen, ó tengan dos ó tres, según opinan otros filólogos, es indudable que, pues grandes familias de lenguas, como la familia indo-europea, proceden de un solo y mismo origen, han debido hacerse distintas por efecto de una divergencia progresiva y continua.

La dispersión que ha producido una diferenciación ó diversificación de razas, ha producido simultáneamente una diversificación en sus respectivas lenguas, de lo cual aún se halla la prueba en todas las naciones, en las particularidades de los varios dialectos.

Así, pues, el progreso del lenguaje obedece á la ley general, en la evolución general de las lenguas, en la de las familias de palabras, y en la de las partes de la oración.

Pasando ahora del lenguaje hablado al escrito, hallaremos muchos órdenes de hechos que tienen todos el mismo sentido: el lenguaje escrito es de la misma clase que la pintura y la escultura; los tres son accesorios de la arquitectura, y se refieren directamente á la forma primitiva de gobierno, la forma teocrática. Notemos, de paso, que las razas salvajes, como por ejemplo, los australianos y las razas del Sud del Africa, pintan personajes y sucesos en los muros subterráneos, que son, probablemente, considerados como lugares sagrados; y pasemos á los egipcios. En éstos, como entre los asirios, las pinturas murales servían para decorar el templo del Dios y el palacio del Rey (que al principio era uno mismo), y por tanto, eran funciones gubernamentales, como las ceremonias y fiestas religiosas y políticas. Además, eran también funciones gubernamentales, en cuanto que representaban el culto del Dios, los triunfos del Rey-Dios, la sumisión de los súbditos y el castigo de los rebeldes, y en cuanto que eran productos de un arte reverenciado por el pueblo como un misterio sagrado. El uso de esas representaciones ilustradas dió origen al jeroglífico, que no es sino una modificación de aquéllas, y que aun se usaba entre los mejicanos, al tiempo del descubrimiento de Méjico.

Se simplificaron, unas tras otras, las figuras más familiares de esas pinturas, empleando abreviaciones análogas á las que hoy se usan en nuestras lenguas hablada y escrita; y así se formó un sistema de signos, cuya mayoría no eran, sino muy remotamente, semejantes á las cosas que representaban ó significaban.

Lo que prueba que los jeroglíficos egipcios tienen ese origen, es que el jeroglífico de los mejicanos ha dado también origen á una familia análoga de formas ideográficas; y en los mejicanos, como en los egipcios, esas formas se diversificaron para producir la escritura *kuriológica* ó imitativa, y la escritura *trópica* ó simbólica, á veces empleadas ambas en el mismo cuadro.

En Egipto, la escritura sufrió una nueva diversificación, de la cual resultaron la escritura *hierática* y la *epistolográfica* ó *encórica*, que se derivan ambas de la jeroglífica primitiva. En la misma época hallamos símbolos *fonéticos* para los nombres propios, inexpresables de otro modo; y aunque se asegura que los egipcios no han poseído una escritura alfabética completa, no se puede dudar que los símbolos fonéticos que usaban, á veces, para ayudar á sus símbolos ideográficos, fueron gérmenes de una estructura alfabética. Esta, una vez ya formada, sufrió numerosas modificaciones; los alfabetos se multiplicaron, pudiéndose aún reconocer entre los actuales más ó menos relaciones. Ahora cada nación civilizada posee, para representar cada serie de sonidos, muchas series de signos escritos destinados á diversos usos.

Por último, una diversificación aun más notable ha producido la imprenta, que de uniforme al principio se ha hecho multiforme prodigiosamente.

124. Mientras que el lenguaje escrito atravesaba los primeros períodos de su desarrollo, la decoración mural que le había dado origen, producía la pintura y la escultura. Los dioses, los reyes, los hombres, los animales, eran representados sobre los muros por líneas grabadas y coloreadas. En la mayoría de los casos, esas líneas tenían tal profundidad, estaban tan bien redondeados los objetos contorneados por ellas, que formaban una especie de intermedio entre el grabado y el bajo-relieve. En otros casos se observa otro progreso: las partes salientes que separaban las figuras son quitadas por el cincel, y las figuras son coloreadas con sus respectivos colores propios, formándose un bajo-relieve pintado.

En Sydenham pueden verse restauraciones de arquitectura asiria, en que ese estilo ha sido elevado á una gran perfección; en ellas están generalmente las cosas y personas representadas, muy mal pintadas, pero muy bien talladas en todos sus detalles; los leones y toros alados, de los ángulos de las puertas, se aproximan mucho á ser figuras completamente cinceladas, pero están aun pintadas y formando un cuerpo con la obra total. Los asirios han procurado poco ó nada llegar á producir verdaderas estatuas: pero en el arte egipcio puede seguirse fácilmente la gradación, en virtud de la cual han llegado á separarse de los muros figuras primitivamente en él talladas. Basta para eso darse un paseo por el Museo Británico; en él se ven patentes las pruebas de que las estatuas aisladas, independientes, se originaron de los bajo-relieves.

En efecto, casi todas las estatuas presentan la unión de brazos y piernas al cuerpo que caracteriza á los bajo-relieves, y están unidas por el dorso, de la cabeza á los piés, á un trozo efectivo ó figurado del muro en que estaba el bajo-relieve.

La Grecia reprodujo á grandes rasgos ese progreso. En ella, lo mismo que en Egipto y Asiria, las artes gemelas, Pintura y Escultura, estaban unidas entre sí y con su madre la Arquitectura, y eran las tres auxiliares de la religión y del gobierno. Sobre los frisos de los templos griegos se ven bajo-relieves pintados, representando sacrificios, batallas, procesiones, juegos y demás actos religiosos y políticos. En los frontones hay también figuras más ó menos unidas al muro y representando los triunfos de los dioses y de los heroes. Aun al llegar á las estatuas aisladas totalmente del muro al que pertenecían, las encontramos también pintadas, y sólo en los últimos tiempos de la civilización griega aparece ya terminada la distinción ó diferenciación entre la pintura y la escultura.

Una evolución análoga podemos notar en el arte cristiano: todas las pinturas y esculturas, en Europa entera, eran asuntos religiosos. Cristos, Vírgenes, Sacras familias, Apóstoles, Santos, formaban parte integrante de la arquitectura de iglesia, y servían de medios para estimular el celo religioso, como hoy sirven aún, en los países católicos. Añádase que las primeras esculturas de Cristo en la cruz, de Vírgenes, de Santos, estaban pintadas; y no tenemos sino recordar las Madonas y los Crucifijos pintados, tan numerosos entonces en las iglesias y en las calles del continente, para comprender el hecho significativo de que la Pintura y la Es-

cultura estaban aún estrechamente unidas á su madre la Arquitectura.

Aun después de que la escultura cristiana se había diferenciado
bien claramente de la pintura, persistió en sus asuntos religiosos
y políticos; se hacían mausoleos en los templos, y estatuas para
los reyes; por su parte, la pintura, cuando no se consagraba á los
servicios puramente religiosos, servía para la decoración de los
palacios; y cuando no representaba personas reales, se consagraba
á reproducir asuntos sagrados. Sólo en los tiempos modernos se
han secularizado enteramente la pintura y la escultura, dividiéndose la pintura en géneros, llamados respectivamente de historia,
de paisaje, de marina, de arquitectura, de género, de animales,
de naturaleza muerta, etc., y la escultura también se ha hecho heterogénea, con respecto á la variedad de asuntos reales ó imagina-
rios que representa.

Aunque parezca raro, no por eso es menos verdadero, que todas
las formas del lenguaje escrito, de la pintura y de la escultura,
tienen su origen común en las decoraciones político-religiosas de
los templos y palacios antiguos. El busto que hoy miramos sobre
una consola, el paisaje adosado al muro, el número del *Times*
desdoblado sobre la mesa, no se parecen ciertamente, pero tienen, sin embargo, un lejano parentesco de naturaleza y de origen.

El martillo de bronce que el factor acaba de levantar, no solamente es afine del grabado de *La Ilustración* (periódico) que ese
factor distribuye, sino también de los caracteres ó letras del billete
amoroso, etc. Las vidrieras de un templo, y el libro de oraciones
sobre el cual dejan filtrar la luz, son de la misma familia. Los bus-
tos de nuestras monedas; las muestras de las tiendas, las viñetas y
láminas de nuestros libros, los blasones pintados en un carruaje,
los anuncios fijos en las esquinas, son, como igualmente las mu-
ñecas, los papeles pintados, etc., descendientes directos de las primitivas esculturas pintadas que los Egipcios consagraban á la
gloria y culto de sus reyes-dioses. No hay, quizá, ejemplo que
muestre más claramente la multiplicidad y heterogeneidad de
los productos que pueden nacer con el tiempo, y por efecto de
diferenciaciones ó diversificaciones sucesivas, de un origen
común.

Antes de pasar adelante, haremos observar que la evolución de
lo homogéneo á lo heterogéneo, en las bellas artes, se manifiesta
no sólo por la separación que destacó la pintura y la escultura de

la arquitectura, y luego una de otra aquellas dos, y por la mayor
variedad de asuntos que representan, sino también por la composición de cada obra. Cualquier pintura ó estatua moderna es más
heterogénea que las antiguas. Un bajo-relieve pintado egipcio, presenta todas sus figuras en un mismo plano, es decir, á igual distancia de los ojos del observador, es, pues, más homogéneo que
una pintura moderna que las presenta á distancias distintas. Aquél,
además, presenta todos sus objetos, á la misma luz, al paso que la
pintura moderna distribuye á los distintos objetos, y aun á las
partes diversas de un mismo objeto, diferentes cantidades de luz,
nueva fase del paso de lo homogéneo á lo heterogéneo, en las artes que historiamos. Todavía más: la pintura antigua no hacía uso
más que de colores primitivos, conservándoles toda su intensidad;
era, pues, menos heterogénea que una pintura moderna, que, no
usando los colores primitivos sino con cierto tacto, emplea una
variedad infinita de tintas intermedias, de una composición heterogénea, y diferentes, no sólo por la especie, sino por la intensidad.
Las obras del arte primitivo tenían todas una gran uniformidad de
composición: la misma distribución de figuras se reproducía indefinidamente; y en éstas, siempre las mismas actitudes, los mismos
ropajes, los mismos rasgos. En Egipto, los modos de representación tenían tal fijeza, que era sacrílego introducir una novedad
cualquiera; y sólo así, como consecuencia de un modo inmutable
de representación, era posible la escritura jeroglífica. Los bajo-
relieves asirios presentan análogos caracteres: los dioses, los reyes
y su séquito, las figuras y los animales alados, aparecen siempre
en las mismas posturas, con los mismos instrumentos ó insignias,
ocupados en las mismas cosas, y con la misma expresión ó falta de
expresión en sus caras. Si el artista ha representado un grupo de
palmeras, por ejemplo, todos esos árboles figurados tienen la misma altura, el mismo número de hojas, y están igualmente espar-
cidas; si ha pintado el mar, todas las olas son iguales; y si hay
peces todos parecen de la misma especie, y están colocados en la
misma línea. Las barbas de los dioses, de los reyes, de las figuras
aladas, son siempre iguales; las crines de los leones se parecen
todas, y las de los caballos también. Los cabellos están siempre
peinados del mismo modo; las barbas de los reyes tienen una construcción casi arquitectónica; cada una se compone de filas de bu-
cles uniformes, alternando con otras filas retorcidas, dispuestas
transversalmente y con perfecta regularidad. El mechón que ter-

mina la cola de los toros y de los leones, está siempre representado igualmente.

Sin detenernos á buscar en el arte cristiano primitivo hechos análogos, aún visibles, aunque menos notables, bastará, para patentizar el progreso on la heterogeneidad, recordar que en las pinturas modernas la composición ofrece variaciones infinitas; que las actitudes, las fisonomías y sus expresiones difieren prodigiosamente; que los objetos secundarios tienen volúmenes, formas, posiciones y distribuciones diferentes, y, en fin, que los detalles presentan contrastes más ó menos marcados. Véase una estatua egipcia sentada, rígida y derecha, sobre un trozo de la misma materia, con las manos sobre las rodillas, los dedos extendidos y paralelos, los ojos mirando al frente, los dos lados perfectamente simétricos en todos sus detalles; compárese á una estatua moderna ó á una de la buena época del arte griego, en las cuales nada hay dispuesto simétricamente, ya se considere la cabeza, ó el cuerpo, ó los miembros, ó los cabellos, ó las vestiduras, ó los accesorios, ó las relaciones con los objetos próximos, y se tendrá otro ejemplo, bien notable, del paso de lo homogéneo á lo heterogéneo.

125. El origen coordenado y la diferenciación gradual de la poesía, la música y la danza, nos presentan otra serie de ejemplos. El ritmo en el lenguaje, en los sonidos y en el movimiento, eran primitivamente partes de un mismo todo, y no se han separado sino con el transcurso del tiempo; aun hoy siguen unidos en las tribus bárbaras, en las cuales las ceremonias políticas y religiosas van casi siempre acompañadas de danzas, cuyos movimientos son acompasados por cantos monotonos, por el batir de las palmas y tal vez por algún sencillísimo instrumento. Esas tres formas de acción se verificaban también unidas en las más antiguas fiestas religiosas, de que tenemos testimonios históricos. Así, leemos en los libros hebreos que el himno triunfal compuesto por Moisés sobre la derrota de los egipcios se cantaba por los israelitas con acompañamiento de timbales y de danzas. Los mismos cantaron y danzaron «en la inauguración del becerro de oro», cuyo culto se admite que era la reproducción del culto del buey Apis y sus misterios; y es muy probable que la danza ante aquél fuese también la reproducción de las danzas de los egipcios ante Apis, y en sus fiestas. Había una danza anual á Siloe en su fiesta religiosa, y David bailó ante el Arca de la Alianza.

Lo mismo se verificaba en Grecia, donde el culto á cada dios se

reducía muchas veces á cantar y representar mímicamente la vida
del dios y sus aventuras; siendo muy probable se hiciera lo mismo
en los otros países. Las danzas de Esparta eran acompañadas de
himnos y cantos; y en general los griegos no tenían fiestas ni
asambleas religiosas que no fuesen acompañadas de cantos y danzas; formas ambas del culto ante los mismos altares. Los roma-
nos tenían también sus danzas sagradas, por ejemplo, las luper-
cales. En los países cristianos y aun en tiempos relativamente
modernos, como en Limoges, el pueblo bailaba en el coro en honor
de un santo. En Grecia fué donde por vez primera se separaron, y
perdieron su carácter religioso esas tres artes, hasta entonces
unidas, y usadas exclusivamente con aquel carácter. Muy probablemente, de las primitivas danzas religiosas y guerreras, de que
eran ejemplo las de los Corybantes, provinieron las danzas guerreras, propiamente dichas, en sus varias clases; y por último,
los bailes profanos ó danzas ni religiosas ni guerreras. Al mismo
tiempo la música y la poesía, hasta entonces unidas á la danza, se
separaban de ésta. Los primeros poemas griegos eran religiosos,
no se les recitaba, se les cantaba; primeramente con acompañamiento de coro, luego sin él. Después la poesía se dividió en dos
géneros, épico y lírico, llamando líricos á los poemas que eran
cantados, y épicos á los que eran recitados.

Entonces nació la poesía, propiamente dicha; al mismo tiempo
los instrumentos de música se multiplicaron, y puede presumirse
que también entonces la música se separó de la poesía. Ambas
empezaron á la vez á tomar otras formas que la religiosa. Aún la
historia de los tiempos y pueblos modernos nos presenta hechos
de la misma significación, tales eran, por ejemplo, nuestros antiguos trovadores que cantaban con el arpa ó con el laud, versos he-
róicos ó amorosos, compuestos é instrumentados por ellos mismos,
que de ese modo unían las funciones, hoy separadas, en general,
de poeta, compositor, cantor y músico instrumentista. Sin más
ejemplos podemos afirmar con toda certeza: que la música, la poesía y la danza han tenido un mismo origen y se han separado, con
el tiempo, gradual y mutuamente.

El progreso de lo homogéneo á lo heterogéneo no se manifiesta
solamente por la separación que aisla esas artes unas de otras y de
la religión, sino también en las múltiples diversificaciones que
cada una sufre sucesivamente.

No insistamos sobre las innumerables especies de danzas usadas en la serie de los siglos; prescindamos de los progresos de la poesía, tales como se han verificado por el desarrollo sucesivo de las diversas formas de metro, de las rimas de su organización general y limitémonos á estudiar los progresos de la música, como tipo de este grupo. Según afirma Burney, y nos lo revelan las tribus que están aún en estado salvaje, los primeros instrumentos de música eran, indudablemente, de percusión, calabazas, tam tams, y sólo se usaban para llevar el compás del baile; esa repetición constante del mismo son, constituye evidentemente el estado más homogéneo de la música.

Los egipcios tuvieron ya una lira de tres cuerdas, los griegos una de cuatro — el tetracordio,—y al cabo de algunos siglos llegó á tener siete y ocho. Fueron precisos mil años para llegar al gran sistema de la doble octava. Todos esos cambios introdujeron naturalmente una gran heterogeneidad en la melodía; al mismo tiempo se comenzaron á usar los distintos modos, el dórico, el jónico, el frigio, el eólico, y el lidio; que correspondían á nuestras llaves, y de los que llegó á haber hasta quince. Hasta entonces, sin embargo, la medida de la música presentaba poca heterogeneidad. La música instrumental sólo era, durante ese período, acompañamiento de la música vocal, y ésta seguía completamente subordinada á las palabras. El cantor era, á la vez, el poeta, cantaba sus composiciones, y arreglaba las notas de la música á la medida de los versos; así resultaba una melodía fatigosa y monotona que, como dice Burney, ningún recurso del arte podía mejorar; pues faltando el ritmo complicado, que hoy usamos, con medidas iguales y notas diferentes, el que resultaba tan sólo de la cantidad de las sílabas era y debía ser forzosamente monotono. Además, el canto no era más que una especie de recitado, y se diferenciaba mucho menos del lenguaje hablado que nuestro canto moderno. Sin embargo, teniendo en cuenta la extensión de las notas usadas, la variedad de los modos, las variaciones accidentales de medida que dependían del cambio del metro, y de la multiplicación de instrumentos, se ve que, en el último período de la civilización griega, la música era ya bastante heterogénea, no seguramente comparada con la música moderna, pero sí con relación á la que la precedía.

Hasta esa época la armonía era completamente incógnita; sólo era conocida la melodía. Unicamente cuando la música religiosa cristiana hubo alcanzado cierto desarrollo, se vió nacer la armonía, por efecto de una diferenciación cuya moda y forma son inapreciables.

Es difícil, ciertamente, concebir, *à priori*, ese paso de la melodía á la armonía, á no ser por un salto brusco; mas es indudable que dicho paso se verificó, de una ú otra manera. Tal vez fué preparación para ese paso, el empleo de dos coros, cantando alternativamente el mismo aire; luego, empezando el uno á cantar antes que el otro acabase, lo cual, dados los sencillos cánticos de entonces, bien pudo originar una fuga, armoniosa aunque en muy pequeña parte, pues sólo así agradaba entonces al oído, según lo prueban los ejemplos conservados. Dada ya la idea, se desarrollaría naturalmente la composición de trozos con armonía de fugas, como éstas habían nacido de los coros alternantes; y de la fuga á los concertantes de dos, tres y cuatro partes, la transición era fácil.

Sin describir detalladamente el incremento de complejidad que resultó de la introducción de notas de longitudes varias, de la multiplicación de llaves, del uso de los accesorios, de las variedades de tiempo, modulaciones, etc.; bastará recordar lo que era la música primitiva y compararla con la actual, para patentizar su inmenso progreso de lo homogéneo á lo heterogéneo. Basta considerar la música, en su *conjunto*, enumerar sus varios géneros y espécies: música vocal, instrumental y mixta, y las subdivisiones en las diversas voces é instrumentos; observar las varias formas de música sagrada ó religiosa, desde el simple himno, el motete, el canon, la antífona, etc., hasta el oratorio y la misa completa, y las formas de música profana, mucho más numerosas aún, desde la balada hasta la serenata, y desde el solo instrumental hasta la sinfonía. Análogamente, se reconoce también la misma ley de progreso, comparando un trozo de música primitiva con un trozo de música moderna, ésta es mucho más heterogénea, no sólo por la variedad de longitud, y altura de las notas; el número de notas distintas que suenan en el piano, por ejemplo, acompañando, á la vez, al mismo trozo de canto, y las variaciones de fuerza en que alternativamente dominan ya la voz ya el instrumento; sino también por los cambios de llaves, de tiempos, de timbre de la voz, y por otras muchas modificaciones de expresión. Por otra parte, hay tan inmenso contraste, entre la homogeneidad del antiguo y monotono canto de baile y la heterogeneidad de una ópera, que apenas es creible sea ésta descendiente de aquél.

126. Si fuere necesario, aún se pueden dar más pruebas. En los tiempos primitivos, las acciones del Rey-Dios eran cantadas y representadas en pantomima, danzando alrededor del altar; después se consignaban en los muros de los templos y de los palacios, engendrándose así una especie de literatura primitiva, cuyo sucesivo desarrollo puede conseguirse fácilmente. Por ejemplo, en las Escrituras hebráicas están reunidas la teología, la cosmogonía, la historia, la legislación, la moral y la poesía. En otros libros, de los que la *Iliada* es buen ejemplo, se ve la misma mezcla de elementos religiosos, guerreros históricos, épicos, dramáticos y líricos. En nuestros días, por el contrario, el desarrollo heterogéneo de la literatura (en su más lata acepción) presenta divisiones y subdivisiones, tan numerosas y variadas, que desafían toda clasificación. Podríamos seguir también el desarrollo de la Ciencia, desde la época en que unida aún al Arte sufrían ambas el yugo de la Religión; pasando luego al período en que las ciencias eran todavía tan pocas y tan rudimentarias, que podían ser estudiadas y poseídas todas por un solo hombre, hasta llegar á los tiempos presentes, en que los géneros y especies de ciencias son tan numerosos, que muy pocos pueden siquiera enumerarlos, y nadie poseer completamente todo un género.

Igualmente podríamos invocar, por nuevos testimonios de nuestra tesis, el desarrollo de la Arquitectura, del drama, de nuestra vestimenta; pero el lector debe estar ya fatigado y juzgar innecesarias más pruebas. Con las dadas creemos haber hecho indudable que el principio descubierto por los fisiólogos alemanes como una ley del desarrollo orgánico, es ley de todo desarrollo, y se manifiesta: en los primeros cambios del Universo, tanto inducidos como deducidos hipotéticamente; en la evolución geológica y meteorológica de la Tierra; en la de cada uno de los organismos que la pueblan; en la evolución de là humanidad, tanto en cada individuo civilizado, como en las razas y sus grupos; en la evolución de la sociedad, bajo el triple punto de vista de sus instituciones religiosas, políticas y económicas; y en fin, en la evolución de los innumerables productos abstractos y concretos de la actividad humana, más ó menos necesarios para la vida social. Desde el pasado más remoto á que la Ciencia alcanza, hasta las últimas novedades de todos los géneros, la evolución, el desarrollo de todo sér tiene por principal carácter el paso de un estado homogéneo á un estado heterogéneo.

127. La fórmula dada en el capítulo anterior tiene, pues, necesidad de ser completada. Es verdad que la evolución consiste en el paso de una forma menos á otra más coherente, consecuencia de una disipación de movimiento y una integración simultánea de materia; pero eso es tan sólo una parte de la verdad; á la par que el paso de lo incoherente á lo coherente, hay otro de lo homogéneo á lo heterogéneo, de lo uniforme á lo multiforme; á lo menos en la evolución compuesta, es decir, en la inmensa mayoría de los casos, en los cuales, á la vez que se verifica una concentración progresiva, ya por una condensación mayor de la misma materia, ya por una agregación de más materia, ya por ambas causas; el conjunto se divide y subdivide en partes, cada vez más numerosas y desemejantes por su volumen, por su forma, por su estructura, por su composición ó por muchos de esos caracteres. La misma doble operación que en el conjunto, se verifica en cada parte; aquél se integra y se diferencia de otros conjuntos; cada parte se integra y se diferencia de las otras del mismo todo.

El concepto de la evolución compuesta debe, pues, reunir esos dos caracteres; y por tanto, podremos definirla: «*El paso de una homogeneidad incoherente á una heterogeneidad coherente*, á consecuencia de una disipación de movimiento y de una integración de materia.»

CAPÍTULO XVI

LA LEY DE EVOLUCIÓN

(Continuación).

128.   ¿Expresa toda la verdad la generalización, resumen del capítulo anterior? ¿Comprende todos los caracteres de la evolución y ninguno más? ¿Abraza todos los fenómenos de redistribución secundaria, excluyendo todos los demás fenómenos posibles? No; como va á probárnoslo un examen crítico de algunos hechos.

En toda enfermedad local hay cambios de lo menos á lo más heterogéneo, que no entran, indudablemente, en los fenómenos de evolución. En efecto, cuando una parte del cuerpo es sitio de una producción morbosa, sufre una modificación. Ahora bien; no importa saber si esa producción es ó no más heterogénea que los tejidos en que se forma, sino saber si el organismo enfermo, considerado en su totalidad, se ha hecho ó no más heterogéneo por la adición de una parte que no se parece á ninguna de las ya existentes, ó en su forma, ó en su estructura, ó en ambas cualidades. A tal cuestión no hay más respuesta posible que una, la afirmativa. Y más aún; los primeros grados de descomposición de un cuerpo muerto aumentan la heterogeneidad de éste; pues claro está que, comenzando, como comienzan, los fenómenos químicos de dicha descomposición, en unas partes antes que en otras, y operándose diversamente en los distintos tejidos, todo cuerpo muerto, empezado á descomponer, es más heterogéneo que cuando estaba vivo. Si el resultado final de la descomposición cadavérica es una homogeneidad, el resultado inmediato es una heterogeneidad mayor; y ciertamente ese resultado inmediato no es un fenómeno de evolución. Análogos ejemplos hallamos en los desórdenes y agitaciones sociales: una sublevación que, dejando tranquilas unas provincias, se manifieste en otras por asociaciones secretas, acá por demostraciones públicas más ó menos pacíficas, allá por lucha armada, hace indudablemente á la sociedad más heterogénea, y no es tampoco un fenómeno de evolución. Cuando una penuria produce una paralización en los negocios comerciales, con su cortejo de bancarrotas, talleres cerrados, motines, incendios, conservando otra parte de la sociedad sus habituales ocupaciones, es evidente que también en ese caso se aumenta la heterogeneidad, y no por fenómenos de evolución, sino más bien de disolución, como los otros acabados de citar.

Se ve, pues, que la definición dada al final del capítulo anterior es imperfecta, puesto que comprende cambios como los que acabamos de citar, y que, lejos de ser evolutivos, son más bien los primeros de la disolución. Estudiemos, pues, las diferencias que separan á los cambios de la clase últimamente citada, de los cambios propia y genuinamente evolutivos.

129.   Además de ser un paso de lo homogéneo á lo heterogéneo, la evolución es también un paso de lo indefinido á lo definido. A la par que un progreso de lo simple á lo complejo, se verifica un progreso de lo confuso á lo ordenado, de lo indeterminado á lo determinado. En todo desarrollo ó proceso evolutivo, hay no sólo una multiplicación de partes heterogéneas, si que también un incremento en la claridad con que esas partes se distinguen unas de otras.

Ese es el carácter que nos faltaba asignar á la evolución, y para comprobar su existencia en los fenómenos de ese orden y su ausencia en los demás, examinaremos primeramente los casos ha poco citados. Los cambios que constituyen una enfermedad no tienen, por lo general, los caracteres determinados de lugar, extensión, configuración, etc., que presentan los fenómenos fisiológicos ó de normal desarrollo orgánico; pues aunque algunos productos morbosos sean más frecuentes en algunas partes del cuerpo que en otras (por ejemplo, las berrugas en las manos, el cáncer en las mamas, el tubérculo en los pulmones), no son exclusivos de ellas, además las posiciones que ocupan no son tan determinadas como las de los órganos y tejidos normales; sus volúmenes son también indeterminados, no guardan relación fija con el del cuerpo; sus formas y estructuras son más confusas, menos específicas, en suma, son indeterminados en la mayoría de sus caracteres ó atributos esenciales. Lo mismo. sucede á los primeros productos de la descomposición cadavérica: el estado de indeterminación y de amorfismo, al que llega finalmente un cuerpo muerto, es al que tienden desde el principio todos los fenómenos de putrefacción; la destrucción progresiva de los compuestos orgánicos, produce otros cuerpos, de formas y estructuras menos distintas ó determinadas; de las partes que han sufrido más descomposición se pasa por transición gradual á las que han sufrido menos; poco á poco los caracteres de la organización, antes tan marcados, desaparecen. Análogamente, en los cambios sociales de especie anormal, el punto de partida ú origen de un movimiento revolucionario es siempre una relajación de los lazos jerárgicos sociales; creciendo la agitación, fórmanse juntas revolucionarias, y los rangos, antes separados, se confunden; actos de insurbordinación destruyen los límites marcados á los derechos y deberes recíprocos, y confunden á jefes con subordinados; la paralización de los negocios y trabajos hace que cese, siquiera sea interinamente, la distinción de oficios y profesiones, y que todos ó casi todos los ciudadanos formen una masa homogénea indeterminada; especialmente cuando estando ya en todo su auge la revolución, cesan todos los poderes constituídos, todas las distinciones de clases, todas las diferencias profesionales; y la sociedad, antes organizada, sólo forma un conjunto sin organización, de unidades sociales. Lo mismo sucede cuando guerras, hambres ó epidemias transforman el orden en desorden, ó cambian un orden determinado ó definido en otro indefinido ó indeterminado.

Si, pues, los primeros cambios que implica la enfermedad ó la muerte, tanto de un individuo como de la sociedad, aumentan la heterogeneidad preexistente, no aumentan los caracteres definidos preexistentes; los cuales, por el contrario, tienden á destruirse ó á borrarse, y dar por resultado una heterogeneidad indeterminada, en vez de una determinada; y en eso se distingue el incremento de heterogeneidad que constituye la evolución, del que no la pertenece. Así como una población, ya multiforme por su diversidad de edificios, calles, plazas, etc., puede hacerse más heterogénea por un terremoto, que, dejando en pie algunos edificios, arruine los demás, de varios modos y en diversos grados, pero pasando evidentemente, al mismo tiempo, de una situación ordenada á otra desordenada; así también los cuerpos organizados, individuales y sociales, pueden hacerse más heterogéneos en virtud de fenómenos de disolución ó desorganizadores; en uno y otro caso la ausencia de caracteres definidos es lo que distingue á la heterogeneidad no evolutiva de la evolutiva.

Si el progreso de lo indefinido á lo definido es un carácter esencial de la evolución, le veremos manifestarse doquier, en todo proceso evolutivo, como hemos visto se manifiesta el progreso de lo homogéneo á lo heterogéneo. Recorramos las varias clases de fenómenos ya enumerados.

180. Cada época de la evolución del sistema solar—supuesto formado de una materia difusa—ha sido un paso hacia una estructura mejor definida. En efecto, irregular y sin límites precisos, primeramente, la materia difusa, origen de dicho sistema, debió tomar la forma de un esferóide aplanado, y cada vez más denso, á medida que la materia se iba integrando y adquiriendo su movimiento rotatorio; es decir, que se debió marcar clara y distintamente la separación de su contorno ó superficie del vacío ambiente. A la vez, se verificaría también otro cambio análogo: las distintas partes de la nebulosa, que al principio se moverían independientes, y en distintos planos y sentidos, hacia el centro común de gravedad, luego se moverían juntas, en planos, y sentidos paralelos, es decir, con movimientos más definidos ó determinados.

Siguiendo la misma hipótesis, se inferirán cambios análogos en la formación de los planetas y de los satélites, y aun se puede ir más allá en las deducciones. Un esferóide gaseoso tiene un límite menos determinado que un esferóide líquido, puesto que la superficie de aquél está sometida á ondulaciones más extensas y rápidas, y á deformaciones mayores que las de éste, el cual es á su vez menos definido que un esferóide sólido, por la misma razón. La disminución de aplanamiento, que acompaña el incremento de integración, da también un carácter más definido á los otros elementos astronómicos. Un planeta cuyo eje está inclinado respecto al plano de su órbita, debe, si su forma es muy aplanada, estar más expuesto á cambiar su plano de rotación, por la atracción de los cuerpos circunvecinos; pero si tiene una forma próximamente esférica, lo que implica un movimiento de precisión muy débil, sufrirá menos variaciones en la dirección de su eje.

Al mismo tiempo que las relaciones de espacio, establecen también gradualmente las de fuerza, hoy día tan precisas como lo comprueban la exactitud de los cálculos y predicciones de la As-

tronomía; estando, por el contrario, manifiesto el carácter indefinido de su primitivo estado en la casi imposibilidad de someter al
cálculo la hipótesis nebular.

131. El estado primitivo de fusión de la Tierra, inducible de
los datos geológicos, explicable por la hipótesis nebular y no por
otra alguna, se ha cambiado, poco á poco, en el estado actual, atravesando una serie de estados cada vez más definidos. Desde luego
un esferóide líquido es menos definido que uno sólido, no solamente porque su contorno ó superficie es relativamente más instable,
sino también porque todas sus partes tienen más movilidad, menos fijeza; pues si bien las corrientes de materia fundida están
sujetas á circuitos, determinados por las condiciones de equilibrio
del esferóide, es claro que sus direcciones no pueden fijarse de un
modo permanente, mientras no estén confinadas por cauces sólidos.
Una solidificación, siquiera sea parcial, de la superficie, es evidentemente un paso hacia el establecimiento de relaciones de posición
más fijas ó determinadas; sin embargo, con una costra delgada,
rota frecuentemente por fuerzas interiores, y á merced de las ondulaciones de las mareas, la fijeza de posiciones relativas sólo puede
ser temporal, hasta que adquiriendo la costra más fuerza y espesor
se establecen ya relaciones geográficas fijas y permanentes. Debe
también notarse que después que la superficie se ha enfriado lo
bastante, los depósitos acuosos, formados por la precipitación de
los vapores que flotaban en la atmósfera, no pueden guardar tampoco posiciones determinadas: el agua cae sobre una costra sólida
que no es bastante espesa para conservar las deformaciones que
implican grandes variaciones de nivel, y no puede formar sino
balsas poco profundas, sobre las superficies frías, en que se ha
condensado, las cuales aún se deben calentar, á veces, lo bastante
para vaporizar, de nuevo, el agua que las cubre. Pero, á medida
que el enfriamiento aumenta, que la costra se espesa, y se forman
mayores elevaciones y depresiones, el agua que se precipita toma
posiciones más estables, hasta llegar á constituir la actual distribución de mares y tierras; la cual no sólo está determinada geo-
gráficamente, sino que presenta, merced á las costas roquizas, límites más definidos que los existentes cuando las superficies no
sumergidas eran tierras bajas con riberas muy inclinadas, que el
flujo invadía á grandes distancias y el reflujo abandonaba.

Análogas inducciones podemos formar, relativamente á los caracteres geológicos de la parte sólida terrestre: cuando ésta era del-

gada, las cordilleras de montañas eran imposibles: no podía haber ejes de levantamiento largos y definidos, con vertientes y cuencas bien marcadas; los desgastes de pequeñas islas por riachuelos, y por débiles corrientes marinas, no podían producir capas sedimentarias bien distintas, y sí solamente masas confusas y variables de *detritus*, tales como los que aún hoy se forman en las embocaduras de los ríos pequeños; necesitábanse los grandes continentes y oceanos, y los grandes ríos, con sus dilatadas costas y orillas, é inmensas corrientes marinas, para la formación de las extensas y bien distintas estratificaciones que hoy constituyen la corteza terráquea.

En cuanto á los fenómenos meteorológicos, no hay necesidad de entrar en muchos detalles para comprender como han debido hacerse más definidos con el progreso de la evolución terráquea: las diferencias de climas y de estaciones se harían evidentemente más señaladas cuando el calor solar cesó de confundir sus efectos con los del calor terrestre, cuando la situación, ya fijada, de las tierras y de los mares, favoreció la producción de condiciones específicas en cada localidad.

132. Examinemos ahora la ley de que tratamos, en los séres orgánicos, para lo cual no tenemos necesidad de ejemplos hipotéticos que sirvan de fundamento á raciocinios deductivos; nos bastarán hechos bien comprobados y las inducciones subsiguientes; todo ello menos expuesto á una crítica fundada que las hipótesis y raciocinio del párrafo anterior. El desarrollo de los mamíferos, por ejemplo, nos suministrará bastantes pruebas, en los fenómenos también descritos por los embriologistas y fisiólogos.

El primer cambio que el óvulo de un mamífero experimenta, después que las primeras divisiones han reducido la yema ó *vitellus* á una masa pastosa, es la aparición de un estado más definido en las células periféricas de la masa, cada una de las cuales toma su película ó pared propia. Esas células periféricas, ligeramente distintas de las internas por una subdivisión más fina y un estado más completo, se sueldan en seguida para formar el *blastodermo*, ó membrana germinativa. Pronto una parte de esa membrana se diferencia del resto, por la acumulación de células, aún más subdivididas, que forman una mancha redondeada — *área germinativa*,—la cual se funde insensiblemente con las partes próximas del blastodermo, y el *área pelúcida* que se forma luego en medio de aquélla, apenas presenta bordes distintos.

La línea primitiva, que después aparece en medio del área pelúcida, y que es el rudimento del eje vertebral, es decir, del carácter fundamental del animal desarrollado, no es, como su nombre indica, más que una línea, que comienza por un surco superficial poco á poco más profundo; luego sus bordes se elevan, se repliegan y por fin se unen, formándose así de un surco vagamente definido un tubo bien determinado—el conducto vertebral.—En éste se distinguen, á poco, indicios de las principales divisiones encefálicas, bajo la forma de pequeñas protuberancias; por otra parte, ligeras modificaciones en el tejido que limita el conducto, indican los primeros grados de formación de las vértebras. Al mismo tiempo, la parte externa del blastodermo se diferencia de la interna, dividiéndose en dos hojas ó membranas, la mucosa y la serosa; división al principio sólo perceptible alrededor del área germinativa, pero que luego se extiende gradualmente á toda la membrana. De la hoja mucosa nace el tubo digestivo y de la serosa el conducto vertebral. Aquél no es primero sino un simple surco de la superficie inferior del embrión, cuyos bordes se levantan, luego repliegan y unen para formar el conducto. Análogamente, el embrión entero, implantado primeramente en la membrana vitelina, se aparta de ella, á la cual no queda unido sino por un conducto estrecho—el cordón umbilical.

Los cambios que dan á la estructura general una precisión creciente, tienen sus análogos en la evolución de cada órgano. El corazón no es primero más que una aglomeración de células, de las cuales las externas se transforman en paredes, y las internas en sangre, en ese estado es muy vaga su distinción del resto del organismo, no solamente porque no está limitado aún por membrana alguna, sino porque no es más que una dilatación del vaso sanguíneo central. Poco á poco la parte de la cavidad cardiaca que ha de servir de depósito, se distingue y separa de la que ha de servir de órgano propulsor, y después comienzan á formarse los tabiques divisorios de cada una de esas dos cavidades en otras dos; primero el de los ventrículos, y luego el de las aurículas, que permanece incompleto durante toda la vida fetal ó intrauterina.

El hígado principia por una aglomeración de células en la pared del intestino; esas células, multiplicándose, llegan á formar una protuberancia en la parte externa de aquél; y á la par que va desarrollándose la glándula y separándose del intestino, los canales que primeramente la surcan se transforman en conductos de paredes bien distintas. Análogamente, algunas células de la túnica externa de otra porción del intestino se acumulan formando unas pequeñas protuberancias; rudimentos de los riñones, los cuales van adquiriendo gradualmente caracteres más señalados, tanto en su forma como en su estructura.

Los cambios de ese orden continúan largo tiempo después del nacimiento; algunos órganos no llegan á su completo desarrollo, sino á la mitad de la vida. En la juventud, la mayor parte de las superficies articulares de los huesos están rugosas y resquebrajadas por la irregular incrustación, sobre los cartílagos, de las sales calizas; pero de los quince á los treinta años, poco más ó menos (en el hombre), dichas superficies articulares han terminado su desarrollo, y héchose lisas, duras, como cortadas con instrumento. En general, puede decirse que este carácter—el paso de lo menos á lo más definido — continúa aún después que cesa el incremento de heterogeneidad. En efecto, las modificaciones que se verifican después de la edad viril, hasta las proximidades de la muerte, son de igual naturaleza; los tejidos se ponen más rígidos, haciendo, por consiguiente, más limitados los movimientos y las funciones, más precisa, menos variable la coordinación orgánica, y por tanto, menos adaptable á las condiciones exteriores.

133.   Ciertamente, no podemos probar que la fauna y la flora terráquea, ya en su conjunto, ya en cada una de sus especies, han tomado un carácter cada vez más definido; así como probamos en el capítulo anterior su incremento en heterogeneidad; las lagunas que presenta la paleontología impiden deducir aquella conclusión con tanto fundamento como esta otra. Pero, si nos es lícito razonar, en la hipótesis cada día más probable, de que todas las especies, hasta las más complicadas en su organización, provienen de otras más sencillas, por la sucesiva acumulación de modificaciones, fácil es deducir que debe haber un progreso de lo indeterminado á lo determinado, lo mismo en las formas específicas que en los grupos de formas.

Los organismos inferiores (análogos en su estructura á los gérmenes de los organismos superiores) tienen tan vagos sus caracteres, que es difícil, si no imposible, decidir si son plantas ó animales; hecho muy significativo, y que podemos tomar como punto de partida. Muchos de esos organismos son aún objeto de controversias entre los naturalistas, y se ha propuesto formar con ellos un reino aparte—*psicodiario*,—base común de los reinos animal y vegetal. Todavía en los *Protozoos* es general la vaguedad de formas; algunos rizópodos, sin concha, tienen una forma tan irregular, que no puede ser descrita; nunca es igual en dos individuos, ni aun en un mismo individuo en distintas edades. La agregación de esos séres produce otros cuerpos — las esponjas, — indeterminados en su forma, en su volumen, y hasta en su estructura. Para figurarse bien cuán indeterminados son esos primeros organismos, no hay más que tener en cuenta que en los protozoos y protofitos hay muchas formas, clasificadas antes como especies distintas, y hoy admitidas como variedades de una misma especie. Si, por el contrario, recordamos cuán precisos son los caracteres, cuán distintos los contornos, cuán determinadas las proporciones métricas de sus diversos órganos, y cuán constante la estructura de los organismos superiores, no podremos negar la ley que discutimos, en el conjunto de los séres orgánicos terráqueos, considerados como una fase de la evolución universal.

Todavía debemos, sin embargo, resolver otra cuestión, á saber: las diferencias entre los varios grupos de séres de una misma categoría — especies, géneros, órdenes, etc., entre sí, — ¿se han hecho también más grandes ó profundas en el transcurso de los siglos? Esta proposición no es más susceptible de pruebas decisivas que la anterior; debe, pues, establecerse ó caer con ella. Con todo, si las especies y los géneros son el resultado de una *selección natural*, preciso es, como dice Darwin, que haya habido una tendencia á separarse, cada vez más, unos grupos de sus afines, y eso ha debido, principalmente, realizarse por la desaparición de formas intermedias, menos propias para ciertas condiciones de existencia que las formas extremas á las que servían como lazo de unión; así habrán pasado *variedades* vagamente distintas y poco estables, á *especies* bien distintas y estables; deducción comprobada actualmente por lo que sabemos de las razas humanas y de los animales domésticos.

134. 'Las fases sucesivas que atraviesan las sociedades, manifiestan irrecusablemente el progreso de una coordinación indeterminada á otra determinada. Una tribu nómada de salvajes (sin habitación ni organización fijas) es mucho menos determinada en las posiciones relativas de sus elementos sociales, que una nación ya constituída; en aquélla, las diversas relaciones sociales están parcialmente confundidas y mal arregladas; la autoridad política no tiene caracteres precisos, no está bien establecida; las distinciones de clases no están marcadas; no hay más divisiones indus-

triales que las distintas ocupaciones de uno y otro sexo; solamente en las tribus que han reducido á esclavitud á otras tribus, hay una división económica bien marcada, amos y esclavos, servidos y servidores.

Cuando una de esas sociedades primitivas empieza á progresar, se hace gradualmente más específica: primero cesa de ser nómada, se establece, fijando su territorio más ó menos precisamente, no sin haber tenido que sostener, á veces, una guerra de fronteras. La distinción entre el jefe y el pueblo llega á consistir, para éste, en una diferencia de naturaleza; la clase militar llega también á separarse completamente de las dedicadas á trabajos manuales; fórmase una casta sacerdotal distinta por su rango, sus funciones y sus privilegios. Los caracteres distintivos de las varias clases y funciones sociales van, pues, haciéndose más marcados, á medida que las sociedades avanzan en su civilización, y alcanzan su máxima fijeza en las sociedades que, habiendo ya llegado al término de su evolución, comienzan á declinar ó á disolverse. Así, en el antiguo Egipto, á que alcanza la historia, las divisiones sociales eran muy profundas y las costumbres inmutables. Los recientes descubrimientos demuestran cada vez más que en los asirios y en los países próximos á ellos, no sólo las leyes eran inalterables, sino que los hábitos menos importantes, la rutina doméstica, por ejemplo, tenían un carácter sagrado que les aseguraba su permanencia.

En la India, aun actualmente, las distinciones invariables de castas y la persistencia con que las poblaciones siguen con los mismos trajes, los mismos procedimientos industriales, las mismas ceremonias religiosas, nos muestran la fijeza de coordinaciones sociales de una antigüedad ya muy remota; siendo otro ejemplo asombroso de eso mismo la China con su antigua é inmutable organización política, sus precisos y sabios convenios y su inmóvil literatura.

Las fases sucesivas de nuestra misma nación (Inglaterra) y de las naciones vecinas, presentan hechos de una especie algo diferente, pero de la misma significación; al principio, la autoridad monárquica era más baronial y la autoridad baronial más monárquica que después. Entre los sacerdotes actuales y los de la Edad Media, que eran á la vez jueces, guerreros, arquitectos, etc., hay una gran diferencia; las funciones sacerdotales se han hecho más distintas, más precisas. Análogamente se encuentra esa creciente separación de funciones en las demás clases sociales; la clase industrial, separada primero de la militar, se dividió y subdividió cada vez más y más distintamente; los poderes del Rey, de los lores y demás autoridades, se han ído distinguiendo gradualmente.

Si se sigue la historia de la legislación se hallarán innumerables hechos, susceptibles de igual interpretación; por ejemplo, veríamos que las leyes se han ído haciendo sucesivamente más específicas en sus aplicaciones á casos particulares. Aun hoy mismo vemos que una ley empieza por una proposición vaga que se va dividiendo y subdividiendo en títulos, artículos y cláusulas; y todavía adquiere más precisión, por la interpretación de los tribunales que la aplican. También se nota lo mismo en el desarrollo de algunas instituciones menos importantes; las sociedades literarias, religiosas, benéficas, etc., principian con fines y medios vagamente bosquejados y fácilmente modificables; luego por la acumulación de reglas y precedentes, el fin ó los fines y los medios de alcanzarlos se precisan hasta que adquieren una fijeza, ya inadaptable á nuevas condiciones. Si se objeta que en naciones civilizadas hay ejemplos de un decrecimiento en la distinción de clases, puede responderse que eso es síntoma de una transformación social; por ejemplo, del paso del régimen militar al industrial ó comercial, durante cuyo paso las antiguas líneas de separación desaparecen y las nuevas se marcan más.

135. Todos los resultados orgánicos y superorgánicos de la acción social pasan por fases paralelas á las que hemos reconocido en los párrafos anteriores: productos objetivos de operaciones subjetivas, deben presentar cambios correlativos á los de éstas; el lenguaje, la ciencia y el arte lo prueban.

Si se borran de una cláusula todas las palabras que no sean verbos ni nombres, se verá reproducido el carácter de vaguedad de las lenguas en su infancia. Aun con esas dos únicas clases de palabras, puede ya observarse la mayor precisión que dan al lenguaje las conjugaciones y declinaciones; precisión que crece después con el uso de los adjetivos, artículos, adverbios y demás partes de la oración. El mismo efecto produce la multiplicación de las palabras de una misma clase; cuando son pocas, la acepción de cada nombre, verbo, adjetivo, etc., es muy lata y, por tanto, tiene poca precisión; así, las lenguas antiguas necesitan valerse de alegorías y metáforas, para expresar indirecta y vagamente lo que no pueden expresar directa y claramente, por falta de palabras.

Aun en las lenguas modernas sucede lo propio á los individuos de poca instrucción; por ejemplo, compárese la respuesta de un hombre del pueblo que, interrogado acerca de un medicamento que lleva, dice *es una droga del doctor* para mi mujer que está *mala;* con la explicación que hace el médico, á personas ilustradas como él, de la composición del medicamento, y de la enfermedad para la cual le ha prescrito, y se verá comprobado cuánta más precisión da al lenguaje la multiplicación de sus vocablos. Además, en el curso de su evolución, cada idioma adquiere también mayor precisión por las operaciones que fijan las acepciones de cada palabra y de cada frase; las gramáticas y los diccionarios y, en fin, el lenguaje de las personas instruídas no consienten la menor vaguedad, tanto en las acepciones de las palabras, cuanto en sus combinaciones gramaticales.

Por último, las diversas lenguas, consideradas como todos, se separan cada vez más unas de otras y de su madre común: como lo prueban, entre las antiguas, el latín y el griego, nacidas del mismo origen, y sin embargo, tan distintas; y entre las modernas el español, el francés y el italiano, derivadas las tres del latín.

136. En su *Historia de las ciencias inductivas* dice Whewell que los griegos no pudieron constituir una filosofía natural, porque sus ideas no eran bien claras, ni bien conformes con los hechos; prescindiendo de la verdad de la proposición, pues tanto podría decirse, que la imperfección de su filosofía natural fué la causa de la falta de precisión y exactitud de sus ideas; citamos ese pasaje como una prueba del carácter indeterminado de la ciencia primitiva. La obra citada y su complemento *Filosofía de las ciencias inductivas* nos ofrecen otra multitud de pruebas de la ley. La Geometría nació de casos ó problemas concretos, y sus varias proposiciones abstractas no adquirieron la claridad y precisión suficientes, hasta que Euclides las colocó en series coordinadas. Análogo progreso se observa en la parte de la Algoritmia que, partiendo del método de los indivisibles y de los agotamientos, terminó en el método de los límites y en el infinitesimal. En Mecánica, el principio de la *acción* y de la *reacción*, aunque vagamente vislumbrado, no fué clara y distintamente formulado hasta Newton, ni el de *inercia* hasta Kepler. El concepto de las fuerzas estáticas ó en equilibrio no había sido claramente expuesto hasta Arquímedes, y el de las fuerzas aceleratrices no era aún perfecto en Kepler y sus contemporáneos, y no fué bastante claro para servir á

las necesidades de un buen razonamiento científico hasta el siglo siguiente.

Añádase á estos hechos la observación general de que los vocablos y las frases de acepción vaga, antes de que fuesen conocidas las leyes del movimiento, han adquirido después más preciso significado.

Si de las ciencias abstractas pasamos á las concretas, seguiremos observando la verificación de la ley. Las predicciones astronómicas, por ejemplo, se hacían antiguamente con errores que llegaban hasta días, en cuanto á la producción de algunos fenómenos celestes, y hoy se predicen esos mismos fenómenos con aproximación de algunos décimos de segundo. Las órbitas planetarias supuestas primero circulares, luego epicyclicas, después elípticas, son hoy reconocidas como curvas de doble curvatura que sufren constantemente cambios.

Pero lo que más caracteriza el progreso de la ciencia, en precisión, es el contraste entre sus períodos cualitativo y cuantitativo. Primeramente sólo se sabía que entre tales y cuales fenómenos había conexión de coexistencia ó de sucesión; pero no se sabía la naturaleza de esa conexión ni qué cantidad del fenómeno a ó b acompañaba ó seguía al fenómeno c ó d. El progreso científico ha consistido, en su mayor parte, en la transformación de esas conexiones vagas en relaciones precisas: se las ha clasificado en mecánicas, químicas, térmicas, etc., y se ha aprendido á deducir exactamente, ó con mucha aproximación, el valor de los antecedentes, del de los consecuentes, y viceversa. Habiendo ya presentado varios ejemplos correspondientes á la Física, pondremos ahora otros de las demás ciencias. En Química se ha analizado, hasta cuantitativamente, numerosos compuestos que nuestros padres no analizaron ni siquiera cualitativamente, y se ha determinado con toda exactitud los equivalentes de los elementos. En Fisiología, el progreso de la previsión cualitativa á la cuantitativa se revela en la determinación de la cantidad de materias producidas y consumidas, y en la medida de la intensidad de las funciones, con el spirometro, el sphigmógrafo, etc. En Patología se manifiesta ese mismo progreso por el empleo del método estadístico para determinar los orígenes de las enfermedades y los efectos de cada tratamiento. En Botánica y en Zoología, tenemos un ejemplo, en la fijación del origen de las faunas y floras, por su comparación numérica. Y, por último, en Sociología, por discutibles que sean las conclusiones inducidas de los censos oficiales de población, de las tablas de *Board of Trade*, de los procesos criminales, etc., es forzoso reconocer que esos medios de hacer constar los fenómenos sociales son un progreso real hacia su más perfecto conocimiento.

Notemos, finalmente, que si se entiende por ciencia, como es lógico, el conocimiento definido, preciso, en oposición al conocimiento indefinido, vago, que posee el vulgo, es una trivialidad hacer consistir el progreso científico en el incremento de precisión. Si la Ciencia ha sido, como no se puede negar, el desarrollo gradual, á través de los siglos, del conocimiento vulgar, es natural que el carácter dominante de su evolución haya sido la conquista gradual de esa precisión que en tan alto grado posee ya.

137.   Las artes industriales y bellas nos ofrecen ejemplos más notables aún. Las herramientas de pedernal, que ha poco se han descubierto en algunos depósitos geológicos modernos, demuestran que las primeras obras de la mano del hombre carecían totalmente de precisión; y aunque las armas y herramientas de los salvajes contemporáneos representan ya un gran progreso sobre las de la edad de piedra, todavía se distinguen de las de los pueblos civilizados en lo basto de sus puños y monturas. Los productos de las naciones ya algo civilizadas presentan los mismos defectos, aunque en menor grado. Así, un junco chino, con todos sus accesorios, no tiene línea alguna recta ni de curvatura uniforme. Hasta en los muebles de nuestros antepasados se nota una inferioridad análoga, comparados con los nuestros. Desde la invención de las máquinas herramientas, es posible ya labrar aristas tan rectas y superficies tan planas, que coinciden exactamente unas con otras. Las máquinas de dividir, los micrómetros, los microscopios micrométricos permiten medir distancias y ángulos con una aproximación tal, que sobrepuja tanto á la de nuestros bisabuelos como la de éstos sobrepujaba á la de los antiguos celtas.

En bellas artes, partiendo de los ídolos primitivos, hallamos esculturas en cuyos miembros no se señala ningún músculo, cuyos ropajes parecen de madera, cuyas caras son todas parecidas, y luego vemos las bellísimas estatuas de Grecia y las modernas, con su finísima precisión de líneas. Compárense las pinturas murales de los egipcios con las de la Edad Media y con las pinturas modernas, y se verá también el incremento gradual de precisión. Lo mismo sucede á las obras dramáticas y demás puramente litera-

rias. Los cuentos maravillosos del Oriente, las románticas leyendas de la Europa feudal, así como los autos y misterios que inmediatamente sucedieron á aquéllas, no corresponden á las realidades
de la vida; no son sino una mezcla de acontecimientos sobrenaturales, de coincidencias inverosímiles y de personajes vagamente
definidos. A medida que la sociedad ha progresado, la representación y descripción de sus actos, siquiera sean ideales, se han hecho más naturales, más aproximadas á la realidad; así, el éxito
de una novela ó de una obra dramática, es, por lo general, proporcionado á la fidelidad de la acción y de la pintura de los caracteres; se desechan las inverosimilitudes ó imposibilidades que llena-
ban las obras antiguas, y aun las acciones más complicadas de que
hay pocos ejemplos en la vida social, aunque haya algunos.

138. Todavía podríamos acumular multitud de ejemplos de
otros órdenes: el progreso de los mitos y leyendas inexactas, á
las historias críticas, cada vez más exactas y precisas; la sustitución de métodos racionales á métodos empíricos, etc. Pero la base
es ya suficientemente amplia para inducir que: en la evolución
hay también un progreso de lo indefinido ó indeterminado á lo
definido ó determinado; y no hay ciertamente menos pruebas para
esa inducción que para la del progreso, ya reconocido, de lo homogéneo á lo heterogéneo.

Sin embargo, podría añadirse que aquel progreso no es un fenómeno primario, sino secundario, resultado accidental de otros
cambios. En efecto, la transformación de un todo difuso y homogéneo en una combinación concentrada de partes heterogéneas,
implica una separación progresiva del todo y lo que le rodea y de
las partes entre sí. Mientras la separación no se verifica, no hay
estados bien distintos en las partes y el todo. Sólo á medida que
éste crece en densidad, va distinguiéndose claramente del espacio ó de la materia exterior á él; y sólo á medida que cada parte
va trayendo y condensando á su alrededor la materia periférica
imperfectamente adherida á las partes vecinas, es como van distinguiéndose claramente las partes entre sí. Es decir, que el incremento de precisión acompaña siempre al incremento de consolidación total y parcial ó general y local. A la vez que las redistribuciones secundarias producen aumento de heterogeneidad, la redistribución primaria, á medida que la integración aumenta, produce
accesoriamente más claridad en la distinción de las partes entre
sí, y del todo respecto á los demás todos.

Aunque este nuevo carácter de la evolución sea un corolario forzoso de los caracteres expuestos en los dos capítulos precedentes, no está incluído en las frases que nos sirvieron últimamente para definir aquélla. Debemos, pues, modificar la fórmula (127) y decir que la evolución *es el cambio de una homogeneidad incoherente é indefinida en una heterogeneidad coherente y definida, á consecuencia de una disipación de movimiento y de una integración simultánea de materia.*

CAPITULO XVII

LA LEY DE EVOLUCIÓN

(Fin).

139.   Todavía es incompleto el concepto de la evolución que acabamos de dar en el último capítulo; todavía no contiene sino una parte de la verdad.

Efectivamente, hemos considerado bajo tres aspectos las transformaciones que sufren todos los séres durante las fases ascendentes ó evolutivas de su existencia, dando una idea aproximada de esas transformaciones, bajo esos tres aspectos considerados sucesiva y simultáneamente; pero hay, además, otros cambios concomitantes, que aún no hemos mentado, y que no por ser menos aparentes son menos esenciales é importantes.

En efecto, hasta ahora sólo hemos tenido en cuenta la redistribución de la materia, omitiendo la redistribución concomitante del movimiento. A ésta, hemos sí aludido, explícita ó implícitamente, al tratar de aquélla en todos sus casos y detalles; y si toda la evolución fuera simple, estaría completa y perfectamente expresada por la fórmula: «la materia se integra á medida que su movimiento se disipa;» pero, en la evolución compuesta, si bien hemos hablado de la redistribución definitiva del movimiento, nada hemos dicho de sus redistribuciones intermedias; si hemos mentado oportunamente el movimiento que se disipa ó escapa de la materia en evolución, hemos callado absolutamente acerca del movimiento que no se disipa, sino que se transforma dentro de la misma masa.

Ahora bien; en toda evolución compuesta, y proporcionalmente

á su grado de composición y al tiempo que duran las redistribuciones secundarias de materia, verificadas en virtud del movimiento interior no disipado, hay ó se verifican también, forzosamente, redistribuciones de ese movimiento conservado.

A medida que las partes se transforman, se transforma también
el movimiento sensible ó insensible que poseen; no pueden aquéllas integrarse, ya individualmente, ya en su conjunto, sin que
se integren, á la par, sus movimientos individuales y combinados; no pueden hacerse más heterogéneas de volumen, de forma,
de cualidades, las partes de materia, sin que á la vez sus movimientos, ó los de sus moléculas, ó todos, se hagan también más
heterogéneos en sus direcciones y velocidades. Además, el incremento en caracteres definidos de las partes, implica también un
incremento análogo de sus movimientos. En resumen, las acciones rítmicas que se verifican en cada masa, deben integrarse y
diferenciarse al mismo tiempo que su estructura se integra y diferencia.

Es, pues, necesario que expongamos, siquiera sea brevemente,
la teoría general de esa redistribución del movimiento conservado.
Para completar nuestro concepto de la evolución, considerada
hasta aquí sólo bajo su aspecto material, con el concepto de la
misma, considerada bajo su aspecto dinámico, debemos seguir,
desde su origen, los movimientos integrados que se producen, y
deducir la necesidad del incremento de su precisión y de su multiformidad.

Si la evolución es el paso de la materia, de un estado difuso á
otro más concentrado, si, mientras que las unidades difusas pierden una parte del movimiento insensible que las mantenía en ese
estado, las masas coherentes de esas unidades adquieren movimientos sensibles, unas respecto á otras, es necesario que esos
movimientos sensibles hayan existido antes, bajo la forma de ese
movimiento insensible de las unidades. Si la materia concreta es
el resultado de la condensación de la materia difusa, el movimiento concreto debe ser el resultado de la agregación del movimiento difuso; el movimiento total ó de masas, debe proceder, al
iniciarse, de un movimiento equivalente de las moléculas de esas
masas. Esta proposición que, como su correlativa, tocante á la
materia, no pasa de ser una hipótesis en cuanto á los movimientos celestes, es una verdad indudable respecto á los movimientos
sensibles que se verifican en la Tierra.

Ya sabemos (69) que el desgaste de las antiguas y el depósito de las nuevas capas terrestres son producidos por el agua en su curso descendente hacia el mar, y por las olas y mareas de éste; vamos ahora á ver que la elevación del agua, á la altura de donde cae, y el origen de los vientos que la transportan en estado de vapor y la agitan en el mar, son debidos al calor solar, es decir, que la acción molecular del medio etéreo se transforma: primero en movimiento de gases, luego en movimiento de líquidos, y por último en movimiento de sólidos; y en cada transformación se pierde cierta cantidad de movimiento molecular y se gana otra equivalente de movimiento de masas.

Lo mismo sucede á los movimientos orgánicos: los rayos solares hacen que las plantas se asimilen, solidificándolos, ciertos elementos de los compuestos gaseosos ambientes, es decir, que contribuyen al crecimiento y demás funciones orgánicas. El crecimiento de la planta y circulación de la savia son movimientos vitales ó sensibles, pero los rayos solares productores de aquéllos son movimientos insensibles ó moleculares, transformación de movimientos del género que estudiamos.

Los animales, derivados material y dinámicamente de las plantas, llevan aun más lejos la transformación: los movimientos automáticos de las vísceras, lo mismo que los movimientos voluntarios de los miembros y de la locomoción son producidos á expensas de ciertos movimientos moleculares que se verifican en los tejidos nervioso y muscular; esos movimientos, transformaciones á su vez de los que constituyen la nutrición, tienen, pues, por origen primitivo los movimientos moleculares comunicados del Sol á la Tierra, y sin los cuales no sería posible la vida orgánica.

La misma ley se verifica respecto á los conjuntos ó agregados de séres orgánicos.

Así, en las sociedades humanas el progreso se verifica siempre en el sentido de la absorción de los movimientos individuales por los movimientos sociales.

Si, durante la evolución, el movimiento que se disipa se desintegra por efecto de esa misma disipación ó dispersión, en cambio el movimiento que se conserva se integra á la par que la materia ó masa en evolución; y ésta, por tanto, considerada bajo el punto de vista dinámico, es una disminución del movimiento relativo de las partes y un incremento del movimiento relativo de los to-

22

dos, dando á las palabras parte y todo su más amplio significado.

El progreso se verifica del movimiento de las moléculas simples al de las compuestas, y del de éstas al de masas pequeñas, y así ascendiendo sucesiva y gradualmente. El cambio simultáneo que tiende hacia una uniformidad mayor en los movimientos conservados, se verifica bajo la forma de un incremento en la variedad de los ritmos.

Hemos visto ya que todo movimiento es rítmico, desde las vibraciones infinitesimales de las moléculas, hasta las vibraciones colosales de los astros al recorrer sus órbitas; pues bien, según lo hace sospechar el contraste entre esos casos extremos, á la prodigiosa multiplicidad de grados y modos de agregación material que median desde la molécula hasta el astro, debe acompañar una multiplicidad correlativa de las relaciones de esas masas agregadas con sus fuerzas internas, y, por tanto, una multiplicidad en los ritmos respectivos.

El grado ó el modo de agregación no influye en la extensión y duración del ritmo, cuando las fuerzas incidentes varían, en la misma proporción que las masas; tal sucede, por ejemplo, en la gravitación; la cual no hace variar el ritmo sino cuando varían las relaciones de distancia entre las masas, como se ve en el péndulo, cuyas oscilaciones duran lo mismo si sólo se cambia el peso de la lenteja, y varían de duración cambiando la longitud de la varilla ó la latitud geográfica del lugar; ó bien cuando por algún artificio, no cambia la relación de las fuerzas en la misma proporción que la de las masas, como sucede con la máquina de Atwood para el estudio de la caída de los cuerpos.

Pero en todos los casos en que las fuerzas incidentes no varían como las masas, todo nuevo orden de agregación hace variar el ritmo: así, las últimas investigaciones sobre la propagación del calor y de la luz á través de los gases, afirman que las ondulaciones ó vibraciones correspondientes tienen duraciones distintas en los diversos gases; y ya hace tiempo se sabía lo mismo respecto á las vibraciones sonoras.

Así, pues, todo incremento en la multiformidad ó heterogeneidad de la materia, va necesariamente acompañado de un incremento de multiformidad en el ritmo, tanto por el aumento de variedad en los volúmenes y formas de los agregados, como por el incremento de variedad en sus relaciones con las fuerzas que los mueven.

No tenemos necesidad de insistir, para demostrar que esos movimientos deben hacerse más definidos ó determinados, á medida que van haciéndose más integrados y heterogéneos, porque es evidente que en la misma proporción en que cada parte de un todo en evolución se consolida y separa de las demás, perdiendo, por tanto, la movilidad relativa de sus elementos, su movimiento total debe necesariamente hacerse más distinto, más determinado.

Debemos, pues, para completar nuestro concepto de la evolución, considerar, en toda la extensión del Cosmos, las metamorfosis del movimiento conservado que acompañan á las metamorfosis de la materia que le conserva; pero como el lector está habituado ya al método que seguimos en ese orden de consideraciones, serán menos los ejemplos necesarios para la completa demostración del tema, y más breve, por tanto, nuestra tarea, que abreviaremos todavía más, considerando á la vez, ó simultáneamente, los tres diversos aspectos de las varias metamorfosis.

140.   La materia diversa que se mueve, como sabemos, en toda nebulosa espiral, hacia el centro común de gravitación, desde todos los puntos y distancias, y en prodigiosa variedad de trayectorias, debe introducir en la nebulosa definitiva innumerables momentos dinámicos de intensidades y direcciones distintas, y aun opuestas.

A medida que la integración progresa, las partes de esos momentos, que son directamente opuestas, se destruyen ó neutralizan mutuamente y se disipan en forma de calor; el movimiento de rotación que subsiste, presenta primero velocidades angulares diferentes, á las diversas distancias del centro; poco á poco esas diferencias disminuyen, y se aproximan á un estado final —que el Sol, por ejemplo, está muy próximo á conseguir,—en que toda la masa gira con igual velocidad angular, ó en que el movimiento total está definitivamente integrado. Lo mismo sucede á cada uno de los planetas y satélites.

El progreso que conduce del movimiento de un anillo nebuloso, incoherente, y con gran cantidad, en su masa, de movimiento relativo molecular, al movimiento de un esferóide denso, es un progreso hacia un movimiento integrado completamente, en que la rotación y la traslación son cada una un movimiento total ó simultáneo para todos los elementos ó unidades de masa. Durante ese tiempo, se opera también la nueva integración que liga entre sí los movimientos de las diversas partes del sistema solar.

El Sol con sus planetas, por una parte, y cada planeta con sus satélites, por otra, constituyen, pues, un sistema de ritmos simples y compuestos, con variaciones periódicas y seculares, que forman un conjunto ó sistema integrado de movimientos.

La materia que, en su estado difuso primitivo, tenía movimientos confusos é indeterminados, ó sin distinción claramente marcada, ha adquirido, durante la evolución del sistema solar, movimientos distintamente heterogéneos: los períodos de revolución de todos los planetas y de los satélites son diferentes, como también sus tiempos respectivos de rotación; de esos movimientos heterogéneos, pero simples aún, nacen otros movimientos complejos, pero bien definidos; por ejemplo, los que producen las revoluciones de los satélites combinadas con las de sus planetas, y cuyo resultado se llama precesión, los llamados perturbaciones, etc. Toda nueva complejidad de estructura produce una nueva complejidad de movimientos, pero complejidad definida ó determinada, puesto que son calculables sus resultados.

141.   Cuando la superficie de nuestro globo estaba todavía fundida, las corrientes de la atmósfera luminosa que le rodeaba, y principalmente las corrientes de gases calentados que subían, y las de líquidos precipitados que bajaban, debían ser locales, numerosas, y muy poco definidas ó distintas unas de otras. Pero, á medida que la superficie se enfriaba, y que la radiación solar iba produciendo diferencias apreciables de temperatura entre las regiones polares y las ecuatoriales, debió establecerse poco á poco una circulación atmosférica determinada, de los polos al ecuador y del ecuador á los polos —vientos alisios;—y algunas otras corrientes atmosféricas definidas debieron nacer también entonces.

Esos movimientos integrados, al principio relativamente homogéneos, se hicieron heterogéneos al formarse las grandes islas y los continentes, que hicieron se engendraran otros vientos periódicos, por la variable calefacción de vastas extensiones terrestres en las diferentes estaciones.

Análogos cambios debieron verificarse en los movimientos del agua: sobre una costra delgada, con pequeñas elevaciones y depresiones, y en consecuencia con pequeños ríos y mares, sólo podía haber una circulación local; pero cuando los grandes oceanos y continentes estuvieron ya formados, origináronse también grandes corrientes marinas de las latitudes calientes á las frías, y de éstas hacia aquéllas; y esas corrientes se hicieron más importantes, más determinadas y más variadas en su distribución geográfica, á medida que los caracteres físicos de la superficie terrestre se hicieron más constantes.

Lo mismo sucedió, indudablemente, á las aguas que llamamos dulces; arroyos insignificantes corriendo mansamente sobre las pequeñas islas primitivas, serían primero los únicos movimientos de esas aguas; pero, cuando las grandes superficies de tierra, con sus cordilleras y cuencas respectivas, estuvieron formadas, se pudieron ya reunir varios afluentes para formar los grandes ríos; en vez de movimientos independientes y semejantes, hubo, pues, luego, movimientos integrados y desemejantes ó heterogéneos

Por último, no cabe la menor duda de que los movimientos de la costra sólida terrestre han seguido la misma ley, el mismo progreso: débiles, numerosas, locales y muy semejantes cuando la costra era delgada, las elevaciones y depresiones debieron, á medida que la costra se espesaba, extenderse á más vastas superficies, y hacerse más fuertes, escasas y desemejantes, por efecto de la mayor solidez y más variada estructura de la costra en las diversas regiones.

142. En los organismos, el progreso hacia una distribución más integrada, más heterogénea, más definida del movimiento no disipado, que acompaña al progreso análogo de la materia que los compone, constituye precisamente lo que se llama desarrollo de las funciones orgánicas. Todas las funciones activas son, ó bien movimientos perceptibles, como los de los órganos contráctiles, ó movimientos insensibles, como los de los órganos secretorios, y la mayoría de los de nutrición. Durante la evolución, tanto las funciones como las estructuras se consolidan individualmente, y se combinan mutuamente, á la vez que se hacen más multiformes y más distintas.

En los animales inferiores, los jugos nutritivos se mueven irregularmente á través de los tejidos, en función de las fuerzas y presiones que los solicitan; no habiendo en ellos sistema vascular, no hay tampoco circulación propiamente dicha ó bien definida. Pero así que, ascendiendo en la escala, se forma un aparato distinto para la distribución de la sangre, se verifica también una evolución funcional que determina grandes y rápidos movimientos de sangre, definidos en su curso y en la distinción de aferentes y eferentes; esos movimientos son heterogéneos, no sólo en sus direcciones, sino también en sus velocidades, puesto que el uno se verifica por impulsiones alternativas, y el otro por una corriente continua.

Otro ejemplo bien notable es la producción de diferenciaciones é integraciones en los movimientos mecánicos y químicos de la digestión, á la par que se producen también en el aparato digestivo.

En los animales inferiores el tubo digestivo está formando, desde un extremo á otro, dilataciones y contracciones, con bastante uniformidad que ha de reflejarse naturalmente en los movimientos correlativos. Pero, en el hombre y demás animales superiores, en que el conducto alimenticio tiene muy diferentes sus dilataciones y contracciones en las diversas partes de su longitud, son también muy distintos los movimientos correspondientes, en su especie, fuerza y velocidad.

Así, en la boca, los movimientos de prehensión y masticación, unas veces se suceden con rapidez, otras cesan durante horas enteras. En el esófago, los movimientos peristálticos se verifican con intervalos muy cortos mientras se come, y cesan de una á otra comida. En el estómago, hallamos aún más variados los movimientos, tan uniformes en el origen de la escala zoológica: las contracciones musculares son muy fuertes en todas direcciones y duran todo el tiempo que el estómago conserva alimentos y quizá después.

En la primera porción del intestino se manifiesta una nueva diferencia: los movimientos son ondulatorios y le recorren sin interrupción, pero débilmente. Por último, en el recto, la onda dinámica se aparta mucho más del tipo común: después de muchas horas de reposo se verifica una serie de constricciones fuertes.

Al mismo tiempo las acciones concomitantes de esos movimientos se hacen también más heterogéneas y distintas: la secreción y la absorción, consideradas como funciones generales auxiliares de la digestión, se subdividen en funciones parciales subordinadas; los disolventes y fermentos suministrados por las paredes del tubo digestivo y por las glándulas auxiliares, son muy distintas en las partes superior, media ó inferior; lo cual implica especies ó modos diferentes en los movimientos moleculares respectivos; en unas partes predomina la acción secretoria, en otras la absor-

bente y en otras, como el esófago, no hay absorción ni secreción apreciables.

A la par que esos movimientos moleculares ó inapreciables, y los sensibles ó apreciables, se hacen más variados ó heterogéneos y también más consolidados y definidos, se verifica un progreso en la integración que los une en grupos locales de movimientos y en sistemas combinados de movimientos.

Al mismo tiempo que la función de la digestión se subdivide, esas subdivisiones se hacen más coordenadas, de suerte que las acciones musculares y secretorias se armonizan y que la excitación de una parte del aparato produce la excitación del resto. Aún más; la función digestiva entera que suministra la materia para las funciones circulatoria y respiratoria, se integra tan armónicamente con ellas, que no puede verificarse sola ni un instante, y las tres dependen, á su vez, de la inervación, tanto más cuanto más se asciende hacia el hombre en la escala zoológica.

Consideremos, ahora, las funciones de los órganos externos: los infusorios se mueven, generalmente, en el líquido en que viven, por las vibraciones de sus apéndices, y animales mayores, como los *Turbellaria*, se mueven también de un modo análogo sobre las superficies sólidas; esos movimientos vibrátiles son homogéneos, poco extensos, y muy vagos ó indeterminados, tanto individualmente, como en la acción total ó resultante, que la mayoría de las veces es una locomoción fortuíta ó sin dirección fija previamente elegida.

Por el contrario, en los animales que tienen órganos locomotores bien desarrollados, hay, en vez de un gran número de movimientos pequeños ó desintegrados, cuales los acabamos de describir, un pequeño número de movimientos grandes ó integrados; es decir, que acciones muy semejantes, y débilmente coordenadas, han sido sustituídas por otras desemejantes, y de una coordinación apropiada para dar precisión á los movimientos totales y parciales del animal.

Análogo contraste, aunque menos pronunciado, se observa al pasar de los animales inferiores provistos de extremidades, á los superiores de igual condición. Las patas de un cien-pies verifican movimientos numerosos, pequeños, homogéneos; y tan poco integrados, que, si se corta transversalmente al animal en dos ó más trozos, las patas de cada trozo siguen conduciéndole hacia adelante por algún tiempo; pero en un insecto, las extremidades, ya poco numerosas, tienen movimientos relativamente más extensos, más diferentes ó heterogéneos, y más integrados en movimientos compuestos suficientemente definidos ó determinados.

148. Los últimos ejemplos nos conducen, por afinidad, á los llamados fenómenos psíquicos. Los fenómenos conocidos subjetivamente como psicológicos, son conocidos objetivamente como excitaciones y descargas nerviosas, que la Ciencia explica ahora por modos especiales de movimiento.

De consiguiente, se puede racionalmente suponer, desde luego, que el progreso de integración, heterogeneidad y determinación del movimiento no disipado, se manifestará en las acciones nervomusculares visibles, y en los cambios psicológicos correlativos de las varias especies zoológicas y de los individuos de cada una, siguiendo la ley ya comprobada en los demás casos de la evolución orgánica. Comencemos, pues hay ventaja en ello, por considerar los fenómenos de la evolución individual, antes de estudiar los de la evolución general orgánica.

Los primeros gritos de un niño son homogéneos, en su duración, tono y timbre, sobre todo relativamente á los sonidos que emitirá después, si vive; son, además, incoordinados ó simples, sin tendencia, entonces, á combinarse para formar sonidos compuestos; y son, por último, inarticulados, indefinidos, sin esos límites precisos de principio y fin, que caracterizan á los sonidos articulados—sílabas y palabras.

Pues bien: el progreso se manifiesta primero en la multiplicación de los sonidos inarticulados; las vocales extremas se añaden á las vocales medias, y las vocales compuestas á las vocales simples; luego, el niño articula ya consonantes, pero sólo al principio de cada sonido, terminándolos aún vaga, indefinidamente; durante ese progreso hacia la precisión, también aumenta la heterogeneidad por la combinación variadísima de las consonantes con las vocales, y la precisión por el uso de las consonantes terminales.

Las consonantes más difíciles y las consonantes compuestas, articuladas primero imperfectamente, son, poco á poco, articuladas con claridad y precisión; y una multitud de sílabas diferentes y definidas, que implican muchas especies de movimientos en los órganos vocales, verificados con gran precisión, y perfectamente integrados en grupos, se suman á los que el niño sabía ya. El progreso subsiguiente que le hace pronunciar las voces disílabas y polisílabas, y las combinaciones de palabras, manifiesta el grado superior de integración y de heterogeneidad que finalmente alcanzan los movimientos de fonación.

Los actos psicológicos correlativos á los nervo-musculares, recorren naturalmente fases paralelas; el progreso realizado desde la infancia á la edad madura, suministra abundantes pruebas de que los cambios que bajo el punto de vista físico son operaciones nerviosas, y bajo el punto de vista psíquico son operaciones mentales, se van haciendo poco á poco más variados, más definidos más coherentes. Primero, las funciones son muy semejantes ú homogéneas: recuerdos, clasificaciones, impresiones, y nada más. Pero sucesivamente, dichas funciones se hacen multiformes; aparece el raciocinio, con sus dos ramas inductiva y deductiva; la recordación y la imaginación voluntarias se añaden á la asociación natural espontánea de las ideas; nacen los varios modos específicos de acciones mentales, — matemáticos, músicos, poéticos, etcétera, — los cuales van diversificándose y definiéndose más y más.

El niño hace sus observaciones con tan poco cuidado, que se equivoca muchas veces, leyendo, recitando sus lecciones, sacando cuentas, tratando de reconocer á las personas; el joven se engaña todavía mucho, juzga erróneamente acerca de muchos sucesos y asuntos de la vida; solamente en la edad madura ó viril aparece esa coordinación precisa en las operaciones nerviosas, que supone una buena adaptación de los pensamientos á las cosas.

Por último, lo mismo sucede respecto á integración, que combina los actos mentales simples en actos mentales compuestos: en los niños es difícil una atención sostenida durante algún tiempo; tampoco pueden formar una serie coherente de impresiones, ni sucesivas ni simultáneas, aun cuando sean del mismo orden; por ejemplo, cuando un niño mira un cuadro, sólo atiende á las figuras aisladas y de ningún modo al conjunto; pero á cierta edad ya comprende una frase complicada, sigue un largo razonamiento, reune en una sola operación mental numerosas circunstancias, etcétera.

La misma integración progresiva se manifiesta en las modificaciones psíquicas que llamamos sentimientos, que en el niño sólo producen impulsiones, y en el adulto producen actos reflexivos y equilibrados con todas las circunstancias que influyen en la vida.

Después de esos ejemplos, relativos á la vida individual, vamos á presentar rápidamente algunos relativos á la evolución general, y que, como veremos, son semejantes á aquéllos. Un animal de inteligencia rudimentaria, al percibir cerca de sí el movimiento de una gran masa, da un salto instintivo, espasmódico, generalmente hacia adelante; tal movimiento supone que tiene el animal percepciones, pero relativamente simples, homogéneas é indefinidas, pues no distingue si la masa en movimiento es peligrosa para él ó no, ni si se mueve avanzando ó retrocediendo; así el movimiento que hace para evitar el peligro es siempre el mismo, no tiene dirección preconcebida, y tanto puede alejarle de aquél como acercarle á él.

Un paso más adelante, en la serie zoológica, nos muestra ya el salto instintivo, en dirección opuesta á donde se cree hay peligro; los fenómenos nerviosos se han especificado hasta dar por resultado la distinción de direcciones; lo cual indica una variedad, una coordinación, una integración y una precisión mayores, en dichos fenómenos.

En los animales superiores, que distinguen sus enemigos de los que no lo son, un pájaro, por ejemplo, que huye del hombre y no huye de la vaca, los actos de percepción se han unido en *todos* más complejos, puesto que los movimientos determinados del pájaro suponen el conocimiento de ciertos atributos específicos; se han hecho más multiformes, puesto que cada nueva impresión componente aumenta el número de los compuestos posibles; y por consecuencia, se han hecho también más específicos; en sus correspondencias con los objetos, es decir, más definidos.

En los animales, bastante inteligentes para reconocer por la vista no sólo á las especies, sino á los individuos de una especie, los cambios ó fenómenos mentales se hacen más distintos aun bajo esos tres aspectos. Finalmente, el curso de la evolución psíquica humana en la tierra confirma también la ley; los pensamientos del salvaje no son tan heterogéneos como los del hombre civilizado, no tiene, muchas veces, ideas abstractas, cuyos elementos es incapaz de integrar, y á no ser en cosas muy sencillas no puede adquirir esá precisión de ideas que conduce á los hombres civilizados á la Ciencia.

Análogos contrastes presenta también la evolución de las emociones, de los deseos, etc.

144. Después de todo lo que hemos dicho en los capítulos precedentes, no es necesario insistir mucho, ahora, en el modo como

los movimientos ó funciones sociales adquieren más multiformidad, precisión y complejidad.

Pondremos, sin embargo, dos ó tres ejemplos típicos, para hacer juego con los que hemos puesto en las demás esferas de la evolución.

Consideremos los actos belicosos de ataque y defensa. Primeramente, las funciones militares, no se diferenciaban de las demás, en cada tribu ó sociedad primitiva, pues todos los hombres eran guerreros, como eran también cazadores, etc.; dichas funciones eran, entonces, homogéneas, nada ó mal combinadas y definidas; aun hoy los salvajes, al combatir en comandita, lo hacen batiéndose cada uno por separado, y todos de igual manera y desordenadamente.

Pero, á medida que las sociedades se desarrollan y que las funciones militares se distinguen de las demás, se hacen á la vez más multiformes, complejas y definidas.

Los movimientos de millares de soldados que reemplazan á los de centenas de guerreros, se dividen y subdividen en especies y subespecies; hay tropas de infantería, caballería y artillería; soldados, sargentos, oficiales, jefes; servicio de sanidad, de administración, de estado mayor; y á esa multiplicidad acompaña naturalmente otra correlativa, en las *funciones* de los diversos individuos y grupos de individuos; las cuales, además de hacerse, de ese modo, más heterogéneas, en conjunto y en detalle, aumentan á la par en precisión, mediante los ejercicios y simulacros; de suerte que, en una batalla, hombres y regimientos determinados pueden, á una voz de mando, ocupar tales ó cuales sitios, verificar tales ó cuales actos, en momentos previamente fijados.

Un grado más de progreso, y se obtiene la integración completa de todos los movimientos de un gran ejército hacia un objetivo ó fin único, cien mil ó más acciones individuales convergen hacia él, bajo la dirección de un solo hombre.

Ese marcado progreso que acabamos de hallar en las funciones militares, se encuentra también en las demás funciones sociales. Compárese el gobierno de un jefe salvaje con el de un jefe de toda nación civilizada, ayudado por todos los funcionarios que le están subordinados, y se verá que á medida que los hombres han progresado desde el estado de tribus de una docena de personas, al de naciones de muchos millones de almas, la función gubernamental se ha hecho más compleja; guiada por leyes escritas, ha pasado de un estado vago é irregular á otro de precisión relativa, y se ha subdividido en funciones de creciente multiformidad. Véase también cuánto difiere el comercio de las tribus bárbaras del nuestro, que distribuye diariamente millones de mercancías, que arregla el valor relativo de una inmensa variedad de artículos, según la relación entre la oferta y la demanda, y que combina las diversas fuerzas industriales, de suerte que cada una dependa de las otras y las auxilie, y se concluirá también: que la acción ó movimiento comercial se ha ído haciendo progresivamente más vasta, más variada, más definida y más integrada.

145. Resulta, pues, que el concepto completo de la evolución comprende: la redistribución del movimiento conservado á la par que la redistribución de la materia componente; y este nuevo elemento no es menos importante que el otro. Los movimientos del sistema solar tienen para nosotros una importancia no igual, sino mayor que los volúmenes, formas y distancias relativas de los astros que le componen. Las acciones sensibles é insensibles que componen la vida de un organismo no son menos importantes que su forma, estructura, etc. Es, pues, evidente que cada redistribución de materia va acompañada de una redistribución de movimiento, y que el conocimiento unificado que constituye la Filosofía debe abrazar esas dos ramas de la transformación.

Por consiguiente, considerando la materia de un agregado en evolución como experimentando, no una integración progresiva simplemente, sino redistribuciones secundarias diversas, nos es forzoso considerar el movimiento de un agregado en evolución, no sólo como disipándose gradualmente, sino como pasando por muchas redistribuciones secundarias, antes de disiparse.

Del mismo modo que las combinaciones complejas de materia, que se producen durante la evolución compuesta, son los accesorios del progreso de la extrema difusión á la extrema concentración, también las combinaciones complejas de movimientos, que acompañan á las de materia, son los accesorios del progreso de la mayor á la menor cantidad del movimiento interno correspondiente.

Tratando ahora, como debemos hacer, de formular esos accesorios de los dos órdenes de transformaciones, la fórmula dada últimamente (188) de la evolución debe ser añadida, ó invirtiendo

además el orden de algunas frases, para mayor claridad en la expresión, podremos decir: *la evolución es una integración de materia
acompañada de una disipación de movimiento, durante las cuales,
tanto la materia, como el movimiento aún no disipado, pasan de una
homogeneidad indefinida é incoherente á una heterogeneidad definida
y coherente.*

CAPÍTULO XVIII

INTERPRETACIÓN DE LA EVOLUCIÓN

146. La ley que acabamos de formular, ¿es primitiva ó derivada? ¿Nos debe satisfacer por completo saber que en todos los órdenes de fenómenos concretos las transformaciones siguen siempre esa ley, ó es posible ir más allá y llegar á saber *por qué* la siguen? ¿Podremos hallar un principio universal que explique esa operación universal? ¿Podrán ser obtenidas por deducción las inducciones expuestas en los cuatro capítulos precedentes?

Indudablemente, esos efectos comunes implican una causa común, acerca de la cual puede ser que nada más se alcance á saber, sino que es el *modo* general de revelársenos ó manifestársenos lo incognoscible; ó puede ser que ese *modo* sea reductible á otro más simple y general, del que sean meras consecuencias todos esos efectos complejos. La analogía nos inclina á pensar que esta última suposición debe ser la verdadera; pues así como se ha llegado á explicar las generalizaciones empíricas llamadas leyes de Kepler, como simples corolarios de la ley de la gravitación, también será quizá posible explicar las generalizaciones empíricas de los anteriores capítulos, como consecuencias necesarias de una ley más general.

Preciso es, por tanto, que busquemos la *razón ó el por qué* de esa metamorfosis universal, so pena de renunciar á constituir la Filosofía ó el conocimiento completamente unificado. Las conclusiones á que hemos ido llegando sucesivamente hasta ahora parecen independientes entre sí; no hay, que sepamos, conexión ó relación alguna entre el paso de lo indefinido á lo definido, y el de lo homogéneo á lo heterogéneo, ni entre esos dos y la integración, ó paso de lo incoherente á lo coherente; aun menos relación aparece entre esas leyes de redistribución de la materia y del movimiento, y las de dirección y ritmo del movimiento, que expusimos antes que aquéllas. Sin embargo, mientras no hayamos probado que todas esas leyes son consecuencias de un solo principio, nuestro conocimiento no tendrá sino una coherencia imperfecta.

147. Nuestro actual objeto debe ser, pues, presentar los fenómenos de la evolución sintéticamente; demostrar, partiendo de un principio evidente: que el curso de la evolución, en todos los séres, no puede ser sino el que hemos visto que es; que la redistribución de la materia y del movimiento ha de hacerse doquier, como hemos visto se verifica en los fenómenos celestes, inorgánicos, orgánicos, sociales, etc., y finalmente, que esa universalidad de la ley de evolución proviene de la necesidad misma que determina á nuestro alrededor todos los movimientos.

En otros términos, es preciso que el fenómeno de la evolución se deduzca de la persistencia de la fuerza; pues, como ya hemos dicho (62), á ese principio debe conducirnos todo análisis profundo, y sobre él debe fundarse toda síntesis racional. En efecto, siendo ese principio el único indemostrable científicamente, puesto que es la base de la Ciencia y el fundamento de sus más amplias generalizaciones, éstas quedarán unificadas desde el momento que se las refiera á ese principio como á su fundamento ó base común. Ya vimos (78, 81, 88), que la transformación y equivalencia de las fuerzas, la dirección y el ritmo del movimiento, verdades manifiestas en todos los órdenes de fenómenos concretos, son consecuencias necesarias de la persistencia de la fuerza, principio que, por tanto, da unidad y coherencia á dichas verdades á él afiliadas. Análogamente, vamos ahora á referir á un principio superior los caracteres generales de la evolución, demostrando que, dada la persistencia de la fuerza, deben forzosamente verificarse con esos caracteres las redistribuciones de la materia y del movimiento; cumplida esa tarea uniremos esos caracteres, que no aparecerán ya sino como aspectos diversos y correlativos de una sola ley, y uniremos al mismo tiempo esa ley con las leyes más simples que preceden.

148. Pero antes de continuar, bueno será establecer algunos principios generales que, al interpretar la evolución, hemos de considerar luego bajo formas especiales en las varias descomposi-

ciones de fuerzas que acompañan á las redistribuciones de la materia y del movimiento.

Toda fuerza es divisible en una parte *efectiva* y otra no *efectiva*. Por ejemplo: en todo choque, la fuerza ó cantidad de movimiento del cuerpo chocante se divide, aun en las condiciones más favorables, ó cuando aquél pierde todo su movimiento sensible; puesto que el chocado no recibe íntegra dicha cantidad de movimiento, sino que parte de ésta queda en el chocante bajo la forma de movimiento molecular ó insensible, añadido al que ya existía antes del choque. Igualmente, cuando una cantidad de luz ó de calor cae sobre un cuerpo, una parte mayor ó menor, según los casos, es reflejada ó refractada, y sólo la otra parte se transforma en el cuerpo, modificándole ó produciendo en él *efecto útil*, como se dice en Mecánica. Debe también observarse: que la fuerza efectiva es, á su vez, divisible en *fuerza efectiva temporalmente* y *fuerza efectiva permanente*.

En efecto, las moléculas ó unidades de una masa que recibe la acción de una fuerza, pueden experimentar esos cambios rítmicos que constituyen sólo incremento de vibraciones, y pueden además experimentar cambios de posición relativa no vibratorios, es decir, no neutralizados á cada instante por cambios contrarios: los primeros se disipan bajo la forma de ondulaciones radiantes y dejan el arreglo ó la coordinación molecular como estaba; mas los segundos producen el nuevo arreglo molecular que caracteriza á la evolución compuesta. Todavía se debe hacer otra distinción: las fuerzas efectivas de un modo permanente operan cambios de posición relativa de dos especies, *insensibles* y *sensibles*. Las trasposiciones insensibles que sobrevienen entre las unidades de masa son las que constituyen los cambios moleculares, entre los cuales están las combinaciones y descomposiciones químicas, y que son para nosotros diferencias cualitativas en la masa. Las trasposiciones sensibles son las que se verifican cuando algunas unidades, en vez de experimentar cambios de relación con sus inmediatas, son separadas de ellas y llevadas á otra parte.

Lo notable en todas esas divisiones y subdivisiones de la fuerza que actúa sobre una masa, es que son mutuamente complementarias. Así, la fuerza útil ó efectiva es el resto de sustraer la fuerza no efectiva de la fuerza total.

Las dos partes de la fuerza efectiva varían en orden inverso: cuando una gran parte es efectiva temporalmente, sólo débil par-

te puede serlo permanentemente y *viceversa*. En fin, si la fuerza
efectiva permanente produce, á la vez, las redistribuciones moleculares insensibles y las sensibles ó cambios de estructura, ambas clases de efectos están en razón inversa en su cantidad ó intensidad.

CAPÍTULO XIX

INSTABILIDAD DE LO HOMOGÉNEO·

149. Al tratar de seguir las complicadísimas transformaciones, que todos los séres han sufrido y sufren aún, se encuentran tan grandes dificultades, que parece casi imposible poder dar una interpretación precisa y completa, por vía deductiva, de dichas transformaciones, puesto que también lo parece, abarcar de una ojeada el proceso total de las redistribuciones de la materia y del movimiento, con todos los resultados necesarios de su actual dependencia mutua. Sin embargo, hay un medio de llegar á formarse una idea del conjunto de esa operación; pues si, por una parte, la génesis de la redistribución que experimenta todo sér en evolución, es una en sí, por otra parte consta de varios factores; interpretando, pues, sucesiva y separadamente los efectos de cada uno de esos factores, la síntesis de esas interpretaciones nos dará una idea aproximada, por lo menos, del conjunto.

El orden lógico nos dice, en primer término, que la homogeneidad es una condición de equilibrio inestable, y por tanto tiende á desaparecer. Expliquemos estas frases. En Mecánica se entiende por *equilibrio inestable* el de una masa ó un sistema de masas en equilibrio, pero de tal modo, que la intervención de una fuerza nueva, por débil que sea, destruye la coordinación existente y produce otra distinta. Así, un bastón puesto en equilibrio sobre su contera, está en equilibrio inestable: desde el momento en que se le desvía lo más mínimo de la posición vertical, se inclina y cae rápidamente, tomando otra posición de equilibrio estable. Por el contrario, si se le cuelga ó suspende por su extremo superior, estará en equilibrio estable; si se le desvía de esa posición, vuelve á ella inmediatamente. Nuestra proposición del párrafo anterior significa, pues, que el estado de homogeneidad es inestable, insostenible, como el de un bastón equilibrado sobre su contera. Pongamos más ejemplos.

Uno de los más familiares es la balanza, la cual, si no está oxidada, y sí bien construída y engrasada, es difícil permanezca en perfecto equilibrio; sino en suaves y lentas oscilaciones, subiendo y bajando alternativamente uno y otro platillo. Si se espolvorea la superficie de un líquido con pequeños cuerpos de igual volumen, y que tengan atracción mutua, se concentrarán irregularmente en uno ó varios grupos. Si fuese posible poner una masa de agua en un estado de completo reposo, y perfectamente homogénea en densidad, la radiación de los cuerpos próximos, influyendo desigualmente en las diversas partes de la masa, produciría inevitablemente desigualdades de densidad, y por consecuencia corrientes; es decir, heterogeneidad y movimiento. Si se calienta un pedazo de materia hasta el calor rojo, por ejemplo, adquirirá tal vez la misma temperatura en toda su masa; pero, al enfriarse, cesará en seguida esa homogeneidad, puesto que el exterior se enfriará más rápidamente que el interior, y ese paso á una temperatura heterogénea, que también se patentiza en este caso extremo, se verifica, más ó menos, en todos los casos. Las acciones químicas nos ofrecen también multitud de ejemplos. Expongamos á la intemperie, ó mejor, sumerjamos en agua un pedazo de hierro; al cabo de algún tiempo le veremos cubierto de una capa de óxido, de carbonato, etc., es decir, que sus partes exteriores se hacen diferentes de las interiores. Comunmente, la heterogeneidad producida por las acciones químicas en la superficie de las masas, no llama la atención, porque las partes alteradas son generalmente lavadas por el agua ó quitadas de otro modo; pero si se las impide desaparecer, se forma una estructura relativamente compleja. Las canteras de basalto presentan ejemplos notables: no es raro encontrar un fragmento reducido por la acción del aire á un conjunto de capas ú hojas flojamente adheridas, como las de una cebolla. Si el fragmento ha sido abandonado á sí mismo, podemos seguir en él una serie de capas: primeramente, una exterior, irregular, angulosa; después otras varias, cada vez más redondeadas; y por último, un núcleo central esférico. Comparando la masa de piedra en su estado primitivo, con esa serie de capas concéntricas, diferentes unas de otras por la forma y por su estado respectivo de descomposición, vemos un ejemplo muy notable de la multiformidad á que puede llegar un cuerpo primitivamente uniforme, por la acción continuada largo tiempo de las fuerzas químicas. Vése también la instabilidad de lo homogéneo, en los cambios que se verifican en el interior de una masa cuyas unidades no están íntimamente ligadas entre sí; los átomos de un precipitado no permanecen separados, ni distribuídos uniformemente en el fluido en que han hecho su aparición, sino que se agregan, ya en granos cristalinos, ya en copos amorfos, y cuando la masa líquida es grande y la operación prolongada, esos copos ó granos no permanecen separados y equidistantes, sino que se agrupan á su vez en masas mayores y desiguales. Hay soluciones de sustancias no cristalinas, en líquidos volátiles, que sufren en media hora toda la serie de cambios acabada de indicar. Por ejemplo, si se vierte sobre una hoja de papel una disolución de goma laca en aceite de nafta, ó sea un barniz de goma laca, de una consistencia como la de la crema, bien pronto se recubrirá la superficie del barniz, de grietas poligonales, partiendo de los bordes hacia el centro. Mirados con una lente de aumento, esos polígonos irregulares de cinco ó más lados, aparecen limitados por líneas oscuras, cuyos bordes se ven ligeramente coloreados; estos bordes se ensanchan poco á poco á costa de las áreas de los polígonos, hasta que no queda sino una mancha oscura en el centro de cada uno. Al mismo tiempo, los bordes de los polígonos se redondean, y éstos acaban por presentar el aspecto de sacos esféricos mutuamente comprimidos, semejando así exteriormente á un grupo de células con núcleo. Vemos, pues, que en este caso, hay una rápida pérdida de la homogeneidad, y de tres modos distintos: primero, por la formación de la película, que es el sitio de los demás cambios; después, por la formación de las secciones poligonales; y finalmente, por el contraste entre las secciones poligonales de los bordes, pequeñas y formadas las primeras, y las del centro, mayores y formadas las últimas.

La instabilidad, de que acabamos de poner varios ejemplos, es evidentemente consecuencia de que las varias partes de una masa homogénea están sometidas á fuerzas diferentes, ya por su especie, ya por su intensidad; y por tanto, aquéllas deben ser también diferentemente modificadas. La parte externa y la parte interna, por ejemplo, no pueden experimentar acciones iguales del medio ambiente, ya en cantidad, ya en cualidad, ya en ambas á la vez, y por fuerza han de ser distintos los cambios de partes distintamente influidas.

Por razones análogas es evidente que la operación debe repetirse en cada grupo subordinado de unidades diversificadas por fuerzas modificadoras. Cada uno de esos grupos debe perder á su vez, bajo la influencia de las fuerzas que actúen sobre él, el equilibrio de sus diversas partes, y pasar de un estado uniforme á otro multiforme, y así sucesiva y continuamente mientras dure la evolución. Resulta, pues, que no solamente lo homogéneo debe tender constantemente á la heterogeneidad, sino que lo heterogéneo debe tender siempre á ser más heterogéneo; porque si un todo no es uniforme, sino compuesto de partes distintas unas de otras, pero cada una de esas partes es uniforme, homogénea en sí misma, por serlo, estará en equilibrio inestable, deberá sufrir cambios que la hagan heterogénea ó multiforme; y por tanto, el todo se hará también más heterogéneo. El principio general que hemos de desarrollar ó seguir en todas sus fases es, pues, algo más comprensivo que lo que indica el título del capítulo. En realidad, lo homogéneo perfectamente no existe; mas no por eso dejaremos de tener que estudiar el paso de una homogeneidad imperfecta ó relativa á una heterogeneidad también relativa.

150.   La distribución de las estrellas presenta una triple irregularidad: primeramente, el contraste de la vía láctea con las demás partes del cielo, respecto al número de estrellas contenidas en los dos campos visuales; después, contrastes secundarios del mismo orden en la misma vía láctea, en la cual las estrellas están acumuladas enormemente por unos sitios y mucho más claras ó separadas por otros, sucediendo lo propio en todo el cielo; y por último, hay los contrastes producidos por la reunión de varias estrellas en grupos pequeños. Además de esa heterogeneidad en la distribución general de las estrellas, hay otra respecto á los colores, que probablemente corresponde á diferencias en su constitución física. Hay en todas las regiones celestes estrellas amarillas, pero no azules y rojas, las cuales son muy raras en algunas regiones y más ó menos abundantes en otras. Análoga irregularidad se observa en las nebulosas, esas aglomeraciones de materia que, sea cualquiera su naturaleza, pertenecen indudablemente á nuestro sistema sideral.

En efecto, las nebulosas no están distribuídas con uniformidad: son abundantes hacia los polos de la vía láctea y escasas en las proximidades de esa zona. Nadie imaginará que se puede dar ni un asomo de interpretación precisa de esa disposición de las nebulosas, por la teoría de la evolución ni por otra alguna; todo lo más que se puede pedir es una razón para pensar que esas irregularidades, probablemente todas de la misma especie, se han producido en el curso de la evolución, caso que ésta haya tenido lugar. Se puede decir: que si la materia, de que esas estrellas y todos los astros se componen, ha existido primitivamente en estado difuso, en un espacio inmensamente mayor que el hoy ocupado por nuestro sistema sidéreo, la instabilidad de lo homogéneo le habrá impedido continuar en el mismo estado.

En efecto, siendo evidentemente imposible un equilibrio absoluto entre las fuerzas con que esas partículas dispersas, pero encerradas en límites, actuaban unas sobre otras, se operaría un movimiento, y por tanto, algunos cambios de distribución subsiguientes hacia los centros locales y á la vez hacia el centro común de gravedad, como los átomos de un precipitado se agregan en pequeños granos y á la vez obedecen á la atracción terrestre. En virtud de la ley que exige continúe más fácilmente en una dirección el movimiento ya comenzado en ella, puede afirmarse que una vez iniciada la heterogeneidad antedicha en la materia cósmica, tendería á pronunciarse cada vez más; y las leyes dinámicas nos autorizan á pensar: que los movimientos de esas masas irregulares de materia flojamente agregada, hacia su centro común de gravedad, debieron tomar formas curvilíneas, á causa de la resistencia del medio en que se mueven; y por las irregularidades de distribución ya efectuadas, esos movimientos curvilíneos debieron, por virtud de una composición de fuerzas, conducir á un movimiento general de rotación del naciente sistema sidérico. Entonces se comprende fácilmente que la fuerza centrífuga de ese movimiento de rotación debió modificar la coordinación estelar, hasta el punto de impedir la distribución uniforme de los cuerpos ya formados, los cuales se acumularían, naturalmente, hacia las regiones más lejanas del eje de rotación, y de ahí el contraste entre la vía ó zona láctea y lo demás del cielo. Se podría también inferir, muy racionalmente, que las diferencias manifestadas en el acto de la concentración local, son resultados de las diferencias de condiciones físicas entre las regiones próximas y las lejanas del eje de rotación. No hay necesidad de continuar hasta perderse en una serie indefinida de suposiciones; basta con lo dicho, que resumido nos enseña: que una masa finita de materia difusa, aun siendo bastante grande para constituir todo nuestro sistema sidérico, no podría tener un equilibrio estable; que su concentración ó condensación debió verificarse con una irregularidad siempre creciente, por falta de una esfericidad perfecta, de una homogeneidad absoluta de composición y de una completa simetría con respecto á las fuerzas exteriores; y que, por tanto, el aspecto actual del cielo no es incompatible con la hipótesis de una evolución general, resultante de la instabilidad de lo homogéneo.

Si nos limitamos á considerar la parte de la hipótesis nebular, según la cual el sistema solar es el resultado de una concentración gradual, y si suponemos desde luego esa concentración, ya avanzada lo bastante para haber producido un esferóide en rotación, de la materia nebulosa aun relativamente homogénea, vamos á ver las consecuencias de la instabilidad de lo homogéneo. Una vez en rotación, el esferóide se aplana hacia los polos; toman diferentes densidades el interior ó sea las partes más cerca del centro, y las más próximas á la superficie; muévense sus varias partes con velocidades diferentes alrededor del eje común; no se puede decir que esa masa sea homogénea; por consiguiente, todos los cambios que experimente podrán sí servir de ejemplo á la ley general, pero tan sólo como paso de lo menos á lo más heterogéneo; y se verificarán en las partes de la masa homogéneas aún interiormente.

Ahora bien, si admitimos con Laplace, que la parte ecuatorial de ese esferóide en rotación y en vía de concentración debió adquirir, en períodos sucesivos, una fuerza centrífuga bastante grande para impedir á esa parte de la masa aproximarse al centro, á cuyo alrededor giraba, y por tanto, para separarse de las partes internas del esferóide que seguían su movimiento de contracción, veremos en ese anillo desprendido del esferóide un nuevo ejemplo del principio en cuestión. Ese anillo, compuesto de sustancia gaseosa, pudo muy bien ser homogéneo al desprenderse; mas, por lo mismo, no debió persistir en ese estado.

En efecto, para conservarle era preciso que hubiera una casi perfecta uniformidad en la acción de todas las fuerzas externas que actuaban sobre él (casi, nada más, porque la cohesión, aun en la materia muy rarificada, podría bastar para neutralizar perturbaciones pequeñas), y hay inmensas probabilidades contra esa combinación. No siendo, pues, iguales, mejor dicho, no estando equilibradas las fuerzas externas é internas que actuaban sobre el anillo, debió éste romperse por uno ó varios puntos; Laplace suponía que sólo se rompió en un punto, replegándose, ó arrollándose en seguida, sobre sí mismo; pero tal hipótesis es muy

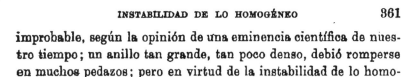

improbable, según la opinión de una eminencia científica de nuestro tiempo; un anillo tan grande, tan poco denso, debió romperse en muchos pedazos; pero en virtud de la instabilidad de lo homogéneo, el resultado definitivo anunciado por Laplace debió verificarse.

En efecto, suponiendo que las masas de materia nebulosa, resultantes de la rotura del anillo, fuesen de volúmenes iguales y estuviesen á distancias convenientes para atraerse mutuamente con fuerzas iguales, lo que es muy improbable, ese equilibrio debería ser pronto destruído por las acciones desiguales de las fuerzas perturbatrices externas, y por tanto, las masas contiguas comenzarían en seguida á separarse; una vez comenzada la separación, produciría con una velocidad creciente un agrupamiento de masas, y lo mismo se produciría nuevamente en esos grupos, hasta que al fin se agregaran todos en una masa única.

Dejemos ya la Astronomía hipotética, y consideremos el sistema solar tal cual es ahora; pero antes examinemos un hecho que parece contradictorio con las condiciones que anteceden: la existencia actual de los anillos de Saturno, y sobre todo del anillo gaseoso que ha poco se le ha descubierto, todos los cuales se conservan enteros y guardando su equilibrio relativo con respecto al planeta. En cuanto á los primeros, puede responderse que la cohesión de las sustancias líquidas y sólidas de que constan basta para impedir su rotura, y el gaseoso puede muy bien subsistir por la simetría de las fuerzas con que le atraen los otros dos anillos. Aún más: si el sistema de Saturno y sus anillos parece, á primera vista, en desacuerdo con el principio de la instabilidad de lo homogéneo, en realidad es un ejemplo más que le confirma.

En efecto, Saturno no es concéntrico con sus anillos, y si lo fuese, no podría permanecer siéndolo, según se prueba matemáticamente; es decir, que esa relación homogénea tendería hacia otra heterogénea. Pues bien, lo mismo sucede en todo el sistema solar: las órbitas, tanto de los planetas como de los satélites, son todas más ó menos excéntricas, ninguna es circular, y si alguna lo fuese, pronto dejaría de serlo, pues las perturbaciones engendrarían inmediatamente excentricidad; en una palabra, las relaciones homogéneas se transformarían en heterogéneas.

151. Hemos hablado ya tantas veces de la formación de la costra sólida de nuestro planeta, que parecerá superfluo decir aún algo más. Sin embargo, preciso será considerarla bajo el punto de

vista del principio que ahora discutimos. El enfriamiento y la solidificación de la superficie terrestre son indudablemente uno de
los casos más sencillos é importantes del paso de un estado uniforme á un estado multiforme, por las distintas condiciones á que
estuvieron sometidas las diferentes partes del globo. A la diferenciación entre el exterior y el interior, producida por el enfriamiento, se añadió, poco después, la diferenciación producida en
la superficie por la desigual acción sobre ella del Sol, principal
centro de las fuerzas exteriores, y al que son debidas las modificaciones permanentes, que tanto distinguen aún las regiones polares de las ecuatoriales.

A la par que las diferenciaciones físicas de primer orden que se
operaban en el globo, en virtud de la instabilidad de lo homogéneo, se verificaban también numerosas diferenciaciones químicas
susceptibles de la misma explicación. En efecto, sin suscitar ahora la cuestión de saber si, como algunos creen, los llamados cuerpos simples lo son efectivamente, ó están á su vez compuestos de
elementos desconocidos—elementos que no podemos aislar, quizá
por insuficiencia del calor artificial, pero que pudieron muy bien
existir aislados cuando el calor terrestre era muy superior al mayor que hoy podemos producir,—bastará á nuestro objeto demostrar: cómo en vez de la homogeneidad relativa, bajo el punto de
vista químico, que debió tener la costra terrestre cuando su temperatura era muy elevada, se fué haciendo cada vez más heterogénea á medida que se fué enfriando. Desde luego, siendo incapaz
cada cuerpo, simple ó compuesto, de los que constituían entonces
la superficie terrestre, de conservar la homogeneidad en presencia de tantas afinidades químicas ambientes, entraría en variadas
y heterogéneas combinaciones; estudiemos esos primeros fenómenos químicos con algún detenimiento. Hay, como se sabe, poderosas razones para juzgar que á una temperatura muy elevada no
se combinan los cuerpos, puesto que aun á las temperaturas que
podemos producir artificialmente se descomponen la mayoría de
las combinaciones conocidas. Es, por tanto, muy probable que,
cuando la tierra estaba todavía en su estado primitivo de fusión,
no hubiera verdaderas combinaciones químicas. Aun sin ir tan
allá, nos basta partir de un hecho indiscutible, y es que los compuestos que resisten á las más altas temperaturas, y que, por
consiguiente, debieron ser los primeros formados, al irse enfriando la tierra, son los más sencillos.

En efecto, los álcalis y tierras son los compuestos más fijos que conocemos; la mayoría resiste á los más intensos calores artificiales, y constan solamente de un átomo de cada elemento; es decir, son las combinaciones más sencillas, menos heterogéneas. Más heterogéneos, más fácilmente descomponibles por el calor, y por tanto, más recientemente formados en nuestro globo, son los deutóxidos, tritóxidos, etc., en los que hay dos, tres, etc. átomos de oxígeno unidos á cada átomo del otro elemento.

Las sales anhidras son aún más fácilmente descomponibles por el calor, que la mayoría de los óxidos, y claro es que son también más heterogéneas, por el número y especies de átomos que forman la molécula química. Las sales hidratadas, más heterogéneas, que las anhidras, sufren casi todas una descomposición, por lo menos parcial, perdiendo el agua á temperaturas relativamente bajas. Los compuestos aún más complicados, como sales dobles, sobresales y subsales, etc., son también menos estables, por regla general, y así sucesivamente. La misma ley siguen, con pocas y no muy importantes excepciones, los compuestos orgánicos, cuya estabilidad, en iguales circunstancias, está en razón inversa de su complicación. Una molécula de albúmina, por ejemplo, se compone de 482 átomos de cinco distintos elementos. La de fibrina tiene aún más complicada composición; pues consta de 298 átomos de carbono, 49 de nitrógeno, 2 de azufre, 228 de hidrógeno y 92 de oxígeno, ó sean 669 átomos de cinco especies. Pues bien; tanto la albúmina como la fibrina se descomponen á una temperatura como la de hacer un asado. Se objetará, quizá, que hay compuestos inorgánicos bien sencillos, y más fácilmente descomponibles que los más complejos principios orgánicos; tales son, por ejemplo, el hidrógeno fosforado y el cloruro de nitrógeno. Es verdad, pero eso no invalida nuestro principio; pues no afirmamos que *todos* los compuestos sencillos son más fijos, más estables, que *todos* los compuestos complicados; sino solamente que, *por regla general*, las combinaciones sencillas pueden subsistir á una temperatura mayor que las combinaciones complicadas, y eso es indudable. Así, pues, está probado que la heterogeneidad química de la superficie ó corteza terrestre, tal y como hoy existe, ha ído aumentando gradualmente, según lo ha permitido el enfriamiento sucesivo; que esa heterogeneidad se manifiesta actualmente de tres modos, á saber: en la multiplicidad de los compuestos químicos, en el número mayor de elementos que contienen los compuestos más modernos y, en fin, en la mayor complejidad ó mayor número de átomos que tiene cada molécula á medida que necesita menos calor para poderse formar y subsistir.

Sin entrar en detalles, tomemos como últimos ejemplos de la ley, relativos todavía á la evolución general de nuestro planeta, los fenómenos meteorológicos de la época actual, comparados con los de las anteriores edades de la Tierra. Son indudablemente nuevos casos que comprueban la destrucción del estado homogéneo, sujeto desigualmente á fuerzas incidentes.

152.   Consideremos una masa de materia no organizada aún, pero organizable: por ejemplo, el cuerpo de uno de los séres vivos más inferiores, ó el germen de uno de los superiores. Esa masa, ó bien estará en el agua, ó en el aire, ó en otro organismo; mas, sea cualquiera su situación, es indudable que su interior y su exterior tendrán distintas relaciones con los agentes externos, el alimento, el oxígeno y los diversos estimulantes; más aún: de las varias partes de su superficie, unas estarán más expuestas que otras á las fuerzas ambientes, luz, calor, oxígeno ó influencia de los tejidos de la madre; resultará, pues, inevitablemente, la ruptura del equilibrio primitivo, la cual puede verificarse de uno de estos dos modos: ó las fuerzas externas son capaces de vencer las afinidades de los elementos orgánicos y la masa organizable sé descompone en vez de organizarse; ó, por el contrario, dichas fuerzas van modificando lenta y gradualmente á la masa, la cual se va desarrollando ú organizando. Pongamos algunos ejemplos.

Notemos primero algunas excepciones aparentes. Hay pequeños séres del reino animal que no presentan variaciones apreciables en el curso de su rudimentaria organización. Así, la sustancia gelatiniforme de los rizópodos permanece sin organización propiamente dicha durante toda la vida de dichos séres, hasta el punto que no tienen membrana externa que los limite; como lo prueba el que las prolongaciones filiformes que nacen de la masa, se sueldan si se tocan. Que un animal afine á los rizópodos el *Amœba*, cuyos miembros, menos numerosos y de más volumen, no se sueldan, tenga ó no, como se discute aún, una especie de membrana ó pared de célula y un núcleo, claro es que esa ligera distinción de partes es insignificante, puesto que las partículas alimenticias pasan al interior del animal, á través de una parte cualquiera de la periferia, y, puesto que, cortando al animal en pedazos, cada uno tiene las mismas propiedades y funciones que el animal entero. Pues bien: estos casos, en que no hay contraste entre la estructura interior y la exterior, ó le hay insignificante, y que parecen contradecir el principio que discutimos, son, por el contrario, pruebas muy significativas de su verdad. En efecto, ¿cuáles son los caracteres de los *Protozoos?* Sufrir continuos é irregulares cambios de forma; no tener relaciones permanentes entre las varias partes de su cuerpo; lo que antes era interno, luego es exterior, y sirviendo de miembro temporero, se adhiere al objeto que acaba de tocar; lo que formaba parte de la superficie externa es atraído al interior con las partículas alimenticias que le estaban adheridas.

Ahora bien, según nuestra hipótesis, sólo por sus posiciones diferentes, respecto á las fuerzas modificadoras, es por lo que las partes primitivamente semejantes de una masa viva se hacen desemejantes; pero si las posiciones son indeterminadas, si no hay diferencias permanentes entre ellas, tampoco podrán ser influídas permanentemente, por las fuerzas externas, las partes de la masa, y ésta no podrá experimentar por tanto, sino débiles modificaciones; y esto precisamente es lo que sucede en los protozoos, según hemos indicado. A esa prueba negativa añádese, como era de esperar, alguna prueba positiva. Al pasar de esos puntos proteiformes de la materia viva á organismos cuya estructura no varía, hallamos que las diferencias de tejidos corresponden á las diferencias de posición relativa.

En todos los *Protozoarios* superiores, como también en todos los *Protofitos*, se nota una diferenciación fundamentalmente distinta, en las membranas de las células y en el contenido de las mismas, correspondiente al contraste fundamental de condiciones, implicado en las palabras *exterior* ó *interior*. Pasando de los organismos llamados unicelulares á los compuestos de una aglomeración de células, observaremos también la relación íntima que une las diferencias de estructura, y las de circunstancias ó condiciones. Bajo el punto de vista negativo vemos que en una esponja, atravesada en todos sentidos por las corrientes de agua del mar, lo vago de la organización corresponde á una vaguedad también, en las diferencias de condiciones; las partes periféricas y las centrales se diferencian tan poco en su estructura como en su exposición á las influencias ambientes. Y bajo el punto de vista positivo, en séres como los *Thalassicolla*, que, aun cuando poco elevados en la escala zoológica, conservan diferencias permanentes por el exterior,

sus partes internas y externas, vemos una estructura sometida
evidentemente á las relaciones entre centro y superficie, una distribución más ó menos concéntrica de las diversas partes.

Después de esa modificación primaria, que introduce una diferencia entre los tejidos externos y los internos, sigue, en el orden
de persistencia y de importancia, otra modificación que diferencia
entre sí las varias partes de los tejidos externos, y esta modificación corresponde á un hecho casi universal, á saber: que esas varias partes están distintamente expuestas á los agentes ó influencias exteriores. En este caso, como en los otros, las excepciones
aparentes tienen un gran valor. Hay vegetales inferiores, tales como
los *Hematococcus* y *Protococcus*, envueltos por igual en una capa de
mucus ó dispersos en la nieve de los polos, que no presentan diferencia alguna entre las varias partes de su superficie, y es natural
que así sea, puesto que esas varias partes no están sometidas á
diversas condiciones. Las esferas animadas, tales como las *Volvox*,
no tienen en su periferia parte alguna que se distinga de las demás, y nada más natural, pues como ruedan por el agua en todas
direcciones, no exponen á condiciones especiales ninguna de las
partes de su superficie. Pero los organismos que conservan en sus
movimientos, actitudes y posiciones determinadas, no presentan
ya superficies uniformes, como los *Volvox*, *Protococcus*, etc. El
hecho más general que se puede afirmar acerca de la estructura de
los animales y de las plantas es que, por grande que sea el principio la semejanza de forma y de textura de las diversas partes exteriores, adquirirán desemejanzas sucesivas, correspondientes á
sus distintas relaciones con las fuerzas exteriores. El germen ciliar
de un zoofito, que durante su período de locomoción no presenta
más diferencias que las de los tejidos externos é internos, apenas
se ha fijado, cuando su parte superior comienza á diferenciarse
ya de la inferior. Las yemas discoideas del *Marchantia*, primero
semejantes por sus dos caras, comienzan en seguida á echar raicillas por su cara interior y *estomas* por la superior; lo cual prueba
indiscutiblemente que esa diferenciación primaria es producida
por la diferencia fundamental de condiciones.

En los gérmenes de los organismos superiores, las metamorfosis
debidas inmediatamente á la instabilidad de lo homogéneo, son
natural y prontamente ocultadas por las debidas á la ley hereditaria. Sin embargo, hay cambios primitivos, comunes á todos los
organismos, y que, por tanto, no se puede atribuir á la heren-

cia, sino á la ley que venimos estudiando. Un germen, que aún
no ha empezado á desarrollarse, consta de un grupo esferoidal de
células homogéneas: pues bien; el primer grado de su evolución,
en todo el reino orgánico, consiste en establecerse una diferencia
entre las células periféricas y las interiores; algunas de aquéllas
después de haberse hendido en muchos sitios, se sueldan formando
una película ó membrana, la cual, ó se extiende y recubre á poco
la masa entera, como en los mamíferos, ó bien se detiene algún
tiempo en su desarrollo, como en las aves. He ahí dos hechos sig-
nificativos: el primero, que la desemejanza primitiva se establece
entre el interior y el exterior; el segundo, que el cambio que da
el impulso al desarrollo no se verifica simultáneamente en toda la
parte externa, sino que comienza en un sitio y se extiende, poco
á poco, á todos los demás. Ambos hechos son corolarios evidentes
de la instabilidad de lo homogéneo; la superficie debe, más bien
que otra parte cualquiera, diferenciarse prontamente del centro,
porque está sometida á condiciones más diferentes de las del centro que todas las demás partes; y todas las partes de la superficie
no deben diferenciarse simultáneamente de las interiores, porque
no están todas á la vez igualmente expuestas á las fuerzas exteriores.

Recordemos aún otro hecho general de análogo significado:
cualquiera que sea la extensión de esa capa periférica de células ó
del *blastodermo*, como se le llama, se divide á su vez en dos hojas
ó membranas: la mucosa, exterior, ó *exodermo* y la serosa, interior, ó *endodermo*; la primera está formada de la parte del blastodermo que está en contacto con el exterior, y la segunda de la parte que toca á la masa celular interior; es decir, que después de la
diferenciación primaria entre la superficie y el centro, la parte
superficial resultante se desdobla, sufriendo una diferenciación
secundaria, en parte ú hoja externa y parte interna; y es evidente
que esta diferenciación secundaria es del mismo orden que la primaria; que corresponde también al contraste de condiciones tantas
veces ya mentado.

Pero, como ya lo hemos indicado, ese principio (el de la instabilidad de lo homogéneo) no da por sí solo toda la clave del desarrollo orgánico; es insuficiente para explicar particularidades genéricas y específicas, y mucho más, las correspondientes á los
órdenes, familias, etc.; no puede, de ningún modo, explicarnos
por qué dos huevos, depositados en el mismo estanque, produci-

rán el uno un pez y el otro un reptil; por qué otros dos, empolla-
dos por la misma gallina, darán el uno un patito, el otro un po-
llito. Para eso no hay más explicación que el principio inexplicado
de la transmisión hereditaria; esa capacidad inexplicable de cada
germen para desarrollarse, reproduciendo las formas y rasgos de
sus antepasados en sus menores detalles, y hasta sus enfermedades. Que una parte microscópica de sustancia, aparentemente homogénea, encierre ó lleve en sí una influencia tal, que el hombre
que de aquélla salga será á los veinte, treinta, cincuenta años
tísico, gotoso, loco, etc., es una cosa increíble, á no estarlo viendo confirmado por la experiencia, en muchísimos casos. Si, volviendo sobre nuestros pasos, probásemos que esas diferenciaciones
tan complicadas, que presenta un adulto, son resultados gradualmente acumulados y transmitidos por la herencia, de un proceso
análogo al que hemos ya descrito, del germen, resultaría: que aun
los cambios manifiestos, desde el embrión hasta el adulto, y debidos á la influencia específica ó hereditaria, son consecuencias
lejanas de la instabilidad de lo homogéneo. Si patentizásemos que
las ligeras modificaciones verificadas durante la vida de cada adulto
y legadas á los descendientes con todas las modificaciones anteriores, no son sino desemejanzas de partes, producidas por desemejanza de condiciones, resultaría que las modificaciones verificadas
durante la vida embrionaria son consecuencias en parte directas y
en parte indirectas de la instabilidad de lo homogéneo. Pero las
condiciones de esta obra no permiten que descendamos á exponer
las razones que hay en pró de esa hipótesis.

Basta haber hecho constar que las diferenciaciones más notables que manifiestan universalmente los organismos, al comenzar
su desarrollo, corresponden á las diferencias más marcadas de las
condiciones á que están expuestas sus distintas partes; y basta que
el contraste habitual entre el exterior y el interior, que *sabemos* es
producido en las masas inorgánicas por la distinta exposición á
las fuerzas incidentes, sea enteramente análogo, en su causa y
proceso, al contraste primero que se verifica en todas las masas
organizables al comenzar á organizarse.

Réstanos probar que en el conjunto de organismos que constituyen una especie, se puede también ver una prueba de la instabilidad de lo homogéneo. Hay, en efecto, hechos bastante numerosos para inducir que cada especie no subsiste invariable y uniforme, sino que tiende á variar y heterogeneizarse, hasta cierto

punto; y hay también razones bastantes para juzgar que ese tránsito de lo homogéneo á lo heterogéneo es debido á que los distintos individuos de cada especie están respectivamente sometidos á diferentes conjuntos ó sistemas de circunstancias exteriores ó ambientes. Como base, que creemos suficiente, de inducción, notaremos estos dos hechos: primero, en ninguna especie, animal ó vegetal, son totalmente semejantes los individuos; y segundo, hay en toda especie una tendencia á producir diferencias bastante señaladas para constituir variedades. Por otra parte, la experiencia confirma en esos hechos el principio general, puesto que las variedades son más numerosas y distintas en las plantas cultivadas y en los animales domésticos, cuyas condiciones de vida se apartan más, y en mayor número de puntos, de sus condiciones primitivas. Ya miremos la *selección natural* como el agente que produce la totalidad, ó solamente una parte, de las variedades, esto en nada cambia nuestras deducciones.

En efecto, como la persistencia de una variedad prueba que está en armonía con el conjunto de las fuerzas ambientes, como la multiplicación de una variedad y su establecimiento sobre un terreno ocupado antes por otra fracción ya extinguida de la especie, implican que ese conjunto de fuerzas ha producido sobre ambas variedades efectos diferentes, es evidente que ese conjunto de fuerzas es la causa efectiva de la diferenciación; es claro que si la variedad sustituye á la especie original en unas localidades y en otras no, es porque el sistema de fuerzas de una localidad no es igual al de la otra; y es, por último, evidente que el paso de la especie, de una homogeneidad relativa á la heterogeneidad de razas, variedades, etc., es efecto de que sus distintos individuos han estado expuestos á distintas condiciones ambientes, á distintos sistemas de fuerzas.

158. Para demostrar que la ley (de la instabilidad, etc.) se verifica también en los fenómenos psíquicos, deberíamos hacer un análisis muy detenido de esos fenómenos; deberíamos seguir con minucioso rigor la organización de las primeras experiencias mentales, para poder mostrar cómo los estados psíquicos primitivamente homogéneos, se hacen heterogéneos, á consecuencia de los cambios diferentes efectuados por distintos sistemas de fuerzas. Y una vez probado eso, sería evidente que lo que constituye el desarrollo de la inteligencia bajo uno de sus principales aspectos, es una repartición en clases distintas, de cosas desemejantes, que

24

primitivamente estaban confundidas en una sola clase; es una formación de grupos y subgrupos, hasta que el conjunto de objetos conocidos reuna á la heterogeneidad de los distintos grupos que le componen, la homogeneidad de los elementos de cada grupo.

Si, por ejemplo, seguimos en la escala zoológica la génesis del sin número de conocimientos que adquirimos mediante la vista, observaremos: que en el primer escalón, en que los ojos no sirven sino para distinguir la luz de las tinieblas, la única clasificación posible de los objetos visibles debe estar fundada en el modo y grado de producir sombra ó interceptar la luz.

En esos órganos visuales rudimentarios, las imágenes que se forman en la retina, deben clasificarse tan sólo en dos grupos: uno, de los objetos en reposo, ante los cuales pasa el animal moviéndose; y otro, de los objetos móviles, ó que pasan ante el animal en reposo; objetos estacionarios y objetos móviles debe ser, pues, la primera y más general clasificación de los objetos visibles. Luego viene la división en objetos próximos y objetos lejanos, que no todos los animales pueden apreciar, pues los de ojos muy sencillos no distinguen un objeto pequeño muy cercano de un objeto grande y lejano. Los sucesivos perfeccionamientos de la visión, que hace posible una evaluación más exacta de las distancias, por la comparación de los ángulos ópticos; y los que hacen posible la distinción de formas, por el incremento y subdivisión de la retina, dan más precisión á las clases ya formadas, y á la vez las subdividen en clases más pequeñas compuestas de objetos menos desemejantes. En fin, todos los perfeccionamientos sucesivos de los órganos de percepción externa, deben conducir, y conducen según lo confirma la experiencia, á una multiplicación de las divisiones ó clases de los objetos percibidos, y á un aumento de precisión en los límites de cada clase.

En los niños se ve también que el confuso conjunto de sus primeras impresiones, en que los objetos ambientes se les presentan sin distancias, volúmenes, ni formas, es decir, sin distinción ni diferencia, unos respecto á otros, se transforma, poco á poco, en clases de objetos desemejantes por 'tales ó cuales atributos. En ambos casos se puede comprobar, haciendo un detenido estudio, aquí ya incompatible con la extensión de esta obra, que esa conciencia primitiva, indefinida, incoherente y homogénea, se ha cambiado en una conciencia definida, coherente, heterogénea, por la influencia de las diversas acciones de las fuerzas externas sobre el organismo. Bastan estas indicaciones sumarias, que á modo de jalones podrán guiar al lector reflexivo, y ayudarle á convencerse de que la evolución de los fenómenos psíquicos no ofrece excepción alguna á la ley de la instabilidad de lo homogéneo. Para facilitar esta tarea, añadiremos un ejemplo, que puede comprenderse aislado, fuera de la evolución mental, aunque de ella forme indudablemente parte integrante.

Háse observado ya que á medida que progresa la formación de un idioma, las palabras que tenían primitivamente significados parecidos, los van adquiriendo más distintos; fenómeno que puede llamarse *desinonimización*. No es fácil demostrar claramente ese cambio en las palabras indígenas ó primitivas de cada idioma, porque faltan libros donde observarlo, ya que las divergencias de sentido de esas palabras han precedido generalmente á la aurora de la literatura. Pero, en las palabras inventadas, ó tomadas de otras lenguas, cuando ya había libros, es muy fácil seguir ese movimiento. Entre los antiguos teólogos, la palabra *descreído* (*miscreant*), era usada exclusivamente en un sentido etimológico, como sinónima de *incrédulo* (*unb élever*); pero en el lenguaje moderno ha extendido más su significación (1). Análogamente: *malvado* y *malhechor*, sinónimos etimológicamente, no lo son ya por completo, puesto que *malhechor* significa un criminal, y no es tan fuerte la acepción moral de la voz *malvado*. Las palabras más demostrativas de la ley, son las compuestas de las mismas partes combinadas distintamente; así, se dice: *pasamos (go under)* bajo un árbol, y *sufrimos (undergo)* una pena; analizadas estas dos frases—lo mismo otras muchas — se halla el mismo sentido literal, pero el uso (*quem penes arbitrium est et jus et norma loquendi*) ha modificado de tal modo sus respectivos significados, que no se puede decir, sin caer en ridículo, *sufrimos (undergo)* un árbol, pasamos *(go under)* bajo una pena.

Todos esos ejemplos, y otros innumerables que podríamos poner, prueban que el completo equilibrio ó uniformidad, ó sinonimia entre dos ó más palabras, no puede sostenerse, formándose bien pronto el hábito de referir la una con preferencia á la otra,

---

(1)　Téngase presente que el autor se refiere á la lengua inglesa, y que es muy casual haya exacta correspondencia entre los sinónimos de un idioma y los de otro; y más, siendo muy escasos los sinónimos en el idioma inglés y muchos en castellano. (T.)

á tales ó cuales objetos ó actos. Cada persona tiene costumbre de usar tales ó cuales frases, para expresar lo mismo que otras personas expresan con otras frases; y esa imposibilidad de conservar un perfecto equilibrio, una perfecta homogeneidad en el uso de los signos verbales; que caracteriza á cada hombre, ó le distingue, bajo el punto de vista del lenguaje, de los demás, y por consecuencia caracteriza también á cada grupo de hombres, da por resultado definitivo la *desinonimización* de palabras y de frases.

Si hubiera dificultad en comprender cómo esos cambios intelectuales pueden servir de ejemplos á una ley de transformaciones físicas, operadas por fuerzas físicas, se tendrá en cuenta: que todos los actos psicológicos pueden ser considerados como funciones nerviosas; que las pérdidas de equilibrio acabadas de citar son pérdidas de igualdad funcional entre dos elementos del sistema nervioso; y que, como en los ejemplos anteriormente puestos, esa pérdida de igualdad funcional es debida á diferencias en el modo de actuar las fuerzas ambientes.

154.   Las masas de hombres, como todas las masas, tienen la misma tendencia que venimos estudiando, y ocasionada ó producida por las mismas ó análogas causas, ya tantas veces reconocidas en las series de ejemplos anteriormente expuestas. Las diversificaciones *gubernamentales*, *profesionales*, etc., tanto en las pequeñas como en las grandes sociedades, reconocen el mismo origen, ó más bien las mismas causas originarias—diferencia de influencias externas sobre masas, totales ó parciales, relativamente homogéneas.— Analicemos, siquiera sea ligeramente, las dos clases de diversificaciones acabadas de citar.

En una sociedad mercantil, la autoridad de todos los socios puede muy bien ser igual en teoría, pero en la práctica, siempre la autoridad de alguno predomina sobre la de otro ú otros, y si como sucede comunmente, los socios delegan, casi todos, sus poderes en los directores, y éstos tienen, por tanto, iguales atribuciones, pronto alguno de ellos se impone á los demás, y sus decisiones son las que prevalecen en la compañía. Análogamente, en las sociedades políticas, benéficas, religiosas, literarias, etc., hay siempre una división semejante, en partidos dominantes y partidos subordinados, y cada partido tiene sus jefes ó individuos más influyentes, otros con menos pero con alguna influencia, y otros sin influencia. En estos ejemplos secundarios podemos ver grupos de hombres sin organización, unidos por relaciones homogéneas, pasar gradual-

mente al estado de grupos organizados, unidos por relaciones heterogéneas; y no es otra la clave de todas las desigualdades sociales.

En efecto, las sociedades, bárbaras ó civilizadas, están divididas en clases, y en cada clase hay individuos más y menos importantes; esta estructura social es indudablemente el resultado de una operación análoga á la que hemos indicado antes y vemos realizarse frecuentemente en las pequeñas sociedades citadas. Interin los hombres estén constituídos para influir unos sobre otros, ya por la fuerza física, ya por la moral, habrá luchas por la dominación, que terminarán necesariamente por el triunfo de uno de ellos; y una vez marcada la diferencia, se acentuará cada vez más, puesto que, destruído el equilibrio inestable, lo uniforme debe gravitar, con movimiento acelerado, hacia lo multiforme. La supremacía y la subordinación deben establecerse, como vemos se verifica diariamente, en todas las partes del edificio social, desde las grandes clases, que se extienden á la sociedad entera, hasta las pandillas de aldea y las bandas de escolares. Se objetará quizá que esos cambios resultan, no de la homogeneidad, sino de la heterogeneidad de las agrupaciones primitivas, cuyas unidades presentaban desde luego ligeras diferencias. Indudablemente, esa es la causa próxima; y en rigor, hay que considerar esos cambios como tránsitos de un estado relativamente homogéneo á un estado relativamente heterogéneo. Pero es también indudable que una masa de hombres completamente semejantes en todas sus cualidades, experimentaría análogas transformaciones. En efecto, si no la uniformidad perfecta de vida, ocupaciones, condiciones físicas, al menos las relaciones domésticas y la ilación de ideas y sentimientos de cada hombre, debían producir en ellos diferencias individuales, y éstas conducir á diferencias sociales. Hasta las desigualdades de salud, produciendo necesariamente desigualdad en las facultades físicas y mentales, deben romper el equilibrio que suponemos existía entre las influencias mutuas de unos hombres sobre otros. Vemos, pues, que una agrupación humana cuyos individuos fuesen completamente iguales en autoridad, debe, como todo lo homogéneo, hacerse heterogénea, y vemos tambien que esa heterogeneidad es efecto de la misma causa originaria, la desigual exposición de las partes á las acciones exteriores.

Más claramente aún se reconoce esa misma causa á las primeras divisiones profesionales de los hombres, las cuales faltan mientras

son iguales las influencias externas. Así, las tribus nómadas no exponen permanentemente grupos de sus individuos á condiciones locales particulares; una tribu sedentaria que ocupa un territorio reducido, conserva durante largo tiempo, las diferencias marcadas que distinguen á sus varios individuos; y en estas tribus, no hay diferenciaciones económicas propiamente dichas. Pero cuando una agrupación humana bastante numerosa ocupa un gran territorio, y sus individuos viven y mueren en sus distritos respectivos, sus varias secciones subsisten en distintas circunstancias físicas, y por consiguiente tienen que diferenciarse también por sus ocupaciones.

Entonces, los que viven aún dispersos, siguen cazando y cultivando la tierra; los que habitan á orillas del mar, se dedican á faenas marítimas; los habitantes de los sitios escogidos, quizá por su posición central, para reuniones periódicas, se hacen comerciantes y fundan poblaciones; cada una de esas clases sufre en su carácter un cambio, resultante de su ocupación, y que la hace más apta para desempeñarla. Las adaptaciones locales, más recientes en la marcha de la evolución social, se multiplican más y más; una diferencia en el suelo, ó en el clima, ó en ambos, hace que los habitantes de las diversas regiones de un país se diferencien en sus ocupaciones: unos se dedican á ganaderos de vacuno, lanar, etcétera, según las condiciones; otros á labradores de trigo, maíz, avena, bajo análoga influencia; los distritos abundantes en minas se pueblan pronto de mineros, y de fundiciones y herrerías, si las minas son metálicas y de hierro. En suma, tanto de las grandes como de las pequeñas divisiones sociales, la causa principal, originaria y continuada, es la diferencia de circunstancias externas ó ambientes; y esta explicación es perfectamente compatible con la que, bajo otro punto de vista, dimos (80) como corolario de la ley de la dirección de todo movimiento; puesto que la distribución de las fuerzas ambientes es lo que determina el sentido de la mínima resistencia, y por tanto, la diferencia de distribución en diversas localidades ha de producir necesariamente diferentes acciones humanas, individuales y sociales de profesión.

155.   Quédanos por hacer ver que el principio de la instabilidad de lo homogéneo es demostrable *à priori*, como corolario de la persistencia de la fuerza, lo cual ya hemos admitido implícitamente, explicando el paso de lo uniforme á lo multiforme por la diferencia de exposición de unas y otras partes á las fuerzas ambientes; pero

conviene dar á ese reconocimiento ímplicito la forma de una prueba definida.

Cuando se golpea una masa de materia con una fuerza capaz de romperla, se ve que el golpe produce diferentes efectos en las diversas partes, á consecuencia de las distintas relaciones de esas partes con la fuerza que las hiere: la parte que se pone en contacto inmediato con el cuerpo chocante, y por tanto recibe la totalidad del movimiento comunicado, es empujada hacia el interior de la masa, empujando á su vez á las partes próximas, y éstas á las otras, y así sucesivamente. Cuando el golpe es bastante fuerte para hacer pedazos la masa, vemos, por la dispersión de los fragmentos desiguales en direcciones radiadas, que el momento total se ha dividido en momentos parciales distintos por sus valores y por sus direcciones, vemos, también, que esas direcciones están determinadas por las posiciones de las partes de la masa, unas respecto á otras, y respecto al punto de aplicación de la fuerza del choque; y vemos, por fin, que las partes son distintamente impulsadas por la fuerza que las rompe, porque tienen diferentes relaciones con esa fuerza, en cuanto á su dirección y sus enlaces; pues siendo los efectos, sobre las distintas partes, productos combinados de las condiciones de éstas y de la fuerza, no pueden aquéllos ser semejantes, en partes sometidas á condiciones diferentes. La absorción ó recepción del calor radiante es otro ejemplo.

Consideremos el caso más sencillo, el de una esfera que recibe los rayos térmicos del Sol ó de un foco bastante lejano; dichos rayos caerán sobre las varias partes del hemisferio que los recibe, bajo todos los ángulos de 0° á 90°; además las vibraciones moleculares propagadas al través de la masa, partiendo de los puntos que reciben el calor, deben también marchar en todas direcciones; por consiguiente, las partes interiores de la esfera deben vibrar ó calentarse diferentemente según sus posiciones, respecto á la parte que recibe los rayos incidentes; y todas las moléculas interiores y exteriores diferirán unas de otras, más ó menos, en sus vibraciones térmicas, puesto que difieren en sus relaciones con el foco que las calienta.

¿Qué es, pues, lo que significa en el fondo la proposición: «una fuerza constante produce cambios diferentes á través de una masa homogénea, porque las varias partes de esa masa tiene relaciones diferentes con esa fuerza»?

Para comprender bien esto, debemos considerar cada parte como

sometida simultáneamente á otras fuerzas: la gravitación, la cohesión, el movimiento molecular, etc., los efectos producidos por
una fuerza nueva deben ser resultantes de ésta y de todas las fuerzas anteriores. Si las fuerzas que actuaban ya sobre dos partes de
una masa diferían por su dirección, los efectos producidos sobre
esas dos partes por dos fuerzas iguales, diferirán por su dirección;
puesto que aun cuando estas nuevas componentes sean iguales,
las anteriores no lo eran, por tanto las resultantes y los resultados no pueden ser iguales. Aún nos parecerá más claro que las
partes de una masa, dispuestas diferentemente, deben ser modificadas de distintos modos por una misma fuerza exterior, si observamos que las *cantidades* de la fuerza total, que corresponden á
las distintas partes, no son iguales.

Así, las fuerzas químicas sólo ejercen su acción sobre las partes
externas de una masa, y aun sobre esas, desigualmente; puesto
que, por lo general, se establecen corrientes en el medio en que
se verifica la reacción, y en su virtud se aplican á las varias partes de la superficie atacada, diferentes cantidades del agente ó
reactivo. Análogamente, las cantidades de una fuerza radiante exterior, que reciben las diversas partes de una masa, varían por
muchos conceptos: primeramente, hay el contraste entre la cantidad de fuerza incidente sobre la parte situada hacia el centro radiante, y la incidente sobre la parte opuesta, que es, por lo regular, nula; después, las distintas cantidades que reciben las partes
diferentemente situadas del lado de la radiación; y por último, las
innumerables diferencias entre las cantidades recibidas por las diversas partes interiores. Cuando una fuerza mecánica actúa sobre
un agregado material, ya sea por choque, por presión continua ó
por tensión, las cantidades de fuerza distribuídas entre partes
iguales de la masa, son indudablemente distintas para partes situadas distintamente; y si éstas reciben diferentes cantidades de
fuerza, serán diversamente modificadas por ella; es decir, que si
eran relativamente homogéneas en sus relaciones, deben hacerse
heterogéneas, puesto que en virtud del principio de la persistencia de la fuerza, á igualdad de masas, fuerzas desiguales deben
producir efectos desiguales.

Podemos también llegar, por un razonamiento análogo, á la
conclusión de que, aun fuera de las acciones exteriores, el equilibrio de un todo homogéneo debe ser destruído por las acciones
desiguales que ejercen unas sobre otras sus diversas partes. La

influencia mutua que produce la agregación—prescindiendo ahora de las demás influencias mutuas—debe producir efectos diferentes sobre las diversas partes, puesto que éstas reciben la acción de aquella fuerza con variadas intensidades y direcciones. Se comprenderá esto más fácilmente considerando: que las partes de un todo pueden ser miradas, á su vez, como todos menores, respecto á cada uno de los cuales las acciones ó influencias de los otros son fuerzas exteriores que, según lo ya explicado anteriormente, deben operar cambios distintos sobre las partecillas diversas de esos todos; y por tanto, cada uno de ellos debe hacerse heterogéneo, y el todo mayor ó principal resultará, por consiguiente, heterogéneo.

Es, pues, deducible lógicamente la instabilidad de lo homogéneo del principio primordial que sirve de fundamento á nuestra inteligencia. Solamente es concebible la estabilidad en el caso de una homogeneidad absoluta única, é infinita en extensión. En efecto, si centros de fuerza absolutamente iguales en su potencia, estuviesen distribuídos con absoluta y simétrica uniformidad en todo el espacio infinito, estarían eternamente en equilibrio. Pero esa hipótesis, aunque inteligible verbalmente, es inimaginable é ininteligible realmente, puesto que lo es el espacio infinito. Todas las formas finitas de lo homogéneo, únicas que podemos conocer y concebir, deben forzosamente hacerse heterogéneas. Esa necesidad se deduce, bajo tres puntos de vista, de la persistencia de la fuerza.

Prescindamos de las fuerzas externas primeramente; cada unidad de un todo homogéneo debe ser solicitada de distinto modo que otra cualquiera del mismo, por la resultante de las acciones respectivas de las demás unidades. En segundo lugar, no siendo nunca iguales las acciones que sobre dos unidades cualesquiera de la masa ejerce el conjunto de todas las demás, cada fuerza externa ó incidente, aunque sea constante en su intensidad y en su dirección, debe también producir efectos diferentes sobre dichas dos unidades de masa. Y por último, como son necesariamente distintas las posiciones de las diversas partes del todo, respecto á la dirección y punto de aplicación de cada fuerza incidente, deben también por este concepto ser distintos los efectos de ésta sobre aquéllas.

Para concluir, haremos observar que no solamente deben *comenzar* los cambios que inicien la evolución, como consecuencia necesaria de la persistencia de la fuerza, sino que por la misma razón, deben *continuar*; lo absolutamente homogéneo debe perder su equilibrio, y lo relativamente homogéneo debe hacerse menos homogéneo cada vez; puesto que lo que se verifica en ese punto, respecto de una masa total, debe seguir verificándose respecto á las partes en que aquélla se divida; cada una de las cuales debe perder su homogeneidad, absoluta ó relativa, por la misma razón. Vemos, pues, que los cambios continuos que caracterizan la evolución, en cuanto al paso de lo homogéneo á lo heterogéneo, ó de lo menos á lo más heterogéneo, son consecuencias necesarias de la persistencia de la fuerza.

CAPÍTULO XX

LA MULTIPLICACIÓN DE EFECTOS

156. En el último capítulo hemos hecho conocer una causa del incremento de la heterogeneidad; en éste vamos á dar á conocer otra, que si es secundaria cronológicamente, no lo es en importancia; pues aun cuando faltara la causa anteriormente estudiada, esta otra bastaría para el paso de lo homogéneo á lo heterogéneo; y en realidad, lo que sucede es, que combinándose ambas hacen dicho tránsito más rápido y más complicado.

Para descubrir esta nueva causa no tenemos sino dar un paso más en el estudio, ya iniciado, del conflicto entre la fuerza y la materia.

Hemos visto: que cuando un todo uniforme está sometido á una fuerza constante, sus varias partes son modificadas diversamente, por hallarse en diferentes condiciones respecto á esa fuerza. Pero, al ocuparnos de las diversas modificaciones que experimentan las diversas partes de la masa, no hemos estudiado las diferentes y correlativas variaciones que experimentan á la vez las partes en que se divide necesariamente la fuerza total, y que no deben ser menos numerosas é importantes que las otras. Desde luego, siendo, como sabemos, iguales y contrarias la acción y la reacción, es claro que la fuerza incidente, al diversificar las partes de la masa sobre que actúa, debe también diversificarse correlativamente: en vez de ser, como antes, una fuerza constante ó uniforme, debe hacerse multiforme, descomponerse en un sistema de fuerzas desiguales. Algunos ejemplos harán patente esta verdad.

En el caso antes citado, de un cuerpo hecho pedazos por un choque violento, á más del cambio de la masa homogénea en un grupo heterogéneo de trozos dispersos, hay, simultáneamente, un cambio de la fuerza única del choque en varias fuerzas, distintas á la vez por su intensidad y su dirección. Lo mismo sucede á las fuerzas que llamamos calor y luz: después de haber sido dispersadas en todos sentidos por un cuerpo radiante, son redispersadas nuevamente por los cuerpos sobre que caen. Por ejemplo: de los innumerables rayos del Sol que divergen en todos sentidos, una pequeña porción cae sobre la Luna, siendo en parte absorbidos, en parte reflejados en todas direcciones; de los reflejados, una pequeña parte cae sobre la Tierra, que á su vez vuelve á difundir los que no absorbe por el espacio ambiente.

Mas, no solamente la reacción de la materia transforma toda fuerza en otras de distintas direcciones, sino también de distintas especies.

Cuando dos cuerpos se chocan, lo que llamamos el *efecto* del choque es que uno de los dos ó ambos cambian de posición ó de movimiento; pero no es eso todo; además de ese efecto mecánico visible, prodúcese un sonido, ó más bien vibraciones sonoras, en uno de los dos cuerpos, ó en ambos, y en el medio ambiente; y á veces, decimos que esas vibraciones son el efecto del choque; el medio ambiente no sólo es puesto en vibración por el choque, sino que también prodúcense en él corrientes, por el movimiento de los cuerpos chocados, antes y quizá después del choque; por otra parte, si no hay fractura, hay por lo menos dislocación de las moléculas de alguno de los cuerpos, en el sitio chocado, dislocación que llega, á veces, hasta producir una condensación permanente, visible y acompañada de calor; por último, también es algunas veces efecto del choque de una chispa de luz resultado de la incandescencia de alguna partícula arrancada por el choque y acompañada, quizá, de una acción química; puede suceder, pues, y sucede muy frecuentemente, que la fuerza mecánica de un choque se divida y transforme en cinco ó más especies de fuerzas distintas.

Tomemos para segundo ejemplo una vela encendida: en ella encontramos, desde luego, un fenómeno químico, consecutivo á un cambio de temperatura; una vez comenzada la combinación por efecto de calor exterior, verifícase una producción y un desprendimiento continuos de ácido carbónico, de agua, etc.; es decir, un resultado ya más complejo que su causa originaria, el calor; pero á la vez que esos fenómenos químicos, hay también nueva producción de calor y de luz, que calentando la columna de aire y de los mismos gases recién formados, determina corrientes ó movimientos en todo el aire circunvecino.

Y no pára ahí la descomposición de una fuerza en otras; pues cada una de esas nuevas fuerzas engendra á su vez otras muchas: así, el ácido carbónico formado se combinará poco á poco con alguna base, ó bajo la influencia de la luz solar será descompuesto, para dejar su carbono en las hojas de alguna planta; el agua modificará el estado higrométrico del aire ambiente, ó bien, si toca á un cuerpo frío, se condensará, cambiando la temperatura y quizá el estado químico de la superficie que recubra. Además, el calor de la combustión funde la materia de la vela y dilata todos los cuerpos adonde llega; y la luz, al caer sobre distintas sustancias, las modifica diferentemente, y de ahí los diversos cólores.

En fin, universalmente, el efecto de una fuerza es más complicado que la causa; sea ó no homogénea la masa sobre que actúa, toda fuerza incidente se transforma ó descompone en otras muchas diferentes por su intensidad, dirección, especie, ó por todas esas relaciones simultáneamente, cada una de esas fuerzas sufre después análoga descomposición, y así sucesivamente.

Mostremos ahora cuánto adelanta la evolución con esa multiplicación de efectos. Toda fuerza incidente, descompuesta por las reacciones de los cuerpos sobre que actúa, en varias fuerzas diferentes, es decir, una fuerza que de uniforme se hace multiforme, se hace, á la vez, causa de un incremento secundario de multiformidad en el cuerpo que la descompone. Vimos en el capítulo anterior que las varias partes de un todo son diversamente modificadas por una misma fuerza incidente; y acabamos de ver que, á consecuencia de las reacciones de las partes diversamente modificadas, la fuerza inicial debe también dividirse y subdividirse en fracciones, diversas por uno ó varios conceptos. Pero queda por hacer ver: que cada parte de la masa ya diversificada, se convierte en un centro desde el cual cada parte de las en que se ha dividido la fuerza total, es nuevamente infundida. Al fin, puesto que fuerzas iguales deben, en general, producir resultados diferentes, cada una de esas fuerzas parciales debe producir en la masa total nuevas diferenciaciones. Y es evidente que esta causa secundaria el

paso de lo homogéneo á lo heterogéneo, se hace más poderosa á medida que aumenta la heterogeneidad; pues cuando las partes, que resultan de la disgregación de un todo en evolución, han tomado ya naturalezas diversas, deben reaccionar distintamente sobre la fuerza inicial, deben subdividirla en grupos de fuerzas muy variados ó diferentes, convirtiéndose cada una de esas partes en centro de una serie de influencias distintas, debe añadir cambios secundarios distintos á los ya operados en la masa total. Téngase presente, además, que el número de partes desemejantes de que consta un todo, y el grado de su desemejanza, son factores importantes de la operación que venimos estudiando: toda nueva división específica es un nuevo centro de fuerzas especificadas; si un todo uniforme hecho multiforme bajo la acción de una fuerza incidente, hace á su vez multiforme á esa fuerza, si un todo compuesto de dos partes desiguales, divide á una fuerza incidente en dos grupos diversos de fuerzas multiformes, es claro que cada nueva y distinta parte debe ser un nuevo origen de complicación para las fuerzas distribuídas en la masa, es decir, un nuevo origen de heterogeneidad.

La multiplicación de los efectos debe ir, pues, en progresión geométrica; cada grado de la evolución debe ser preludio de otro grado más avanzado.

157. Actuando la fuerza de agregación primitiva, que comenzó la formación de las nebulosas, sobre masas irregulares de materia rarificada, difundida en un medio resistente, no pudo imprimir á esas masas movimientos rectilíneos hacia su centro común de gravedad, sino que debió cada masa seguir una trayectoria curvilínea, dirigida hacia uno ú otro lado de dicho centro; y siendo distintas las condiciones de las varias masas, la gr vitación les imprimiría movimientos diferentes en dirección, velocidad, curvatura de la trayectoria, etc.; es decir, que una fuerza primitivamente uniforme se diversificaría en muchas diferentes, bajo uno ó varios aspectos.

La operación, así comenzada, debió continuar hasta producir una sola masa de materia nebulosa, girando alrededor de un eje, condensación y rotación simultáneas, en que vemos cómo dos efectos de la fuerza primitiva, primero apenas divergentes, adquieren, en definitiva, diferencias muy marcadas. A medida que la condensación y la velocidad del giro aumentaban, aumentaba también, por la acción combinada de las dos fuerzas—agregativa y centrífuga,—el aplanamiento del esferóide nebuloso; tercer efecto. Al mismo tiempo, la condensación, en distintos grados, de las diversas partes de la masa, debió producir enormes cantidades de calor, pero también distintas, pues lo eran las fuerzas productoras; cuarto efecto. Las fuerzas de agregación y de rotación, actuando sobre esas masas gaseosas, desigualmente calentadas, producirían corrientes generales y locales; y cuando el calor alcanzara ya cierta elevación, se produciría también luz.

Así, pues, aun prescindiendo de las acciones químicas, eléctricas, etc., se ve bien claramente: que si la materia existió *in principio* en estado difuso, la fuerza primitiva que inició su condensación debió irse dividiendo y subdividiendo, á la par que la *masa;* produciéndose por la serie mutua de acciones y reacciones de las partes de *la una* sobre las de *la otra*, una creciente multiplicación de efectos, que aumentaba cada vez más la heterogeneidad pre-existente.

La parte de nuestra tesis relativa al sistema solar, es fácilmente demostrable, sin necesidad de hipótesis; basta estudiar atentamente los atributos astronómicos de la Tierra ó de otro cualquier planeta.

Primeramente el movimiento de rotación produce directa ó indirectamente el aplanamiento polar, la alternativa de días y noches, corrientes marinas y atmosféricas.

En segundo lugar, la inclinación del eje de rotación sobre la Eclíptica produce las diferentes estaciones.

En tercero y último lugar, la atracción de los demás cuerpos del sistema, sobre este esferóide aplanado y girando alrededor de un eje inclinado, produce las mareas acuosas y atmosféricas y los movimientos de precesión y de nutación.

El modo más sencillo de hacer ver la multiplicación de efectos en los fenómenos del sistema solar, sería describir la influencia de cada elemento del sistema solar sobre todos los demás. Cada planeta produce, sobre los planetas próximos, perturbaciones apreciables, que complican las engendradas por otras causas, y producen también, sobre los planetas lejanos, perturbaciones menos visibles, he ahí una primera serie de efectos. Pero las perturbaciones de cada planeta son, á su vez, nuevo origen de otras; por ejemplo, habiendo desviado el planeta A al planeta B del sitio que éste ocuparía en un instante dado si A no existiera, las perturbaciones causadas por B serán distintas de las que serían, sin la existencia de A, y lo mismo puede decirse de cada uno de los astros del sistema, respecto á los demás; he ahí una segunda serie de efectos mucho menos intensos, pero más numerosos. Como esas perturbaciones indirectas, ó de segundo orden, modifican nuevamente los movimientos de los planetas, producen una serie terciaria de perturbaciones, y así sucesivamente: la fuerza ejercida por cada planeta produce un efecto distinto sobre cada uno de los otros; ese efecto se refleja desde cada uno de ellos, como centro, sobre todos los demás; pero muy debilitado, produciendo efectos mucho menores; y así, como ondas que se propagan y se reflejan en todas direcciones, pero debilitándose, como es natural.

158. Si la Tierra se ha formado por la concentración de una materia difusa, es preciso que estuviera primero fundida y candente: estado que se debe considerar hoy como demostrado inductivamente, ya se acepte ó se rechace, para explicarlo, la hipótesis nebular.

Ya hemos hablado de muchos resultados del enfriamiento gradual de la Tierra, tales como la formación de la corteza, la solidificación de los elementos sublimados, la precipitación del agua, etcétera; efectos todos de una sola causa: la disminución del calor. Estudiemos, no obstante, los múltiples fenómenos á que da lugar la continuación de esa causa por sí sola.

La Tierra, como todo cuerpo, al enfriarse, se contrajo indudablemente; en consecuencia, la primitiva costra sólida es ahora demasiado grande para el núcleo que sigue contrayéndose, y al cual tiene que seguir aplicada, pues no tiene espesor relativo bastante para sostenerse sola; pero una corteza esferoidal no puede sin romperse ó arrugarse, aplicarse á un núcleo más pequeño, como se ve en los frutos secos de corteza delgada, la cual se arruga al disminuir el volumen del fruto por la evaporación de sus jugos; la corteza de la Tierra debió, pues, arrugarse, al seguir ésta enfriándose; de ahí las desigualdades de la superficie terráquea, cada vez mayores, á medida que se espesa la costra por seguir el enfriamiento. Sin hablar de otras causas modificadoras, vemos cuán heterogénea se hizo la superficie de nuestro planeta, sólo por una causa: el enfriamiento. Los telescopios nos prueban que análoga heterogeneidad se ha producido en la Luna, donde no hay fuerzas acuosas ni atmosféricas. Notemos aún otra causa de heterogeneidad, simultánea y semejante á la ya estudiada. Cuando

la costra sólida terrestre era aún delgada, las arrugas producidas por su contracción debían, no solamente ser pequeñas, sino dejar también entre ellas pequeños espacios bajos, aplicados suavemente al esferóide líquido interior; y el agua, que se condensaría primero sobre las regiones polares, se distribuiría con cierta regularidad. Pero, á medida que la costra iba espesándose y adquiriendo más resistencia, las arrugas se harían más grandes y separadas, las superficies intermedias seguirían al núcleo menos exactamente, y así se formaron las grandes extensiones, hoy existentes, de tierra y agua.

Análogamente, cuando se envuelve una naranja con papel de seda húmedo, se ve cuán pequeñas son y espesas están las arrugas, y lo mismo los espacios que las separan. Pero si se la envuelve con papel más grueso, se notará la mayor altura y separación de las arrugas, etc.

Ese doble cambio, en la altura y separación de las cordilleras terrestres y de sus cuencas respectivas, implica otra heterogeneidad; las de las líneas de costas: una superficie elevada próximamente lo mismo, sobre el nivel del Oceano, tendría unas riberas ó costas regulares; pero una superficie diversificada por llanuras y cordilleras, debe presentar fuera del agua contornos muy irregulares. Véase cuán variada é indefinida multiplicación de efectos geológicos y geográficos ha producido directa é indirectamente, con el transcurso de los siglos, una sola causa: el enfriamiento sucesivo de la Tierra.

Si pasamos de los agentes que los geólogos llaman ígneos, á los ácueos y atmosféricos, veremos también en progresión creciente la multiplicación de efectos; el aire y el agua, desgastando las superficies que rozan, no han cesado de modificarlas desde el principio, y de producir doquier muchos y distintos cambios. Ahora bien; como ya sabemos (69), el origen de esos movimientos de los fluidos exteriores terráqueos es el calor solar: la transformación del calor solar en diversos modos de fuerza, según la materia que lo recibe, es, pues, el primer grado de la complicación que vamos á estudiar. Los rayos solares caen con variedad de inclinaciones sobre el esferóide terráqueo, que, en virtud de su doble movimiento, presenta y oculta el Sol, alternativamente, las diversas partes de su superficie; esto solo bastaría para una gran variedad de efectos, aun cuando la superficie de recepción fuese uniforme; pero siendo ésta, además, tan accidentada, aquí mares, allí nieves, acá llanuras, acullá montañas, y todo eso rodeado de una atmósfera en la que flotan nubes, algunas veces extensas, todavía serán mucho más varios los efectos. Se engendrarán corrientes marinas y atmosféricas, con diversidad de direcciones, velocidades y temperaturas; se evaporarán enormes cantidades de agua, que, disipadas primero en la atmósfera, se precipitarán luego en forma de rocío, lluvia, nieve, etc., dando á su vez origen á los arroyos, torrentes, ríos, lagos; en los sitios muy fríos se formarán grandes cantidades de hielo, rompiendo, quizás, algunas rocas heladizas, y arrastrando luego los pedazos el deshielo, etc., etc.

En un segundo grado de complicación, cada uno de los diversos movimientos producidos directa ó indirectamente por el Sol, produce, á su vez, multitud de resultados variables, según las condiciones; la oxidación, la sequedad y la humedad, los vientos, las lluvias, las nieves, los hielos, los ríos, las olas, y tantas otras causas, operan desintegraciones, cuyas intensidades y especies están determinadas por las condiciones ó circunstancias locales. Así, cuando esos agentes operan sobre masas de granito, en unas partes no producen efecto apreciable; pero en otras, producen exfoliaciones y roturas, de que resultan los guijarros y cantos rodados, y en otras, después de haber descompuesto el feldespato en *kaolin*, le arrastran con la mica y el cuarzo que le acompañaban, y le depositan en capas en el fondo de los ríos y de los mares. Cuando la superficie, sometida á dichas causas, se compone de partes ígneas y de partes sedimentarias, los cambios verificados son aún más heterogéneos; pues siendo muy distintos los grados de destrucción de que son susceptibles ambas especies de formaciones, la superficie, en cuestión, se desintegrará más irregularmente. Las varias corrientes de agua, al lavar las superficies de distinta composición, arrastran diversas combinaciones, que luego depositan en nuevas capas; sencillo ejemplo, que prueba una vez más, cómo la heterogeneidad de los efectos crece en progresión geométrica con la heterogeneidad de los objetos que sufren la acción de las masas. Un continente con toda su compleja estructura, con tantas capas de tan varias composiciones, irregularmente distribuídas, elevadas á distintos niveles, inclinadas bajo todos los ángulos, debe, sometido á los mismos agentes de destrucción, originar efectos inmensamente multiformes ó heterogéneos; cada distrito debe ser modificado de un modo especial; cada río arrastrar distinta especie de *detritus*; cada depósito debe estar diferentemente situado y distribuído por la variedad de corrientes y de sinuosidades de los ríos, etc., etc.

Consideremos, para terminar el estudio de la ley en el reino inorgánico de nuestro globo, lo que sucedería á consecuencia de una gran revolución geológica; por ejemplo, el hundimiento de la América Central.

Los resultados inmediatos de la dislocación serían ya por sí bastante complicados: innumerables capas terrestres se romperían; inmensos terremotos, acompañados, tal vez, de terribles erupciones volcánicas, se propagarían á millares de millas; el Atlántico y el Pacífico se precipitarían á llenar el hueco dejado por el hundimiento; gigantesco choque de dos Oceanos, que produciría profundos y numerosos cambios en sus antiguas y nuevas costas; furiosas y enormes oleadas atmosféricas barrerían la superficie terráquea, complicadas con las corrientes gaseosas de los volcanes, y con deslumbrantes y atronadoras descargas eléctricas.

A todos esos efectos temporales seguirían otros muchos permanentes: cambiarían sus direcciones é intensidades las corrientes de ambos Oceanos, y por tanto, la distribución de calor de que son agentes muy principales, y las líneas isotermas; cambiarían también su curso las mareas; los vientos sufrirían más ó menos variación en sus períodos, direcciones, velocidades y temperaturas; variaría la cantidad media de lluvia en cada país; en fin, las condiciones físicas de casi toda la superficie terráquea serían diferentes.

Cada uno de esos cambios comprende otros muchos secundarios; véase, pues, la inmensa heterogeneidad de efectos operados por una fuerza única, cuando esa fuerza obra sobre una vasta y complicada superficie terráquea, y no se vacilará en suponer que, desde el principio, las modificaciones de nuestro planeta han seguido, en su complicación y multiplicidad, una progresión creciente.

159. Vamos ahora á seguir el mismo principio universal en la evolución orgánica.

Ya hemos visto en ella el paso de lo homogéneo á lo heterogéneo, pero no es tan fácil hacer ver la producción de muchos efectos por una sola causa; pues los cambios orgánicos son, desde el desarrollo del germen hasta la muerte, tan lentos y graduales, y las fuerzas que los producen tan complicadas y ocultas, que es muy difícil descubrir la multiplicación de efectos, tan patente en el reino ó imperio orgánico. Con todo, si no directamente, ya podremos

comprobar el principio en cuestión, más ó menos indirectamente.

Notemos, desde luego, cuántos efectos produce un solo estímulo en una organización bien desarrollada, en un hombre adulto, por ejemplo.

Un ruido alarmante, la vista de un objeto terrorífico, además de las impresiones inmediatas que producen sobre los sentidos y los nervios, pueden producir también un grito, un sobresalto, un cambio de fisonomía, temblor, sudores, palpitaciones, subida de sangre á la cabeza, síncope, y quizá hasta la iniciación de una larga enfermedad, con sus varios y complicados síntomas.

Una pequeñísima cantidad de virus variólico inoculado producirá, en un caso grave: en el primer período, escalofríos, fiebre, sarro lingual, inapetencia, sed, dolores epigástricos, de cabeza, dorso, y miembros, vómitos, debilidad muscular, convulsiones, delirio, etc.; en el segundo período, una erupción cutánea, prurito, chillar de oídos, dolor é hinchazón de garganta, salivación, tos, ronquera, disnea, etc.; y en el tercero, inflamaciones edematosas, neumonía, pleuresía, diarrea, inflamación del cerebro, oftalmía, erisipela, etc.; y cada uno de esos varios fenómenos es á su vez más ó menos complejo. Análogamente, se ve que un medicamento un manjar especial, un cambio de clima, producen, á veces, múltiples y heterogéneos resultados. Pues bien, basta considerar que los numerosos resultados producidos por una sola fuerza sobre un organismo embrionario, para comprender como en esos pequeños séres la producción de numerosos efectos por una sola causa, es origen de su creciente heterogeneidad.

El calor exterior y otros agentes que determinan las primeras complicaciones del germen, provocan, reaccionando sobre ellas, nuevas complicaciones, y así sucesivamente, cada órgano, á la par que se va desarrollando, aumenta, por sus acciones y reacciones sobre los demás, la heterogeneidad del conjunto. Los primeros latidos del corazón de un feto deben ayudar simultáneamente al desarrollo de todos los órganos: tomando cada tejido, de la sangre, los elementos necesarios para su nutrición, debe modificar la constitución de ese líquido, y por tanto, la nutrición de los demás tejidos; ésta implica, además de la asimilación, ciertas pérdidas, ó sea un desgaste de materia que arrastrada, á su vez, por la sangre debe influir en el resto del organismo, y quizá originar, como algunos creen, la formación de los órganos excretores.

Las conexiones nerviosas entre las vísceras deben multiplicar aún más sus influencias mutuas; y lo mismo sucede á toda modificación de estructura, á toda parte nueva y á todo cambio en las relaciones entre las partes, y una prueba bien patente es que un mismo germen puede desarrollarse con distinta forma, según las circunstancias. Así, en el principio de su desarrollo, todo embrión está desprovisto de sexo, resultando luego hembra ó macho, según las fuerzas que concurren al desarrollo: sabido es que las larvas de las abejas obreras y reinas son idénticas, resultando respectivamente, unas ú otras, según la alimentación y las condiciones ambientes.

Algunos entozoarios presentan ejemplos aún más sorprendentes: un huevo de tónia, si llega al intestino de un animal determinado (de especie), se desarrolla bajo la forma del gusano de que procede; pero si va á parar á otro punto del organismo, ó á otra especie de animal, resulta un gusano utricular de los llamados *cisticércos*, *equinococcus*, etc., tan diferentes de la tenia en forma y estructura, que han sido precisas minuciosísimas investigaciones para demostrar que tienen el mismo origen. Todos esos casos demuestran, que toda nueva complicación de un embrión en vía de desarrollo, resulta de la acción de las fuerzas incidentes sobre la complicación anterior. La hipótesis, hoy admitida, de la epigenesis, nos obliga á admitir también que la evolución orgánica se verifica como acabamos de indicar.

En efecto, puesto que está demostrado que ningún germen animal ni vegetal contiene el más pequeño rudimento, la más ligera traza, el más débil indicio del organismo que de él ha de salir; puesto que el microscopio nos revela que la primera operación que se verifica en un germen fecundado, es una división espontánea, que produce una formación de células sin carácter específico alguno, no podemos dejar de concluir que la organización parcial, existente en cada momento, en un embrión que se desarrolla, se transforma, por efecto de las fuerzas que actúan sobre ella, y pasa á otra fase ó á otro grado más avanzado de organización, y de ese á otro, y así sucesivamente, hasta llegar á la forma y estructura definitivas.

Así, pues, aunque la pequeñez de las fuerzas y la lentitud de las metamorfosis nos impidan seguir *de un modo directo* la génesis de los diversos movimientos producidos por cada fuerza, en las fases sucesivas de la evolución embrionaria, tenemos pruebas indirectas de que esa multiplicación de efectos se verifica, y es una de las causas productoras de la heterogeneidad orgánica. Hemos indicado la multitud de efectos que una sola fuerza puede producir en un organismo adulto; hemos inducido, de ciertos hechos muy notables, que un organismo embrionario puede también ser teatro de una multiplicación de efectos; hemos hecho ver que la aptitud de ciertos gérmenes para desarrollarse con variadas formas, implica que las transformaciones sucesivas resultan de nuevos cambios provocados por los precedentes; y hemos, por último, observado que, siendo todos los gérmenes primitivamente homogéneos, no se puede explicar de otro modo su desarrollo. Sin duda, no hemos explicado por qué el germen, al experimentar ciertas influencias, sufre los cambios especiales que inician la serie de sus transformaciones; todo lo que podemos afirmar es: que la evolución que saca un organismo determinado de un germen, en virtud de propiedades misteriosas de éste, pende también, en parte, de la multiplicación de efectos que hemos reconocido como concausa de la evolución en general, hasta donde la hemos seguido.

Pasemos ya del desarrollo de una planta ó de un animal al de la fauna ó flora terrestre, respecto á los cuales será más sencilla y clara la demostración. Indudablemente, según ya hemos reconocido, la paleontología no nos autoriza para afirmar en absoluto: que desde los tiempos primitivos de la vida orgánica hasta el presente, los grupos de séres organizados han sido en cada época más heterogéneos que en la anterior; mas ya veremos que puede inferirse como muy probable su continua tendencia á la heterogeneidad, por la multiplicación de efectos debidos á cada causa, que, como ya hemos visto, ha debido acrecentar primero la heterogeneidad física terrestre, y, como consecuencia, la heterogeneidad de las faunas y floras parciales y totales. Un ejemplo aclarará esto: supongamos que por una serie de levantamientos verificados á grandes intervalos, la parte oriental del archipiélago indio se elevase y formara un continente surcado por una cordillera á lo largo del eje de elevación, el primer levantamiento de la serie modificaría ligeramente las condiciones de existencia de los animales y plantas de Borneo, Sumatra, Nueva Guinea y otras islas; pues cambiarían la temperatura y humedad y sus variaciones periódicas, en general, multiplicándose también quizá las diferencias locales.

Esas modificaciones producirían, como natural consecuencia, las de la fauna y la flora del país, siquiera fuese ligeramente y en relación con las distancias de las especies, y aun de los individuos de cada especie, al eje del levantamiento. Las plantas que sólo pueden vivir á orillas del mar, dejarían probablemente de existir, al menos en algunos sitios; otras, que no viven sino en lugares pantanosos, experimentarían, las que sobrevivieran, cambios de aspecto visibles; y aún más notables los sufrirían las plantas marinas de las tierras emergentes. Los animales que se alimentan de esas plantas serían doblemente modificados por el cambio de alimento y por el cambio de clima, sobre todo, aquellos que se vierau obligados á nutrirse de otras plantas por haber desaparecido las que antes les servían de alimento.

Durante la vida de las numerosas generaciones sucesivas que mediaran del primero al segundo levantamiento, las alteraciones, apreciables ó no, que por aquél se hubieran producido en cada especie, se organizarían y se establecería una adaptación más ó menos completa á las nuevas condiciones de existencia.

El levantamiento siguiente produciría nuevos cambios orgánicos, que alejarían aún más las nuevas formas y estructuras de las primitivas, y así sucesivamente. Pero nótese bien que esa transformación no se reduciría al cambio de un millar de especies primitivas en un millar de especies modificadas, sino que se formarían muchos miles de especies, variedades y razas modificadas.

En efecto, distribuyéndose cada especie y tendiendo, naturalmente, á colonizar las nuevas superficies emergentes, sus varios individuos sufrirían diversas series de cambios: los que se acercaran al Ecuador serían modificados distintamente que los que se alejaran; los que se quedaran en las nuevas costas ó riberas experimentarían diferentes modificaciones que los habitadores de las montañas; y de ese modo cada especie primitiva sería un tronco de que divergirían otras muchas, más ó menos diferentes de aquélla y entre sí. Si algunas especies desaparecían, las más pasarían al período geológico siguiente, y su mayor dispersión favorecería su diversificación. Y no solamente se verificarían cambios orgánicos por la influencia de los nuevos alimentos y climas, sino también por la de nuevas costumbres; la fauna de cada isla se pondría en contacto con las faunas de las otras islas, probablemente algo distintas de aquélla y entre sí; los fitófagos tendrían que adoptar nuevos modos de huída ó defensa, y á su vez los zoófagos variarían correlativamente sus modos de ataque.

Sabemos que, cuando lo exigen las circunstancias, no dejan de verificarse esos cambios en los animales; y que, cuando llegan á dominar nuevas costumbres, modifican, hasta cierto punto, la organización.

Veamos ahora un nuevo corolario. No solamente debe nacer, de las influencias externas, una tendencia á la diversificación de cada grupo de organismos en varios grupos, sino también, en circunstancias favorables, una tendencia á la producción de organismos más complicados.

En general, esas variedades divergentes, producidas por nuevas condiciones y costumbres, presentarán cambios indeterminados en grado y especie, y de los cuales muchos no serán progresivos; es decir, que no serán más heterogéneos que el tipo original, muchos de los tipos modificados. Pero debe suceder, indudablemente, que tal ó cual división de una especie dada, habiendo de vivir en condiciones ambientes más complejas, y que exigirán, por tanto, mayor complejidad de actos vitales, sufrirá gradualmente los cambios orgánicos correlativos; es decir, se hará, poco á poco, más heterogénea. Por consiguiente, se harán cada vez más heterogéneas tanto la fauna como la flora terráqueas.

Sin entrar, pues, en detalles aquí improcedentes, es indudable que los cambios geológicos han tendido siempre á hacer más complicadas las formas de la vida, ya se las considere conjunta ó separadamente; la multiplicación de efectos, que ha sido, en gran parte, la causa que ha hecho pasar la corteza terrestre de un estado simple á otro complejo, ha producido, á la vez y secundariamente, análoga transformación en los organismos terráqueos (1).

Esa deducción que sacamos de los principios de la Geología y de las leyes generales de la vida, crece en valor desde que se ve comprobada por inducciones sacadas de la experiencia. Así, la di-

---

(1) Este párrafo fué publicado primeramente en la *Revista de Westminster* en 1857; si hubiera sido escrito después de la publicación del libro de Darwin, *Origen de las especies*, tendría otra redacción: habríamos recordado el proceso de la *selección natural* que facilita mucho la diferenciación de que hablamos. Con todo, hemos preferido conservarle su forma primitiva; ya porque creemos que esos cambios sucesivos de condiciones deben producir en las especies variedades divergentes, aparte de la influencia de la selección natural (aunque menos numerosas y rápidas); ya porque juzgamos que, en ausencia de todo cambio de condiciones externas, la selección natural produciría relativamente poco efecto. Debemos añadir que estas proposiciones, si no están explícitamente enunciadas en las obras citadas, son admitidas por Darwin, si es que no las considera hasta implícitamente incluídas en dicha obra.— *(N. del A.)*

vergencia de razas derivadas de una sola que, según las anteriores conclusiones, ha debido producirse sin interrupción durante las diversas épocas geológicas, se ha producido efectivamente, desde los tiempos prehistóricos, en el hombre y en los animales domésticos. Así también la multiplicación de efectos que, según nuestras deducciones, ha debido ser la principal causa de las transformaciones orgánicas en los antiguos períodos geológicos, lo ha sido y es aún visiblemente, en los períodos modernos.

Causas únicas, tales como el hambre, el aumento excesivo de población, la guerra, etc., han producido periódicamente nuevas dispersiones de los hombres y de los séres que de él dependen; cada una de esas dispersiones ha sido el punto de partida de nuevas modificaciones y de nuevas variedades del tipo.

Hayan ó no salido de un mismo tronco todas las razas humanas, la Filología hace pensar como muy probable, que grupos enteros de variedades, hoy muy distintas, no formaban en otro tiempo más que una raza; cuya dispersión en diferentes climas y con diversas condiciones de existencia, ha originado todas esas variedades.

Lo mismo se observa en los animales domésticos; pues si en algunos casos, por ejemplo, en los perros, la comunidad de origen puede ser muy discutida, en otros, como en el ganado lanar, no se puede negar que las diferencias locales de clima, de alimentos y de cuidados han transformado una sola raza en varias otras tan distintas, que producen híbridos inestables. Y en medio de esa complicación de efectos de una causa única, se observa lo que hemos deducido *à priori*, á saber: no sólo un incremento de heterogeneidad general, sino también de heterogeneidad especial. En la especie humana, por ejemplo, si algunas razas han sufrido cambios que no constituyen un progreso, otras sí se han hecho indudablemente más heterogéneas; los europeos civilizados se apartan más del tipo general de los vertebrados que los pueblos salvajes.

160. Pasemos á los fenómenos psíquicos. Una impresión sensorial no se contenta con producir un solo estado de conciencia, sino varios, unidos por lazos de coexistencia ó de sucesión; y hasta se puede afirmar que el número de ideas engendradas ó despertadas por una misma impresión está en razón directa del grado de inteligencia ó de cultivo intelectual del sér impresionado, y también de la extensión de la superficie impresionada.

Si algún pájaro desconocido, arrojado de otras regiones por vicisitudes atmosféricas, llegase á nuestro país, no excitaría reflexión alguna en el ganado, en medio del cual supongamos descendiera: las reses no verían en él sino un sér parecido á los que están acostumbrados á ver volar á su alrededor, y esa percepción sería lo único que interrumpiera en ellas la rudimentaria corriente mental que debe acompañar á sus actos de pacer y rumiar. Si el pastor que cuidara ese ganado cogiese dicho pájaro, ya le miraría con alguna curiosidad; le reconocería probablemente como distinto de los que está acostumbrado á ver, y se preguntaría: ¿de dónde y por qué ha venido? El disecador que le preparase para conservarle, recordaría las especies con las que el pájaro exótico tuviera semejanza, notaría todos los detalles de su plumaje y de su estructura; tal vez recordaría otros pájaros también venidos de otros países, y las personas que los habían encontrado y comprado, etc. Si le estudiase algún naturalista de la antigua escuela, que no se fijaba sino en los caracteres exteriores, examinaría detalladamente las plumas, apuntando todos los caracteres que las distinguieran, referiría á orden, familia y género determinados, el individuo alado, y quizá dirigiría comunicaciones á las sociedades de naturalistas y á las redacciones de los periódicos científicos describiendo la nueva especie.

Por último, si al nuevo individuo le examinase algún anatómico profundo, descubriría quizá alguna particularidad notable en su estructura, y de ahí nuevas relaciones entre la división zoológica en que se le incluyera y las demás, nuevas homologías y diferencias orgánicas, y tal vez nuevas ideas sobre el origen de las formas orgánicas.

Pasemos á las emociones. En un niño no produce un rapto de ira paterna más que el temor vago, la impresión penosa de un mal que le amenaza, bajo la forma de un dolor físico ó de una privacion de placeres. En un adolescente las mismas palabras de severidad producirán otra clase de sentimientos: ya vergüenza, arrepentimiento y pesar de haber ofendido á su padre; ya un sentimiento de injusticia y por consiguiente de ira, siquiera sea reprimida.

En una esposa, puede producir también muy diversos sentimientos una reprensión marital: ya pena por haberla merecido; ya ira ó desprecio, si es injusta la reprensión; ya simpatía por el sufrimiento conyugal que la reprensión manifiesta; tal vez dudas acerca de la causa de aquélla.

En los adultos se notan también las mismas diferencias en el número é intensidad de los efectos que se producen simultáneamente, ó en rápida sucesión, por una misma causa: así en los de inferior naturaleza se manifiesta, desde luego, el choque de un corto número de sentimientos sin compensación mutua, al paso que en los de naturaleza superior se produce una serie de afectos secundarios que modifica á los primitivamente desarrollados por la misma causa.

Se objetará, quizá, que esos ejemplos manifiestan cambios funcionales del sistema nervioso pero no cambios de estructura, y que éstos no son necesaria consecuencia de aquéllos. Es verdad: pero si se admite que los cambios de estructura son los resultados de los cambios funcionales lentamente acumulados, se deducirá que la multiplicación de efectos, que crece á la par que se va verificando el desarrollo orgánico, es una concausa de la evolución del sistema nervioso, como de toda evolución.

161.   Si es posible referir el progreso individual humano, tanto corporal como espiritual, á la producción de muchos efectos por una sola causa, con mayor razón podremos explicar por esa misma ley el progreso social en su conjunto y en cada una de sus esferas. Examinemos el desarrollo de una sociedad industrial. Cuando algunos individuos de una tribu revelan una aptitud especial para fabricar ciertos utensilios, por ejemplo, armas, que todos fabricaban antes, esos individuos tienden á diferenciarse de los demás, y hacerse fabricantes de armas; sus compañeros, la mayoría guerreros ó cazadores, quieren tener, naturalmente, las mejores armas posibles, y las encargan á esos obreros hábiles; éstos, á su vez, que reunen casi siempre, á su especial habilidad, gusto en hacer esa clase de obra, ejecutan esos encargos mediante recompensas proporcionadas.

Una vez comenzada la especialización de funciones, tiende á crecer y hacerse más señalada. En el fabricante de armas, la práctica aumenta su habilidad y hace sus productos superiores; en sus clientes cesa la práctica, y por tanto, la habilidad para esa clase de obra, empezando tal vez á manifestarse para otra. Ese movimiento social que tiende á la división del trabajo, se acentúa cada vez más en la dirección en que ha empezado; y la heterogeneidad, así comenzada, se hará permanente para esa generación, si no para más tiempo.

Además de esa división primaria que separa la masa social en dos partes, una que monopoliza cierta función ó industria, y otra que ha olvidado, ó poco menos, practicarla, prodúcense secundariamente otras muchas divisiones. Ese progreso iniciado implica, á su vez, la iniciación del comercio, puesto que es preciso pagar al fabricante de armas con lo que él pida, y no querrá, naturalmente, siempre una misma clase de artículos, sino muchas, porque no necesita solamente esteras, ó pieles ó utensilios de pesca, etcétera, sino todos esos artículos, y en cada ocasión querrá el que le haga más falta; ¿qué resultará de eso? Si, como es seguro, hay también diferentes habilidades para fabricar cada uno de esos útiles en los diversos individuos de la tribu, el fabricante de armas exigirá de cada uno lo que fabrique mejor, á cambio de las armas que le compre.

A su vez cada uno de esos fabricantes de esteras, redes, etc., habiendo de hacerse las suyas, y además las que ha de cambiar, se hará más apto ó hábil para fabricarlas; y así se irán marcando, cada vez más, las varias aptitudes de los distintos individuos. La causa original única, ha producido, no sólo un doble efecto primario, sino una serie de efectos secundarios. Tales diferenciaciones, cuyas causas y efectos se manifiestan hasta en los grupos de escolares, no pueden producir una distribución duradera de las funciones industriales en una tribu nómada; pero en un pueblo sedentario, que se multiplica sin variar de localidad, esas divisiones se hacen permanentes y crecen á cada generación.

En efecto, el aumento de población implica un aumento correlativo en la producción industrial; éste acrece, á su vez, la actividad funcional de cada individuo y de cada clase de productores, lo cual hace más marcada la especialización, si estaba ya establecida, y la establece, si estaba apenas iniciada. Aumentando, á la par, la demanda de medios de subsistencia, cada individuo se ve más y más obligado á limitarse á aquellos productos que hace mejor, y que, por tanto, le será más fácil cambiar ó vender, le producirán más ganancia. Esto, á su vez, favorece el aumento de población que reacciona lo mismo, etc. De esos mismos estímulos nacen nuevas divisiones y subdivisiones profesionales: obreros que quieren competir en la bondad ó facilidad de fabricación de sus productos del mismo género, inventan materiales y procedimientos mejores.

Así, por ejemplo, la sustitución del bronce á la piedra en la fabricación de armas y herramientas, debió producir al que la in-

ventó un gran aumento de pedidos, hasta el punto de necesitar todo el tiempo para hacer el bronce y tener que dejar á otros la fabricación de los utensilios. Pero sigamos los múltiples efectos de ese cambio. El bronce reemplaza doquier á la piedra, no solamente en los artículos en que aquélla era usada, sino en otros; por consecuencia, resultan modificaciones en los artefactos y en los modos de fabricación de los objetos; cambian la construcción de habitaciones, la escultura, los vestidos, los adornos, etc.; se establecen manufacturas, antes imposibles por falta de materiales y de herramientas; y, en fin, todos esos cambios reaccionan sobre las personas, multiplicando sus habilidades, sus aptitudes, aumentando su bienestar, reformando sus costumbres y gustos.

No hemos de seguir á través de todas sus múltiples y sucesivas complicaciones la creciente heterogeneidad social que resulta de la producción de muchos efectos por una causa; dejemos las fases intermedias del desarrollo social, y pongamos algún ejemplo de la última, ó fase actual. Si quisiéramos seguir los efectos de la fuerza del vapor en sus aplicaciones á las minas, á la navegación, á las manufacturas, etc., aún nos perderíamos en un mundo de detalles; limitémonos á considerar la última aplicación de esa fuerza, la locomotora. Esta máquina ha sido la causa inmediata de toda la red de ferrocarriles, y por consiguiente, ha cambiado la faz de los países civilizados, las costumbres y negocios de casi todos sus habitantes. Examinemos primeramente la serie complicada de fenómenos que preceden á la construcción de un camino de hierro; los estudios previos, la concesión, la formación de empresa, las expropiaciones, los planos y Memoria descriptiva, todo lo cual supone numerosas transacciones, desarrollo ó creación de nuevas profesiones, etc., etc.

Notemos ahora los cambios que implica la construcción de la vía: desmontes, terraplenes, túneles, puentes, estaciones, traviesas, rails, locomotoras, tenders, vagones; todo lo cual acrece numerosos comercios: los de madera, hierro, piedra, hulla, etc.; crea nuevas profesiones: conductores, fogoneros, maquinistas, asentadores de rails, etc. Y por último, una vez hecha la vía y en explotación, los variadísimos y nuevos cambios, que todos conocemos, en los transportes de mercancías y viajeros, y sus consecuencias: la organización de todos los negocios se diversifica de mil modos; la facilidad de las comunicaciones permite hacer por sí mismo lo que antes había que encomendar á otros; se establecen agencias

en sitios donde no hubieran podido subsistir antes; se traen mercancías por mayor, de puntos lejanos, en vez de tomarlas por menor en puntos próximos; y algunos productos se consumen á distancias que, sin ferrocarriles, les hubieran sido infranqueables.

La rapidez y facilidad del transporte tiende á especializar más
que nunca las industrias de los varios distritos, á restringir cada
manufactura á la fabricación de los productos, que según las condiciones de la localidad, tenga más cuenta. La distribución económica abarata, generalmente, los productos, y los pone al alcance
de los que de otro modo no podrían comprarlos, mejorando así su
bienestar, y, por tanto, sus costumbres. Al mismo tiempo, los
viajes se multiplican; muchas personas, que antes no podían, hacen un viaje anual al mar, á ver á sus amigos lejanos, y probablemente esas excursiones mejoran su salud, elevan sus sentimientos
y desarrollan su inteligencia. Las cartas y noticias llegan con más
rapidez á su destino; hasta la literatura halla una nueva puerta de
salida en las Bibliotecas de Ferrocarriles, y el comercio un nuevo
medio de anuncios, en los vagones y en las Guías de Ferrocarriles. Todos esos innumerables cambios, de que acabamos de dar
una sumaria enumeración, son, indudablemente, consecuencias
de la invención de la locomotora. El organismo social se ha hecho
más heterogéneo á consecuencia de las nuevas profesiones y de la
mayor especialización de las ya existentes; los precios de mercancías y trabajos han variado; no hay comercio que no haya modificado más ó menos su manera de negociar; no hay persona que no
haya sufrido algún cambio en sus acciones, pensamientos, emociones, etc.

Todavía haremos una observación; ahora vemos también más
claramente un hecho ya indicado, á saber: que cuanto más heterogénea es la masa sobre que se ejerce una influencia cualquiera,
más numerosos y variados son los efectos producidos. Por ejemplo,
en las tribus primitivas, que le conocían, el caoutchouc ó goma
elástica apenas producía cambios, entre nosotros sería preciso un
gran volumen para describirlos. El telégrafo eléctrico casi sería
inútil á los habitantes de una pequeña isla incomunicada con el
resto del globo, y ya sabemos los inmensos beneficios que propor-
ciona á las naciones.

Si el espacio lo consintiese, seguiríamos esta síntesis en sus relaciones con todos los productos de la vida social: veríamos cómo,
en las ciencias, el progreso de una sección hace avanzar á todas;

los progresos que los instrumentos de óptica, cada vez más perfectos, han producido en Astronomía, en Anatomía, en Fisiología, en Patología, etc.; como la Química ha influído en los progresos de la Electrología, de la Biología, de la Geología, etc., y recíprocamente la Electrología sobre la Química, la Termología, la Optica, la Fisiología y la Terapéutica. Notaríamos la verificación del mismo principio en literatura: ya en las numerosas y variadas publicaciones periódicas derivadas de las primitivas Gacetas, que han influído en las otras formas de la literatura y entre sí mutuamente; ya en la influencia que los libros de un eminente escritor ejercen sobre los escritores contemporáneos y sucesivos, etc.

En pintura: la influencia que una nueva escuela ejerce sobre las anteriores; los signos que inducen á pensar que todas las formas de esa bella arte se derivan de la fotografía; los resultados complejos de las nuevas doctrinas críticas, son otros tantos ejemplos de la multiplicación de efectos, cuyos complicados y numerosos cambios no queremos seguir, por no cansar más la paciencia del lector.

162. Después de las razones que dimos al final del capítulo anterior, no hay necesidad de insistir mucho, en el presente, para deducir el principio de la *multiplicación de efectos*, del de la *persistencia de la fuerza*, como dedujimos de este mismo, el de la *instabilidad de lo homogéneo*. Pero, por simetría ó semejanza de los dos capítulos, haremos aquí algunos, aunque breves, razonamientos.

Llamamos cosas distintas ó diferentes á las que nos producen distintas sensaciones, y no podemos conocerlas como distintas sino por las diferentes acciones y reacciones que nuestra conciencia nos revela. Cuando distinguimos los cuerpos en ásperos y lisos, queremos decir simplemente que á fuerzas musculares semejantes, empleadas en tocar esos cuerpos, corresponden sensaciones, fuerzas de reacción, desemejantes. Los objetos que llamamos rojos, azules, amarillos, etc., son objetos que descomponen la luz de modos diversos; es decir, que conocemos los contrastes de los colores, como contrastes de cambios producidos sobre una misma fuerza.

Evidentemente, dos cosas cualesquiera que no produzcan efectos desiguales en el Yo, no pueden ser conocidas como distintas; y sí lo serán si los producen: ya porque impresionen á nuestros sentidos con fuerzas desigualmente modificadas por causas ex-

ternas, ya porque nuestros órganos opongan desiguales resistencias. Cuando se dice que las diversas partes de un todo deben reaccionar diferentemente sobre una misma fuerza que actúe sobre ellas, se dice realmente una trivialidad, la cual vamos á tratar de reducir á su última expresión.

Al afirmar la desemejanza de dos objetos, por la de los efectos ó impresiones que producen en nosotros, ¿cuál es nuestra autoridad y qué entendemos por desemejanza, bajo el punto de vista objetivo? La autoridad de nuestra afirmación tiene por fundamento la persistencia de la fuerza. Una modificación de cierto género y de cierta intensidad ha sido producida en nosotros por uno de los objetos, y no por el otro; esa modificación la atribuimos á una fuerza que uno de los objetos ha ejercido y el otro no; porque de no ser así, hay que afirmar que la modificación no ha tenido causa eficiente; es decir, hay que negar la persistencia de la fuerza.

Esto patentiza que lo considerado como diferencia objetiva, es la presencia, en uno de los objetos, de alguna fuerza ó de alguna serie de fuerzas, que el otro no posee; es alguna diferencia en la especie, dirección, intensidad de las fuerzas constituyentes de los dos objetos. Pero si los objetos, ó partes de un objeto, que llamamos diferentes, son únicamente aquellos cuyas fuerzas constitutivas difieren en uno ó varios atributos; ¿qué deberá suceder á una fuerza ó á fuerzas iguales que actúen sobre esos objetos? Que deberán ser modificados directamente; puesto que encuentran diversas fuerzas modificadoras ó antagonistas, y de no producir éstas distintas modificaciones en la fuerza única ó en las fuerzas iguales incidentes, resultaría que las fuerzas diferencias no producían efecto alguno; es decir, se anulaban, no eran persistentes.

Creemos inútil desarrollar más ese corolario, y que basta con lo dicho para ver con toda evidencia: que una fuerza constante, al actuar sobre un todo uniforme, debe sufrir una dispersión; que si actúa sobre un todo heterogéneo, además de la dispersión, debe experimentar una diversificación cualitativa, tanto más múltiple y marcada cuanto más distintas y numerosas sean entre sí las partes del todo; que las fuerzas secundarias, que resultan de esas modificaciones de las primitivas, deben sufrir nuevas transformaciones y operarlas también sobre las partes que las modifican; y así, recíproca y sucesivamente, deben irse multiplicando los efectos de la fuerza inicial, por una serie de acciones y reacciones, consecuencias todas de la persistencia de la fuerza.

Queda, pues, probado inductiva y deductivamente: no sólo que la multiplicación de efectos es una de las concausas de la evolución, sino también que esa misma multiplicación crece en progresión geométrica, á la vez que aumenta la heterogeneidad del sér en evolución.

———————

CAPÍTULO XXI

LA SEGREGACIÓN

163. Todavía no hemos acabado de explicar la evolución, en los capítulos precedentes; es necesario aún examinar, bajo otro aspecto, los fenómenos que la constituyen, para poder llegar á un concepto preciso, claro y completo de tan notable como compleja operación. Las leyes, hasta ahora establecidas, explican bien la redistribución que procede de lo uniforme á lo multiforme, pero no la de lo indefinido á lo definido. El estudio de las acciones y reacciones, doquier en juego, nos ha revelado que son consecuencias necesarias de un principio primordial, á saber: que lo homogéneo debe pasar á heterogéneo, y lo menos, á más heterogéneo; pero no nos ha explicado por qué las varias partes de un todo toman, al ser modificadas distintamente, caracteres cada vez más diferentes y señalados. No hemos hallado aún la razón, en virtud de la cual no se produce una heterogeneidad vaga y caótica, en vez de la heterogeneidad armónica á que conduce la evolución. Debemos, pues, buscar la causa inmediata de esa integración local que acompaña á la diversificación; es decir, la segregación gradualmente completada de unidades semejantes para formar un grupo, distinto por caracteres bien marcados, de los grupos inmediatos, compuestos á su vez de otras especies de unidades. Esa causa, esa razón de la heterogeneidad armónica, la encontraremos analizando algunos hechos, en los que se puede seguir las huellas de la segregación.

Cuando, á fines de Septiembre, los árboles empiezan á perder sus colores estivales, y esperamos ver de un día á otro, cambiar el aspecto del paisaje, no es raro que seamos sorprendidos desagradablemente por una brusca ráfaga de viento, que, arrastrando las hojas, ya suficientemente secas, deja aún en las ramas las hojas verdes. Estas últimas, arrugadas y desecadas por los choques continuos y repetidos de unas contra otras, ó contra las ramas, dan al bosque un color sombrío, mientras que las caídas, y variamente coloreadas de rojo, amarillo, anaranjado, etc., se amontonan en los hoyos ó junto á las paredes, donde estén más resguardadas del viento. ¿Qué ha pasado, pues? Que la fuerza del viento, actuando sobre las dos clases de hojas, ha segregado las moribundas de las vivas y las ha hecho montones. El mismo viento, y más señaladamente el de Marzo, que es más fuerte y continuo, hace también montones de partículas terrestres de diversos tamaños, de polvo, de arena, de grava. Desde los tiempos más remotos se ha utilizado esa propiedad que tienen las corrientes de aire, naturales ó artificiales, de separar las partículas de diferentes densidades, para separar el grano de la paja. En todo río, los materiales mezclados que acarrea, se depositan separadamente; en los rápidos, el fondo únicamente conserva los gruesos y pesados guijarros; en los sitios en que no es tan fuerte la corriente, se deposita arena; y, en fin, en los parajes en que es muy mansa y tranquila, se forma barro ó cieno.

También se utiliza esta propiedad electiva del agua en movimiento, para recoger separadamente partículas de diferentes tamaños; por ejemplo, en la fabricación del esmeril: después de machacada la piedra se lavan las partículas con una corriente lenta, que cae de unos á otros receptáculos sucesivos; los granos más gruesos se detienen en el primero de ellos; los que siguen en tamaño se paran en el segundo, y así sucesivamente, hasta que tan sólo cae con el agua, al último depósito, el polvo finísimo que se emplea en las artes para pulir metales y algunas piedras.

El agua puede ejercer también su acción segregadora de otro modo: disolviendo las materias solubles, mezcladas antes con otras insolubles, cual vemos se efectúa continuamente en los laboratorios. Efectos análogos de segregación á los que acabamos de citar efectúan, de varios modos, las fuerzas mecánicas y químicas del aire y del agua, son también producidos por otras fuerzas. Así las atracciones y repulsiones eléctricas separan los cuerpos pequeños de los mayores, los ligeros de los pesados. La atracción magnética permite separar las partículas de hierro ó acero de otras, con las que están mezcladas; así separan los afiladores de Sheffield, con un filtro de gasa imantada, el polvo de acero del pol-

vo de piedra, que caen mezclados al afilar los instrumentos allí fabricados. No hay fenómeno químico de descomposición, que no patentice cómo la diversa afinidad de un cuerpo para con los componentes de otro, permite separar éstos.

¿Cuál es, pues, el principio que esos casos demuestran? ¿Cómo expresar en una fórmula, que los contenga á todos, los innumerables hechos análogos á los que acabamos de citar? En cada uno de esos casos vemos en acción una fuerza, que podemos considerar como simple; ora, el movimiento de un líquido con determinada dirección y velocidad; ora una atracción eléctrica ó magnética de cierta intensidad; ya una afinidad química; ó, para ser más exactos, la fuerza en acción es la resultante de cada una de las citadas y de otras fuerzas continuas, como la gravitación, la cohesión, etc. En cada caso hay un agregado de partículas desemejantes, ó de átomos de distintas especies, combinados ó mezclados íntimamente, ó bien fragmentos de una misma materia, pero diferentes por sus volúmenes, ó densidades ó formas, etc., y que se separan unos de otros bajo la acción de una fuerza que actúa sobre todos, y se separan en grupos ó agregados menores, pero compuestos cada uno de unidades semejantes entre sí, y desemejantes de las de los demás agregados parciales. He ahí lo que pasa en todos esos cambios; procuremos ahora interpretar y explicar ese hecho general.

En el capítulo, titulado «Instabilidad de lo homogéneo», hemos visto que una misma fuerza, actuando sobre las diferentes partes de un todo, produce efectos diversos; hace á lo homogéneo heterogéneo, y á ésto más heterogéneo. Esas transformaciones consisten, ya en cambios sensibles ó apreciables, ya en cambios insensibles, ya en cambios de ambas clases, de las posiciones relativas de las partes ó unidades del todo; es decir, ó en esas redistribuciones moleculares que llamamos químicas ó físico moleculares, ó en las transposiciones más extensas de partículas visibles, que llamamos mecánicas, ó en ambas clases, de transposiciones combinadas. La porción de fuerza, que cae sobre cada una de las partes del todo, puede efectivamente gastarse: ó en modificar sólo las relaciones mutuas de sus moléculas constituyentes, ó en cambiar de lugar toda la parte, ó en ambas clases de cambios; de consiguiente, la porción de fuerza que no se gaste en producir uno de esos efectos, debe emplearse en producir el otro; y es evidente que, si una parte pequeña de la fuerza efectiva que actúe sobre una unidad compuesta de un agregado, se gasta en reordenar los elementos irreductibles de esa unidad compuesta, el resto, ó sea la mayor parte de esa fuerza, debe producir el movimiento de dicha unidad hacia otro punto del agregado, y recíprocamente si poco ó nada de la fuerza total que actúe sobre la unidad de la masa en cuestión, se emplea en moverla, en producir un cambio visible, la mayor parte ó la totalidad de dicha fuerza producirá cambios moleculares. ¿Qué debe resultar ahí?

En el caso en que nada, ó tan sólo una parte de la fuerza incidente engendre redistribuciones químicas, ¿cuáles son las redistribuciones físicas que deben verificarse? Las partes semejantes entre sí serán modificadas semejantemente por la fuerza, y reaccionarán sobre ella semejantemente; las partes diferentes serán modificadas diferentemente, y reaccionarán diferentemente. En consecuencia, la fuerza efectiva, una vez transformada total ó parcialmente en movimiento mecánico de las unidades de masa, producirá movimientos semejantes en las unidades semejantes y movimientos diferentes en las unidades diferentes. Si, pues, en un agregado, compuesto de unidades de varias clases, las de la misma clase, son puestas en movimiento en el mismo sentido y con la misma velocidad, y en diferente sentido ó con diferente velocidad ó con diferencia de ambas cosas, que las unidades de otra clase, de hecho serán separadas ó segregadas las varias clases de unidades.

Antes de terminar estos preliminares ó generalidades, debemos establecer un principio complementario, á saber: que las fuerzas mezcladas son separadas por la reacción de las sustancias uniformes, análogamente á como las sustancias mezcladas son separadas por la acción de fuerzas uniformes. La dispersión de la luz refractada nos ofrece un ejemplo completo de ese principio: un haz de luz, formado por ondulaciones etéreas de diferentes órdenes, no es refractado uniformemente por un cuerpo refringente homogéneo, sino que los varios órdenes de ondulaciones son desviados bajo ángulos distintos; de modo que forman, así separados ó integrados, lo que llamamos los colores del espectro. Otro género de separación se verifica cuando los rayos luminosos atraviesan medios que les ofrecen resistencia: los rayos formados de ondulaciones relativamente cortas son absorbidos antes que los demás, y tan solamente los rayos rojos, que son los correspondientes á las ondulaciones más largas, atraviesan todo el medio, si éste es bastante grueso.

164. En la hipótesis nebular, el origen de las estrellas y de planetas se explica por una segregación material, como la que acabamos de citar, producida por la acción de fuerzas diferentes sobre masas semejantes. En efecto, vemos en uno de los párrafos anteriores (150) que si la materia existió en algún tiempo, en estado de difuso, indudablemente no pudo persistir homogénea, sino que debió fraccionarse en masas distintas; puesto que en la imposibilidad de un equilibrio perfecto entre las atracciones mutuas de átomos dispersos en un espacio infinito, debieron formarse centros de atracción preponderantes, alrededor de los cuales se agruparan los átomos, en dichas masas. Esa primera segregación é integración de masas materiales, fué, pues, debida á la desigualdad de las fuerzas que actuaban sobre los diversos átomos primitivos.

La formación y la separación de un anillo nebuloso son dos ejemplos de la misma ley: pues admitir, con Laplace, que la zona ecuatorial de un esferóide nebuloso en rotación, debe, durante el período de concentración, adquirir suficiente fuerza centrífuga para no poder seguir la concentración de la masa restante, es suponer que esa zona debe separarse del esferóide, porque está sometida á una fuerza distinta. La división se haría indudablemente por el límite que separara los puntos en que la fuerza centrífuga excediese á la fuerza de agregación ó concentración de los puntos en que la fuerza de concentración excediera á la centrífuga. Esta operación obedeció evidentemente (según la hipótesis) á la ley en virtud de la cual, cuando masas semejantes están sujetas á fuerzas desiguales, las que están sometidas á las mismas condiciones se agrupan entre sí, y se apartan de las que están sometidas á condiciones diferentes.

Para hacer comprender mejor esta operación, es conveniente presentar algunos ejemplos comprobantes de que, en igualdad de las demás circunstancias, la separación es tanto más profunda cuanto más distintas son las unidades separadas. Tomemos un puñado de una sustancia molida, pero con granos ó partículas de diferentes gruesos, y dejémosle caer á merced de un viento suave: los fragmentos más gruesos caerán verticalmente ó poco menos, agrupándose debajo de donde se situó el puño; los demás irán cayendo sucesivamente tanto más lejos, cuanto más tenues sean. Hagamos pasar lentamente agua á través de una mezcla de sustancias solubles é insolubles; se hará lo primero la separación de las

sustancias más distintas respecto á la acción de la fuerza incidente, las sustancias solubles serán disueltas y llevadas por el agua,
y las insolubles quedarán; unas y otras sufrirán en seguida otras
segregaciones: puesto que, de las solubles, si las hay en distintos
grados, primero irán las más solubles y luego las demás por orden de solubilidad; y de las insolubles el agua arrastrará también,
y á la vez que las solubles, primeramente las más tenues y luego
las demás, por orden de tenuidad, depositándolas en su trayecto,
primero las más densas, luego las otras en orden descendente de
tamaños y densidades. Añadamos, para completar esta explicación, un hecho que hace juego con los acabados de citar. Las unidades de masa ó partículas mezcladas pueden no presentar entre
sí sino ligeras diferencias; y en consecuencia, cuando actúen sobre ellas fuerzas incidentes, pueden no experimentar sino pequeños movimientos, separaciones insignificantes; entonces es preciso para separarlas, combinaciones de fuerzas susceptibles de acrecer esas ligeras diferencias; y de hacer, por tanto, más señalada,
más profunda la segregación. Tal principio ha sido patentizado,
por antítesis, en los ejemplos precedentes, pero puede aún acla-
rarse con otros ejemplos tomados de la análisis química. Uno de
los mejores es la separación del agua y el alcohol por destilación.
Aquélla consta, como es sabido, de oxígeno é hidrógeno, y éste
de esos dos elementos, más carbono; ambos conservan el estado
líquido hasta temperaturas no muy lejanas: de modo que si se calienta la mezcla más de lo necesario, pasa mucha agua con el alcohol, en la destilación; y por tanto, sólo entre temperaturas muy
próximas, se separan, y aun así siempre arrastran moléculas del
otro, las del primero que va pasando. Pero el ejemplo quizá más
notable é instructivo es el de la cristalización por vía húmeda:
cuando varias sales, que tengan poca analogía de constitución, están disueltas en la misma masa de agua, es fácil separarlas por
cristalización: las moléculas de cada una se mueven unas hacia
otras en virtud de fuerzas polares, según suponen los físicos; y se
separan de las moléculas de las demás, formando cristales de especies distintas. Verdad es que los cristales de cada sal contienen,
casi siempre, pequeñas cantidades de las otras sales, sobre todo,
si la cristalización ha sido rápida; pero, se les va purificando ó se-
parando más, redisolviéndolos y haciéndolos cristalizar de nuevo,
otras varias veces si es preciso. Mas si las sales mezcladas y disueltas son homólogas químicamente, no es posible separar las por cris-

talización, pues son también isomorfas, por lo general, y cristalizan juntas, cuantas veces se las disuelva y redisuelva y haga cristalizar. He aquí, pues, ejemplos manifiestos de que las moléculas de especies diferentes son elegidas y separadas por las fuerzas moleculares con una precisión proporcionada al grado de su desemejanza en el primero, las moléculas, desemejantes por su forma, aunque semejantes por su solubilidad, se separan, aunque imperfectamente, al tratar de recobrar las formas propias de su estado sólido; en el segundo, como las moléculas son semejantes, no sólo por su solubilidad en el mismo disolvente, si que también por su estructura ó constitución atómica, no se separan al solidificarse, sino muy imperfectamente, y en condiciones muy especiales. En otros términos, la fuerza de polaridad mutua imprime á las moléculas mezcladas movimientos cuya diferencia de direcciones, velocidades, etc., es proporcionada á la desemejanza de aquéllas, y por tanto, tiende á separarlas, ó segregarlas unas de otras, en proporción, también, con esa desemejanza.

Hay otra causa de separación mutua de las partes de un todo, que es inútil consideremos con tantos detalles. Si unidades de masa diferente bajo uno ó varios aspectos, deben tomar movimientos diferentes, sometidas á la misma fuerza; unidades iguales, deben tomar movimientos distintos, bajo la acción de fuerzas distintas. Supongamos que un grupo de moléculas, de un agregado homogéneo, esté sometido á la acción de una fuerza, diferente en su intensidad ó en su dirección, ó en ambas cosas, de la que actúa sobre el resto del agregado; ese grupo de moléculas se separará del resto, siempre que esa fuerza que actúa sobre él no se gaste únicamente en producir vibraciones ó redistribuciones moleculares; y esto es evidente, sin más pruebas que las consideraciones generales hechas há poco.

165. Las revoluciones geológicas, llamadas comunmente ácueas ó acuosas, presentan numerosos ejemplos de segregación de masas distintas por una misma fuerza incidente. Las olas del mar desagregan y separan continuamente los materiales de las costas; el flujo y el reflujo arrastran, de las rocas sumergidas, partículas, de las cuales las más pequeñas permanecen algún tiempo suspensas en las aguas, hasta que al fin se depositan á mayor ó á menor distancia de la costa, bajo la forma de un sedimento muy fino; las partículas de algo mayor tamaño, cayendo ó precipitándose relativamente más pronto que las muy pequeñas, forman las

playas arenosas, secas en el reflujo, y sumergidas durante el flujo; las más gruesas aún, tales como la grava y guijarros, se acumulan en las pendientes que azotan las olas, etc. Aún se puede observar segregaciones más específicas: acá, una pequeña ensenada, formada exclusivamente de guijarros planos; allá, otra de cieno; acullá, otra de arena: á veces, una misma bahía redondeada, de cuyos extremos uno está más descubierto que el otro, presenta su fondo cubierto de guijarros, cuyos tamaños van siendo gradualmente mayores desde la extremidad menos descubierta á la que lo está más. Sigamos la historia de cada formación geológica, y reconoceremos fácilmente que, fragmentos de distintos volúmenes, pesos y formas, mezclados primitivamente, han sido elegidos, separados, y reunidos en grupos relativamente homogéneos bajo la acción del frote de las aguas, combinado con la atracción terrestre; y la separación es tanto más marcada, cuanto más distintos los fragmentos. Las capas de sedimento presentan, aun después de su formación, segregaciones de otro orden: los trozos de pedernal y de pirita de hierro que se encuentran en las calizas, sólo pueden explicarse por la agregación de las moléculas de sílice y de sulfuro de hierro, primitivamente repartidas casi con uniformidad en toda la masa que les sirve de ganga, y agrupadas luego gradualmente alrededor de ciertos centros, á pesar del estado semisólido de la materia ambiente. La limonita es un ejemplo patente de esos resultados, y de sus condiciones.

Entre los fenómenos ígneos no hay tantos ejemplos de la operación que estudiamos. Y al distinguir la evolución simple de la compuesta, hemos indicado (102) que una cantidad muy grande de movimiento molecular latente se opone á la permanencia de las redistribuciones secundarias que constituyen la evolución compuesta. Sin embargo, los fenómenos geológicos ígneos no están totalmente desprovistos de ejemplos de segregación. Cuando las materias mezcladas que componen la corteza terrestre alcanzaron su máxima temperatura, la segregación comenzó desde el momento en que bajó la temperatura. Algunas sustancias lanzadas de los volcanes, en estado gaseoso, se subliman y cristalizan en las superficies frías que encuentran; y como se solidifican á diferentes temperaturas, se depositan también á distintas alturas, en las cavidades que atraviesan. Pero el mejor ejemplo es el de los cambios que sobrevienen en el enfriamiento lento de una roca ígnea, cuando una parte del núcleo fundido terrestre es lanzada al exterior por una de las roturas que se verifican en la corteza. Cuando esa materia se enfría bastante deprisa por efecto de la radiación, y del contacto con masas frías, forman un cuerpo llamado basalto, de una estructura homogénea, aunque compuesto de varios elementos. Pero cuando esa parte del núcleo en fusión no se escapa á través de las capas superficiales, se enfría lentamente y resulta lo que llamamos granito. Las partes de cuarzo, feldespato y mica, que contiene en estado de mezcla, habiendo permanecido mucho tiempo fluidos ó semifluidos, es decir, con una movilidad relativamente considerable, experimentaron los cambios de posición que exigían las fuerzas á que estaban sometidas. Las fuerzas diferenciales, que nacen de una poralidad mutua, tuvieron tiempo de producir los movimientos necesarios en las moléculas, y separaron el cuarzo, feldespato y mica, que cristalizaron. Y la prueba de que esa separación depende totalmente de la agitación, continuada largo tiempo, de las partículas mezcladas y de la movilidad de las fuerzas diferenciales, es, que los cristales que ocupan el centro de las venas de granito en que la fluidez y semifluidez han durado más, son mucho más gruesos que los de las partes que, próximas á la superficie, se han enfriado y solidificado más rápidamente.

166.   Son tan complejas y delicadas las segregaciones que se verifican en un organismo, que no es fácil hacer constar las fuerzas particulares que las efectúan. Entre los pocos casos susceptibles de una interpretación bastante exacta, los mejores son aquellos en que se puede reconocer los efectos de presiones y tensiones mecánicas, de los cuales hallaremos algunos, estudiando la estructura ósea de los animales superiores.

La columna vertebral de un hombre está sometida en su conjunto á ciertos esfuerzos, á saber: el peso del cuerpo combinado con las reacciones que suponen todos los grandes esfuerzos musculares; pues bien, obedeciendo á esos esfuerzos, es como se ha formado, por segregación. Al mismo tiempo, como permanece sometida á fuerzas diferentes, mientras que se encorva lateralmente bajo la influencia de los movimientos, sus partes permanecen separadas, hasta cierto punto. Si seguimos el desarrollo de la columna vertebral desde su forma primitiva—el cordón cartilagíneo de los peces inferiores,—veremos que hay en ella una integración continua, que corresponde á la unidad de las fuerzas incidentes, combinada con la división en segmentos, que corresponde á la variedad de las mismas fuerzas. Cada segmento, considerado aparte, nos hace comprender aún más sencillamente el mismo principio: una vértebra no es un hueso único; se compone de una masa central provista de apéndices y de eminencias; en el tipo rudimentario esos apéndices están separados de la masa central, y aun existen antes que ella; pero esos diversos huesos independientes, que constituyen un segmento espinal primitivo, están sometidos á un sistema de fuerzas más semejantes que diferentes como forman la palanca de un grupo de músculos que actúan conjuntamente, sufren también un sistema de reacciones en conjunto, y por consiguiente se sueldan poco á poco, hasta constituir un solo hueso. Otro ejemplo, aún más notable, presentan las vértebras que se sueldan en una sola masa, cuando están sometidas á esfuerzos preponderantes y continuados: el sacro, por ejemplo, que en el avestruz y algunas otras aves del mismo género consta de 17 á 20 vértebras soldadas, no tan sólo entre sí, sino también con los huesos iliacos de ambos lados. Si consideramos que esas vértebras han estado separadas en su origen, como lo están en el embrión, y consideramos también las condiciones mecánicas á que están sometidas fácilmente inferiremos que su unión es el resultado de dichas condiciones.

En efecto, por medio de esas vértebras se transmite á las piernas el peso total del cuerpo, toda vez que éstas sostienen la pelvis, y ésta, por el intermedio del sacro, sostiene la espina dorsal, con la cual están articulados casi todos los demás huesos; por consiguiente, si las vértebras sacras no estuvieran soldadas, deberían estar mantenidas juntas por músculos poderosos, fuertemente contraídos, que las impidieran tomar los movimientos laterales á que están sujetas todas las demás vértebras; deberían estar sometidas á un esfuerzo común, y preservadas de esfuerzos parciales que las afectaran diversamente; sólo así llenarían las condiciones bajo las cuales se verifica la segregación. Pero donde las relaciones entre la causa y el efecto aparecen más patentes, es en las extremidades: los huesos metacarpianos, que en el hombre sostienen unidos la palma de la mano, están separados en la mayoría de los mamíferos, en virtud de los movimientos separados de los dedos; pero no lo están en los solípedos y bisulcos, tales como los caballos y los bueyes. En éstos, tan sólo están desarrollados el tercero y cuarto metacarpianos, que alcanzan un tamaño muy considerable, y se sueldan para constituir el hueso del canon; en los caballos, la segregación tiene un carácter, que podríamos llamar indirecto; el segundo y el cuarto metacarpianos, en estado rudimentario, están unidos lateralmente al tercero, muy desarrollado, el cual forma él sólo el canon, distinto del de los bueyes, que consta de dos huesos soldados, como ya hemos dicho. El metatarso presenta análogos cambios en esos cuadrúpedos.

Ahora bien: esos agrupamientos de huesos se manifiestan sólo donde los huesos agrupados no desempeñan funciones distintas, sino todos una misma: los pies y las manos de los caballos y de los bueyes y de los mamíferos ungulados, en general, tan sólo sirven para la locomoción, y no para otros usos, que suponen movimientos relativos de los metatarsianos y metacarpianos; vemos, pues, que, donde la fuerza incidente es única, se forma una masa única ósea, é inferimos que esos hechos tienen una relación de causa á efecto, y hallamos una nueva confirmación de esa hipótesis, en la clase entera de las aves, en cuyas patas y alas vemos análogas segregaciones, producidas por análogas circunstancias. Recientemente Huxley ha dado á conocer un hecho que demuestra aún más claramente ese principio general: el *Glyptodon*, mamífero de especie extinguida, hallado fósil en la América del Sud, ha pasado, durante mucho tiempo, por un gran animal afine al armadillo; se sabía que había tenido un dermato esqueleto, compuesto de placas poligonales, íntimamente unidas, para formar una armazón maciza, en la cual estaba el cuerpe aprisionado, sin poder efectuar flexión alguna lateral ni vertical. Esa armazón, que debía pesar muchos quintales, estaba sostenida por las apófisis espinosas de las vértebras, y por los huesos próximos del torax y de la pelvis. Pues bien, el hecho importante á nuestro objeto, que debemos hacer notar, es: que en los sitios en que varias vértebras estaban sometidas simultáneamente á la presión de esa enorme armadura cutánea, cuya rigidez las impedía efectuar movimientos relativos, la serie entera de esas vértebras se soldaba en un hueso único.

Análoga interpretación puede también darse del modo de formación y de conservación de una especie, considerándola como un conjunto de organismos semejantes. Hemos visto ya que los miembros de una especie homogénea se subdividen, ó mejor, se agrupan en variedades, si están sometidos á las acciones de distintos sistemas de fuerzas incidentes; réstanos hacer ver que inversamente, si todas las variedades formadas y conservadas por segregación, se encuentran sometidas, durante largo tiempo, á la acción de un mismo sistema, ó de sistemas análogos de fuerzas exteriores, formarán y se conservarán en un grupo homogéneo y único. En efecto, mediante la «selección natural», cada especie se desprende incesantemente de los individuos que se apartan del tipo común por deformaciones que los hacen impotentes para acomodarse á las condiciones de su existencia; quedan, pues, solamente los aptos para ese acomodamiento; es decir, los individuos más semejantes entre sí. Reduciéndose, como ya sabemos, todas las circunstancias á que está sometida cada especie, á una combinación más ó menos compleja de fuerzas incidentes, y habiendo entre todos los individuos de la especie algunos que difieren de la estructura media, más de lo necesario para poder soportar la acción de dichas fuerzas, éstas separan continuamente del total de la especie, dichos individuos demasiado divergentes del tipo medio, y conservan, mediante esa elección ó *selección*, la uniformidad é integridad de la especie. Así como los vientos de otoño arrancan las hojas ya secas de entre las hojas verdes; ó, usando el símil que usa Huxley, así como los granos pequeños pasan á través de una criba, mientras los gruesos son retenidos, así las fuerzas exteriores, cuando obran uniformemente sobre todos los individuos de un grupo orgánico, influyen semejantemente sobre los semejantes, y distintamente sobre los distintos, con exacta proporcionalidad á los grados de semejanza y de diferencia; y conservando los individuos más análogos entre sí, eliminan los más distintos de aquéllos, ó del tipo medio de todos los de la especie.

Que esos enemigos eliminados perezcan, como es lo más frecuente, ó que sobrevivan y se multipliquen, formando una variedad ó una especie distinta, mediante su adaptación á distintas condiciones, es indiferente á nuestro objeto; pues el primer caso obedece á la ley de que las unidades desemejantes de un agregado se agrupan con sus análogas y se separan de aquél, cuando están todas sometidas á las mismas fuerzas incidentes; y el segundo caso obedece á la ley correlativa de que las unidades semejantes, de un agregado, se separan y agrupan aparte, cuando están sometidas á fuerzas diferentes. Si se consulta las observaciones de Darwin sobre la divergencia de caracteres, se verá que las segregaciones debidas á la influencia de esas leyes tienden á ser cada vez más definidas ó marcadas.

167. Hemos visto que la evolución mental, considerada bajo uno de sus principales puntos de vista, consiste en la formación

de grupos de objetos semejantes y de relaciones semejantes, es decir, en una distinción ó diferenciación de las diversas cosas confundidas en un solo conjunto; y una integración de cada orden de cosas análogas, en un solo grupo (153). Quédanos ahora por probar que si la desemejanza de las fuerzas incidentes es la causa de esas diferenciaciones, la semejanza de las fuerzas incidentes es la causa de esas integraciones. En efecto, ¿en qué consiste la operación de clasificar? Al principio, los botánicos, siguiendo al vulgo, no reconocieron más divisiones de plantas que las adaptadas por la agricultura: cereales, legumbres y plantas salvajes. ¿Cómo formaron luego los órdenes, géneros, especies, etc.? Cada planta examinada les producía ciertas impresiones complejas, y examinando muchas, se producían grupos de sensaciones análogas, correspondientes á grupos de atributos análogos; ó en otros términos, se verificaban en los nervios series coordenadas de cambios, semejantes á otras series anteriormente producidas. Analizada cada una de esa serie de cambios, no es sino una serie de modificaciones moleculares en la parte impresionada del organismo: cada vez que la impresión se repite, una nueva serie coordenada de modificaciones moleculares, se superpone á las precedentes y análogas, y las refuerza; produciendo así la idea de la semejanza de las causas externas de dichas impresiones. Por el contrario, otra especie de plantas producían en el cerebro del botánico otros grupos de cambios combinados, ó de modificaciones moleculares no semejantes sino diferentes á las anteriormente consideradas; pero, que repetidas también y reforzadas, engendraban una idea diferente correlativa á una especie distinta. ¿Cómo expresaremos, en términos generales, la naturaleza de esa operación? Por una parte, tenemos las cosas semejantes y las cosas desemejantes, de las cuales emanan los sistemas ó grupos de fuerzas que nos hacen percibir aquéllas. Por otra parte, hay órganos de los sentidos y centros de percepción, que transmiten esos grupos de fuerzas durante la observación; y en esa transmisión, los sistemas semejantes de fuerzas son aislados ó separados de los desemejantes; y cada una de esas series de grupos de fuerzas separada de las demás y correspondiente á un grupo de objetos exteriores, constituye un estado psíquico, á que llamamos la idea de ese grupo—género, especie, etc.—Hemos visto ya que si por una parte, una misma fuerza verifica la separación de fuerzas mezcladas; y vemos ahora además, que las fuerzas desemejantes, una vez separadas, efectúan en los agregados que las separan, cambios de estructura, de los que cada uno es representante y equivalente de la serie integrada de los movimientos que le han producido.

Una operación análoga separa las relaciones de coexistencia y de sucesión, para formar especies, y á la vez las agrupa con las impresiones que las han revelado. Cuando dos fenómenos que han sido observados en cierto orden se repiten en el mismo, los nervios que han sido modificados por el paso de una impresión á otra lo son de nuevo; y las modificaciones moleculares que han experimentado, al propagarse el primer movimiento, crecen al propagarse el segundo análogo al primero, cada uno de esos movimientos produce una alteración de estructura, que conforme á la ley general enunciada en el capítulo IX, implica una disminución de la resistencia opuesta á todos los movimientos análogos sucesivos. La segregación de éstos, ó más bien, de las partes eficaces de ellos, empleadas en vencer dicha resistencia, viene á ser la causa y la medida de la conexión mental que liga entre sí las impresiones producidas por los fenómenos. Durante ese tiempo, las conexiones de los fenómenos que reconocemos como diferentes de aquéllos, es decir, que afectan á distintos elementos nerviosos, estarán representadas por movimientos, efectuados en distintas rutas, en cada una de las cuales la descarga nerviosa se hará con una facilidad y una rapidez proporcionadas á la frecuencia con que se produce la conexión de los fenómenos. La clasificación de las relaciones, debe, pues, proceder á la par que la de los objetos que constituyen sus términos. Las relaciones mezcladas, que presenta el mundo exterior, tienen con las sensaciones mezcladas que produce, un carácter común; y es no poderse fijar en el organismo, sin experimentar una segregación más ó menos completa. Y por esa continua y doble operación de segregar y agrupar cambios y movimientos, que constituye la esencia de la inervación, se efectúan, poco á poco, la segregación y el agrupamiento de materia que constituyen la estructura nerviosa.

168.   Al principio de la evolución social los individuos semejantes se reunieron en un grupo, y los desemejantes, se separaron, bajo la acción de las fuerzas incidentes, de un modo análogo á como hemos visto se agrupan y separan los séres inferiores. Las razas humanas tienden á integrarse y á diferenciarse como los otros séres vivos. Entre las fuerzas que operan y conservan las segregaciones humanas, podemos considerar, en primer término,

las fuerzas exteriores, llamadas físicas. El clima y los alimentos de un país son más ó menos favorables á los indígenas, y más ó menos perjudiciales á los forasteros de regiones lejanas. Las razas del Norte no pueden perpetuarse en los climas tropicales; si no perecen á la primera generación, sucumben á la segunda, y, como pasa en la India, no pueden conservarse sino artificialmente por inmigraciones y emigraciones incesantes. Esto quiere decir, que las fuerzas exteriores, actuando igualmente sobre todos los habitantes de una localidad, tienden á eliminar los que no son parecidos á un cierto tipo, y á conservar por ese medio, la integración de los que lo son. Si en Europa vemos una especie de mezcla permanente debida á otras causas, observamos, sin embargo, que las variedades mezcladas corresponden á tipos poco distintos, y se han formado en condiciones poco diferentes. Las otras fuerzas que concurren á formar ó producir las segregaciones étnicas son las fuerzas psíquicas, reveladas en las afinidades que reunen á los hombres semejantes en sus afectos, ideas y deseos. Generalmente, los emigrados y emigrantes tienen deseos de volver á su país, y si no lo realizan es porque los retienen causas bastante poderosas. Los individuos de una sociedad, precisados á residir en otra, forman colonias, pequeñas sociedades, semejantes á las de sus metrópolis. Las razas que han sido divididas artificialmente tienen una fuerte tendencia á unirse de nuevo. Ahora bien, aunque las segregaciones que resultan de las afinidades naturales de los hombres de una misma variedad, no parecen poder ser explicadas por el principio general que discutimos; son, sin embargo, buenos ejemplos de ese principio. Al hablar de la dirección del movimiento (80), hemos visto que los actos ejecutados por los hombres, para la satisfacción de sus necesidades, eran siempre movimientos en el sentido opuesto al de la mínima resistencia; los sentimientos y deseos que caracterizan á los individuos de una raza ó variedad son tales, que no pueden hallar su completa satisfacción sino entre los demás miembros ó individuos de aquélla; esa satisfacción procede, en parte, de la simpatía que aproxima á los que tienen sentimientos semejantes, y sobre todo de las condiciones sociales correlativas que se desarrollan doquier reinan los mismos sentimientos. Luego cuando un individuo de una nación es, como sucede frecuentemente, atraído hacia los de otra nación, es porque ciertas fuerzas, que llamamos deseos, le empujan en la dirección de la mínima resistencia. Los movimientos humanos, como

27

todos los demás, son determinados por la distribución de las fuerzas
que las producen, y por tanto es preciso que las segregaciones de
razas, que no son resultado de fuerzas exteriores, sean producidas
por las fuerzas interiores, ó que los individuos de esas razas ejercen unos sobre otros.

Análogas segregaciones se operan bajo la influencia de causas
análogas, en el desarrollo de cada sociedad: algunas resultan de
afinidades naturales menos importantes; pero las segregaciones
principales, que constituyen la organización política é industrial,
resultan de la unión de individuos, cuyas analogías son efecto de
la educación, tomando esta palabra en su más lata acepción, á
saber: el conjunto de todos los procedimientos que forman á los
ciudadanos para desempeñar funciones especiales.

Los hombres dedicados al trabajo corporal tienen todos cierta
semejanza que borra ó disimula las diferencias naturales entre sus
restantes facultades activas. Los dedicados al trabajo intelectual
tienen, á su vez, ciertos caracteres comunes que los hacen más
semejantes entre sí, que á los ocupados en trabajos manuales. Ve-
rifícanse, pues, segregaciones, y se establecen clases correspondientes á esas nuevas analogías y diferencias. Pero aún se establecen otras más marcadas entre los individuos dedicados á la
misma profesión, pues, aun aquellos á quienes la índole de sus
trabajos les impide concentrarse en una misma localidad, como
los albañiles, médicos, etc., forman asociaciones, es decir, se integran todo lo posible. Y los que no están obligados á cierto grado de dispersión, como en las clases manufactureras, se agrupan
todo lo posible en localidades especiales.

Si ahora buscamos las causas de esas segregaciones, consideradas como resultados de la fuerza y del movimiento, vendremos á
parar al principio general que discutimos. La semejanza que la
educación produce en una clase de ciudadanos es una aptitud especial que han adquirido para satisfacer sus necesidades por los
mismos medios. Es decir, que la ocupación para la cual ha sido
educado un individuo es evidentemente, para él, como para todos
los educados como él, la línea de mínima resistencia. Síguese de
ahí, que bajo la presión que obliga á la mayoría de los hombres
á trabajar, á ser activos, los que son modificados semejantemente
tienden á seguir la misma profesión. Si, pues, una localidad llega
á ser el sitio de menor resistencia para una industria dada, sea
por circunstancias físicas, sea por las que se desarrollan durante

la evolución social, las leyes de la dirección del movimiento exigen que los individuos dedicados á esa industria se derijan á esa localidad y se agrupen ó integren. Así, por ejemplo, Glasgow ha conquistado una gran superioridad en la construcción de navíos de hierro, porque estando en la desembocadura de un río navegable, en cuyas inmediaciones hay minas de hierro y de hulla, el trabajo total requerido para la construcción de un mismo navío, y para la adquisición del equivalente de ese trabajo en alimentos y vestidos, es menor que en otro sitio; y en consecuencia, los obreros constructores de navíos de hierro se concentraron en Glasgow. Tal concentración sería aún más marcada, si no hubiese otros distritos con algunas ventajas capaces de competir con las de Glasgow. El principio es también verdadero para las profesiones comerciales: los agentes de cambios se concentran en la *Cité*, porque la suma de esfuerzos que cada uno debe ejecutar para cumplir sus funciones y recoger los beneficios, es menor que en otras localidades; y á la misma ley obedece la creación de las Bolsas.

Con tantas y tan complejas unidades y fuerzas como constituyen una sociedad, hay motivos para pensar que deben establecerse selecciones y segregaciones, más complicadas y menos claras que las acabadas de indicar. Se puede quizá mostrar anomalías, que, á primera vista, podrían parecer en contradicción con la ley que cuestionamos; pero, estudiándolas mejor, se verá que no son sino casos particulares, no menos notables. En efecto, habiendo entre los hombres tantas especies de semejanzas, debe también haber muchas especies de segregaciones: hay semejanzas de pensamientos, de gustos, de aficiones intelectuales, de sentimientos religiosos y políticos, y cada una de ellas origina agrupamientos ó asociaciones de los individuos correspondientes. Sucede algunas veces que las segregaciones se cruzan, anulan mutuamente sus efectos, total ó parcialmente, y se oponen á que una clase se integre por completo; esas son las anomalías de que hablábamos. Pero si se estudia convenientemente esa causa de imperfección, se verá que esas segregaciones, aparentemente anormales, se conforman á la misma ley que las demás; se reconocerá, por un análisis conveniente, que sea por efecto de fuerzas exteriores, sea por efecto de una especie de polaridad mutua, se producen en la sociedad segregaciones ó clases cuyos miembros tienen una semejanza natural ó una semejanza producida por la educación.

169. ¿Puede también deducirse de la persistencia de la fuerza,

la ley general de que acabamos de dar tantos y tan diversos ejemplos? Creemos que la exposición preliminar que hicimos al comenzar este capítulo, basta para responder, con razón, afirmativamente.

En efecto, todos los hechos últimamente enumerados se resumen en tres proposiciones abstractas: primera, unidades iguales, sometidas á una fuerza única y constante en dirección y magnitud, y capaz de moverlas, se mueven en la misma dirección y con la misma velocidad todas; segunda, unidades iguales, sometidas á fuerzas diferentes y capaces de moverlas, se mueven diferentemente, ya en dirección, ya en velocidad, ya en ambas; tercera, unidades desiguales, sometidas á la acción de una fuerza uniforme ó constante en dirección y magnitud, se moverán con velocidades ó direcciones, ó ambos elementos diferentes. Por último, las fuerzas incidentes deben ser también modificadas análogamente: fuerzas iguales que actúen sobre unidades iguales, recibirán modificaciones iguales; fuerzas desiguales actuando sobre unidades iguales, serán modificadas diversamente; y fuerzas iguales que actúen sobre unidades desiguales, serán también diversamente modificadas. Todavía se pueden reducir estas proposiciones á formas más abstractas, pues todas equivalen á ésta, en todas las acciones y reacciones de la fuerza y de la materia, una desigualdad en uno ú otro de ambos factores implica una desigualdad en los efectos; y éstos son, por el contrario, idénticos, siéndolo respectivamente ambos elementos.

En este grado de generalización, es muy fácil de inferir la subordinación de esas proposiciones, últimamente enunciadas, al principio de la persistencia de la fuerza. Cuando dos fuerzas cualesquiera no son idénticas, difieren ó por su intensidad ó por su dirección, ó por ambos caracteres, y se puede probar por los principios de la Mecánica, que esa diferencia es debida á la existencia en una de aquéllas de un elemento ó porción de fuerza que no existe en la otra. Análogamente, dos unidades de materia desiguales en volumen, en peso, en forma, ó en algún otro atributo, no pueden parecernos desiguales sino por las diferentes fuerzas con que nos impresionan; luego esa diferencia es también debida á la presencia en una ú otra partícula, de una ó muchas fuerzas que no están en la otra. ¿Cuál, es, pues, la consecuencia ineludible de ese carácter común de las desigualdades dinámicas ó materiales? Toda desigualdad en las fuerzas incidentes debe producir efectos distintos en unidades iguales de materia, puesto que, si no, la fuerza residuo ó diferencia de aquéllas, no produciría efecto alguno, y por tanto la persistencia de la fuerza no sería una verdad universal. Toda desigualdad en las masas sometidas á la acción de una misma fuerza ó de fuerzas idénticas, debe producir efectos diversos; puesto que si no, la fuerza que constituye para nosotros la diferencia de esas masas, no produciría efecto alguno, y sería falsa, en ese caso, la persistencia de la fuerza. Por último: recíprocamente, si las fuerzas que ejercen una acción, y las masas sobre que actúan son iguales, los efectos serán iguales; pues si no, habría una diferencia de efectos producida sin diferencia de causas, contradicción patente del principio de la persistencia de la fuerza.

Ahora bien: si esas verdades generales están implicadas en la universal de la persistencia de la fuerza, todas las redistribuciones que hemos estudiado hasta ahora al investigar los caracteres de las diversas fases de la evolución, están también implicadas en dicha ley universal. Las fuerzas efectivas y permanentes que actúan sobre un agregado material y producen en él movimientos sensibles, no pueden menos de producir las segregaciones que vemos sobrevienen entre las partes de ese agregado; si éste se compone de unidades mezcladas de diversas especies, las de cada especie recibirán movimientos semejantes de una fuerza incidente, mientras que las de otra especie recibirán movimientos más ó menos distintos de los de aquélla, aunque semejantes entre sí; las dos especies se separarán, pues, y se integrarán separadamente ó cada una de por sí. Si las unidades son semejantes y las fuerzas diferentes, se verificará también la separación y la integración de aquéllas, por las razones ya tan repetidas. Así se produce ineludiblemente la segregación y el agrupamiento concomitante que vemos doquier, y en su virtud, el cambio de lo uniforme en lo multiforme, va acompañado del cambio de lo indefinido ó indeterminado en lo definido ó determinado. Así, pues, el paso de una homogeneidad indefinida á una heterogeneidad definida, se deduce del principio de los principios —la persistencia de la fuerza,— tan fácilmente como el simple paso de lo homogéneo á lo heterogéneo.

CAPÍTULO XXII

EL EQUILIBRIO

170.   ¿Hacia qué fin tienden los cambios que hemos estudiado? ¿O se verificarán continua é indefinidamente? ¿Puede existir un proceso indefinido de lo menos á lo más heterogéneo? ¿O existe un grado que no puede exceder la integración de la materia y del movimiento? ¿Es posible que esa metamorfosis universal siga el mismo curso indefinidamente, ó tiende á producir un estado definitivo que no sea susceptible de nuevas modificaciones? Esta última conclusión es la que se deduce lógicamente de todo lo expuesto, como ahora vamos á ver.

En efecto, ya examinemos una operación concreta, ya consideremos la cuestión en abstracto, veremos que la evolución tiene un límite infranqueable; que las redistribuciones de materia, en todas las esferas de nuestro conocimiento, tienen un fin, determinado por la disipación del movimiento que las efectúa. La piedra que rueda comunica su movimiento á los objetos que choca, y acaba por pararse; los objetos que ha chocado y puesto en movimiento hacen lo mismo. Análogamente, el agua que obedeciendo á la gravedad, corre constantemente hacia las regiones más bajas, primero precipitada de las nubes, después resbalando sobre la tierra para formar los arroyos y ríos, se pára ante la resistencia que le opone el agua de los mares ó lagos. En ésta, se disipa también, comunicándose á la atmósfera y á los cuerpos de las orillas, el movimiento que producen los vientos ó la inmersión de los cuerpos sólidos, y que se propaga en ondas que van disminuyendo en altura, á medida que crecen en amplitud. La impulsión que los dedos comunican á la cuerda de un arpa, se esparce en todos sentidos, se debilita extendiéndose, y acaba por extinguirse, engendrando ondas caloríficas ú otras especies de movimientos. En el ascua que sacamos del fuego, como en la lava que arroja un volcán, vemos que la vibración molecular llamada calor, se disipa por radiación, y tal vez por contacto con los cuerpos vecinos, de modo que en definitiva, por grande que sea el calor inicial, se equilibrará, más ó menos pronto, con el de los cuerpos ambientes. Lo mismo sucede á todas las demás formas de fuerzas y de movimientos, pues como ya hemos visto en el capítulo de la multiplicación de efectos, los movimientos van siempre descomponiéndose en ótros más y más divergentes. Así, la piedra que rueda impulsa en direcciones más ó menos divergentes de la suya á las piedras que choca, y éstas hacen lo mismo, á su vez, con las que encuentran en su camino. El movimiento del aire y del agua, sea cualquiera su forma primitiva, siempre se resuelve en movimientos radiantes. El calor producido por la presión en un sentido determinado se irradia ó esparce en ondulaciones en todos sentidos; lo mismo se engendran y propagan la luz y la electricidad; esto quiere decir que esos movimientos, como todos, se dividen y subdividen, reduciéndose en virtud de esa operación continuada indefinidamente á movimientos insensibles, pero sin anularse jamás.

Hallamos, pues, doquier, una tendencia al equilibrio. La coexistencia universal de fuerzas antagonistas que necesita la universalidad del ritmo, y la descomposición de toda fuerza en fuerzas divergentes, tienden á la par hacia un equilibrio completo y definitivo. Estando todo movimiento sometido á la resistencia, sufre continuamente sustracciones que terminan con la cesación del movimiento.

He aquí el principio en su más simple expresión: vamos ahora á examinarle en los complejos aspectos bajo los cuales se presenta en la naturaleza. En casi todos los casos el movimiento de una masa es compuesto, y efectuándose aisladamente el equilibrio de cada uno de sus componentes, no influye en el resto. La campana de un navío, que ha cesado de vibrar, está aún agitada por oscilaciones horizontales y verticales producidas por las aguas del mar. La superficie unida de un agua corriente, rizada un momento por las ondulaciones producidas por un pez, no por eso deja de correr tranquilamente hacia el mar, una vez terminadas dichas ondulaciones accidentales. La bala de cañón que se pára, sigue moviéndose con el movimiento de rotación de la tierra; aunque este movimiento cesara, la tierra seguiría moviéndose alrededor del sol y

relativamente á los demás cuerpos celestes. De modo que lo considerado como equilibrio es, en todos los casos, una desaparición de uno ó varios de los movimientos que un cuerpo posee, mientras que los otros continúan como antes. Para figurarse bien esa operación y comprender el estado de cosas hacia el que tiende, será conveniente citar un caso en que podamos ver más clara y completamente que en los ejemplos recién citados esa combinación de equilibrios y movimientos; y para eso será lo mejor, no un ejemplo raro y sorprendente, sino uno familiar, ó de todos conocido. Tomemos el de la peonza: ésta presenta, al ser soltada de la cuerda que se la arrolla, tres movimientos: el de rotación, el de traslación sobre el terreno y el de cabeceo ó balanceo. Estos dos movimientos subordinados, que cambian sus relaciones mutuas y con el movimiento principal ó de rotación, son destruídos ó reducidos á equilibrio por distintas operaciones y causas.

El movimiento de traslación encuentra un poco de resistencia en el aire, y mucha en las irregularidades del terreno; así que es el primero que se acaba, y sólo quedan los otros dos. En seguida, y á consecuencia de la resistencia que el movimiento de un cuerpo en rotación presenta á todo cambio en el plano de rotación (como se ve claramente en el giróscopo), el cabeceo disminuye y cesa también á poco tiempo. Después que han cesado esos dos movimientos, y no teniendo ya que vencer el rotatorio más que la resistencia del aire y el frote de la punta, continúa algún tiempo con tal uniformidad que parece estacionario, especie de *equilibrio movible,* como se dice generalmente. Es verdad que cuando la velocidad de la rotación decrece lo bastante, aparecen nuevos movimientos que crecen hasta que la peonza cae; pero esos movimientos no se presentan sino en el caso de que el centro de gravedad esté situado sobre el punto de apoyo. Si la peonza tuviese la punta de acero y girase suspendida de una superficie suficientemente imantada, el fenómeno se verificaría como lo exige la teoría, y una vez establecido, el equilibrio movible continuaría hasta que la peonza se parase, sin cambiar de posición.

Resumamos ahora los hechos que ese ejemplo patentiza. En primer lugar, los diversos movimientos que una masa posee, se equilibran separadamente; los movimientos más débiles ó los que encuentran mayor resistencia, ó antes aún los que reunen esas dos condiciones, se paran los primeros y quedan solamente los que tienen los opuestos caracteres. En segundo lugar, cuando las

varias partes de la masa se hallan animadas de movimientos relativos ó de unas respecto á otras, que no encuentran sino débiles
resistencias exteriores, aquélla es susceptible de permanecer más
ó menos tiempo en *equilibrio móvil*. En tercer lugar, ese equilibrio
movible acaba finalmente en un equilibrio completo.

No es fácil abrazar completamente la operación del establecimiento del equilibrio, puesto que sus diversas fases se presentan
simultáneamente. Lo que se puede hacer es descomponerla, para
mayor facilidad, en cuatro órdenes diferentes de hechos, y estudiarlos aparte. El primer orden comprende fenómenos relativamente simples, como los de los proyectiles, cuyo movimiento no
dura lo bastante para manifestar su ritmo, sino que dividido y
subdividido rápidamente en movimientos comunicados á otras
partes de materia, se disipa en el ritmo de las ondulaciones etéreas. En el segundo orden, se encuentra las diversas especies de
vibraciones y de oscilaciones, que se puede hacer constar; en ellas
se gasta el movimiento, produciendo una tensión que, equilibrada
por él, produce en seguida un movimiento en sentido inverso, el
cual es á su vez destruído, produciéndose un ritmo visible, que
luego se disipa en ritmos invisibles. El tercer orden de equilibrio,
del cual no hemos hablado aún, se manifiesta en los cuerpos que
gastan tanto movimiento como reciben: tales son las máquinas de
vapor, sobre todo las que alimentan ellas mismas sus calderas y
hornos: en ellas la fuerza que se gasta en vencer las resistencias
del mecanismo puesto en juego, se repara á cada momento, á expensas del combustible, y se mantiene el equilibrio entre esas dos
fuerzas, elevando ó bajando el gasto de combustible, según la
cantidad de fuerza que se necesita y consume. Cada aumento,
cada disminución de la cantidad de vapor, implica un aumento ó
una disminución del movimiento de la máquina, capaz de equilibrarse con las variaciones análogas de la resistencia. Este equilibrio, que podríamos llamar equilibrio movible *dependiente*, debe
ser especialmente notado, puesto que es uno de los que se encuentran comunmente en las diversas fases de la evolución. Podemos
aun admitir un cuarto orden de equilibrio; el equilibrio independiente, ó equilibrio móvil perfecto, del cual vemos un ejemplo en
los movimientos rítmicos del sistema solar, que, no encontrando
otra resistencia que la de un medio, cuya densidad es inapreciable, no experimentan disminución sensible en los períodos de
tiempo que podemos medir.

Sin embargo, todas esas especies de equilibrio pueden ser consideradas como diferentes modos de una sola especie, mirando la cuestión bajo un punto de vista más elevado.

En efecto, en todos los casos, el equilibrio que se establece es relativo, no absoluto; es un movimiento que cesa, de algunos puntos ó cuerpos con respecto á otros, lo cual no implica la desaparición del movimiento relativo perdido, que no hace sino transformarse en otros movimientos, ni una disminución de los movimientos con respecto á otros puntos. Este modo de comprender el equilibrio incluye evidentemente al equilibrio móvil que, á primera vista, parece de otra naturaleza.

En efecto, todo sistema de cuerpos, que presenta como el sistema solar, una combinación de ritmos mutuamente equilibrados, posee la propiedad de no variar su centro de gravedad, sean cualesquiera los movimientos relativos de los elementos del sistema; porque á todo movimiento de uno de los elementos en cualquier dirección, corresponde instantáneamente otro equivalente en dirección opuesta; de modo que la masa entera del sistema permanece en un reposo relativo.

Resulta, pues, que el equilibrio móvil es la supresión de algún movimiento que una masa móvil ejecutaba respecto á los efectos exteriores, y la continuación de los movimientos que las diversas partes de dicha masa verifican unos respecto á otros. Así, en general, es evidente que todas las formas de equilibrio son intrínsecamente las mismas, puesto que, en todo agregado, solamente el centro de gravedad es el que pierde el movimiento; los elementos conservan siempre algún movimiento, unos respecto á otros; tal es el movimiento molecular que constituye el calor, la luz, etc. Todo equilibrio, aun de los considerados comunmente como absolutos, no es sino un equilibrio móvil, puesto que si la masa total no se mueve, siempre hay movimientos relativos entre sus elementos. Inversamente, todo equilibrio móvil puede ser considerado como absoluto, bajo cierto punto de vista, porque los movimientos relativos de las partes van acompañados de la inmovilidad del todo.

Aún tenemos algo que añadir á estos ya extensos preliminares. De lo expuesto podemos deducir, desde luego, dos principios cardinales: el uno relativo al último, ó más bien, al penúltimo estado de movimiento, que tiende á producir la operación que vamos estudiando, y el otro relativo á la distribución concomitante de

materia. Ese penúltimo estado de movimiento es el equilibrio móvil, el cual, como ya sabemos, tiende á producirse en toda masa
animada de movimientos compuestos y servir de estado transitorio
para el equilibrio completo. En toda evolución vemos constantemente la tendencia á producirse y conservarse ese equilibrio móvil. Así como en el sistema solar se establece un equilibrio móvil
independiente, y tal que los movimientos relativos de las partes
constituyentes del sistema están continuamente equilibrados por
movimientos opuestos, y que el estado medio de la masa total no
varía; así vemos establecerse relaciones análogas, aunque menos
distintas quizá, en todas las formas de equilibrio movible dependiente. El estado de cosas, de que hay ejemplos en los ciclos de
cambios terrestres, en las funciones de los séres orgánicos adultos, en las acciones y reacciones de las sociedades ya civilizadas,
es un estado que tiene también por principal carácter la compensación de unos y otros movimientos oscilatorios. La combinación
compleja de ritmos que se nota en cada una de las acciones y reacciones sociales, tiene un estado medio que permanece constante
bajo el punto de vista práctico, durante las desviaciones en uno ú
otro sentido.

El hecho que debemos principalmente observar es que, como
consecuencia de la ley de equilibrio ya enunciada, toda evolución
debe progresar hasta que se establezca el equilibrio móvil; puesto
que, como ya hemos visto, el exceso de fuerza que una masa posee, en una dirección, debe gastarse en vencer las resistencias que
existan en esa dirección, no quedando en definitiva sino los movimientos que se compensan mutuamente, ó que constituyen un
equilibrio móvil. En cuanto á la estructura que la masa adquiere
al mismo tiempo, se necesita evidentemente que presente una
combinación de fuerzas que equilibre á todas las demás que soli-
citen á la masa total. Mientras haya un exceso de fuerza en cualquier sentido, no puede existir equilibrio, y por tanto, debe continuar la redistribución de materia. Resulta, pues, que el límite
de la heterogeneidad hacia el cual progresa toda masa en evolución, es la formación de tantas partes especiales y combinaciones de ellas, como fuerzas especiales y combinadas hay que equilibrar.

171.   Las formas sucesivamente modificadas, que según la hipótesis nebular deben haberse originado durante la evolución del
sistema solar, son otras tantas especies transitorias de equilibrio

movible, etapas del proceso que conduce al equilibrio completo. Así, cuando la materia nebulosa que se condensa, toma la forma de un esferóide aplanado, entra en un equilibrio movible transitorio y parcial, pero que debe asegurarse cada vez más, á medida que se disipan los movimientos locales antagonistas. La formación y el desprendimiento de anillos nebulosos que, según la hipótesis, sobrevienen de vez en cuando, nos presentan casos del establecimiento del equilibrio progresivo que termina en un equilibrio móvil completo.

En efecto, la génesis de esos anillos implica una compensación perfecta entre la fuerza atractiva que el esferóide entero ejerce sobre su parte ecuatorial y la fuerza centrífuga que dicha parte ecuatorial ha adquirido durante la concentración de toda la masa; mientras que esas dos fuerzas no sean iguales, siendo naturalmente mayor la atractiva, la parte ecuatorial sigue el movimiento general de concentración de la masa; pero así que se equilibran la porción ecuatorial no sigue á la restante masa, y quedando retrasada, se separa. Sin embargo, cuando el anillo que resulta de ese equilibrio, considerado como un todo relacionado por medio de ciertas fuerzas con otros todos exteriores, ha alcanzado un equilibrio móvil, sus partes no están en equilibrio unas respecto á otras. Así, pues, como ya hemos visto (150), las probabilidades contra la persistencia de un anillo formado de materia nebulosa son inmensas; pues de la instabilidad de lo homogéneo se deduce que la materia nebulosa de un anillo debe romperse en varios fragmentos é integrarse en seguida en una sola masa. Eso quiere decir que el anillo debe progresar hacia un equilibrio móvil más completo, durante la disipación del movimiento que daba á sus partes la forma difusa, dando por resultado un planeta, acompañado quizá de un grupo de cuerpos más pequeños, cada uno de los cuales tiene movimientos relativos, á los que no se opone la resistencia de los medios sensibles, constituyéndose así un equilibrio movible casi perfecto (1).

(1) Sir David Brewster acaba de hacer conocer, aprobándolo, un cálculo de Mr. Babinet, que tiende á probar que en la hipótesis nebular, cuando la materia del Sol llegara á la órbita terrestre, debía tardar 3131 años en su rotación, y que por consecuencia la hipótesis no es verdad. Ese cálculo de Babinet puede equipararse con otro de Mr. Comte, quien, por el contrario, encontró acordes el tiempo de dicha rotación y el de la actual revolución de la Tierra alrededor del Sol; pues si este cálculo im-

Dejando á un lado la hipótesis, el principio del equilibrio se manifiesta perpetuamente en los cambios de menor importancia que presenta el sistema solar: cada planeta, cada satélite, cada cometa, nos muestra, en su afelio, un equilibrio momentáneo entre la fuerza que le aleja de su centro de gravitación y la que retarda su alejamiento, puesto que ese alejamiento dura en tanto que no se equilibran esas dos fuerzas. Análogamente, en el perihelio se establece también un equilibrio momentáneo en el tránsito inverso. La variación de las dimensiones de la excentricidad y de la posición del plano de cada órbita, tiene también dos límites determinados por los casos en que las fuerzas que producen cada uno de esos cambios en una dirección, son equilibradas por las que actúan en sentido contrario. Al mismo tiempo, cada una de esas perturbaciones simples, lo mismo que cada una de las complejas que resultan de su combinación, presenta además del equilibrio temporal de sus puntos extremos, un equilibrio general de desviaciones mutuamente compensadas, de un estado medio. El equilibrio móvil que de ahí resulta, tiende, en el curso indefinido del tiempo, á ser un equilibrio completo, á consecuencia del decrecimiento gradual de los movimientos planetarios y de la integración definitiva de todas las masas separadas que constituyen el sistema solar.

Tal es lo que surgieren los retardos de algunos cometas y lo que juzgan muy probable grandes autoridades. Desde el momento en que se admite que el retardo apreciable del período del cometa de Encke implica una pérdida de movimiento causada por la resistencia del medio etéreo, se supone que esa resistencia debe causar también á los planetas una pérdida de movimiento que, aun cuando infinitesimal en los períodos que hasta ahora podemos medir, si continúa indefinidamente, pondrá fin á sus movimientos. Aun cuando hubiera, como supone Sir John Herschell, una rotación del medio etéreo en la misma dirección que los planetas, dicha cesación de movimiento no podría ser del todo impedida. Sin

---

plica una petición de principio, el de Babinet se funda en dos hipótesis gratuitas, y una de ellas hasta incompatible con la doctrina que se trata de comprobar; pues habiendo partido de la supuesta densidad interna del Sol, que no es bien conocida, y de la hipótesis de que todas las partes de la nebulosa solar tenían la misma velocidad angular, lo cual es incompatible con el desprendimiento sucesivo de anillos ó partes de la masa total, claro es que pecan por su base los razonamientos y cálculos de dicho sabio. *(N. del A.).*

embargo, esa eventualidad está aún tan lejana de nuestros tiempos, que sólo nos ofrece un interés especulativo: el hacer comprender mejor esa tendencia permanente hacia un equilibrio completo, que se manifiesta por una disipación de movimiento sensible ó por su transformación en movimiento insensible ó molecular.

Pero hay otra especie de equilibrio en el sistema solar, el cual nos interesa más, á saber: el equilibrio del movimiento molecular llamado calor. Hasta ahora se ha admitido implícitamente que el Sol puede continuar suministrándonos durante un tiempo indefinido la misma cantidad de luz y de calor que actualmente; pero, indudablemente, eso es imposible, puesto que implica una fuerza nacida de la nada, y no vale más, en realidad, esa hipótesis que las de los ilusos que creen descubrir el movimiento continuo. Otra idea domina ya; se conoce que la fuerza es persistente, y en consecuencia, toda fuerza que se nos revela bajo una forma debe haber existido antes bajo otra forma; y esa noción nos induce á pensar que la fuerza manifestada en los rayos solares no es sino una transformación de alguna otra fuerza, existente en el Sol, y por consecuencia de la disipación gradual de dichos rayos en el espacio, dicha fuerza acabará por agotarse. La fuerza agregativa solar, en virtud de la cual la materia de dicho astro se concentra alrededor de su centro de gravedad, es la única que las leyes de la Física nos autorizan á relacionar con las que emanan de dicho astro; y por lo tanto, el único origen cognoscible que se puede racionalmente atribuir á los movimientos insensibles que constituyen la luz y el calor solares, es el movimiento sensible que desaparece durante la concentración progresiva de la sustancia ó materia del Sol. Ya hemos visto que esa concentración progresiva era un corolorio de la hipótesis nebular; y ahora debemos añadir otro, á saber: que así como en los miembros más pequeños del sistema solar, el calor engendrado por la concentración se ha disipado, en gran parte, y desde hace mucho tiempo, por la radiación en el espacio, dejando un residuo central que se sigue disipando, pero con grandísima lentitud, así también en la masa inmensamente mayor del Sol, la cantidad inmensamente mayor de calor engendrado, y que está aún difundiéndose, debe, á medida que la concentración tiende á su fin, disminuir y no dejar sino un residuo insignificante. Ya se admita, ya se rechace la hipótesis de la condensación de la materia nebulosa de que procede el Sol, la idea de que éste pierde gradualmente su calor está hoy muy acreditada.

Se ha calculado la cantidad de luz y de calor ya radiada, la que resta aún por radiar y el período probable durante el cual esa radiación continuará. Helmholtz calcula que desde que, según la hipótesis nebular, la materia de nuestro sistema se extendía hasta la órbita de Neptuno, se ha desarrollado y difundido una cantidad de calor 454 veces mayor que la que aún queda; y que una disminución de 0,0001 en el diámetro solar producirá, partiendo del estado actual, calor para más de dos mil años; ó en otros términos, que basta la disminución de media diezmillonésima en el diámetro solar para producir la cantidad de calor que ese astro difunde actualmente en un año; ó que se necesita un millón de años para que el diámetro solar se reduzca á $^1/_{20}$ del actual (1). Naturalmente, no debe mirarse esas conclusiones sino como aproximadas, pues hasta hace poco hemos ignorado completamente la constitución física del Sol, y aun ahora sólo tenemos de ella un conocimiento superficial; nada sabemos de su estructura interna, y es posible y aun probable, que las hipótesis sobre la densidad del núcleo sean falsas. Pero todas las incertidumbres, todos los errores que sirvan de base á esos cálculos no impiden el poder afirmar apodícticamente que las fuerzas solares se gastan, y por tanto, deben agotarse al fin de un tiempo más ó menos largo. El residuo de movimiento aún no gastado, que conserva el Sol actualmente, puede ser, quizá, mayor que lo que supone el cálculo de Helmholtz; la radiación futura irá muy probablemente decreciendo gradual y lentamente y no continuará uniforme como supone dicho sabio; y la época en que el Sol cesará de radiarnos calor y luz suficientes para la vida orgánica estará tal vez más lejana que lo que se deduce de los cálculos citados; pero esa época llegará, infaliblemente, y eso basta para nuestro objeto.

Así, pues, mientras que el sistema solar, si efectivamente procede de la evolución de la materia cósmica difusa, es un ejemplo de la ley del equilibrio, puesto que presenta ó constituye un equilibrio móvil completo; y mientras que, constituído como lo está actualmente, nos ofrece un ejemplo de esta misma ley, por la compensación de todos sus movimientos, es también otro

---

(1) Véase el artículo «On the Inter-Action of Natural Forces», *Philosophical Magazine*, suplemento al tomo XI, 4.ª serie, traducido del texto alemán de Helmholtz, por Mr. Tyndall.

ejemplo por las operaciones que continúan efectuándose, según los astrónomos y los físicos. El movimiento de masas, producido durante la evolución, está en vía de refundirse en movimiento molecular del medio etéreo, tanto por la integración progresiva de la materia de cada masa, como por la resistencia á su movimiento á través de dicho medio. El momento en que todos los movimientos totales ó de masas se transformen en movimientos moleculares, puede estar, quizá, infinitamente lejano; pero es indudable que hacia él tienden ineludiblemente todos los fenómenos actuales del sistema solar, hacia una integración completa y un equilibrio móvil perfecto.

172. La forma esférica es la única que puede equilibrar á las fuerzas de gravitación de los átomos. Si la masa formada por ellos tiene un movimiento de rotación, la forma de equilibrio es un esferóide más ó menos aplanado, según la velocidad de la rotación; y está probado que la Tierra es un esferóide cuyo aplanamiento es justamente el necesario y suficiente para equilibrar á la fuerza centrífuga que resulta de la velocidad del movimiento diurno ó de rotación. Esto es decir que, durante la evolución terrestre, se han equilibrado perfectamente las fuerzas que actúan sobre su contorno ó superficie. La única operación nueva de equilibrio que la Tierra puede aún presentar es la pérdida de su movimiento de rotación, pero nada indica que éste esté en vía de cesar próxima ni remotamente. Sin embargo, Helmholtz sostiene que el frotamiento de las mareas con el fondo sumergido, debe disminuir lentamente el movimiento de rotación terrestre y acabar por destruirle. Sin duda, parece haber un error en esa afirmación, puesto que el límite del decrecimiento de la velocidad de rotación terrestre, debe ser el alargamiento del día hasta durar una lunación; pero es indudable que dicha causa retarda la rotación de nuestro globo, y es, por consiguiente, un nuevo ejemplo del progreso universal hacia el equilibrio.

Es inútil entrar en más detalles para mostrar cómo esos movimientos que los rayos del Sol engendran en el aire y en el agua, y en la sustancia sólida del globo (1), después de haber atravesa-

---

(1) Consultando los *Outlines of Astronomy* de sir John Herrshel para otra cuestión, hemos visto que ya en 1833 el eminente astrónomo había emitido la idea de que «los rayos del Sol son el origen primario de casi todos los movimientos que se verifican en la superficie terres-

do el aire y el agua, verifican todos, á la vez, el mismo principio.
Evidentemente los vientos, las olas, las corrientes, y los desgastes que efectúan, manifiestan continuamente en una gran escala
y de infinitos modos, esa disipación de movimientos de que hemos
hablado en la primera sección; y la tendencia hacia una distribución equilibrada de las fuerzas, como corolario de dicha disipación. Cada uno de los movimientos sensibles producidos directa ó
indirectamente por la integración de los movimientos insensibles
comunicados por el Sol, se divide y se subdivide en movimientos
cada vez menos sensibles, hasta convertirse otra vez en movimientos insensibles radiados por la Tierra bajo la forma de vibraciones caloríficas. En su totalidad, los movimientos complejos de
las sustancias sólidas, líquidas y gaseosas de la corteza terráquea
constituyen un equilibrio móvil dependiente, en el cual, como ya
hemos visto, se puede descubrir una combinación compleja de
ritmos. El agua, en la incesante circulación que la arrastra del
Oceano hacia los continentes y de éstos hacia el Oceano, nos presenta un tipo de esas acciones compensatrices, que en medio de
todas las irregularidades producidas por sus mutuas intervenciones, conservan un estado medio. Aquí, como en los otros casos
de equilibrio de tercer orden, vemos á la fuerza disiparse continuamente y renovarse también continuamente con otras exteriores, siendo constantemente compensadas la alta y la baja en el
gasto, por el alta y la baja en la renovación, como atestigua, por
ejemplo, la correspondencia entre las variaciones magnéticas y
las manchas solares. Pero el hecho que nos importa más considerar es que esa operación tiende á establecer el reposo completo.

Los movimientos mecánicos, meteorológicos y geológicos que
están continuamente tendiendo al equilibrio, tanto temporalmente
por medio de movimientos contrarios, como de un modo permanente, por la disipación de unos y otros, disminuirán lentamente
á medida que disminuya la cantidad de fuerza recibida del Sol.
Es indudable: á medida que los movimientos insensibles propa-
gados hasta nosotros, por el centro de nuestro sistema, se hagan
más débiles, decrecerán también los movimientos sensibles que
producen, y en la época lejana en que por el calor solar sea in-

---

tre.» Y en seguida refiere expresamente á ese origen las acciones geológicas, meteorológicas y vitales, y aun las de combustión. Es, pues, in-
justo atribuir á Stephenson la originalidad de esta última idea.

apreciable, no habrá redistribución de materia en la superficie terráquea.

Mirados desde un punto de vista más elevado, los fenómenos
terrestres aparecen como detalles del establecimiento del equilibrio cósmico. Hemos ya demostrado (69) que entre las alteraciones incesantes que sufre la corteza del globo y la atmósfera, las
que no son debidas al movimiento de concentración de la sustancia terrestre, hacia su centro de gravedad, son debidas al movimiento análogo de la sustancia solar, hacia su centro de gravedad.
Observemos que el continuar la integración de la Tierra y el Sol
es continuar la transformación del movimiento sensible en movimiento insensible que ya hemos visto tender al equilibrio; y que
el punto extremo de la integración es un estado en que no queda
movimiento sensible transformable en movimiento insensible, es
decir, un estado en que las fuerzas integrantes y las fuerzas des-
integrantes sean iguales.

178.   Todo cuerpo vivo nos presenta bajo una cuádruple forma
la operación que estudiamos: á cada momento, en el juego de las
fuerzas mecánicas; diariamente, en el de las funciones orgánicas;
annualmente, en los cambios de estado que compensan los cambios
de condiciones climatológicas; y finalmente, en la cesación completa del movimiento vital, ó en la muerte. Examinemos los hechos bajo esos cuatro puntos de vista.

El movimiento sensible que constituye toda acción orgánica
visible se anula más ó menos rápidamente, por una fuerza opuesta, procedente del interior ó del exterior del organismo. Así, por
ejemplo, cuando se levanta un brazo, el movimiento que se le comunica tiene por antagonistas la gravedad ó peso del brazo y quizá otro peso sostenido por él, y las resistencias internas resultantes de la estructura; y el movimiento termina cuando el brazo
llega á una posición en que todas esas fuerzas se equilibran. Los
límites de cada sístole y de cada diástole cardiacas son otro ejemplo de un equilibrio instantáneo entre los esfuerzos musculares
antagonistas ó que producen movimientos opuestos; y cada oleada
de sangre debe ser seguida de otras, porque si no la rápida disipación de su movimiento produciría bien pronto el equilibrio de
toda la masa sanguínea.

Así también en las acciones y reacciones que se operan entre
los órganos internos, y en el juego mecánico del cuerpo entero,
se establece á cada momento un equilibrio progresivo de los mo-

vimientos producidos. Consideradas en conjunto, como formando
una serie, las funciones orgánicas constituyen un equilibrio movible dependiente, un equilibrio movible cuyo poder motor está
siempre gastándose en producir los varios equilibrios especiales
que acabamos de indicar, y siempre renovándose á expensas de
otras fuerzas exteriores. El alimento es un almacén de fuerza, que
repara á cada momento lo que las fuerzas vitales pierden en equilibrar ó vencer á sus antagonistas. Todos los movimientos funcionales del organismo son, como ya sabemos, rítmicos (85); y sus
combinaciones, ritmos compuestos de variadas amplitudes y com-
plejidades. En estos ritmos simples y compuestos, el establecimiento del equilibrio no se manifiesta solamente en cada extremo,
sino también en la conservación de un término medio constante;
y en su restablecimiento, cuando causas accidentales han producido una desviación de él. Cuando, por ejemplo, hay un gran gasto de movimiento muscular, se hace, en parte, á expensas de los
almacenes de movimiento latente, depositados en el interior de
los tejidos, bajo la forma de materia combustible. El aumento de
las actividades respiratoria y circulatoria es el medio de que se
vale el organismo casi siempre para producir nuevas fuerzas que
restauren las gastadas ó disipadas rápidamente. Esa transforma-
cion extraordinaria de movimiento insensible ó molecular en movimiento sensible ó mecánico es seguida, á poco, de una absorción
proporcionada de alimentos, es decir, de materia que tiene alma-
cenada una gran cantidad de movimiento molecular.

Cuanto más se ha gastado del capital dinámico acumulado en los
sistemas orgánicos, circulatorio, nervioso, etc., más tendencia hay
á un reposo prolongado, durante el cual se reparen las pérdidas de
ese capital. Si la desviación del curso ordinario de las funciones ha
sido bastante grande para turbar su ritmo, como cuando un ejercicio violento hace perder el apetito y el sueño; aunque más tarde
se establece al fin en definitiva el equilibrio orgánico; siempre que
la perturbación no sea tal que destruya el juego de las funciones,
es decir, la vida, en cuyo caso el equilibrio completo se establece
bruscamente, en los demás casos se restablece poco á poco el equilibrio móvil; el apetito vuelve, y se manifiesta tanto más vivo cuanto más grande ha sido la pérdida de los tejidos; un sueño tranquilo
y prolongado repara los efectos de largas vigilias, etc. No hay excepción á la ley general ni aun en los casos extremos en que algún
exceso ha producido un desarreglo irreparable, porque aun enton-

ces el ciclo de las funciones encuentra, después de algún tiempo, su equilibrio alrededor de un nuevo estado medio, que, desde ese momento viene á ser el estado normal del individuo. Así, cuando en medio de los cambios rítmicos que constituyen la vida orgánica, una fuerza perturbadora viene á efectuar un exceso de cambio en una dirección, es gradualmente disminuída, y en definitiva neutralizada, por fuerzas antagonistas, las cuales efectúan un cambio compensador en dirección opuesta y restablecen, después de más ó menos oscilaciones, el estado medio. Esta operación es la que los médicos llaman *vix medicatrix naturæ*. La tercera forma de equilibrio manifestada por los cuerpos orgánicos es una consecuencia necesaria de lo que acabamos de exponer. Cuando por un cambio de costumbres ó de circunstancias, un organismo está sometido á nuevas y permanentes influencias, ó á una antigua influencia, con diferente intensidad, los ritmos orgánicos son más ó menos turbados, pero se establece entre ellos un nuevo equilibrio alrededor de una condición media producida por la nueva influencia. Lo mismo que las divergencias temporales de los ritmos orgánicos son compensadas por otras de especie opuesta, también las divergencias permanentes son compensadas por otras opuestas y permanentes.

Si la cantidad de movimiento que debe ser engendrada por un músculo es mayor que la ordinaria, la nutrición del músculo crece y si el exceso de nutrición es suficiente, el músculo crece, cesando el incremento cuando se equilibran las pérdidas y sus reparaciones, el gasto de fuerza y la cantidad de fuerza latente que se añade cada día. Lo mismo sucede, patentemente, en todas las modificaciones orgánicas qué dependen de un cambio de clima ó de alimento. Y esa conclusión la podemos deducir, sin conocer las reordenaciones especiales que conducen al equilibrio. Si vemos establecerse un nuevo modo de vida después de una perturbación funcional de alguna duración, producida por algún cambio en las condiciones del organismo, si vemos que esas condiciones cambiadas persisten en su nuevo estado, sin nuevos cambios, no tenemos más remedio que suponer que las nuevas fuerzas introducidas en el sistema han sido compensadas por fuerzas opuestas; operación á la cual se ha llamado *adaptación* á las condiciones de existencia. Finalmente, todo organismo mirado en el *conjunto* de su vida, es otro ejemplo de la ley: al principio, absorbe cada día bajo la forma da alimentos una cantidad de fuerza, mayor que la que gasta; el exceso se equilibra por el crecimiento. En la edad madura, ese exceso disminuye; en el organismo plenamente desarrollado la absorción diaria de movimiento potencial está próximamente compensada ó equilibrada por el gasto diario de movimiento actual; es decir, que en el sér orgánico adulto hay constantemente un equilibrio de terçer orden. Por último, llega una edad en que las pérdidas diarias sobrepujan á las ganancias y comienza una disminución progresiva de la acción funcional: los ritmos orgánicos se extienden más ó menos ámpliamente á uno y otro lado del estado medio, y al fin se establece el equilibrio completo y definitivo que llamamos muerte.

El último estado de estructura que acompaña al último estado funcional, hacia el que tiende un organismo, tanto individual como específicamente, puede deducirse de una proposición que hemos sentado en la primera sección de este capítulo. Hemos visto que la heterogeneidad alcanza su límite cuando el equilibrio de un agregado llega á ser completo; que la redistribución de la materia no puede continuar, sino en tanto que persiste su movimiento no equilibrado; y que, por tanto, las coordinaciones terminales de estructura deben ser tales que puedan oponer fuerzas antagonistas equivalentes á todas las fuerzas que actúan sobre el agregado.

Ahora bien; supongamos un organismo cuyo equilibrio sea de los que llamamos móviles. Hemos visto que la conservación de un equilibrio móvil exige la producción normal de fuerzas internas, correlativas en número, intensidad y dirección, á las fuerzas externas incidentes; es decir, tantas funciones internas aisladas ó combinadas como acciones externas hay que equilibrar. Pero las funciones son, á su vez, correlativas de los órganos; la intensidad de aquéllas es, en igualdad de las demás circunstancias, correlativa al volumen de éstos, y las combinaciones de las funciones son correlativas á las conexiones de los órganos.

Resulta de ahí que la complejidad de estructura que acompaña al equilibrio funcional puede definirse: un estado en el que hay tantas partes específicas como son necesarias para que puedan, conjunta ó separadamente, equilibrar las fuerzas combinadas ó aisladas, en medio de las cuales existe el organismo. Tal es el límite de la heterogeneidad orgánica, al cual se aproxima el hombre más que ningún otro sér orgánico.

Los grupos de organismos manifiestan con bastante claridad la tendencia universal hacia el equilibrio. Ya hemos hecho ver (85) que toda especie de planta y de animal está perpetuamente sometida á una variación rítmica en el número de individuos; tan pron-

to, por efecto de la abundancia de alimentos y de la escasez de enemigos, dicho número excede más ó menos al término medio; tan pronto por la escasez de subsistencias, y abundancia de enemigos, el número de individuos desciende bajo el término medio. Así es como se establece el equilibrio entre la suma de las fuerzas que coadyuvan al incremento de la especie y las que conspiran á su decremento. Los límites de esas variaciones son los puntos en que una serie de fuerzas, primero en auge ó exceso sobre otras, llega á ser equilibrada por éstas. En medio de las oscilaciones producidas por ese conflicto de fuerzas, se sostiene el término ó número medio de individuos de la especie, es decir, el punto en que la tendencia que ésta tiene á extenderse, se equilibra con la tendencia del medio á restringir ese desarrollo, esa extensión.

No se puede negar que ese balance de las fuerzas conservatrices y destructoras que vemos tiende á establecerse en todas las especies, debe establecerse final y necesariamente, puesto que el incremento del número no puede continuar sino hasta que le excede el incremento de la mortalidad, y el decremento del número puede ser detenido ó por el exceso de fertilidad ó por la extinción total de la raza ó de la especie.

174. Podemos aplicar á los equilibrios de las acciones nerviosas que constituyen la vida psíquica, la misma clasificación que á los de la vida orgánica ó corporal. Estudiémoslos en el mismo orden.

Toda pulsación de fuerza nerviosa (ya sabemos que las corrientes nerviosas no son continuas, sino rítmicas) (86) encuentra fuerzas resistentes ú opuestas; para vencerlas, se dispersa ó difunde. Estudiando la correlación y equivalencia de las fuerzas, hemos visto que cada sensación, cada emoción, ó más bien el residuo de los fenómenos orgánicos de la excitación de las ideas y de los sentimientos asociados, se gasta en producir otros fenómenos orgánicos, contracciones musculares voluntarias é involuntarias, aumento de secreciones, etc. Hemos visto que los movimientos debidos á esas causas son siempre terminados por la oposición de las fuerzas que ellos mismos provocan. Mas lo que debemos observar principalmente, es, que lo propio sucede á los cambios nerviosos, debidos á las mismas causas. Diversos hechos prueban que la producción de todo pensamiento ó sentimiento debe siempre vencer alguna resistencia; por ejemplo, cuando la asociación de ciertos estados mentales no ha sido frecuente, es preciso un esfuerzo apreciable para evocarlos uno tras otro; durante toda postración nerviosa, hay una incapacidad relativa de pensar; las ideas no se enlazan con la rapidez y facilidad habituales; por último, el hecho de que durante un aumento insólito de fuerza nerviosa, natural ó artificial, la resistencia á producirse los pensamientos disminuye y se producen fácil y prontamente las más complejas, numerosas y difíciles combinaciones de ideas. Es decir, que la onda de actividad nerviosa, engendrada á cada momento, se propaga en el cuerpo y en el cerebro por los cordones en que la resistencia es mínima; al menos en aquellas condiciones, y difundiéndose después proporcionalmente á su intensidad, no acaba hasta que se equilibra con la resistencia que encuentra por todas partes.

Si examinamos nuestras acciones mentales cotidianas, vemos en ellas equilibrios análogos á los que se establecen también cotidianamente entre las demás funciones del cuerpo. En uno y otro caso hay ritmos que presentan una compensación de fuerzas opuestas en sus extremos, y además la conservación de un equilibrio general, lo cual se ve en la alternativa cotidiana de períodos de actividad y de descanso mentales; las fuerzas gastadas durante aquélla, son compensadas ó restauradas por las adquiridas durante el sueño; se ve también en las alternativas de ardor y calma de cada deseo, todos llegan á una cierta intensidad, y son equilibrados ya por el gasto de fuerza que se emplea en realizar lo deseado, ya, aunque menos completamente, en imaginar dicha realización, pues en ambos casos la actividad llega á su máximum; es decir, á un reposo relativo que forma uno de los extremos de la onda rítmica. El equilibrio se produce también bajo una doble forma en los casos de dolor ó de alegría: todo acceso de pasión que se expresa por gestos vehementes, llega á un máximum, desde el cual las fuerzas antagonistas le vuelven á un término medio; y disminuyendo sucesivamente en intensidad los accesos, se llega á un equilibrio mental semejante ó poco diferente al estado anterior al de alegría ó dolor actuales. Pero la especie más notable de equilibrio mental es el que establece una correspondencia entre las relaciones que unen nuestros estados de conciencia y las relaciones del mundo exterior. Toda conexión externa de los fenómenos que somos capaces de percibir, engendra, por efecto de las experiencias acumuladas, una conexión interna de estados mentales; y el resultado al que tiende esa operación, es á formar una conexión relativa de estados mentales de una fuerza proporcionada á la constancia relativa de la conexión física representada á la conciencia.

Sabemos que todo movimiento sigue la línea de menor resistencia, y que, en igualdad de condiciones, una vez iniciada una
vía por un movimiento, esa ruta es más fácil para todo movimiento futuro; y por tanto, la facilidad con que se comunican las impresiones nerviosas, es, á igualdad de las demás circunstancias
tanto mayor cuanto más repetidas han sido anteriormente por la
misma vía. De ese modo se establece en la conciencia una conexión indisoluble correspondiente á una relación invariable que
une, por ejemplo, la resistencia de un objeto y la extensión y cohesión de ese objeto; y cuando esa conexión interna es tan firme
como puede serlo la externa correlativa, ya no cambia, y se equilibran perfectamente ambas conexiones ó relaciones. Inversamente, relaciones variables entre varios fenómenos, como las que unen
las nubes y la lluvia, tienen por correlativas ó correspondientes
relaciones de ideas, también variables ó inseguras; y si, no obstante, algunos aspectos de la atmósfera que nos hacen vaticinar buen
ó mal tiempo, corresponden efectivamente, las más veces, á estos
fenómenos, es porque la repetición de experiencias ha establecido
cierto equilibrio entre la relación mental y la relación física correspondiente. Si se observa que entre esos casos extremos hay
innumerables órdenes de conexiones externas con diferentes grados de constancia, y que, durante la evolución de la inteligencia
se forman conexiones internas, correspondientes á esos diversos
grados de cohesión de las externas, se ve también patente la tendencia á equilibrarse las relaciones de ideas ó subjetivas, con las
relaciones de cosas ú objetivas. Ese equilibrio llegaría á establecerse definitivamente, cuando cada relación de cosas engendrara
en nosotros una relación de ideas tal que, en las condiciones convenientes, la relación mental se reprodujera tan seguramente como
la relación física. Supongamos llegado dicho caso, lo que no podrá suceder sino al cabo de un tiempo infinito; la experiencia ce-
saría de producir nuevas evoluciones mentales, habría una exacta
correspondencia entre los hechos y las ideas, y la adaptación intelectual humana á las condiciones externas sería completa. Las
mismas verdades generales se manifiestan en la adaptación moral,
que es una especie de equilibrio ó una aproximación á él, entre
los sentimientos y las ideas y las reglas de conducta correspondientes. Las relaciones de los sentimientos y de los actos entre sí, están determinadas del mismo modo que las conexiones entre las
ideas; pues así como la repetición de series de ideas asociadas fa-

cilita la evocación de las unas por las otras, así también la descarga nerviosa, excitada por tal ó cual sentimiento, para llegar á producir tal ó cual acción, facilita la descarga siguiente de otro sentimiento igual en otra acción igual.

Resulta de ahí, que, si un individuo está colocado en condiciones permanentes que exijan más cantidad de cierta especie de acción que la exigida antes, ó que la posible de ejecutar naturalmente si la presión de los sentimientos penosos que esas condiciones producen, á no ser satisfechas, no forzase á ejecutar dicha acción en mayor escala; si esta ejecución repetida y prolongada bajo la influencia de esa presión, disminuye algo la resistencia para repetirla nuevamente, es indudable que tal disminución es un progreso hacia el equilibrio entre la demanda de esa especie de acción y la oferta del organismo para ejecutarla. Sea en ese mismo individuo, sea en sus descendientes que continúen viviendo en las mismas condiciones, una repetición continuada y enérgica debe indudablemente conducir á un estado en que el modo de dirigir las acciones no ofrezca más dificultad que los otros varios modos ya naturales en la especie.

Según eso, el límite hacia el que la evolución psíquica tiende, y al que puede aproximarse asintóticamente, es decir, cada vez más, pero sin poder llegar á él sino al cabo de un tiempo infinito, es una combinación de deseos que corresponda á todos los diversos órdenes de actividad que las circunstancias de la vida hacen nacer, deseos proporcionados todos, en intensidad, á las necesidades de esos diversos órdenes, y satisfechos todos por ellos. Los caractéres que llamamos hábitos adquiridos, y las diferencias morales de las razas y de las naciones, producidas por hábitos que persisten durante varias generaciones, nos ofrecen innumerables ejemplos de esa adaptación progresiva, que no puede cesar sino con el establecimiento de un equilibrio completo entre la constitución de la raza y sus condiciones de existencia.

Se dudará, quizá, de que los equilibrios descritos en esta sección puedan ser clasificados á la par que los citados en el párrafo anterior; se dirá, tal vez, que tomamos analogías por hechos. Es, sin embargo, cierto, que ambos órdenes de equilibrios son puramente físicos. Para demostrarlo, sería preciso un análisis muy detallado, que no cabe en esta obra. Bastará indicar, como ya lo hicimos (71), que los fenómenos que llamamos subjetivamente estados de conciencia, son, objetivamente, modos de fuerza; que

tal ó cual cantidad de sentimiento, corresponde á tal ó cual cantidad de movimiento; que la verificación de un acto corporal cualquiera es la transformación de cierta cantidad de sentimiento ó
de deseo en la cantidad de movimiento equivalente; que esta acción corporal lucha con otras fuerzas, y se gasta en vencerlas; y,
en fin, que lo que necesita la repetición de esa acción para hacerse frecuente, es tan sólo la repetición frecuente de las fuerzas que
dicha acción debe vencer. Por consiguiente, la existencia en un
individuo de un estímulo psíquico que equilibre ó venza ciertas
condiciones externas, es, literalmente, la producción habitual de
alguna parte especial de fuerza nerviosa equivalente en intensidad
á dichas condiciones. Así, pues, el último estado, el límite hacia
el cual tiende la evolución psíquica, es un estado en que las especies y cantidades de fuerzas mentales, producidas y transformadas
en movimientos, sean equivalentes á los diversos órdenes y á los
diversos grados de fuerzas ambientes que luchan con dichos movimientos y los equilibran.

175.   Toda sociedad, considerada en su conjunto, presenta una
condición de equilibrio en la adaptación del número de sus individuos á las condiciones ó medios de subsistencia. Una tribu humana que viva exclusivamente de caza, pesca y frutos ó legumbres, está, como otra tribu cualquiera de animales inferiores, sujeta á oscilaciones en torno al número medio de individuos que
la localidad puede alimentar. Una raza superior puede muy bien,
artificialmente y por sucesivos perfeccionamientos, ampliar los límites que las circunstancias exteriores imponen á su población;
pero siempre hay una detención del incremento de población cuando se llega al límite temporal correspondiente. Verdad es que
cuando el límite varía tan rápidamente como en nosotros, no hay
realmente alto en el incremento; no hay sino una variación rítmica en su intensidad. Pero si se observa las causas de esa variación
rítmica, si se sigue con atención el incremento durante los períodos de abundancia y la disminución durante los de escasez del
número de tratamientos, se verá que la fuerza expansiva produce
un progreso insólito siempre que la fuerza represiva disminuye, y
viceversa; así es como se establece entre las dos fuerzas un estado
tan próximo al equilibrio como las condiciones lo permiten.

Las acciones internas que constituyen las funciones sociales
suministran ejemplos tan claros, como los citados, del principio
general. La oferta y la demanda tienden continuamente á equili-

brarse en todas las transacciones industriales y comerciales, y ese equilibrio puede ser interpretado del mismo modo que los precedentes. La producción y la distribución de un producto industrial son resultados de varias fuerzas que producen movimientos de diversas especies é intensidades. El precio de ese producto es la medida de otro sistema de fuerzas, de otras especies é intensidades, desarrolladas y gastadas por el productor. Las variaciones de precio representan un balanceo rítmico de esas fuerzas.

Todas las altas y bajas en los réditos de un capital, y todo cambio en el valor de un producto implica un conflicto de fuerzas, en el que alguna fuerza que predomina temporalmente produce un movimiento, equilibrado á poco por fuerzas opuestas; entre esas oscilaciones horarias ó diurnas se halla un punto medio que varía más lentamente, en el cual tiende á fijarse el valor, y se fijaría, si no se añadiesen continuamente nuevas influencias á las ya existentes. Como en el organismo de cada individuo, en el organismo social también son engendrados los equilibrios de estructura por equilibrios funcionales. Cuando los obreros de una industria reciben una demanda mayor, y luego, en pago de una remesa mayor, reciben mayor cantidad de beneficios que la ordinaria; cuando, por consiguiente, las resistencias que tienen que vencer para subsistir son menores que las que encuentran otros obreros, éstos invaden más ó menos la industria de aquéllos. Tal invasión continúa hasta que el exceso de la demanda se pára; y entonces los salarios bajan hasta que la resistencia total que se necesita vencer para ganar una cantidad determinada de subsistencias es tan grande en el nuevo trabajo, como lo era en aquellos de donde provino el refuerzo de obreros. Hemos visto ya que el principio del movimiento por la línea de mínima resistencia exige que la población se acumule en los sitios en que el trabajo necesario para la subsistencia es más débil; y vemos también ahora, que los obreros establecidos en una localidad ventajosa ó en un trabajo lucrativo, deben multiplicarse hasta que se establezca un equilibrio aproximado entre esta localidad ó ese trabajo y otras localidades ó trabajos accesibles á los mismos individuos. Cuando los padres escogen carreras para sus hijos, discuten las ventajas respectivas de todas las posibles, y escogen las que creen más lucrativas ó más conducentes al fin que se propongan. A consecuencia de la invasión de unas industrias por obreros de otras, las que estaban en auge sufren una disminución de personal, lo que pro-

duce un equilibrio entre la fuerza de cada órgano social y la función que debe desempeñar.

Las diversas acciones y reacciones industriales, continuamente oscilantes, constituyen un equilibrio móvil dependiente, que se parece al que reina en las funciones de un organismo individual, por su tendencia á hacerse más completo. Durante las primeras épocas de la evolución social, mientras que los recursos de la localidad habitada son aún desconocidos parcialmente y las artes productoras están en su infancia, no hay sino un balanceo temporero y parcial de esas acciones bajo la forma de aceleración y retardo del progreso ó desarrollo social. Pero, cuando una sociedad se aproxima á la madurez del tipo de su organización, sus varias especies de actividades industriales, comerciales, etc., son casi constantes. Además, se puede observar que el progreso en la organización, lo mismo que en el desarrollo, conduce á un equilibrio mejor establecido de las funciones industriales. Cuando la difusión del comercio es lenta y faltan los medios de transporte, el equilibrio entre la oferta y la demanda es muy imperfecto: á una gran superabundancia sucede una gran escasez, formándose así un ritmo cuyos puntos extremos se apartan mucho del estado medio en que se realiza el equilibrio entre la oferta y la demanda. Pero cuando hay buenos caminos, cuando los anuncios impresos y escritos se reparten fácil y profusamente y, sobre todo, cuando funcionan los ferrocarriles y los telégrafos; cuando á las ferias periódicas de los primeros tiempos sucedieron los mercados semanales y á éstos los diarios, se halló ya establecido un equilibrio más perfecto entre el consumo y la producción. Un exceso en la demanda es seguido mucho más prontamente de un incremento en la oferta, y las oscilaciones rápidas del precio, entre límites próximos, á uno y otro lado, del precio medio, son signos seguros de un perfecto y cercano equilibrio. Evidentemente ese progreso industrial tiene por límite lo que Stuart Mill ha llamado *estado estacionario*. Cuando la población se haya hecho muy densa en todos los sitios habitables del globo, cuando los recursos de todas las regiones hayan sido plenamente explorados, cuando las artes productoras hayan sido perfeccionadas completamente, habrá un equilibrio casi perfecto entre la fecundidad y la mortalidad, entre la producción y el consumo humanos; cada sociedad no se apartará mucho de un número medio de individuos, y los ritmos diario y anual de sus funciones industriales se verificarán con insignificantes perturbaciones. Sin embargo, aun cuando avancemos gradualmente hacia ese límite, está infinitamente lejano, y no podremos alcanzarle por completo. La población de la Tierra hasta ese extremo no puede hacerse simplemente por reproducción. En el porvenir, como en el pasado, habrá oleadas rítmicas de emigración radiando de los pueblos más hacia los menos civilizados; esa operación tiene que ser muy lenta y no es fácil que produzca una civilización superior como piensa Mill. Más bien es creible que la aproximación á ella ha de ser simultánea con la aproximación al equilibrio completo entre la naturaleza ó constitución y las condiciones de existencia del hombre.

Hay aun otra especie de equilibrio social, el que da por resultado el establecimiento de las instituciones gubernamentales, el cual se aproxima á la perfección, á medida que aquéllas se armonizan con los deseos y las necesidades de los pueblos. En política como en industria, hay una demanda y una oferta, y en uno y en otro caso las fuerzas antagonistas producen un ritmo que oscila primero entre puntos muy lejanos, y acaba por un equilibrio móvil de una regularidad relativa. Las impulsiones agresivas que el hombre ejecuta en el estado presocial, las tendencias á satisfacer sus deseos, sin miramientos á los derechos de los demás séres — caracteres de los animales feroces, — constituyen una fuerza antisocial que tiende siempre á dividir y hacer luchar unos contra otros, á los séres humanos. Por el contrario, los deseos que no pueden ser satisfechos, sino mediante la unión ó asociación de unos hombres con otros, son fuerzas que tienden á unirlos con lazos más ó menos fuertes y duraderos. Por una parte, hay más ó menos resistencia en cada hombre á las restricciones que los demás ponen á sus acciones, resistencia que tiende á extender la esfera de acción de cada individuo y á limitar las de los demás, y que es evidentemente una fuerza repulsiva entre los diversos miembros de una sociedad. Por otra parte, la simpatía general del hombre por el hombre, y la especial de los individuos de cada raza ó variedad unos por otros, unidas á otros sentimientos del mismo orden que produce y desarrolla el estado social, actúan como fuerzas atractivas para unir y conservar la unión entre los individuos del mismo origen. Puesto que làs resistencias que tienen que superar para satisfacer todos sus deseos, cuando viven separados, son mayores que las que encuentran para el mismo fin, cuando están asociados, queda un exceso de fuerza que impide su separación. Como todas las

fuerzas antagonistas, las ejercidas por los hombres unos contra
otros producen siempre movimientos alternativos que, extremados
primero, después sufren una transformación gradual y se aproximan lentamente á un equilibrio móvil. En las pequeñas sociedades
no desarrolladas, esas tendencias antagonistas producen ritmos más
ó menos marcados. Una tribu cuyos individuos han vivido juntos,
durante una generación ó dos, alcanza una magnitud que no permite continúe la unión y al menor motivo estalla un antagonismo
que basta para producir una división ó separación. En todas las naciones primitivas la unión depende mucho del carácter del jefe; así
se les ve oscilar entre dos extremos: un despotismo que abruma, ó
una anarquía desordenada. En las naciones más adelantadas del
mismo tipo, se encuentran violentas acciones y reacciones de la
misma naturaleza, en el fondo. «El despotismo contrarrestado por
el asesinato es el carácter de todo estado político en que una repre-
sión intolerable obliga á los súbditos de vez en cuando á romper
todo freno social. Todo período de tiranía es seguido de otro de
anarquía y *viceversa:* y esta alternativa nos muestra cómo las fuerzas antagonistas se equilibran mutuamente; y en esos movimientos y contramovimientos que tienden á hacerse más moderados, el
equilibrio se aproxima á su perfección. Los conflictos entre los con-
servadores, que creen que la sociedad debe contener al individuo,
y los reformistas, que quieren la plena libertad del individuo, dentro de la sociedad, tienen límites cada vez más estrechos, de suerte
que el predominio temporal de una ú otra teoría produce una desviación menos marcada del estado medio. Ese equilibrio está tan
perfeccionado entre nosotros, que las oscilaciones son relativamente
insignificantes, y continuará hasta que el balanceo entre las fuerzas antagonistas no se separe del estado de equilibrio perfecto, sino
por diferencias inapreciables. En efecto, hemos visto ya que la
adaptación de la naturaleza humana á las condiciones de su existencia, no puede pararse hasta que las fuerzas internas que se llaman *sentimientos* se equilibran con las fuerzas externas con las que
luchan. Lo que caracteriza el establecimiento de ese equilibrio es
un estado de la naturaleza humana y de la organización social tales, que el individuo no tenga deseo alguno que no pueda ser satisfecho sin salir de su esfera ordinaria de acción, mientras que la
sociedad no imponga más límites á la libertad individual que los que
el individuo respete libremente. La extensión progresiva de la libertad de los ciudadanos y la abrogación consiguiente de las restriccio-

nes políticas, tales son los grados por los cuales nos elevamos á ese estado.

En fin, la abolición de todas las restricciones impuestas á la libertad de cada uno, á excepción de las que se refieren á la libertad de los demás, es el resultado del equilibrio completo entre los deseos del hombre y la conducta que imponen las condiciones ambientes.

Naturalmente, en este caso, como en los anteriores, hay un límite al incremento de la heterogeneidad. Há poco dedujimos que cada paso de la evolución mental consiste en el establecimiento de alguna nueva acción interna correlativa con alguna otra externa, de alguna conexión adicional de ideas y sentimientos correspondiente á una conexión de fenómenos aún incógnita ó sin antagonista. Dedujimos también que implicando cada nueva función mental alguna nueva modificación de estructura con aumento subsiguiente de heterogeneidad, la cual, según eso, debe seguir aumentando mientras que las relaciones externas que impresionan al organismo, no son equilibradas por relaciones internas correlativas. De donde se deduce que el incremento de la heterogeneidad no puede cesar, sino cuando el equilibrio sea completo. Evidentemente, lo mismo debe suceder en la sociedad: todo aumento de heterogeneidad en el individuo debe implicar directa ó indirectamente, como causa ó como consecuencia, algún incremento de heterogeneidad en el arreglo ó coordinación de las sociedades. En fin, no puede llegarse al límite de la complejidad social sino cuando se establezca el equilibrio completo y definitivo entre las fuerzas sociales y las individuales.

176.   Llegamos, por fin, á una última cuestión que quizá se ha formulado ya más ó menos claramente en el espíritu de nuestros lectores. «Si la evolución, en todas sus formas, es un incremento de complejidad, en estructura y en funciones, accesorio de la operación universal del establecimiento del equilibrio, y si el equilibrio debe terminar en el reposo completo, ¿cuál es el fin hacia que tienden todas las cosas? Si el sistema solar pierde lentamente sus fuerzas; si el sol pierde su calor aunque tan lentamente que aún le durará, muy probablemente, millones de años; si la disminución de la radiación solar trae consigo una disminución en la actividad de las operaciones geológicas y meteorológicas, como también en la cantidad de vida animal y vegetal; si la sociedad y sus individuos dependen de esas fuerzas que tienden gradualmente á

extinguirse, ¿no es evidente que todo cuanto vive tiende á una muerte universal?

Parece indudable que ese estado de muerte universal sea el límite de la operación que se efectúa doquier; pero, ¿no habrá después una operación ulterior que resucite esos cambios é inaugure una vida nueva? Cuestión es ésa que discutiremos más adelante. Por ahora, basta que el fin más próximo de todas las transformaciones que hemos descrito sea un estado de reposo, lo cual, como los demás principios, puede deducirse, á priori, del primero de todos, de la persistencia de la fuerza.

Hemos visto (74) que los fenómenos de todos los órdenes no pueden explicarse sino como efectos de fuerzas atractivas y repulsivas universalmente coexistentes. Esas fuerzas son indudablemente modos complementarios de la *Fuerza*—último dato de la conciencia.—Así como la igualdad de la acción y reacción es un corolario de la persistencia de la fuerza, porque su desigualdad implicaría que la fuerza-diferencia se anula ó proviene de la nada; así también no podemos tener conciencia de una fuerza atractiva sin tenerla al mismo tiempo de otra fuerza repulsiva igual y opuesta; porque toda experiencia de una tensión muscular (única forma bajo la que podemos conocer inmediatamente una fuerza atractiva) presupone una resistencia equivalente que se revela, ó en la presión de nuestro cuerpo contra los objetos vecinos, ó en la absorción de la fuerza que le da movimiento, ó en ambos; resistencia que no podemos concebir sino como igual á la tensión, á menos de negar la persistencia de la fuerza. De esa correlación necesaria resulta la incapacidad en que nos hallamos de interpretar fenómenos cualesquiera, sino en función de esos fenómenos correlativos, incapacidad que se revela igualmente en la necesidad que tenemos de concebir las fuerzas extáticas, que manifiesta la materia tangible, como debidas á la atracción y á la repulsión de sus átomos; y en la necesidad, para concebir las fuerzas dinámicas, que se ejercen á través del espacio, de considerarle lleno de átomos ligados por fuerzas análogas. Así, pues, de la existencia de una fuerza, cuya cantidad no puede ser alterada, se sigue, como corolario, la existencia coextensiva de dos formas opuestas de fuerza, formas bajo las cuales nos obligan las condiciones de nuestra mente á representarnos la fuerza absoluta ó incognoscible.

Pero si las fuerzas de atracción y de repulsión coexisten universalmente, ó por doquier, síguese, como lo hemos visto ya, que todo

movimiento encuentra ineludiblemente una resistencia. Las unidades de materia sólida, líquida, gaseosa ó etérea, que hay infaliblemente en el espacio que atraviesan los cuerpos en movimiento,
presentan á éstos una resistencia, función de la inercia ó de la
cohesión, ó de ambas propiedades de aquéllas. En otros términos:
debiendo ser más ó menos desviado el medio que ocupa los sitios
atravesados por todo cuerpo en movimiento, pierde ese cuerpo tanta cantidad de movimiento, cuanta recibe el medio desviado ó re-
movido.

De tal condición, en que se verifica todo movimiento, se deducen dos corolarios: el primero, que esas sustracciones continuas,
producidas por la comunicación del movimiento de un cuerpo, al
medio resistente en que se mueve, deben necesariamente poner fin
á dicho movimiento al cabo de más ó menos tiempo; y el segundo,
que no cesará ese movimiento hasta que dichas sustracciones le
anulen ó destruyan; ó de otro modo: el movimiento continuará
hasta que se establezca el equilibrio entre las fuerzas que actúen
sobre el móvil; y el equilibrio se establecerá siempre. Estos dos
principios son también corolarios de la persistencia de la fuerza.
En efecto, si todo ó parte de un movimiento pudiera desaparecer
de otro modo que comunicándose á lo que resiste ó se opone á él,
más ó menos, desaparecería reduciéndose á la nada, sin producir
efecto alguno, es decir, no sería una verdad la persistencia de la
fuerza. Recíprocamente, decir que el medio atravesado puede ser
puesto en movimiento, desplazado de su sitio, por el móvil, sin
que éste pierda movimiento, es decir que el movimiento del medio
puede nacer de la nada, lo que también contradice á la persistencia de la fuerza. Luego esta verdad primordial es también garantía
inmediata de que los cambios en que consiste la evolución no pueden acabar sino cuando se llegue á un equilibrio completo, y de
que ese equilibrio se establecerá efectivamente.

Las proposiciones que há poco formulamos, relativas al establecimiento y á la conservación de los equilibrios móviles, bajo sus
diversos puntos de vista, son también apodícticas ó necesarias,
porque son también deducibles de ese principio supremo del Universo. Es un corolario de la persistencia de la fuerza, que los varios movimientos de una masa y de todas sus partes, deben ser disipados por las resistencias que han de vencer; y por eso aquellos
que tengan menor intensidad ó encuentren mayor resistencia ó
reunan ambas condiciones, deben cesar primero, mientras los de-

más aún deben continuar. Luego en toda masa animada de varios
movimientos, los más débiles y los que hallan más resistencia deben cesar los primeros, y los más fuertes y los que hallen menos
resistencia deben continuar largo tiempo; así se establecen los
equilibrios móviles dependientes ó independientes; y, como corolario, la tendencia á la conservación de esos equilibrios móviles:
porque los nuevos movimientos, comunicados por una fuerza perturbatriz, á los elementos de un equilibrio móvil, deben ser, ó de
intensidad y especie tales, que no puedan ser disipados ante los
movimientos preexistentes, en cuyo caso dan fin al equilibrio móvil: ó *viceversa*, de intensidad y especie tales que puedan ser disipados por los movimientos anteriores, y entonces el equilibrio móvil turbado se restablece pronto.

Así, pues, de la persistencia de la fuerza se deducen, no solamente los equilibrios directos ó indirectos, que se establecen doquier se acaban las varias formas de la evolución, sino también
los equilibrios móviles menos apreciables, restablecidos después
de haber sido turbados. Este último principio explica la tendencia
de todo organismo — *vix medicatrix* — alterado por alguna fuerza
anormal, á volver á su equilibrio; y también la *adaptacion* de los
individuos y de las especies á nuevas condiciones de existencia.
Otro ejemplo comprueba dicho principio, á saber: el progreso gradual del hombre hacia la armonía entre sus condiciones de existencia y sus necesidades psíquicas; pues si son corolarios de ese
principio todos los caracteres de la evolución, ésta no puede terminar en el mundo psíquico, sino por el establecimiento de las máximas, perfección y felicidad.

CAPÍTULO XXIII

177. En el capítulo XII recorrimos rápidamente el ciclo de fenómenos que verifica todo sér, en su paso de lo imperceptible á lo perceptible, y viceversa; dimos nombres distintos á esos dos modos opuestos de redistribución de la materia y del movimiento: *evolucion y disolución;* y describimos, en general, la naturaleza de esas dos operaciones, y las respectivas condiciones de su verificación. Hemos luego examinado en todos sus detalles, los fenómenos de evolución en sus principales formas, siguiéndolos hasta el equilibrio en que terminan todos. Para completar nuestro objeto, debemos, pues, examinar ahora, con algún detenimiento, los fenómenos de disolución. No es esto decir que hemos de insistir largamente en el estudio de la disolución, la cual no presenta, de ningún modo, tan varios é interesantes fenómenos como la evolución; pero sí debemos decir algo más que las generalidades ya citadas.

Sabemos que ninguna de esas dos operaciones opuestas ó antagonistas se hace con total independencia de la otra, y que todo cambio en el sentido de una de ellas es un resultado-diferencia de su mutuo conflicto. Toda masa en evolución, aunque, en suma pierda movimiento y se integre, siempre recibe también movimiento en uno ú otro sentido, y por consiguiente, á la vez que se integra se desintegra, y desde el momento en que dejan de predominar los movimientos de integración, el movimiento recibido, aunque destruído parcialmente por la disipación, tiende á producir, y produce, finalmente, la transformación inversa; la disolución. Cuando la evolución ha terminado; cuando la masa ha perdido su exceso de movimiento y recibe del medio ambiente tanto movimiento cuanto disipa; cuando llega al equilibrio en que terminan todos los cambios ó fenómenos, queda sujeta á todas las acciones externas que pueden acrecer su movimiento (el de la masa), y que con el tiempo darán á las diversas partículas, lenta ó repentinamente, un exceso de movimiento capaz de producir la desintegración. Según que el equilibrio de la masa y sus varias partes sea más ó menos inestable, su disolución se hará más ó menos rápidamente, en unos pocos días ó minutos, ó en miles ó millones de años. Pero todo agregado, expuesto como está á todos los movimientos comunicados, no sólo de los otros agregados próximos, sino del Universo entero—todo vida y movimiento,—perecerá solo ó acompañado de los agregados próximos á él.

He ahí la causa general de toda disolución, veamos ahora cómo se efectúa en los agregados de diversos órdenes; y siendo invérso el curso de los cambios de disolución al de los de evolución, podremos seguir también un método inverso en su estudio, al seguido en los diversos órdenes sucesivos de aquella operación progresiva, comenzando por el más complejo y acabando por el más sencillo.

178. Si consideramos la evolución de una sociedad, como siendo, á la vez, un incremento en el número de individuos integrados en un cuerpo político constituído de tal ó cual modo, un incremento en las masas y variedades de partes que forman las divisiones y subdivisiones de ese cuerpo social, un incremento en el número y variedad de funciones ó acciones sociales, y un incremento en el grado de combinaciones de esas masas y sus funciones; veremos que la disolución social obedece á la ley general, en cuanto que es, bajo el punto de vista material, una desintegración, y bajo el punto de vista dinámico un decremento de los movimientos totales ó de masas, y un incremento de los movimientos moleculares ó parciales; y también obedece á la ley, en cuanto que su causa (la de la disolución social) es un exceso de movimiento recibido del exterior, y en uno ú otro sentido.

En consecuencia, se ve claramente que la disolución social que resulta de la invasión de una nación por otra, y que, como lo muestra la historia, es susceptible de verificarse cuando la evolución social ha terminado en aquélla y comenzado su decadencia, no es, bajo el punto de vista más general, sino la introducción de un nuevo movimiento externo. Cuando, como ha sucedido muchas veces, la sociedad vencida es disuelta ó dispersada, esa disolución

es, materialmente, la cesación de los movimientos combinados que ejecutaban sus diversos elementos militares, civiles, etc., y la caída en un estado en que no se verifican más que movimientos individuales aislados; es decir, que el movimiento de las unidades ha reemplazado al movimiento de las masas.

No se puede negar, igualmente, que cuando una peste, un hambre, una revolución, producen en una sociedad un principio de disolución, hay un incremento en los movimientos desintegradores y un decremento en los de integración. A medida que crece el desorden, los actos políticos, primero combinados bajo la acción del gobierno, se aíslan, y haciéndose antagónicos unos de otros, producen motines, etc. A la vez, las operaciones industriales y comerciales, coordinadas en la totalidad del cuerpo político, se interrumpen; y las únicas de esas acciones que continúan son las locales ó pequeñas. Todo nuevo cambio desorganizador disminuye las operaciones combinadas convenientes para satisfacer las necesidades humanas, y deja que las satisfagan, en lo posible, por operaciones aisladas. El Japón nos presenta un buen ejemplo del modo como se verifican esas desintegraciones en una sociedad que ha llegado al límite del desarrollo del tipo á que pertenece, y por tanto, á un estado de equilibrio móvil. El edificio social de ese pueblo ha permanecido durante largo tiempo en el mismo estado, hasta que ha recibido el choque de la civilización europea, en parte por una agresión armada, en parte por la influencia de las ideas; desde ese momento histórico, el edificio social japonés ha comenzado á desmoronarse, y está realmente en un estado de disolución política, al cual seguirá indudablemente una reorganización; mas aunque así sea, el primer efecto que la nueva fuerza exterior ha producido en dicha sociedad ha sido un principio de disolución, un cambio de movimientos integrados en movimientos desintegrados.

Aún es de la misma naturaleza la causa de la disolución que se manifiesta en una sociedad que comienza á decaer, después de haber llegado al apogeo del desarrollo de que era susceptible. La disminución del número de sus miembros es, en parte, resultado de la emigración, porque una sociedad constituída bajo el plan definitivo de su evolución no puede ceder y modificarse bajo la influencia del incremento de población, pues mientras puede modificarse, aún está en evolución. No siendo retenido el exceso de población producido continuamente por una organización adaptable á él, se dispersa; y las influencias que ejercen sobre esa población en exceso las sociedades vecinas, auxilian la emigración; es decir, determínase un incremento de movimientos no combinados en vez de un aumento de movimientos combinados. A medida que la sociedad toma una forma más rígida y se hace menos capaz de refundirse y de tomar la forma que hace posible el éxito en la lucha con las sociedades vecinas, el número de ciudadanos que pueden vivir en ese cuadro inextensible, disminuye; y disminuye, tanto por la emigración, cuanto por la falta de reproducción que acarrea la falta de subsistencias. Otra nueva forma de decadencia ó disolución causada por el exceso del número de los que mueren prematuramente sobre el de los que sobreviven lo bastante para reproducirse, es también un decremento de la cantidad total de movimientos combinados, á la par que un incremento en la cantidad de movimientos aislados ó no combinados; lo cual veremos comprobado al tratar de la disolución de cada individuo.

Si, pues, se tiene en cuenta las diferencias que separan las masas sociales de las de otras especies; si se considera que aquéllas están formadas de unidades, floja ó indirectamente unidas por fuerzas muy complejas y de diversos modos, se inferirá también que la disolución de las sociedades obedece á la ley general, con tanta precisión como se podía razonablemente suponer.

179.   Si pasamos ahora al estudio de la disolución de los séres orgánicos, veremos que también es debida á una disgregación de materia, producida por un movimiento adicional procedente del exterior. Examinemos primero la transformación, y después estudiaremos su causa.

La muerte, ó el equilibrio final que precede á la disolución, es el punto de parada de todos los movimientos integrados que nacen durante la evolución. Cesan primeramente los movimientos totales ó de locomoción; después los parciales voluntarios, como los de los miembros, y por fin los involuntarios, como los de los órganos de la digestión, respiración y circulación. Cesa, en suma, toda transformación de movimiento molecular, en movimiento de masas, y por el contrario todos los movimientos de masas se transforman en movimientos moleculares. ¿Qué va á suceder, pues? No podemos decir que hay una transformación nueva de movimiento sensible en movimiento insensible, porque aquél no existe ya. Sin embargo, la disolución implica un incremento de movimientos insensibles, puesto que éstos son mayores en los gases

que durante aquélla. se desprenden, que en los líquidos y sólidos de que preceden.

Todas las unidades químicas complejas que constituyen un cuerpo orgánico poseen un movimiento rítmico del cual participan las unidades simples componentes. Cuando la descomposición cadavérica disgrega esas moléculas compuestas, y sus elementos toman forma gaseosa, no solamente crece el movimiento implicado por la difusión, sino que los movimientos que las moléculas compuestas poseen, se resuelven en movimientos de sus moléculas elementales. De suerte, que la disolución orgánica nos presenta, primero el fin de la transformación de movimientos moleculares en movimientos de masas, lo cual constituye la evolución bajo el punto de vista dinámico, y en seguida la transformación del movimiento de masas en movimientos moleculares. Hasta ahora no vemos que la disolución orgánica satisfaga plenamente á la definición general de la disolución; es decir: «una absorción de movimiento acompañada de una desintegración de materia; esta última operación es, sin duda, evidente, pero no lo es tanto la absorción de movimiento en la disolución especial de que tratamos. Puédese ciertamente inferir esa absorción, en el hecho de que las partículas integradas antes en una masa sólida que ocupaba un pequeño espacio, se han alejado unas de otras, y ocupan muchísimo más, puesto que el movimiento necesario para esa transformación ha de provenir de alguna parte; mas no se ve claramente y *à priori*, ese origen; no obstante, llegaremos á descubrirle sin gran trabajo.

Desde luego, á temperaturas inferiores á la del hielo fundente, no se verifica la descomposición de la materia orgánica. Los movimientos integrados de las moléculas integradas hasta un grado elevado, no se resuelven, á esa baja temperatura, en movimientos de las moléculas elementales. Los cuerpos muertos conservados á esa temperatura inferior no se descomponen, por largo que sea el período de su conservación; testigos los *mammouths*, elefantes fósiles de una especie extinguida ya hace mucho tiempo, que fueron hallados entre los hielos de la Siberia, y que aun cuando muertos indudablemente hace millares de años, tenían la carne tan fresca, al ser descubiertos, que los lobos la devoraron en seguida. ¿Qué significan esas conservaciones excepcionales? Un cuerpo conservado á una temperatura inferior á 0° C. no recibe sino cantidades insignificantes de calor ó movimiento molecular; ó en otros términos: un cuerpo orgánico que no recibe del medio ambiente una cantidad de movimiento molecular, superior á cierto límite, no entra en disolución.

Comprueban esa ley las variaciones en la intensidad de la disolución que acompañan á las variaciones de temperatura; todos sabemos que las sustancias putrescibles empleadas en nuestra alimentación, se conservan más en tiempo frío que en el caloroso. Es también cierto, aunque no tan sabido, que en la zona tórrida la descomposición orgánica es más rápida que en las templadas, y en éstas más que en las glaciales. Así, pues, todo organismo muerto recibe más ó menos movimiento para reemplazar el absorbido por las moléculas dispersas de los gases desprendidos, según que el medio ambiente tenga mayor ó menor temperatura, es decir, más ó menos movimiento molecular. Son también pruebas evidentes de la ley las descomposiciones rapidísimas, producidas por las altas temperaturas artificiales, mediante las cuales preparamos nuestros alimentos: las superficies de éstos, carbonizadas algunas veces, nos prueban que el movimiento molecular comunicado por la lumbre, ha disipado los elementos gaseosos del alimento—oxígeno, hidrógeno y ázoe,—dejando únicamente el elemento sólido —carbono.

Las masas que más claramente patentizan la naturaleza y causas de la evolución, también manifiestan de un modo análogo, la naturaleza y causas de la disolución. A las masas en cuya composición entra esa materia particular, á la cual una gran cantidad de movimiento molecular propio da una gran plasticidad ó aptitud para desarrollarse en formas de composición muy compleja (108), bástalas una pequeña cantidad de movimiento molecular, añadido al que ya poseen, para producir su disolución. Aun cuando la muerte produce un equilibrio estable en las masas sensibles ú órganos del cuerpo, como el equilibrio de las unidades insensibles ó moléculas de los humores y tejidos es inestable, basta una débil fuerza incidente para destruirle y comenzar la desintegración.

180. Cuando los agregados inorgánicos han llegado á tomar esas formas densas, en las que hay relativamente poco movimiento conservado, permanecen durante largo tiempo sin experimentar cambio alguno sensible. Cada uno ha perdido tanto movimiento, al pasar del estado difuso al integrado, cuanto le sería necesario para el paso inverso; puede, pues, transcurrir muchísimo tiempo antes de que se encuentren en condiciones de recibir la cantidad de movimiento necesaria para su desintegración. Examinemos

primero los agregados inorgánicos que conservan bastante movimiento molecular para experimentar fácilmente la disolución.

A esa clase pertenecen los líquidos y los sólidos que se volatilizan á las temperaturas ordinarias. En todos esos casos hay movimiento absorbido, y la disolución se verifica con una rapidez proporcionada á la cantidad de calor ó de movimiento que la masa en cuestión recibe de sus alrededores. Otro caso es el de las moléculas de un agregado sólido ó de integración más adelantada, difundidas ó dispersadas entre las de otro cuerpo líquido ó menos integrado, es decir, las soluciones ó disoluciones de un sólido en un líquido; y buena prueba de que en este caso la desintegración de materia también va acompañada de absorción de movimiento, es que las sustancias solubles se disuelven más rápidamente, por lo general, cuanto más alta es la temperatura del disolvente, en igualdad de todas las demás condiciones.

Por último, otra prueba aún más decisiva es que si se disuelve un sólido en un líquido, ambos á igual temperatura, ésta baja, y á veces mucho, durante la disolución, lo cual quiere decir que el movimiento que dispersa las moléculas del sólido entre las del disolvente, es engendrado á expensas del que éste posee, salvo los casos en que haya verdadera acción química entre esos dos cuerpos.

Las masas sedimentarias, acumuladas en capas comprimidas por millares de pies de capas sobrepuestas y solidificadas hace millares de años, pueden quizá permanecer inalterables millones de años, pero finalmente serán desintegradas por las acciones continuas de las causas modificadoras de la corteza terrestre.

Toda masa inorgánica, simple ó compuesta, pequeña ó grande, cristalizada ó amorfa, experimentará, tarde ó pronto, pero ineludiblemente, cambios contrarios á los que experimentó durante su evolución. No quiere decir eso que volverá completamente al estado imperceptible, como vuelve la inmensa mayoría si no la totalidad de los séres orgánicos; pero indudablemente todo paso en la desintegración es un paso hacia lo imperceptible, y nada impide creer que llegará á ese estado la materia inorgánica, al cabo de un tiempo indefinido, y después de oscilaciones mayores ó menores de integrarse y desintegrarse. Es, por el contrario, muy probable que en época futura, inmensamente lejana, todos los agregados inorgánicos, con todos los despojos, no disipados aún, de los organismos, se reduzcan al estado de máxima difusión gaseosa, completando así el ciclo de sus cambios.

181. Después que la Tierra, considerada como un todo, haya
atravesado toda la serie de sus transformaciones ascendentes ó
evolutivas, se encontrará, como todos los séres, sujeta á las influencias del medio ambiente; y en el curso de los incesantes é
innumerables cambios que se operan en el Universo, siempre en
movimiento, nuestro globo debe sufrir la acción de fuerzas bastante poderosas para desintegrarle, aunque en época que no es
posible calcular. Veamos cuáles son esas fuerzas.

En su ensayo sobre la acción recíproca de las fuerzas naturales,
el profesor Helmholtz establece el equivalente calorífico del movimiento de traslación de la Tierra, tal como se puede calcular
fundándose en los datos admitidos por Joule. Dicho equivalente
es, según dicho cálculo, igual á la cantidad de calor que produciría la combustión de catorce globos de carbón del mismo tamaño
cada uno que la Tierra. Suponiendo á ésta una capacidad calorífica igual á la del agua, la masa terrestre se elevaría á una temperatura de 11.200°, si por cualquier causa fuese detenida bruscamente en su movimiento de translación; á esa temperatura claro
es que la mayor parte de dicha masa estaría líquida ó gaseosa. Si
una vez en reposo, la Tierra cayese sobre el Sol, como era natural no existiendo ya entonces la fuerza centrífuga, ese choque
desarrollaría una cantidad de calor 400 veces mayor que la antes
citada. Ahora bien; aun cuando ese cálculo parece inútil para
nuestro objeto actual, pues no es probable la súbita detención de
la Tierra, ni su caída sobre el Sol, hay no obstante, como ya hemos indicado (171) una fuerza continua que tiende á llevar la
Tierra y todos los planetas hacia el Sol. Esa fuerza es la resistencia del Eter, que, según muchos astrónomos, se revela ya, aproxi-
mando unas á otras las órbitas de los antiguos planetas. Si, pues,
se verifica ese efecto, llegará un tiempo, aunque lejano, en que
la órbita terrestre se confunda con el Sol; y aun cuando la cantidad de movimiento total, transformable entonces en movimiento
molecular, no será indudablemente tan grande como la calculada
por Helmholtz, bastará muy probablemente para volatilizar la
Tierra.

La disolución de la Tierra y de los demás planetas no es la disolución del sistema solar. En su conjunto, todos esos cambios
del sistema solar no son sino incidentes concomitantes de la integración de la masa total del sistema. Cada masa secundaria, después de haber recorrido su proceso evolutivo y llegado á un estado

de equilibrio movible, permanece en él hasta que en virtud de la integración general del sistema se incorpora á la masa central; esta unión implica la transformación de movimiento de masas en movimiento molecular, y determina ciertamente un aumento en la cantidad de movimiento dispersada bajo la forma de, luz y calor, pero no puede dilatar indefinidamente la época de la integración completa de la masa total del sistema, cuya integración se verificará cuando se haya difundido en el espacio el exceso de movimiento latente que hoy posee dicha masa.

182. Llegamos ya á la cuestión suscitada al principio de este capítulo. ¿Tiende al reposo completo ó absoluto la evolución en su conjunto y en sus detalles? ¿Es la muerte individual ó el reposo que termina la evolución de los séres orgánicos, el tipo de la muerte universal, en cuyo seno tiende á terminar la evolución universal? ¿Debemos imaginar como fin del Universo el Espacio infinito poblado de innumerables soles inmóviles eternamente en lo futuro?

A esa pregunta puramente especulativa sólo puede darse una respuesta especulativa; y que, menos que como una respuesta positiva, debe ser considerada como una objeción á la hipótesis de que el estado inmediato es el estado definitivo. Si, extremando el argumento de que la evolución debe terminar en un equilibrio ó reposo completo, se deduce que, suceda lo que quiera en contrario, la muerte universal continuará indefinidamente, lícito será indicar cómo, extremando aún más el razonamiento, debemos inferir una nueva vida universal después de la muerte universal. Veamos los fundamentos ó razones en pro de esa inducción.

Ya hemos visto que el establecimiento del equilibrio, por lejos que queramos seguirle, no es sino un resultado relativo. La disipación del movimiento de un cuerpo, por su comunicación á la materia ambiente sólida, líquida, gaseosa ó etérea, da á ese cuerpo una posición fija respecto á esa materia, á la cual comunica su movimiento: pero los demás movimientos internos continúan. Además, ese movimiento, cuya desaparición produce el equilibrio relativo, no ha sido verdaderamente perdido, sino tan sólo transferido. Ya se transforme directa é inmediatamente en movimiento molecular, como sucede en el Sol; ya, como sucede en la mayoría de los casos que vemos en torno nuestro, se transforme directamente en movimientos sensibles más pequeños y éstos á su vez en otros más pequeños aún, hasta que se hacen insensibles, eso importa poco; en todos los casos, el resultado final es que, sea cualquiera el movimiento de masas disipado, reaparece como movimiento molecular á través del espacio. Las cuestiones que debemos considerar, son, pues, las siguientes: una vez establecidos los equilibrios que ponen fin á la evolución, ¿quedan aún otros por establecerse? ¿Hay otros movimientos de masas transformables aún en moleculares? Si los hay, ¿qué debe suceder cuando el movimiento molecular engendrado por su transformación (la de esos nuevos movimientos totales) se añada á los movimientos moleculares ya existentes?

A la primera cuestión puede responderse que efectivamente existen movimientos no alterados aún por todos los equilibrios hasta ahora considerados, á saber: los movimientos de traslación de las estrellas, soles inmensos rodeados muy probablemente, como el nuestro, de planetas. Hace ya mucho tiempo que se dejó de creer fijas á las estrellas, pues las observaciones han demostrado que muchas tienen movimientos propios, el Sol mismo viaja hacia la constelación Hércules con una velocidad de un millón de millas diarias próximamente; y si, como es probable, las demás estrellas ó por lo menos las más próximas, se mueven en la misma dirección que nuestro Sol, su velocidad absoluta puede ser, y es muy probablemente mucho mayor aún que la relativa ó aparente y que la del Sol. Ahora bien, de todos los cambios que pueden ocurrir en el sistema solar, aun cuando lleguen á integrar en una sola masa todo el sistema, y á difundir en el espacio todos sus movimientos relativos bajo la forma de movimiento insensible, ninguno puede influir en las traslaciones sidéreas; forzoso es, pues, pensar, que si tienden al equilibrio, será por operaciones subsiguientes.

A la otra cuestión, á saber: ¿á qué ley obedecen los movimientos de las estrellas?, responde la astronomía: á la ley de la gravitación; según ha sido ya comprobado en los movimientos de las estrellas dobles, que calculados suponiendo obedecen á dicha ley, y observados además con los instrumentos, han resultado acordes el cálculo y la observación. Si, pues, esos cuerpos lejanos que llamamos estrellas, son centros de gravitación, es lógico que, con más ó menos fuerza graviten todas individual y colectivamente unas hacia otras. Pero, entonces, ¿qué deberá resultar siquiera sea al cabo de millones de siglos, á esas masas que se mueven en un espacio inmenso gravitando unas hacia otras? Sólo hay una respuesta posible: no pueden conservar su actual distribución que es incompatible aun con un equilibrio móvil temporal.

Así, pues, no hay otra hipótesis más lógica adoptable que la resumida en estas tres proposiciones: 1.ª, que las estrellas se mueven; 2.ª, que se mueven conforme á la ley de la gravitación; y 3.ª, que atendiendo á su actual distribución ó coordinación, no pueden moverse con arreglo á la ley de la gravitación sin experimentar una redistribución. Si queremos saber de qué especie será esa redistribución, es también lógico inferir que ha de ser una concentración progresiva. Estrellas actualmente dispersas deben aglomerarse; las aglomeraciones existentes (excepto quizá las globulares) deben hacerse más densas y soldarse después unas con otras. La estructura de los cielos, tanto en su conjunto, como en sus detalles, nos indica que su integración ha progresado, y las nubes de Magallanes son un ejemplo bien notable del grado máximo á que parece haber llegado. Esas nubes son dos grupos compuestos no solamente de estrellas aisladas, sino también de otros grupos regulares é irregulares de nebulosas, y de nebulosidades difundidas; y buena prueba de que se han formado por la gravitación mutua de masas ó partículas difundidas antes en un espacio inmenso, es que los espacios celestes de alrededor están completamente vacíos; sobre todo la menor de las dos está, como dice Humboldt, en una especie de «desierto despoblado de estrellas.»

¿Cuál debe ser el límite de esas concentraciones? Cuando la atracción mutua de dos estrellas predomina lo bastante para aproximarlas, fórmase una estrella doble, porque las atracciones de las otras impiden que aquéllas se muevan en línea recta hacia su centro común de gravedad. La atracción mutua de pequeños grupos estelares, animados cada uno de movimientos propios, puede llegar á producir grupos binarios, ternarios, etc., de crecientes densidades. De consiguiente, si en las primeras épocas de concentración, hay una gran probabilidad de que estas masas, aunque gravitan mutuamente unas hacia otras, no llegarán á unirse en una sola, es también evidente que esa unión se verificará, conforme progrese la concentración.

Esta conclusión tiene en su pro una gran autoridad, la de sir John Herschell, quien, hablando de los numerosos y diversamente agregados grupos de estrellas, que nos revela el telescopio, y citando la opinión emitida por su padre de que los grupos más difusos y más irregulares son los grupos «globulares en un estado de condensación menos avanzada», observa en seguida que «en todo conjunto de cuerpos sólidos, animados de movimientos independientes, los de sentidos opuestos deben experimentar choques ó colisiones, ó por lo menos destrucción de velocidad, aproximación al centro de atracción preponderante; mientras que los dirigidos en el mismo sentido ó en sentidos convergentes deben tomar un movimiento circular de carácter permanente». Ahora bien, lo que Herschell dice de los grupos pequeños, no puede dejarse de pensar de los grandes grupos; y en consecuencia, la condensación ó concentración que acabamos de inferir, debe seguramente conducir á una integración cada vez más frecuente.

Réstanos considerar las consecuencias de la pérdida de velocidad que acompaña á esa integración. El movimiento sensible que desaparece, no puede ser destruído; debe, como sabemos, transformarse en movimiento insensible; ¿qué efecto producirá éste? Ya hemos visto que si la Tierra se detuviese y cayera en el Sol, se volatilizaría, muy probablemente, toda su masa. Y si esa cantidad de movimiento, relativamente tan débil, equivale al movimiento molecular suficiente para reducir al estado de gas muy rarificado toda la masa terráquea, ¿cuál será la cantidad de movimiento molecular equivalente á los movimientos de dos estrellas que se aproximan mutuamente con velocidades enormísimas, cuando lleguen finalmente á pararse, por su choque ó unión? Parece indudable que semejante colisión deberá reducir la materia de dichas estrellas á una tenuidad casi inconcebible, análoga á la que actualmente nos presentan las nebulosas. Y si ese es el efecto inmediato, ¿cuál será ó deberá ser el efecto ulterior?

Sir John Herschell, en el pasaje ya citado, dice: que «las estrellas cuyos movimientos estén dirigidos en el mismo sentido ó en sentidos convergentes, deben tomar un movimiento circular de carácter permanente.» Sin embargo, hasta ahora no hemos considerado el problema sino bajo el punto de vista mecánico, suponiendo que las masas que mutuamente se paran, permanecen tales masas; y cuando John Herschell escribía ese pasaje no se elevaba objeción alguna contra él porque aún no era conocida la correlación de las fuerzas. Pero, ahora, sabiendo que en razón de las enormes velocidades con que se mueven las estrellas, su mutua detención las volatilizaría, y dispersaría su materia, el problema se transforma en otro, que exige, por tanto, otra solución.

En efecto, la materia difusa producida por esos conflictos, debe

formar un medio resistente en la región central del grupo, cuyos
otros miembros aun no difusos, atravesarán dicha región al moverse en sus órbitas, y al atravesarla perderán velocidad; toda
nueva colisión, aumentando, como es natural, ese medio resistente, y disminuyendo más y más las velocidades de los astros que
aún se mueven en sus órbitas, debe dificultar el establecimiento
del equilibrio en el sistema, y tender, por lo tanto, á producir
colisiones más frecuentes. La materia nebulosa nacida de esa dispersión, envolverá prontamente á todo el grupo, disminuirá continuamente las órbitas de las masas aún en movimiento, y provo-
cará una integración primero y una desintegración después, y
cada vez más activas, de esas masas, hasta que hayan sido completamente disipadas todas.

No hay para qué discutir la cuestión de saber si esa operación
se verifica y completa independientemente en las distintas partes
de nuestro sistema sidéreo, ó si tan sólo se completará agregando
toda la masa de dicho sistema, ó si, como parece más probable,
las integraciones y desintegraciones parciales siguen su curso, ínterin sigue el suyo la integración general, hasta que las condiciones que producen la desintegración se reunan, y una difusión nueva
destruya la concentración anterior. Tal es la conclusión que se deduce respecto á nuestra actual cuestión, como corolario de la persistencia de la fuerza.

Si algunas estrellas, concentrándose á través de espacios y
tiempos inmensos hacia su centro común de gravedad, llegan á
reunirse en él, las cantidades de movimientos que han adquirido
deben bastar para hacerlas volver en estado difuso hasta el fondo
de las regiones lejanas de donde partieron. Puesto que la acción y
la reacción son iguales y opuestas, el movimiento que produce la
dispersión debe ser de igual intensidad que el adquirido por la
agregación; y repartiéndose entre la misma cantidad de materia,
debe producir una distribución equivalente en el espacio, cualquiera que sea la forma de esa materia.

Preciso es, sin embargo, hacer notar una condición esencial de
la completa verificación de ese resultado, á saber: que la cantidad
de movimiento molecular radiado en el espacio, por cada estrella,
mientras se forma en el seno de la materia difusa, ó no debe di-
fundirse fuera del sistema, ó si se difunde debe ser compensada
por otra cantidad equivalente radiada al sistema por las otras regiones del espacio. En otros términos: si nuestro punto de partida

es la cantidad de movimiento molecular que supone el estado nebuloso de la materia de nuestro sistema sidéreo, resulta de la persistencia de la fuerza que si esa materia experimenta la redistribución que constituye la evolución, la cantidad de movimiento
molecular dispersado durante la integración de cada masa, más la
dispersada en la integración total del sistema, debe bastar para
reducirle de nuevo á la misma forma nebulosa.

Aquí terminan forzosamente nuestros razonamientos, puesto
que no podemos saber si aquélla condición se verifica ó no. Si el
éter que llena los espacios interestelares, tiene un límite, más
allá de las más lejanas estrellas, el movimiento molecular, difundido por ellas, no traspasará ese límite, no se perderá; y la materia sideral una vez integrada, podrá volver á su antiguo estado
de difusión.

Si suponemos indefinido dicho medio etéreo, y poblado de otros
sistemas sidéreos, puede aún suceder que la cantidad de movimiento molecular radiado por esos sistemas á la región que ocupa
el nuestro, sea próximamente igual á la que él radia, en cuyo caso
la cantidad de movimiento no variará y el sistema podrá repetir
indefinidamente su ritmo de condensaciones y difusiones alternativas. Pero, si en el espacio infinito relleno de éter no hay otro
sistema sidéreo, ó si los hay, están tan distantes que no pueden
influir en el nuestro, parece indudable que la cantidad de movimiento de éste debe disminuir por radiación, y por tanto, á cada
nueva difusión ocupará menos espacio, hasta que llegue á un estado de agregación ó condensación y de reposo absolutos.

No obstante, como no tenemos prueba alguna de la existencia
ó no existencia de otros sistemas sidéreos; y aun cuando la tuviésemos, como no podríamos sacar legítimas conclusiones de premisas que encierran un término inconcebible — el espacio infinito, — nunca tendrá respuesta satisfactoria esa cuestión tan trans-
cendental.

Pero, si nos limitamos á la cuestión inmediata, que no es tan
insoluble, hay bastantes razones para pensar que, después de las
varias formas de equilibrio que terminan las correlativas de evolución que hemos estudiado, se establecerá un nuevo equilibrio
más extenso y duradero. Cuando la integración, actualmente en
vía de progreso en nuestro sistema solar, haya llegado á su máximum, seguirá la integración inmensamente mayor de dicho sistema con otros, y entonces deberá reaparecer, bajo la forma de mo-

vimiento molecular, todo el que ha cesado como movimiento de masas; y éstas volverán, por tanto, á la forma nebulosa.

188. Hemos llegado á deducir que el proceso total del Universo visible es análogo al de los agregados más pequeños que le integran. Siendo constantes en aquél las cantidades, tanto de materia como de movimiento, y puesto que las redistribuciones de materia que el movimiento efectúa, tienen límites en todos sentidos, el movimiento indestructible necesita, por tanto, redistribuciones inversas.

En apariencia, las fuerzas universalmente coexistentes de atracción y de repulsión, que, como hemos visto, imprimen un ritmo á cada uno de los fenómenos del Universo, le imprimen también á la totalidad de aquéllos; es decir, producen inmensos y alternativos períodos de evolución y de disolución, según que predominan las fuerzas atractivas y causan una concentración universal, ó predominan las repulsivas y producen una difusión universal. Es, pues, inevitable pensar en un pasado, durante el cual ha habido evoluciones sucesivas análogas á la actual, y en un porvenir durante el cual seguirán verificándose más evoluciones, análogas en principio, pero algo distintas en sus resultados.

CAPÍTULO XXIV

RESUMEN Y CONCLUSIÓN

184. Al terminar una obra como la presente, creemos necesario, y quizá más que en otra alguna, considerar en su síntesis ó
conjunto el vasto objeto analizado sucesiva y separadamente en
sus varias partes, en los anteriores capítulos. Un conocimiento
coherente debe hacer algo más que establecer relaciones; no está
todo reducido á saber cómo cada grupo secundario de principios
forma parte de un grupo principal, y cómo se coordinan los grupos principales. Debemos colocarnos á tal distancia que desapa-
rezcan los detalles, y podamos estudiar el carácter general, el
conjunto arquitectónico de la obra.

Este capítulo será, pues, algo más que una recapitulación, algo
más que una nueva exposición sistemática del mismo asunto; será
una demostración de que los principios que hasta ahora hemos
establecido manifiestan, en su conjunto y bajo ciertos aspectos,
un nuevo principio, que aun no hemos mencionado.

Hay también una razón especial para observar cómo las varias
divisiones y subdivisiones del objeto, se prestan mutuo auxilio,
en lo cual halla nueva y definitiva confirmación ó comprobación
la teoría general. Por otra parte, la síntesis de nuestras anteriores
generalizaciones, ó su completa integración, nos ofrece un nuevo
ejemplo de la evolución y presta nueva fuerza al sistema general
de nuestras conclusiones.

185. Henos, pues, por un giro tan imprevisto como significativo, otra vez al principio de donde partimos, y desde el cual
comenzaremos ahora de nuevo nuestro estudio. En efecto, esa
forma integrada del conocimiento es indudablemente la más elevada, aun prescindiendo de la teoría de la evolución.

Cuando inquirimos lo que constituye, ó debe constituir, la Filosofía; cuando comparamos las diversas ideas reinantes, según tiempos y países, acerca de esa Ciencia de las ciencias, y eliminando los elementos en que aquéllas diferían, conservamos los elementos comunes ó acordes, vimos que, explícita ó tácitamente, todas las definiciones consideran la Filosofía como la síntesis de todos nuestros conocimientos, como el conocimiento plena y completamente unificado. Por cima de cada sistema filosófico ó de conocimientos unificados, por cima de los métodos seguidos ó propuestos para efectuar esa unificación, hemos visto doquier, la creencia de que tal unificación es posible, y su realización es el fin de la Filosofía.

Admitida esa conclusión, hemos examinado los datos ó puntos de partida de la Filosofía; y como no es posible establecer proposiciones fundamentales, es decir, proposiciones que no sean consecuencias lógicas de otras más generales, sino mostrando que una vez admitidas aquéllas, sus consecuencias lógicas están acordes con la experiencia, hemos admitido como datos hipotéticamente, hasta poderlos establecer con pleno fundamento, aquellos elementos orgánicos de nuestra inteligencia, sin los cuales no podrían efectuarse las operaciones mentales necesarias para la constitución de la Filosofía.

Especificados esos datos, hemos estudiado los principios fundamentales: «indestructibilidad de la materia, continuidad del movimiento y persistencia de la fuerza;» los dos primeros, corolarios del último, que es el principio verdaderamente primario, el principio de los principios, puesto que después de ver que nuestras experiencias de Materia y de Movimiento se reducen finalmente á experiencias de Fuerza, hemos visto que los principios de la invariabilidad de las cantidades de Materia y de Movimiento están implicados en el de la invariabilidad de la cantidad de Fuerza, del cual pueden aquéllos y todos deducirse lógicamente.

El primer nuevo principio que hemos deducido después, ha sido «la persistencia de las relaciones entre las fuerzas», que no es sino el llamado comunmente «uniformidad ó constancia de las leyes naturales», y que hemos visto es consecuencia forzosa de que la fuerza no puede salir de la nada ni reducirse á la nada.

Posteriormente, hemos deducido que las fuerzas aparentemente perdidas se han transformado en otras equivalentes; y *viceversa*, todas las fuerzas que empiezan á manifestarse en un momento

dado, provienen necesariamente de fuerzas equivalentes que preexistían y han desaparecido, y hemos encontrado ejemplos comprobantes de todos esos principios en los movimientos de los astros, y en todos los fenómenos inorgánicos, orgánicos y superorgánicos observados hasta ahora en nuestro globo terráqueo.

Lo mismo ha sucedido con los principios relativos á la «dirección y al ritmo del movimiento»; pues hemos comprobado que aquélla es siempre la de la línea de máxima tracción ó de mínima resistencia, tanto en los movimientos celestes, como en las descargas
nerviosas y fenómenos sociales; y que todo movimiento es alternativo ó rítmico, lo mismo los de los planetas en sus órbitas, que los del
éter en sus vibraciones lumínicas, las inflexiones de voz en un dis-
curso, que los precios de las mercancías, etc.; deduciendo también
lógicamente ambos principios, del primario de todos.

186.   Siendo, pues, verdaderos esos principios en todos los séres que conocemos, tienen la condición necesaria y suficiente para
constituir lo que hemos llamado Filosofía; pero, examinándolos
detenidamente, hemos visto que no la constituyen, porque un número cualquiera de principios aislados, por verdaderos y universales que sean, no pueden formar una Filosofía. Cada uno de esos
principios expresa la ley general de uno de los factores, que según
nuestra experiencia, producen los fenómenos, ó á lo más la ley de
cooperación de dos factores. Pero saber los elementos de una operación no es saber cómo esos elementos se combinan para efectuar-
la; y lo único que puede unificar todos nuestros conocimientos es
saber la ley de cooperación de todos esos factores, la ley que exprese á la vez los antecedentes complejos y los consecuentes complejos que presenta un fenómeno cualquiera considerado en su totalidad.

Hemos también deducido otra conclusión, y es que la Filosofía,
tal como la entendemos, no debe contentarse con unificar fenómenos concretos aislados, ni clases separadas de tales fenómenos, debe
unificar todos los fenómenos concretos. Si es verdadera en todo el
Cosmos la ley según la cual opera cada factor, también debe serlo
la ley de cooperación de todos los factores. Por consiguiente, la ley
de la unificación suprema que busca la Filosofía, debe consistir en
esa ley de cooperación de todos los factores del Cosmos.

Descendiendo luego de esa proposición abstracta á una proposición concreta, hemos visto que esa ley suprema buscada, era la ley
de la redistribución continua de la materia y del movimiento; pues-

to que todos los cambios ó fenómenos, desde los que alteran lentamente la estructura de nuestro sistema sidéreo hasta los que constituyen una descomposición química, no son sino cambios en las posiciones relativas de las partes integrantes, ó implican necesariamente, á la par que una nueva coordinación de la materia, una nueva coordinación del movimiento. Por consiguiente, podemos estar ciertos *a priori*, de que ha de haber una ley de redistribución concomitante de la materia y del movimiento, verdadera para todos los fenómenos del Cosmos, y que unificándolos á todos, debe ser la base de la Filosofía.

Principiando la investigación de esa ley universal de redistribución, hemos considerado bajo otro punto de vista el problema de la Filosofía, y hemos visto que la solución era, y no podía ser otra, que la que habíamos indicado, y que la Filosofía queda convicta de insuficiencia si no formula toda la serie de cambios de cada sér al pasar de su estado imperceptible al perceptible y *vice versa;* pues de no hacerlo así habría una historia pasada ó una historia futura, ó ambas, del sér en cuestión, y de las cuales no daba cuenta la Filosofía. De donde se deduce que la fórmula buscada debe ser aplicable á la historia entera de todos los séres, considerados aisladamente y en su totalidad ó conjunto.

Tales consideraciones nos han conducido á la fórmula ó principio de que la concentración de materia implica disipación de movimiento; é inversamente, la absorción de movimiento implica difusión de materia; puesto que debiendo expresar la redistribución continua de la materia y del movimiento, no puede ser sino una fórmula que defina las operaciones opuestas, concentración y difusión, en función de materia y de movimiento.

Tal es, efectivamente, la ley del ciclo entero de cambios que experimenta todo sér, pérdida de movimiento é integración consecutiva, ó más bien, concomitante; y luego, absorción de movimiento y desintegración consecutiva ó concomitante; y ya hemos visto que esa ley se aplica, no solamente á la historia entera de cada sér, sino también á cada uno de sus detalles; y que ambas operaciones marchan á la par, y continuamente, pero siempre hay un resultado-diferencia en *pro* de la una ó de la otra.

Las palabras *evolución* y *disolución*, nombres de esas transformaciones opuestas, las definen bien en sus caracteres generales, pero incompletamente en sus detalles; ó más bien, la palabra disolución es propia, pero la voz evolución no expresa todo lo que debía

expresar; pues si bien esa operación progresiva es siempre una
integración de materia y una disipación de movimiento, en la mayoría de los casos es algo más que esa redistribución primaria de
materia y de movimiento, la cual va acompañada de redistribuciones secundarias; y de ahí la clasificación de las diversas especies
de evolución en simples y compuestas. Estudiando después las
condiciones que presiden á la verificación de las redistribuciones
que constituyen la evolución compuesta, hemos visto que todo
agregado material, que al condensarse ó integrarse pierde muy rápidamente su movimiento molecular ó se integra muy rápidamente, no verifica más que una evolución simple; pero todo agregado que, ya por su gran tamaño ó por la especial constitución de
sus elementos ó partes integrantes, encuentra obtáculos para
integrarse con rapidez, además de la redistribución primaria
que conduce á la integración, sufre también las redistribuciones secundarias que constituyen con aquélla la evolución compuesta.

187. De esos conceptos de la evolución y la disolución, operaciones cuyo conjunto forma la historia entera de cada sér, y del
que nos ha hecho dividir la evolución en simple y compuesta, hemos pasado á considerar la evolución como una operación común
á todos los órdenes de séres en general y en detalle. Hemos seguido la integración de la materia y la disipación concomitante de
movimiento ó de su fuerza productora, no solamente en cada sér
considerado como un todo, sino también en las partes de que cada
todo se compone. Así, el sistema solar en su conjunto y cada uno
de sus planetas y satélites; el reino ó imperio orgánico y cada organismo y órgano; la sociedad humana en general y sus diversos
elementos componentes han sido ejemplos sucesivos en que hemos
comprobado la ley de evolución en todas sus fases.

En efecto, atendiendo primera y solamente á la redistribución
primaria, el sistema solar, lo mismo que cada uno de sus elementos, ha estado y está en vía de integración, de concentración de
su materia, y de difusión ó disipación de su calor, de su movimiento molecular; en cada organismo, la incorporación general de materiales, que produce el incremento, va acompañada de las asimi-
laciones parciales que forman los órganos; cada sociedad se integra á la vez por el incremento total de su población y por el aumento de la densidad de ésta en tal ó cual localidad. En todos los
casos hay, pues, á la par que integraciones directas y totales, inte-

graciones parciales é indirectas que acrecen la dependencia mutua de las partes.

Pasando luego á las redistribuciones secundarias, hemos investigado cómo se forman las partes, al mismo tiempo que se van integrando los todos por la redistribución primaria; y hemos hallado que hay, en la inmensa mayoría de los casos, un tránsito de lo homogéneo hacia lo heterogéneo, á la vez que el de lo difuso ó incoherente hacia lo concentrado y coherente; y hemos comprobado esa nueva ley, en la evolución del sistema solar, en la de nuestro planeta, en la de cada sér orgánico animal ó vegetal, en las de las sociedades y cada una de sus esferas de actividad, lenguaje, ciencia, arte, literatura, etc.

Pero hemos visto, en seguida, que no está completa aún la fórmula de la evolución compuesta, que no están expresadas todas las redistribuciones secundarias en el doble paso de lo homogéneo y difuso á lo heterogéneo y concentrado, sino que también las partes que componen cada todo, á la vez que más desemejantes ó heterogéneas, se hacen más definidas, ó más claramente distinguibles. El resultado de las redistribuciones secundarias es, pues, cambiar una homogeneidad vaga en una heterogeneidad clara y distinta; y también hemos hallado ejemplos de ese nuevo carácter de la evolución en los diversos órdenes de séres. Sin embargo, llevando más allá nuestro examen, hemos visto que el aumento de distinción ó de signos distintivos que se establece, á la par que el aumento de heterogeneidad no es un carácter independiente, sino un resultado del progreso simultáneo de la integración en las partes y en el todo.

Además, hemos indicado que, tanto en las evoluciones inorgánicas, como en las orgánicas y superorgánicas, el cambio en la coordinación de la materia va acompañado de un cambio simultáneo en la coordinación del movimiento; puesto que todo incremento en la complejidad de la estructura implica un incremento correlativo en la complejidad de funciones; toda integración de moléculas en masas va acompañada de una integración de movimientos moleculares en movimientos de masas; y siempre que hay variación en las formas y tamaños de los agregados materiales, y en sus relaciones con las fuerzas exteriores, hay variaciones correlativas en sus movimientos.

Por último, no siendo sino una esencialmente, la transformación que hemos estudiado bajo tan diversos aspectos, hemos unido esos aspectos en un solo concepto, mirando las redistribuciones primaria y secundarias, como verificándose simultáneamente. Doquier, el cambio de una simplicidad confusa en una complejidad distinta, en la doble distribución de la materia y del movimiento, es á la vez una concentración de materia y una disipación de movimiento; por consiguiente, la evolución, ó sea la redistribución de materia y de movimiento no disipado, procede, de una coordinación difusa, homogénea é indeterminada, á una coordinación concentrada, heterogénea y determinada.

188. Henos ya en ocasión de hacer una adición importante al resumen de nuestra tesis; de observar en las inducciones precedentes un grado de unidad, superior al que hemos observado hasta aquí.

En efecto, hasta ahora, hemos mirado la ley de evolución como verdadera para todos los órdenes de séres considerados como distintos é independientes unos de otros. Pero bajo esa forma, la inducción carece de la universalidad que puede tener, considerando todos esos diversos órdenes como formando naturalmente el gran todo que llamamos Universo. Al dividir la evolución en astronómica, geológica, biológica, psicológica, sociológica, etc., puédese, hasta cierto punto, creer que es una casual coincidencia la uniformidad de la ley en esos varios órdenes de evoluciones; pero, si reconocemos que tales órdenes y divisiones son puramente artificiales, aunque necesarias para la adquisición de los conocimientos por nuestras finitas facultades intelectuales; si miramos todos los órdenes de séres como partes integrantes del Cosmos, veremos también que no hay diversas evoluciones con ciertos caracteres comunes, sino una sola y misma evolución que se verifica doquier uniformemente.

En verdad, hemos reiteradamente observado que, á la par que un *todo* se desarrolla ó realiza su evolución, también la realizan sus varias *partes*; pero no hemos hecho notar que esa ley alcanza al *Universo* entero, del cual son partes integrantes los varios órdenes de *todos* que hemos estudiado separadamente. Sabemos que mientras una masa coherente cualquiera, el cuerpo humano, por ejemplo, crece y toma su forma general, lo propio sucede á cada uno de sus órganos, y aun á sus tejidos y elementos orgánicos, los cuales — órganos, tejidos y elementos — á la par que crece, se desarrolla é integra cada uno de por sí, se diferencia y distingue cada vez más claramente de los demás. Pero no hemos extendido esa maravillosa y simultánea transformación de todos y partes hasta donde es posible; no hemos notado la sublime y universal armonía, en virtud de la cual, á la vez que cada individuo, *se desarrolla* también la sociedad de que aquél es unidad, y la Tierra de la cual esa sociedad forma una parte casi inapreciable, y el sistema solar de cuyo volumen apenas es el de la Tierra una millonésima, y el sistema sidéreo compuesto quizá de muchos millones de sistemas solares, etc.

Así comprendida, la evolución no es *una* sólo en principio, lo es de hecho. No hay muchas metamorfosis evolutivas que se verifican simultánea y uniformemente, no hay más que una sola que se verifica doquier no se verifica ó predomina ya la metamorfosis contraria. En cualquier sitio del Espacio en que la materia adquiera individualidad, caracteres distintivos de otra materia, allí hay evolución; ó más bien, la adquisición de esa individualidad es el principio de la evolución, independientemente del volumen considerado, de su inclusión en otros mayores, y de las evoluciones más extensas en que esté comprendida la de la masa en cuestión.

189. Después de las inducciones, cuyo resumen acabamos de hacer, es fácil observar que si su conjunto sirve para establecer la ley de evolución, no sirve para constituir por completo, mientras no pasen de inducciones, lo que hemos convenido en llamar Filosofía. Ni aun basta para tal constitución el pasar en dichas inducciones de la simple analogía á la identidad; es preciso, como ya vimos oportunamente, deducir de la persistencia de la fuerza esos principios obtenidos primero por inducción para poder unificarlos según lo exige la Filosofía. Dando ese paso más, hemos demostrado que las transformaciones en que consiste la evolución son consecuencias necesarias del principio de la persistencia de la fuerza.

La primera de esas consecuencias ha sido que todo agregado homogéneo debe ineludiblemente perder su homogeneidad, por la desigual exposición de sus diversas partes á las fuerzas incidentes. La instabilidad de lo homogéneo, ó más en general, la tendencia de *todo* á pasar de menos á más heterogéneo, la hemos visto comprobada: en las evoluciones astronómica, geológica, orgánica y superorgánica, todas las cuales manifiestan la desigualdad de estructuras, correlativa á la desigualdad de relaciones de las diversas partes del todo en evolución con las fuerzas ambientes.

Otro paso en la vía de las deducciones nos ha hecho descubrir una causa secundaria del incremento progresivo de heterogeneidad en todo proceso evolutivo, á saber: cada parte mas ó menos diversificada de las demás del todo, no sólo es un centro sino una causa de nuevas diversificaciones; puesto que al hacerse distinta de las demás, se hace necesariamente centro de reacciones distintas sobre las fuerzas incidentes, y aumentando así la diversidad de las fuerzas, aumenta por consiguiente la de los efectos producidos. Hemos seguido esa multiplicación de efectos en las acciones y reacciones mutuas de los elementos del sistema solar, en las complicaciones incesantes de la evolución geológica, en los complejos síntomas que producen en los séres vivos las influencias perturbadoras, en las numerosas ideas y sentimientos engendrados ó despertados por una sola impresión, y en los múltiples y como ramificados efectos que cada nueva fuerza produce en una sociedad; notando, como corolario, que la multiplicación de efectos crece en progresión geométrica, á medida que crece la heterogeneidad.

Para interpretar completamente los cambios de estructura que constituyen la evolución, restábanos hallar la causa ó razón suficiente del incremento de caracteres distintivos, que acompaña al incremento de heterogeneidad, ó sea del número de partes distintas; y hemos hallado que esa causa ó razón es la segregación de las unidades mezcladas por la influencia de fuerzas capaces de ponerlas en movimiento. En efecto, hemos visto que cuando fuerzas incidentes desiguales han producido una desigualdad correlativa en las unidades componentes de las diversas partes de una masa, hay luego una tendencia á la separación de las unidades componentes de las diversas partes de una masa, hay luego una tendencia á la separación de las unidades iguales ó semejantes. Esa causa de las integraciones locales que acompañan á las diferencias locales la hemos visto comprobada también en todos órdenes de la evolución, es decir, en la formación de los cuerpos celestes, en la de la costra ó corteza terrestre, en las modificaciones orgánicas, en los fenómenos psicológicos y en las varias esferas ó divisiones sociales.

Por último, á la cuestión de saber si todas esas evoluciones tienen ó no un límite, hemos hallado la respuesta de que todas tienden al equilibrio; pues la continua división y subdivisión de fuerzas produce su disipación ó transmisión al medio ambiente, y acabará, pues, por reducir al reposo á cada sér en evolución. En efecto; hemos visto que cuando varios movimientos se verifican simultáneamente, como sucede en todos los órdenes de séres, á consecuencia de la dispersión ó disipación de los movimientos más débiles ó menos contrariados, se establecen diversos equilibrios móviles á modo de escalones ó etapas en la vía del equilibrio completo. Siguiendo en ese estudio, hemos observado que, por igual razón, esos equilibrios móviles poseen cierto poder de conservación que se patentiza en la neutralización de algunas influencias perturbadoras, y en la adaptación á nuevas condiciones de existencia. Ese principio general de la tendencia al equilibrio, ha sido, como los otros, reconocido en todas las formas de la evolución, y tocante á las más importantes y complejas, la evolución psíquica y la social, hemos concluído que su penúltima etapa, ó sea la inmediatamente anterior al equilibrio, debe ser el estado más perfecto y feliz en que es posible concebir á la humanidad.

Pero lo que más nos importa ahora recordar es que cada una de esas leyes de redistribución de la materia y del movimiento, es una ley derivada y deducible de la ley fundamental; pues dada la persistencia de la fuerza, son sus corolarios forzosos *la instabilidad de lo homogéneo, la multiplicación de efectos, la segregación, y el equilibrio.* Al descubrir que los fenómenos formulados en esas frases no son sino aspectos diversos de una sola transformación, llegamos á la completa unificación de esos aspectos, á la síntesis, según la cual, la evolución, en su conjunto y en sus detalles, es simplemente un corolario de esa ley indemostrable, base y fundamento de todas las otras. Además, unificándose así, unas con otras, las verdades complejas que formulan la evolución, se unifican también espontáneamente con las verdades más sencillas que se derivan del mismo principio, la transformación y equivalencia de las fuerzas, la dirección y el ritmo de todo movimiento.— Esa nueva unificación nos lleva á considerar el sistema entero de fases de cada fenómeno y del conjunto de todos los fenómenos, como la manifestación de una ley universal, ley verificada en cada una de las fases de la evolución, lo mismo que en la total evolución del Universo.

190. Para terminar, hemos estudiado también en todas su fases la operación contraria á la evolución, la disolución que, ineludiblemente y más pronto ó más tarde, deshace lo que ha hecho la evolución.

Siguiendo rápidamente el curso y el fin de la evolución en los varios órdenes de séres, hemos visto que para todos ha de llegar el fatal vencimiento, última fase de aquella operación y primera de la disolución, habiendo luego estudiado ésta rápidamente en dichos órdenes, aunque en sentido inverso de como hicimos el estudio análogo de la evolución. Así hemos reconocido primero, tanto en las diversas clases de séres terráqueos, como en la Tierra misma, las condiciones que revelan su futura disolución en mayor ó menor plazo. Y elevándonos aún más en la vía de las generalizaciones y de las inducciones, hemos también inferido la propia operación en las masas inmensas que constituyen nuestro sistema planetario y nuestro sistema sidéreo, ó sea el innumerable conjunto de estrellas de que el Sol es una, quizá de las menores; concluyendo como muy probable una disolución universal, una vez terminada la evolución universal que dura y durará un período de tiempo incalculable aunque inmensamente grande. Tal conclusión es también un corolario de la persistencia de la fuerza, y esta suprema unificación de los fenómenos, tanto evolutivos como disolutivos, considerándolos como manifestaciones de una misma ley en condiciones opuestas, unifica también, en cuanto es posible á nuestras limitadas inteligencias, los fenómenos actuales del Universo, con los análogos pasados y futuros; porque si hay, como tenemos fuertes razones para creerlo, una alternativa de evolución y disolución en el Universo entero, lo mismo que en cada una de sus máximas y mínimas partes; si, como es lógica consecuencia de la persistencia de la fuerza, el fin de cada una de esas dos fases opuestas del ritmo universal introduce por sí solo las condiciones para el comienzo de la otra fase; si, por tanto, nos vemos obligados á pensar una serie de evoluciones y disoluciones en un pasado y en un futuro indefinidos, no podemos pensar en un principio y un fin únicos para el Universo; no podemos dejar de pensar la Fuerza que el Universo nos revela, como infinita en el Tiempo y en el Espacio, infinitos también para nuestro pensamiento.

191. Henos ya llegados, aunque por muy distinta vía, á la misma conclusión de la primera parte, cuando tratamos directamente, ó sin acudir á los largos y profundos estudios há poco terminados, las relaciones entre lo Cognoscible y lo Incognoscible.

Allí dedujimos, por el análisis de nuestras primarias ideas religiosas y científicas, que si es imposible el conocimiento de la Causa de todos los fenómenos del Universo, es, sin embargo, un dato

innegable de nuestra mente la existencia de esa Causa única y suprema — *causa causarum*. — Vimos que la creencia en ese poder, al cual no se puede concebir límites en el Tiempo ni en el
Espacio, es el elemento fundamental de toda Religión, elemento
que sobrevive á todos los cambios de forma que aquélla toma; y
vimos también que todas las Filosofías reconocen tácita ó expresamente ese principio supremo; pues aunque el relativista niega,
con razón, las aserciones categóricas del absolutista, respecto á
toda existencia no percibida, tiene en definitiva que unirse á él
para afirmar dicha existencia. Este dato ineludible de toda conciencia, en que concuerdan la Religión y la Filosofía y el sentido común, es también, según oportunamente demostramos, base
de la Ciencia, la cual subjetivamente no puede explicar los infinitos modos relativos ó condicionados que constituyen nuestra conciencia, sin suponer la existencia del Sér absoluto ó incondicionado, ni objetivamente puede explicar lo que llamamos el mundo
exterior, sin mirar esos cambios de forma como manifestaciones
de algo invariable y superior á todos los cambios y formas.

Pues bien: á ese mismo postulado nos conduce también la síntesis que acabamos de bosquejar. El reconocimiento de una fuerza
persistente, que varía doquier y continuamente en sus manifestaciones, pero que conserva la misma cantidad en el pasado y en el
porvenir, es lo único que nos permite interpretar cada hecho concreto; y, en definitiva, unificar todas las interpretaciones concretas. No se crea, con todo, que esa coincidencia añade fuerza á la
verdad del principio en cuestión, pues habiendo formado nuestra
síntesis, suponiendo ya la verdad de ese principio, sería una petición de principio pretender deducirla de aquella operación lógica;
pero al menos, sirve dicha coincidencia, de comprobación á la verdad del principio. En efecto, cuando examinamos los datos de la
Filosofía, dijimos que no podíamos adelantar un paso en nuestro
estudio sin ciertas hipótesis que era preciso admitir sólo como tales, hasta que su verdad fuese probada por la de sus resultados deducidos lógicamente y confirmados por la experiencia (1); y puesto
que vemos aquí una perfecta concordancia ó conformidad entre ese
cuerpo de relaciones que llamamos conocimiento, y la hipótesis de

_____

(1)   El autor parece olvidar en éste y otros párrafos que la verdad de
la conclusión no arguye la de las premisas, pues siendo éstas falsas puede ser verdadera aquélla. *(N. del T.)*

esa existencia suprema y superior, por tanto, á toda relación, queda comprobada su verdad.

192.   Hacia un resultado semejante, es decir, hacia esa unificación que ya hemos visto realizada en muchos casos, tienden desde su origen la Teología, la Metafísica y la Ciencia de la naturaleza. En efecto, el tránsito de las teodiceas politeístas á las monoteístas, y la reducción de éstas á una forma cada vez más general, en que la personalidad y la providencia divinas desaparecen en la inmanencia universal, son las manifestaciones de ese progreso en Teología. Lo son en Metafísica, la decadencia de las teorías acerca de las «esencias», las «potencialidades», las «cualidades ocultas», las «ideas» de Platón, la «armonía preestablecida» y otras análogas; y la tendencia á identificar el Sér que nos revela nuestra conciencia con el que es condición ó causa de todo lo que existe fuera de la conciencia. Finalmente, donde se ve más claro ese progreso es en las conquistas de la Ciencia; ésta agrupó, desde el principio, los hechos aislados en leyes, después las leyes especiales en leyes generales, y hoy son ya reconocidas por todo hombre de ciencia algunas leyes verdaderamente universales.

Puesto que la tendencia á unificarse es el carácter principal del desarrollo de todas las formas del pensamiento, y puesto que hay motivos muy fundados para creer en la futura realización de esa unidad, tenemos un nuevo argumento en pro de nuestra tesis. En efecto, á no admitir otra unidad superior, la que hemos inducido debe ser el fin á que tienda el desarrollo del pensamiento; y apenas puede imaginarse que haya otra superior. Una vez agrupados en inducciones los fenómenos que se verifican en los diversos órdenes de existencias, fundidas ó reunidas luego esas inducciones en una sola, interpretada ésta deductivamente, y visto que el principio de donde se deduce es indemostrable; parece muy poco probable que se pueda llegar, por un camino esencialmente distinto, á unificar de otro modo ese proceso universal que la Filosofía tiene por objeto explicar; no es fácil concebir que las numerosas comprobaciones á que hemos sometido el principio universal adoptado, sean meras ilusiones, y que otro principio sea el verdadero y esté comprobado en mayor número de casos que aquél.

No se crea por eso que impetramos igual grado de probabilidad para los principios secundarios, sucesivamente expuestos en esta obra. La verdad del conjunto de nuestra tesis nada pierde por algunos errores de detalle que puedan deslizarse. Mientras no se pruebe que la *persistencia de la Fuerza* no es un dato de nuestra conciencia, ó que las varias leyes dinámicas que hemos reconocido, no son corolarios de aquel dato primario; ó, en fin, que, aun dadas esas leyes, la redistribución de la materia y del movimiento no se verifica según la hemos expuesto, no podremos menos de reivindicar para la teoría de la evolución toda la certeza que la hemos atribuído.

198.   Aceptadas esas conclusiones, si se reconoce que todo fenómeno es necesariamente parte de la evolución general, á menos que lo sea de la disolución, podemos inferir que ningún fenómeno ha sido fiel y completamente interpretado ó explicado, si no se le ha señalado el lugar correspondiente en una ú otra de esas dos operaciones inversas una de otra. Por consiguiente, el límite de perfección de nuestros conocimientos será el caso, aún infinitamente lejano, en que sea posible interpretar completamente ó en toda su integridad, como parte de la evolución ó de la disolución universal, todos los fenómenos generales y especiales.

El conocimiento unificado parcialmente que llamamos Ciencia no puede dar aun esa total interpretación. O bien, como sucede en las ciencias más complejas, el progreso es únicamente inductivo, ó bien, como sucede en las más sencillas, las deducciones se refieren exclusivamente á los fenómenos elementales ó componentes; cuando ya nadie duda que el objeto final debe ser interpretar deductivamente las leyes de composición ó combinación de unos fenómenos con otros. Las ciencias abstractas ó que tratan de las formas generales que revisten los fenómenos, y las abstracto-concretas que estudian los factores ó concausas de aquéllos, están, bajo el punto de vista filosófico, al servicio de las ciencias concretas, que se ocupan de los fenómenos en toda su natural complejidad. Una vez conocidas las leyes de las formas y las leyes de los factores, resta averiguar las leyes de los productos ó resultados de la acción recíproca de los factores cooperantes. Dadas la persistencia de la fuerza y las leyes dinámicas de ella derivadas, debe explicarse no sólo cómo los séres inorgánicos presentan las propiedades que los caracterizan, sino también cómo se forman los caracteres más numerosos y complejos de los séres orgánicos y superorgánicos, cómo se forman y desarrollan los organismos, las facultades psíquicas, las sociedades, etc.

Es evidente que, como há poco dijimos, ese completo desarrollo del conocimiento humano en un sistema perfectamente organiza

do de deducciones directas é indirectas sacadas de la persistencia
de la fuerza, no puede realizarse sino en una época indefinidamente lejana. El progreso científico es un progreso hacia el equilibrio
del pensamiento, equilibrio que, como sabemos, está en vía de
establecerse, pero que no puede llegar á la perfección en un período finito de tiempo; mas aunque así sea, la ciencia puede avanzar muchísimo en esa vía, y mucho ha avanzado seguramente en
lo que va de siglo.

Sin duda que aun en su actual imperfecto estado, la Ciencia no
puede ser poseída por un solo individuo; con todo, como el progreso se verifica por crecimiento, como toda organización comienza por lineamientos apenas bosquejados y definidos, y luego se
desarrolla y completa por modificaciones y adiciones sucesivas, se
puede sacar alguna ventaja de un ensayo de coordinación de los
hechos hoy conocidos, ó más bien, de algunas clases de hechos.
Tal será el objeto de los volúmenes que seguirán á éste, y que
tratarán, de lo que llamamos al principio, Filosofía especial.

194. Réstanos decir algunas palabras acerca de la parte general de la doctrina que acabamos de exponer. Antes de comenzar la
interpretación especial de los fenómenos de la vida, del espíritu y
de la sociedad, por la materia, el movimiento y la fuerza, bueno
será recordar qué sentido hemos de dar á esas interpretaciones.

Ya hemos repetido frecuentemente que todas ellas tienen un
carácter puramente relativo; pero es tan fácil caer en error, que
muchas personas estarán ya persuadidas que las soluciones que
hemos dado, y las que daremos en los volúmenes sucesivos, á la
explicación de todos los fenómenos, son y serán esencialmente
materialistas. Habiendo la mayoría de los hombres oído acusar de
materialistas á los que atribuyen los fenómenos más complicados
á causas semejantes á las que producen los fenómenos más simples, han contraído repugnancia por esas interpretaciones. Aun
estando advertidos de que esas soluciones son puramente relativas,
siempre se resienten de las preocupaciones adquiridas, al ver hacer
aplicación universal de los mismos modos de interpretación. Ese
estado intelectual, no tanto expresa las más veces, respeto á la
Causa desconocida, como desprecio á las formas familiares, bajo
las que se nos revela ó manifiesta dicha causa. Los que no se han
elevado aún del concepto vulgar que califica á la Materia de *bruta*
y *grosera*, pueden asombrarse de ver que se intenta reducir los fenómenos de la vida, del espíritu y de la sociedad á un nivel tan

bajo é innoble á sus ojos. Pero reflexionando que esos modos de ser, tan despreciadós generalmente, son para el hombre de ciencia, tanto más maravillosos en sus atributos cuanto son más estudiados, y son además tan incomprensibles en su esencia, como las sensaciones que nos producen, y como el espíritu, alma, conciencia, ó lo que sea, que siente y percibe esas sensaciones; no se dejará de reconocer que la interpretación que proponemos no degrada á lo superior, sino que eleva á lo inferior; que la perpetua lucha entre materialistas y espiritualistas es una pura cuestión de palabras, en la que ambos partidos se engañan igualmente, pues creen comprender y conocer lo incomprensible é incognoscible, y que el temor al dictado de materialismo es infundado.

Una vez probado que, sean cualesquiera las palabras usadas, la esencia ó naturaleza íntima de las cosas es y será siempre un misterio impenetrable, lo mismo da formular ó explicar todos los fenómenos, valiéndose de las palabras Materia, Movimiento, Fuerza, que de otras cualesquiera, y aun se puede afirmar, avanzando un paso más, que la doctrina que encuentra la Causa suprema é incognoscible en todos los órdenes de fenómenos, es la única que puede ser amplia y firme base de una Religión y de una Filosofía invariables y duraderas.

Aunque sea imposible evitar las interpretaciones falsas, sobre todo en cuestiones que suscitan tantas animosidades, bueno será resumamos nuevamente la doctrina filosófico-religiosa expuesta en esta obra, á fin de preservarla en lo posible de esas interpretaciones torcidas voluntaria ó involuntariamente.

Hemos probado hasta la saciedad, y en todos sentidos, que las verdades más elevadas á que podemos alcanzar no son sino fórmulas de las leyes más generales que la experiencia nos revela, acerca de las relaciones entre la Materia, el Movimiento y la Fuerza; y que estas tres entidades, no son sino símbolos de la Realidad incognoscible. Una Potencia cuya naturaleza ó esencia íntima nos es inconcebible, así como lo es el suponerla límites en el tiempo y en el espacio, produce en nosotros ciertos efectos. Muchos de éstos tienen mutuas analogías y semejanzas que permiten agruparlos y clasificarlos bajo los nombres de Materia, Movimiento, Fuerza; y tienen también relaciones ó conexiones, que permiten asignarles leyes de una verdad indudable. Un detenido y minucioso análisis reduce esos diversos órdenes de efectos á uno solo, y esas múltiples y variadas leyes á una sola. La suma perfección científica será la interpretación de todos los órdenes de fenómenos, como fases, diversificadas por las varias condiciones, de ese único fenómeno general modificado por las varias formas que reviste la ley universal y única. Pero, en todo eso la Ciencia no hace más que sistematizar la experiencia, cuyos límites no traspasa de modo alguno. Así, nunca podremos saber si esas leyes son en sí tan absolutamente necesarias, como son relativamente necesarias para nuestro pensamiento. Todo lo que podemos hacer es interpretar el proceso universal de los séres, y los procesos especiales, como se revelan á nuestras limitadas facultades psíquicas; pero somos y seremos siempre incapaces, no ya de comprender, sino aun de concebir el proceso *real*. No solamente la conexión entre el orden *fenomenal* y el orden ontológico ó *real* es absoluta y perpetuamente impenetrable, si que también lo es la conexión entre las formas relativas ó condicionadas y la forma incondicionada ó absoluta del sér. La interpretación de todos los fenómenos en función de Materia, Movimiento, Fuerza, no es más que la reducción de nuestras ideas simbólicas complejas á símbolos más simples, que no dejan de ser tales símbolos á pesar de esa reducción. Por tanto, los razonamientos y las conclusiones precedentes no suministran apoyo alguno á ninguna de las hipótesis rivales sobre la *esencia* de las cosas; no son más espiritualistas que materialistas, ni más materialistas que espiritualistas; pues todo argumento que parezca favorable á una de esas hipótesis puede ser neutralizado por otro de igual fuerza en favor de la otra hipótesis.

El materialista, viendo que, según la ley de correlación y equivalencia de las fuerzas, todo sentimiento, pensamiento ó deseo puede transformarse en un equivalente de movimiento mecánico, y por consiguiente en todas las demás formas de fuerza manifestadas por la Materia, puede creer demostrada la *materialidad* de los fenómenos psíquicos; pero, el espiritualista, partiendo de los mismos datos, y viendo que las fuerzas desplegadas por la Materia no son cognoscibles sino bajo la forma de esos equivalentes de fuerzas psíquicas engendradas por aquéllas, puede suponer que esas fuerzas físicas ó exteriores al Yo son de la misma naturaleza que las fuerzas mentales ó psíquicas, y por tanto el mundo exterior, la Naturaleza, es idéntico en esencia al mundo interno ó Espíritu.

Pero, los que hayan comprendido bien la doctrina de esta obra reconocerán que ninguna de las dos hipótesis debe ser preferida; pues aunque la relación entre objeto y sujeto nos obliga á esos conceptos antitéticos de Materia y Espíritu, uno y otro son igualmente manifestaciones de la Realidad incognoscible única y absoluta.

FIN

ÍNDICE

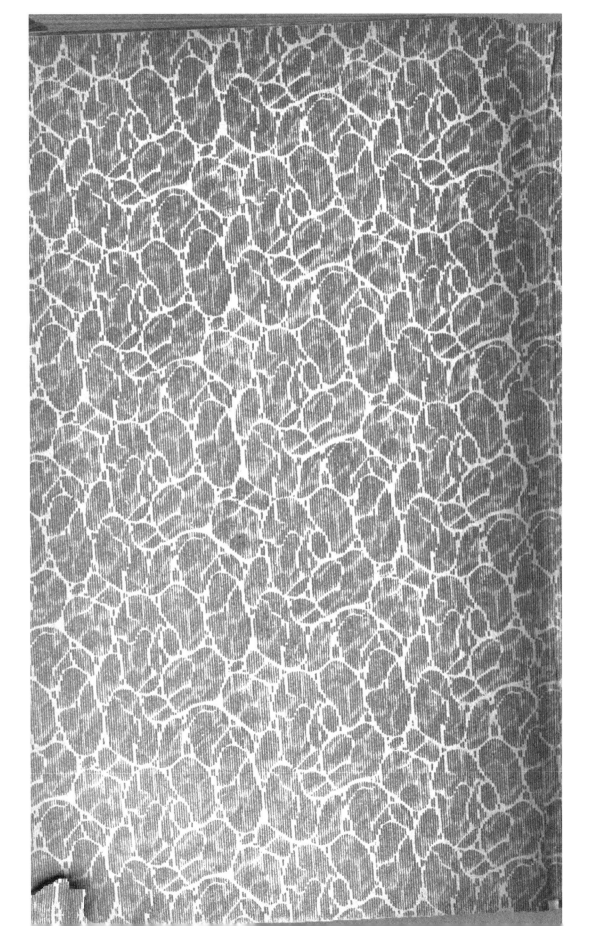

Lightning Source UK Ltd.
Milton Keynes UK
UKHW051921240822
407764UK00006B/641